JN413016

7·9급 교정직 | 보호직 시험 대비

형사정책 기출총정리 (교정직·보호직)

- 형사정책 학자와 이론 완벽 정리
- 형사정책 이론편과 법령편을 분리
- 이론편은 표와 박스를 이용하여 쟁점정리
- 법령편은 관련 법령을 박스처리하여 중요 조문 정리
- 해설에 밑줄을 그어 가독성을 높임

PREFACE 머리말

본 형사정책 기출총정리는 교정직과 보호직 수험생들을 위한 교재입니다.

교정직렬의 경우, 9급은 교정학 20문제 중 8문제 ~ 10문제, 7급은 25문제 중 10문제 ~ 12문제가 형사정책 분야에서 출제됩니다. 형사정책은 교정학과 다른 독자적인 영역이므로, 책을 분리하는 것이 합리적이라 생각하였습니다. 형사정책은 이론과 법령이 대략적으로 이론(40%) : 법령(60%)의 비율로 출제되고 있습니다.

형사정책은 많은 학자들과 그들의 주장을 정리해야 합니다.
현재의 시각으로 보면 대단해 보이지 않는 주장들이 당시에는 사회의 파장을 일으킬 만한 것이었음을 명심해야 합니다. 그들의 주장이 시간이 지나면서 때로는 비판을 받고, 다시 지지를 받으며 보완되어 가는 과정을 거치며, 현재의 법령이 만들어진 것입니다. 이는 또한 사회가 변화함에 따라 관련 법령이 개정되고 변화해야 할 방향을 설정하는데 이론적 배경이 됩니다.

교정직과 보호직의 형사정책 문제들을 이론편과 법령편으로 구분하여 교재를 구성하였습니다.

이론편은 과거 사법고시에서 출제된 문제를 포함하여 2007년 부터 최근까지 출제된 문제들을 모두 참고하여 문제의 완성도가 높은 지문은 교재에 반영하였습니다. 외국의 학문을 국내에 소개하는 과정에서 학자들마다 번역하는 방식이 다르기 때문에, 객관식 시험에 출제되는 지문은 검증에 검증을 거친 지문들입니다. 주요 학자와 이론은 박스처리하여 체계적인 정리를 할 수 있도록 하였습니다.

법령편은 최근 10년 기출지문을 중심으로 정리하고, 현행법령에 맞게 수정하여 해설을 달았습니다.
자주 출제되는 법령은 박스처리하여 해설 다음에 정리하였습니다. 이는 방대한 법령을 공부하는 수험생들에게 최소한의 암기와 수험방향을 설정하는데 도움이 될 것입니다.

본 기출문제집의 특징은 다음과 같습니다.

- 형사정책 학자와 이론 완벽 정리
- 형사정책 이론편과 법령편을 분리
- 이론편은 표와 박스를 이용하여 쟁점정리
- 법령편은 관련 법령을 박스처리하여 중요 조문 정리
- 해설에 밑줄을 그어 가독성을 높임

문제의 배열과 해설에 심혈을 기울였습니다.
기출문제집만 잘 소화해도 형사정책에서 자신감을 얻을 수 있습니다.

지면을 빌어 감사의 말씀을 전합니다.
본 기출총정리 시리즈의 출간을 흔쾌히 허락해 주신 배움출판사 이용중 사장님께 감사의 말씀을 전합니다. 부드러운 카리스마 한상훈 편집팀장님, 빠르고 완벽한 디자인과 편집을 해 준 디자인팀과 편집부원들에게 모두 감사의 말씀을 전합니다.

수험생 여러분의 빠른 합격을 기원합니다.

2025년 9월

온달 유안석

최근 5년간 교정직 기출분석

<9급 교정직 기출분석>

2025	교정학 (16)	이론(4)	손베리 상호작용이론, 갑오개혁 이후의 행형제도, 사회 내 처우, 교정처우이념
		법령(12)	미결수용자의 처우, 교도작업, 경비처우급 조정, 수용자의 정보공개 청구, 자비구매물품, 작업시간, 사회복귀교도관의 직무, 수형자 분류심사, 교정시설, 귀휴, 경비등급별 처우수준, 장애인수용자와 노인수용자의 처우
	형사정책 (4)	이론(2)	억제이론, 전환제도
		법령(2)	치료감호법(치료감호), 갱생보호
2024	교정학 (15)	이론(4)	지역사회 교정, 수형자자치제, 수용자 처우 모델, 조선시대 행형제도
		법령(11)	형법(형의 집행), 편지수수, 진정실 수용, 경비처우급별 처우수준, 개인작업, 징벌집행, 수용을 위한 체포, 금품관리, 독거수용, 가석방, 민영교도소의 설치·운영
	형사정책 (5)	이론(3)	고전주의와 실증주의, 코헨과 펠슨의 일상활동이론, 암수범죄
		법령(2)	형의 실효와 복권, 소년법(보호사건의 심리와 조사)
2023	교정학 (10)	이론(2)	전자감독제도, 옴부즈맨 제도
		법령(8)	경비처우급, 금지물품 소지허가, 수용, 수용시설 내 감염병, 직업훈련 대상자 선정, 교도작업, 가석방심사위원회, 분류처우위원회
	형사정책 (10)	이론(6)	클라워드와 올린(차별기회이론), 메스너와 로젠펠드(제도적 아노미 이론), 회복적 사법, 사형폐지론(학자), 비범죄화, 서덜랜드와 크레시(수형자 하위문화)
		법령(4)	보호관찰 대상자의 준수사항, 보호소년법(보호장비), 소년법(보호사건의 조사·심리), 보호관찰법(조사제도)
2022	교정학 (13)	이론(4)	교화개선모형(의료모형), 누진계급 측정방법, 과밀수용 해소방안, 노무작업과 도급작업
		법령(9)	징벌, 분류심사, 미결수용자와 사형확정자, 작업과 직업훈련, 수용자에 대한 무기사용, 엄중관리대상자, 외부통근작업, 부정기재심사, 교도소장의 조치
	형사정책 (7)	이론(5)	머튼의 아노미이론, 소년사법 4D, 다이버전, 범죄원인론(통제이론), 범죄학이론(종합)
		법령(2)	소년법(형사사건 처리 절차), 보호소년법
2021	교정학 (9)	이론(0)	
		법령(9)	수형자호송규정(호송), 교정자문위원회, 징벌, 형의 집행(형법, 형집행정지심의위원회), 수용자 이송, 외부기업체 통근작업자 선정기준, 수용자의 처우(특별한 보호), 수용자의 보호실 수용, 접견
	형사정책 (11)	이론(4)	생물학적 범죄원인론(유전, 양육), 실증주의 학파, 소년법원의 특성, 지역사회 교정(사회 내 처우)
		법령(7)	소년법(보호처분), 소년법(사건처리 절차), 성충동약물치료법, 범죄피해자보호법(형사조정), 보호관찰법(갱생보호), 전자장치부착법(성폭력범죄), 치료감호법

<7급 교정직 기출분석>

2024	교정학(16)	이론(4)	교정학 연구방법, 교정사, 구금 및 교정처우제도, 교도작업 경영방식
		법령(11)	접견 및 편지수수, 기본계획, 기본수용급, 수용자의 이송, 소득점수 평가, 마약류수용자의 처우, 권리구제, 귀휴, 중간처우, 수형자의 교육, 수용자처우(종합), 교도작업
	형사정책(9)	이론(4)	범죄원인론(종합), 머튼의 아노미이론, 형벌이론, 형벌과 보안처분의 관계
		법령(5)	보호관찰심사위원회, 보호관찰법(갱생보호), 성충동약물치료법, 보호관찰가능기간, 사회봉사명령 및 수강명령
2023	교정학(14)	이론(1)	교정이념(무력화)
		법령(13)	사형확정자의 처우, 보호장비, 휴일의 작업부과, 권리구제, 가석방심사위원회, 교화프로그램, 귀휴, 민영교도소법(민간위탁), 분류심사, 지방교정청장의 이송승인권, 사회적처우와 위로금(종합), 외국인 여성 신입자, 수형자 교육과 작업시간
	형사정책(11)	이론(5)	밀러의 하류계층문화이론, 연구방법론, 발달이론(손베리), 샘슨의 집합효율성, 낙인이론과 전환
		법령(6)	범죄피해자보호법(형사조정), 소년법(보호사건 조사와 심리), 보호관찰법(갱생보호), 보호관찰법(특별준수사항), 전자장치부착법, 소년수용자의 처우
2022	교정학(15)	이론(2)	우니라라 교정역사, 교정상담 기법
		법령(13)	외부기업체 통근자 선정기준, 수용자의 처우 및 권리(종합), 중간처우, 개별면담(전담요원), 교도작업법(제품생산과 판매), 접견, 여성수용자의 처우, 혼거수용, 미결수용자의 처우, 취업지원협의회의 기능, 가석방자관리규정, 민영교도소법, 수갑의 사용방법
	형사정책(10)	이론(5)	모피트(청소년기 한정형), 화이트칼라범죄, 범죄 피해자, 중화기술(책임의 부정), 브레이스웨이트(재통합적 수치심부여이론)
		법령(5)	전자장치부착법(성폭력범죄), 성충동약물치료법(치료명령과 가석방), 소년법(형사사건), 보호관찰법(사회봉사명령), 치료감호법(보호관찰)
2021	교정학(15)	이론(6)	교도소화, 중간처우소, 교도작업, 교화개선모형, 교정의 이념, 누진처우제도
		법령(9)	교도관직무규칙, 구분수용의 예외, 수형자 계호, 권리구제, 특별한 보호, 위생과 의료, 교도작업, 징벌, 귀휴
	형사정책(10)	이론(6)	서덜랜드의 차별접촉이론, 학자와 주장(종합), 오린의 보호관찰관, 스미클라(보호관찰관), 형벌의 목적, 전환제도, 범죄원인론(종합)
		법령(4)	보호관찰법(보호관찰 기간), 보호소년법, 소년법(연장 가능한 보호처분)
2020	교정학(16)	이론(3)	교정학 연구방법(실험연구), 선택적 무력화, 지역사회교정
		법령(13)	감염성 질병에 관한 조치, 번호표의 색상, 종교 및 문화활동, 권리구제, 처우등급, 가족만남의 날 행사, 외국인수용자의 처우, 교도관직무규칙(교정직교도관의 직무), 외부통근자 선정기준, 작업과 직업훈련, 귀휴, 소년수용자의 처우, 노인수용자의 처우
	형사정책(4)	이론(3)	통제이론, 발달범죄학이론, 범죄예측
		법령(1)	전자장치부착법

최근 5년간 보호직 형사정책 기출분석

<보호직 기출분석>

연도	구분	출제 내용
2025 9급	이론 (9)	형사정책 연구방법, 중화기술(비난자의 비난), 샘슨과 라웁의 생애과정이론, 범죄를 바라보는 관점, 클로워드와 올린의 차별기회이론, 양형, 모피트 발달유형론, 생물학적 범죄원인론, 소년사법모형
	법령 (11)	소년법(형의 선고), 보호소년법(수용·보호), 신상공개제도, 벌금미납자법(사회봉사), 소년법(보호사건 조사와 심리), 보호관찰법(보호관찰), 치료감호법(치료감호와 치료명령), 소년법(보호처분), 전자장치부착법, 보호관찰법, 전자장치부착법(스토킹)
2024 9급	이론 (9)	암수범죄, 다이버전, 프로이드 정신분석학, 사회해체이론, 범죄이론(사회적 범죄원인론), 소년보호의 원칙, 베카리아, 갈등이론, 범죄예방
	법령 (11)	보호관찰법(보호관찰 기간), 보호관찰법(구인·유치), 부정기형, 소년법(보호관찰), 소년법(보호처분의 취소), 보호관찰(사회봉사, 수강), 벌금형, 성범죄자 신상정보 등록, 성충동약물치료법(치료명령), 전자장치부착법(특정범죄), 스토킹처벌법
2025 7급	이론 (9)	비범죄화와 다이버전, 리스트, 래페토 범죄전이, 샘슨과 라웁의 생애과정이론, 실증주의 범죄이론, 갈등론적 범죄론, 상황적 범죄예방이론, 패미니즘 범죄학, 심리학적 범죄이론
	법령 (16)	소년법(보호처분 병합), 소년법(보호·형사사건), 아동학대처벌법(보호처분), 소년보호사건(송치 및 통고), 소년보호사건(조사와 심리), 소년보호사건(항고), 사회봉사·수강명령, 보호관찰법(구인·유치), 형벌(자유형), 범죄피해자 보호제도, 보안처분(종합), 보호관찰, 치료감호, 성폭력처벌법(보호관찰·수강명령·이수명령), 범죄피해 구조금, 국제적 협력(범죄대응)
2024 7급	이론 (10)	암수범죄, 양형의 합리화, 형벌과 보안처분, 통제이론, 피해자학, 레머트 낙인이론, 뒤르켐, 범죄원인론(사회적), 형벌이론, 코헨의 비행하위문화
	법령 (15)	보호소년법(징계), 보호관찰법(보호관찰 심사위원회), 치료감호법, 신상공개법(신상정보 공개), 스토킹처벌법, 형법(가석방), 전자장치부착법, 벌금미납자법, 보호소년법(수요 및 보호), 소년법(보호사건 조사·심리), 소년법(보조인·국선보조인), 소년범죄(형사), 소년법(조사와 소년분류심사), 보호관찰법(갱생보호), 보호관찰(일반)
2023 7급	이론 (12)	범죄측정, 비범죄화, 회복적 사법, 행태이론, 심리학적 범죄이론, 갓프레드슨과 허쉬(낮은 자기 통제력), 사이코패스, 생물학적 범죄이론, 샘슨의 집합효율성, 아바딘스키 조직범죄으 특성, 범죄예방, 밀러의 하류계층 문화이론
	법령 (13)	형법(벌금), 스토킹처벌법, 보호관찰법(종료와 임시해제), 사면법(사면), 소년(법령), 보호소년법(수용과 보호), 범죄피해자 보호법(형사조정), 소년법(보호처분과 변동), 소년법(형사사건), 소년법(보호사건 조사와 심리), 범죄피해자 보호법(구소), 형법(선고유예), 소년법(송치 및 통고)

2022 7급	이론 (14)	형사정책 의의, 갈등이론, 중화기술(책임의 부정), 서덜랜드 차별적 접촉이론, 환경설계를 통한 범죄예방(CPTED), 부정기형 제도, 환경과 범죄, 하위문화이론, 뉴먼과 레피토의 범죄예방모델, 양형기준표, 범죄 피해자, 형사정책의 연구대상과 연구방법, 모피트(청소년기 한정형), 브레이스웨이트 재통합적 수치심부여이론
	법령 (11)	보호소년법(가스총·전자충격기), 소년법(처리절차), 소년법(보조인), 소년법(보호처분), 보호소년법(퇴원), 형법(형벌제도), 전자장치부착법(대상자), 미결구금, 보안처분(판례), 성충동약물치료법, 소년 형사사건
2021 7급	이론 (10)	암수범죄, 학습이론, 고전학파, 일상활동이론, 코헨 비행하위문화의 특징, 회복적 사법, 낙인이론, 사회적 범죄원인론, 형벌의 목적, 전환제도
	법령 (15)	보호소년법(보호장비), 형소법(피해자 진술권), 범죄피해자보호법(형사조정), 소년법(보호처분에 대한 항고), 보호소년법(처우와 교정교육), 소년 형사사건, 전자장치부착법, 치료감호법, 선고유예와 가석방, 사회봉사명령, 범죄피해자보호법(구조제도), 벌금형, 보호관찰기간, 소년법(화해권고), 소년법(보호처분의 연장)
2020 7급	이론 (8)	연구방법론, 형벌과 보안처분, 형사정책의 의의, 허쉬의 사회유대이론, 사회해체이론, 통제이론, 머튼의 아노미이론, 문화적 비행이론
	법령 (12)	보호관찰소 조사제도, 전자장치부착법, 보호소년법, 소년법(보호처분 및 부가처분), 보호관찰심사위원회, 형법(가석방), 소년법, 형의 유예, 소년 형사처분, 소년법(보호처분), 치료감호법(치료감호와 치료명령), 범죄피해자

CONTENTS 차례

제 1 편 형사정책 이론편

제 2 편

형사정책 법령편

제 1 편

형사정책 이론편

제1장 서론

001 형사정책에 대한 학자들의 주장 〈보기 1〉과 이에 대한 분석 〈보기 2〉가 있다. 〈보기 2〉의 분석 중 옳은 것을 모두 고르면? (13 보호직 7급)

• 보기 1 •

A. 범죄학은 영토를 가지지 않은 제왕의 학문이다.(Sellin)
B. 범죄는 불가피하고 정상적인 사회현상이다.(Durkheim)
C. 형법은 형사정책의 극복할 수 없는 한계이다.(Liszt)
D. 피해자의 존재가 오히려 범죄자를 만들어 낸다.(Hentig)
E. 암수범죄에 대한 연구는 축소적으로 실현된 正義에 대한 기본적 비판(Kaiser)

• 보기 2 •

ㄱ. A는 범죄원인은 종합적으로 규명되어야 하기 때문에 범죄학은 범죄사회학 이외에도 범죄생물학, 범죄심리학 등 모든 관련 주변학문영역에 대해 개방적일 수밖에 없음을 표현한 것이다.
ㄴ. B는 범죄가 사회의 규범유지를 강화시켜주는 필수적이고 유익한 기능을 한다는 설명이다.
ㄷ. C는 형법의 보호적 기능이 형사정책을 제한하는 점에 대한 설명이다.
ㄹ. D는 범죄피해자는 단순한 수동적 객체에 불과한 것이 아니라 범죄화과정에 있어서 적극적인 주체라는 점을 부각시킨 설명이다.
ㅁ. E는 숨은 범죄의 존재로 인해 범죄에 대한 대책을 수립하는 데 범죄통계가 충분한 출발점이 될 수 없음을 나타낸 표현이다.

① ㄱ, ㄴ, ㄹ, ㅁ　　② ㄱ, ㄴ, ㅁ
③ ㄴ, ㄷ, ㄹ, ㅁ　　④ ㄷ, ㄹ, ㅁ

해설

A. 셀린(Sellin) - (ㄱ) : 형사정책(범죄학)의 종합과학성
B. 뒤르껭(Durkheim) - (ㄴ) : 범죄정상설(범죄기능설)
C. 리스트(Liszt) - (ㄷ) (×) : 형법의 보장적 기능(죄형법정주의, 책임주의)이 형사정책을 제한한다.
D. 헨티히(Hentig) - (ㄹ) : 1941년 "행위자와 피해자 사이의 상호작용에 관한 연구"라는 논문에서 범죄자와 피해자의 상호작용에 의하여 범죄가 발생한다고 주장하였다.
E. 카이저(G.Kaiser) - (ㅁ) : 암수범죄에 대한 연구

정답 ①

002 형법학과 형사정책에 대한 설명으로 옳지 않은 것은?

22 보호직 7급

① 19세기 말 리스트(Liszt)는 '형법에서의 목적사상'을 주장하여 형이상학적 형법학이 아니라 현실과 연계된 새로운 형사정책 사상을 강조하였다.

② 형법학과 형사정책학은 상호의존적이며 동시에 상호제약적인 성격을 가지며, 리스트(Liszt)는 '형법은 형사정책의 극복할 수 없는 한계'라고 주장하였다.

③ 포이에르바흐(Feuerbach)는 형사정책을 '입법을 지도하는 국가적 예지'로 이해하고, 형사정책은 정책적 목적을 유지하기 위한 형법의 보조수단으로서 의미가 있다고 주장하였다.

④ 공리주의적 형벌목적을 강조한 벤담(Bentham)에 의하면, 형벌은 특별예방목적에 의해 정당화될 수 있고, 사회방위는 형벌의 부수적 목적에 지나지 않는다.

해 설

④ 벤담(Bentham)은 최대다수의 최대행복의 원리를 바탕으로 범죄를 설명하면서, / 형벌의 목적은 범죄의 예방과 일반인에 대한 경고에 있다고 하여, 일반예방적 목적을 강조하였다.

정답 ④

003 다음 설명의 내용과 형사정책학의 연구대상이 옳게 짝지어진 것은?

16 보호직 7급

ㄱ. 형법해석과 죄형법정주의에 의한 형법의 보장적 기능의 기준이 된다.
ㄴ. 범죄행위뿐만 아니라 그 자체가 범죄로 되지 아니하는 알코올 중독, 자살기도, 가출 등과 같은 행위도 연구의 대상이 된다.
ㄷ. 사회유해성 내지 법익을 침해하는 반사회적 행위를 의미하며, 범죄화와 비범죄화의 기준이 된다.
ㄹ. 범죄 가운데 시간과 문화를 초월하여 인정되는 범죄행위가 존재한다고 보고, 이는 형법상 금지여부와 상관없이 그 자체의 반윤리성·반사회성으로 인해 비난받는 범죄행위이다.

A. 실질적 범죄개념
B. 자연적 범죄개념
C. 형식적 범죄개념
D. 사회적 일탈행위

	ㄱ	ㄴ	ㄷ	ㄹ
①	A	B	C	D
②	A	D	C	B
③	C	B	A	D
④	C	D	A	B

해 설

④ 옳게 연결한 것 ㄱ - C / ㄴ - D / ㄷ - A / ㄹ - B

정답 ④

004 형사정책학의 연구대상에 관한 설명 중 옳은 것은? (16 사시)

① 범행주체인 범죄자와 범죄는 형사정책학의 연구대상이 되며, 범행대상인 피해자는 이에 해당되지 않는다.
② 형식적 의미의 범죄개념은 법적 개념으로 형사입법을 통해 범죄인지 여부가 정해지게 된다.
③ 실질적 의미의 범죄개념은 시간과 장소에 따라 변하지 않는 고정된 범죄개념을 전제로 하는 것이다.
④ 집단현상으로서의 범죄는 사회 병리적 현상이므로 사회심리학의 관점에서 다루어야 하며 형사정책학의 연구대상이 되지 않는다.
⑤ 일탈행위는 일반적으로 기대되는 행위와 모범적 행위에서 벗어나는 행위를 의미하므로 그 자체가 범죄가 되지 않는 알코올중독이나 자살기도, 가출 등이 이에 해당하고, 형식적 의미의 범죄는 일탈행위에 해당하지 않는다.

해설

① 범행대상인 피해자도 형사정책학의 연구대상에 해당한다.
② 형식적 의미의 범죄개념은 형법상 범죄구성요건으로 규정된 행위를 의미한다.
③ 실질적 의미의 범죄개념은 법규정과는 관계없이 사회유해성 내지 법익을 침해하는 반사회적 행위를 의미한다. 사회의 가치는 시간과 공간에 따라 변화하기 때문에 실질적 범죄개념은 상대적·가변적이다.

TIP 시간과 장소에 따라 변하지 않는 고정된 범죄개념은 자연적 범죄개념이다.

④ 집단현상으로서의 범죄는 일정한 시기에 있어서 일정한 사회의 자연적 산물인 범죄의 총체를 의미하는 것으로 사회적 병리 현상을 말한다. 사회에 미치는 영향이 대량적이고 지속적이기 때문에 형사정책이 개별현상으로서의 범죄보다 더 중점적으로 연구대상으로 삼아야 한다.

TIP 개별현상으로서의 범죄는 교정학의 주요 연구대상이다.

⑤ 형식적 의미의 범죄도 일탈행위에 포함된다.

정답 ②

005 형사정책학의 연구대상과 연구방법에 대한 설명으로 옳지 않은 것은? (22 보호직 7급)

① 범죄학이나 사회학에서 말하는 일탈행위의 개념은 형법에서 말하는 범죄개념보다 더 넓다.
② 사회에 새롭게 등장한 법익침해행위를 형법전에 편입해야 할 필요성을 인정함에 사용되는 범죄개념은 형식적 범죄개념이다.
③ 헌법재판소의 위헌결정으로 폐지된 간통죄와 같이 기존 형법전의 범죄를 삭제해야 할 필요성을 인정함에 사용되는 범죄개념은 실질적 범죄개념이다.
④ 공식적 범죄통계를 이용하는 연구방법은 두 변수 사이의 2차원 관계 수준의 연구를 넘어서기 어렵다는 비판이 가능하다.

해설

② 사회에 새롭게 등장한 법익침해행위를 형법전에 편입해야 할 필요성을 인정함에 사용되는 범죄개념은 실질적 범죄개념이다.

정답 ②

006 **범죄문제의 현황을 파악하는 자료로 활용되는 공식범죄통계와 범죄피해조사에 대한 설명으로 옳은 것으로만 묶인 것은?** (13 보호직 7급)

ㄱ. 공식범죄통계는 일선경찰서의 사건처리방침과 경찰관들의 재량행위로 인하여 범죄율이 왜곡되고 축소될 가능성이 있다.
ㄴ. 범죄피해조사는 응답자의 기억에 오류가 있을 수 없기에 비교적 정확히 범죄의 수준을 파악할 수 있다.
ㄷ. 공식범죄통계를 통해서 범죄현상의 내재적 상관관계나 범죄원인을 밝힐 수 있다.
ㄹ. 범죄피해조사에 대해서는 범죄구성요건에 대한 응답자의 지식이 충분하지 못하고, 질문문항이 잘못 작성될 가능성이 있다는 등의 문제점이 지적된다.
ㅁ. 공식범죄통계와 범죄피해조사는 각기 나름대로의 한계가 있기 때문에 범죄의 수준을 측정하는 도구로 완벽하다고 볼 수는 없다.

① ㄱ, ㄴ, ㄷ
② ㄱ, ㄹ, ㅁ
③ ㄴ, ㄷ, ㄹ
④ ㄴ, ㄷ, ㅁ

해설

ㄴ (×) : 피해자조사는 응답자의 기억에 오류가 있을 수 있으므로 정확히 범죄의 수준을 파악하기 어렵다.
ㄷ (×) 공식범죄통계는 자료획득이 쉽고, 범죄현상의 일반적 경향을 파악하는데 용이하며, 범죄의 양적 측면을 쉽게 파악할 수 있다. / 다만, 범죄현상의 내재적 상관관계나 범죄원인을 파악하기 어렵다.

정답 ②

007 **연구방법론에 대한 설명으로 옳지 않은 것은?** (23 교정 7급)

① 실험연구는 연구결과의 외적 타당성을 확보하기에 유용한 연구방법이다.
② 범죄피해조사는 연구대상자로 하여금 범죄피해 경험을 스스로 보고하게 하는 연구방법으로 암수범죄(Dunkelfeld)를 파악하는 데 용이하다.
③ 사례연구는 연구대상자에 대한 깊이 있는 정밀조사를 목표로 하며, 서덜랜드(Sutherland)의 전문절도범(the professional thief) 연구가 대표적이다.
④ 참여관찰법은 연구자가 스스로 범죄집단에 참여함으로써 연구대상을 관찰하여 자료를 수집하는 연구방법이다.

해설

① ㉠ **외적 타당성** : 외적 타당성이란 어떤 연구에서 나타난 결과를 일반화할 수 있는 정도를 말한다. / 실험적 연구방법은 소수를 대상으로 한 실험의 결과를 전체에게 일반화하기 어렵다는 점에서 외적 타당성을 확보하기 어렵다. // ㉡ **내적 타당성** : 내적 타당성이란 연구결과에서 한 변수가 다른 변수의 원인인지 여부의 정확성의 정도, 즉 원인과 결과의 인과관계의 정확성을 말한다. // ㉢ 실험연구는 내적 타당성을 확보할 수 있으나, 외적 타당성을 확보하기 어렵다.

정답 ①

008 **암수범죄(暗數犯罪)에 대한 설명으로 옳은 것만을 모두 고르면?** 24 교정 9급

ㄱ. 암수범죄로 인한 문제는 범죄통계학이 도입된 초기부터 케틀레(A. Quetelet) 등에 의해 지적되었다.
ㄴ. 절대적 암수범죄란 수사기관에 의해서 인지는 되었으나 해결되지 않은 범죄를 의미하는 것으로, 완전범죄가 대표적이다.
ㄷ. 상대적 암수범죄는 마약범죄와 같이 피해자와 가해자의 구별이 어려운 범죄에서 많이 발생한다.
ㄹ. 암수범죄는 자기보고식조사, 피해자조사 등의 설문조사방법을 통해 간접적으로 관찰할 수 있다.

① ㄱ, ㄴ
② ㄱ, ㄹ
③ ㄴ, ㄷ
④ ㄷ, ㄹ

해설

② 옳은 것 ㄱ, ㄹ
ㄱ. (○) 케틀레(A. Quetelet) 정비례 법칙 : 명역범죄와 암역범죄 사이에는 변함없는 고정관계가 존재한다는 정비례의 법칙을 주장하였다. / 공식적 통계상의 범죄현상은 실제의 범죄현상을 징표하거나 대표하는 의미가 있다고 보았다.
ㄴ. (×) 상대적 암수범죄 : 수사기관에 의해서 인지는 되었으나 해결되지 않은 범죄는 상대적 암수범죄이다. / 상대적 암수범죄는 수사기관과 법원과 같은 법집행기관의 자의 내지 재량 때문에 발생한다.
ㄷ. (×) 절대적 암수범죄 : 실제로 범하여졌지만 어느 누구도 인지하지 않았거나 기억조차도 하지 못하는 범죄를 말한다. / 마약범죄와 같이 피해자와 가해자의 구별이 어려운 범죄에서 절대적 암수범죄가 많이 발생한다.

정답 ②

009 **암수범죄에 대한 설명으로 옳지 않은 것은?** 24 보호직 7급

① 피해자의 개인적 사정이나 신고에 따른 불편·불이익뿐만 아니라 수사기관의 자유재량도 암수범죄의 원인이 된다.
② 암수조사의 방법 중 '자기 보고식 조사'는 중범죄보다는 경미한 범죄의 현상을 파악하는 데에 유용하다.
③ 암수조사의 방법 중 '피해자 조사'는 암수범죄에 대한 직접적 관찰방법에 해당한다.
④ 암수범죄는 피해자와 가해자의 구별이 어려운 범죄에 비교적 많이 존재한다.

해설

③ 암수조사의 방법 중 '피해자 조사'는 암수범죄에 대한 범죄의 피해자를 대상으로 설문조사를 실시하여 조사하는 간접적 관찰방법에 해당한다.

정답 ③

010 암수범죄에 대한 설명으로 옳은 것을 모두 고른 것은?

10 보호직 7급

ㄱ. 케틀레(A. Quetelet)는 암수범죄와 관련하여 반비례의 법칙을 주장하면서, 공식적 통계상의 범죄현상은 실제의 범죄현상을 징표하거나 대표하는 의미가 있다고 보았다.
ㄴ. 자기보고조사는 범죄자가 자기가 범한 범죄를 인식하지 못한 경우나 범죄를 범하지 않았다고 오신하는 경우에는 실태파악이 곤란하다.
ㄷ. 범죄피해자조사는 피해자가 피해를 인식하지 못한 경우나 피해자가 범죄피해가 없었다고 오신하는 경우에는 조사 결과의 정확성이 결여된다.
ㄹ. 정보제공자조사는 법집행기관에 알려지지 않은 범죄 또는 비행을 알고 있는 자로 하여금 그것을 보고하게 하는 것이다.

① ㄱ, ㄴ, ㄷ, ㄹ
② ㄱ, ㄷ, ㄹ
③ ㄴ, ㄷ, ㄹ
④ ㄴ, ㄷ

해설

① 케틀레(A. Quetelet)는 암수범죄와 관련하여 정비례의 법칙을 주장하면서, 공식적 통계상의 범죄현상은 실제의 범죄현상을 징표하거나 대표하는 의미가 있다고 보았다.

정답 ③

제2장 범죄원인론

제1절 고전학파와 초기실증주의

011 고전학파 범죄이론에 대한 설명으로 옳지 않은 것은?

21 보호직 7급

① 사회계약설에 입각한 성문형법전의 제정이 필요하다고 주장하였다.
② 파놉티콘(Panopticon) 교도소를 구상하여 이상적인 교도행정을 추구하였다.
③ 인간의 합리적인 이성을 신뢰하지 않고 범죄원인을 개인의 소질과 환경에 있다고 하는 결정론을 주장하였다.
④ 심리에 미치는 강제로서 형벌을 부과해야 한다고 하는 심리강제설을 주장하였다.

해설

① 베카리아(Beccaria)
② 벤담(Bentham)
③ 실증주의 학파에 대한 설명이다.
④ 포이에르바하(Feuerbach)

정답 ③

012 범죄원인론 중 고전주의학파에 대한 설명으로 옳은 것만을 모두 고르면?

19 교정 9급

ㄱ. 인간은 자유의사를 가진 합리적인 존재이다.
ㄴ. 인간은 처벌에 대한 두려움 때문에 범죄를 선택하는 것이 억제된다.
ㄷ. 범죄는 주로 생물학적·심리학적·환경적 원인에 의해 일어난다.
ㄹ. 범죄를 효과적으로 제지하기 위해서는 처벌이 엄격·확실하고, 집행이 신속해야 한다.
ㅁ. 인간에 대한 과학적 분석을 통해 범죄원인을 규명하고자 하였다.

① ㄱ, ㄴ, ㄷ
② ㄱ, ㄴ, ㄹ
③ ㄴ, ㄷ, ㄹ
④ ㄷ, ㄹ, ㅁ

해설

② 고전학파(ㄱ, ㄴ, ㄹ) / 실증주의 학파(ㄷ, ㅁ)

정답 ②

013 억제이론에 따를 때 범죄를 예방하기 위해 형벌의 집행이 가져야 할 중요한 세 가지 요소는? (03 사시)

ㄱ. 평등성(equality)	ㄴ. 확실성(certainty)
ㄷ. 적정절차(due process)	ㄹ. 무력화(incapacity)
ㅁ. 신속성(swiftness)	ㅂ. 관용성(generosity)
ㅅ. 비례성(proportionality)	ㅇ. 엄중성(severity)

① ㄱ, ㄴ, ㅂ
② ㄴ, ㄷ, ㅅ
③ ㄴ, ㅁ, ㅇ
④ ㄷ, ㄹ, ㅇ
⑤ ㄱ, ㄹ, ㅅ

해설

③ 확실성(certainty), 신속성(swiftness), 엄중성(severity)

정답 ③

014 억제이론(Deterrence Theory)에 대한 설명으로 옳지 않은 것은? (12 교정 9급)

① 억제이론의 기초가 되는 것은 인간의 공리주의적 합리성이다.
② 형벌의 특수적 억제효과란 범죄를 저지른 사람에 대한 처벌이 일반시민들로 하여금 처벌에 대한 두려움을 불러 일으켜서 결과적으로 범죄가 억제되는 효과를 말한다.
③ 범죄자에 대한 처벌의 억제효과는 범죄자의 자기통제력 수준에 따라 달라질 수 있다.
④ 처벌의 신속성, 확실성, 엄격성의 효과를 강조한다.

해설

② 형벌의 일반적 억제효과에 대한 설명이다. / 형벌의 특수적 억제효과는 형벌의 목적을 범죄인에 대한 위하와 범죄인이 다시 죄를 범하는 것을 방지하는 특별예방효과를 말한다.

정답 ②

1. 〈고전학파 vs 실증주의 학파〉

고전학파	실증주의 학파
• 인간은 자유의사를 가진 합리적·이성적인 존재 • 비결정론 • 인간은 처벌에 대한 두려움 때문에 범죄를 선택하는 것이 억제된다. • 계몽주의, 공리주의에 사상적 기초를 두었다. • 범죄를 효과적으로 제지하기 위해서는 처벌이 엄격·확실하고, 집행이 신속해야 한다. • 범죄와 형벌의 균형을 중요시 하였다.	• 인간의 자유의사를 부정 • 범죄는 주로 생물학적·심리학적·환경적 원인에 의해 일어난다(결정론). • 인간의 합리적인 이성을 신뢰하지 않고 범죄원인을 개인의 소질과 환경에 있다고 하는 결정론을 주장하였다. • 인간에 대한 과학적 분석을 통해 범죄원인을 규명하고자 하였다. • 인간행위보다 인간 자체에 초점을 두었다. • 실증주의는 행위자의 위험성을 형벌부과의 기초로 한다. • 형벌을 보안처분으로 대체할 것을 주장

- 고전주의가 범죄행위에 초점을 둔다면, / 실증주의는 개별적 범죄인에 초점을 둔다.
- 고전주의가 계몽주의 사조의 영향을 받았다면, / 실증주의는 자연과학 발전의 영향을 받았다.
- 실증주의가 인간행동에 대해 결정론적으로 해석을 한다면, / 고전주의는 자유의지를 강조하는 편이다.
- 고전주의는 형벌이 범죄결과의 정도에 상응하여야 한다고 주장한 반면, / 실증주의는 부정기형과 사회 내 처우를 중요시 하였다.
- 고전주의는 인간은 누구나 자유의지를 지닌 존재이기 때문에 평등하고, 범죄인이나 비범죄인은 본질적으로 다르지 않다고 인식하였다.
- 실증주의에 입각한 범죄예방이 기대에 미치지 못하자 고전주의가 추구했던 범죄억제를 재조명하려는 신고전주의가 나타났다.

015 **다음은 고전주의학파와 실증주의학파에 관한 내용이다. 같은 학파에 해당하는 내용만으로 옳게 묶인 것은?**

(09 사시)

ㄱ. 인간을 의사자유를 가진 이성적 존재로 보았다.
ㄴ. 계몽주의, 공리주의에 사상적 기초를 두었다.
ㄷ. 범죄와 형벌의 균형을 중요시 하였다.
ㄹ. 형벌을 보안처분으로 대체할 것을 주장하였다.
ㅁ. 인간행위보다 인간 자체에 초점을 두었다.

① ㄱ, ㄴ, ㄷ
② ㄱ, ㄴ, ㄹ
③ ㄱ, ㄹ, ㅁ
④ ㄴ, ㄷ, ㅁ
⑤ ㄷ, ㄹ, ㅁ

해설

① 고전학파(ㄱ, ㄴ, ㄷ) / 실증주의학파(ㄹ, ㅁ)

정답 ①

016 **범죄학에서 고전주의와 실증주의에 관한 설명으로 옳지 않은 것은?** (07 사시)

① 고전주의가 범죄행위에 초점을 둔다면, 실증주의는 개별적 범죄인에 초점을 둔다.
② 고전주의가 계몽주의 사조의 영향을 받았다면, 실증주의는 자연과학 발전의 영향을 받았다.
③ 실증주의가 인간행동에 대해 결정론적으로 해석을 한다면, 고전주의는 자유의지를 강조하는 편이다.
④ 고전주의는 행위자의 위험성을 형벌부과의 기초로 한다.
⑤ 실증주의에 입각한 범죄예방이 기대에 미치지 못하자 고전주의가 추구했던 범죄억제를 재조명하려는 신고전주의가 나타났다.

해 설

④ 실증주의는 행위자의 위험성을 형벌부과의 기초로 한다.

정답 ④

017 범죄학에 관한 고전주의와 실증주의에 대한 설명으로 옳지 않은 것은?

24 교정 9급

① 고전주의는 형벌이 범죄결과의 정도에 상응하여야 한다고 주장한 반면, 실증주의는 부정기형과 사회 내 처우를 중요시하였다.
② 고전주의는 인간은 누구나 자유의지를 지닌 존재이기 때문에 평등하고, 범죄인이나 비범죄인은 본질적으로 다르지 않다고 인식하였다.
③ 19세기의 과학적 증거로 현상을 논증하려는 학문 사조는 실증주의 범죄학의 등장에 영향을 끼쳤다.
④ 실증주의는 적법절차모델(Due Process Model)에 바탕을 둔 합리적 형사사법제도 구축에 크게 기여하였다.

해 설

④ 고전주의에 대한 설명이다. / 대표적인 학자인 베까리아(Beccaria)와 벤담(Bentham)은 자의적인 형벌운영을 지양하기 위해서 모든 형벌집행은 법률에 의하도록 주장했으며, 당시 자의적이고 전횡적인 형사사법 운영실태를 비판하였다.

정답 ④

018 베카리아(Beccaria)의 사상에 관한 설명 중 옳지 않은 것은?

13 사시

① 형벌은 범죄에 비례하지 않으면 안되며 법률에 의해 규정되어야 한다.
② 사형은 예방 목적의 필요한 한도를 넘는 불필요한 제도로서 폐지되어야 한다.
③ 처벌은 공개적이어야 하고 신속하며 필요한 것이어야 한다.
④ 범죄를 예방할 수 있는 가장 확실한 장치는 처벌의 가혹성에 있다.
⑤ 범죄와 처벌 사이의 시간적 길이가 짧을수록 범죄 예방에 더욱 효과적이다.

해 설

④ 베카리아(Beccaria)는 범죄를 예방할 수 있는 가장 확실한 장치는 처벌의 가혹성이 아니라 처벌의 확실성에 있다고 하였다.

정답 ④

2. 〈 고전학파 학자 〉

포이에르 바흐 (Feuerbach)	• 형사정책은 형사입법을 위한 국가의 예지(叡智) • 심리강제설 : 형벌을 예고하여 일반인이 심리적으로 위축되어 범죄를 단념 • 일반예방주의
베까리아 (C. Beccaria)	• 「범죄와 형벌」을 집필하고 죄형법정주의를 강조하였다. • 형벌은 범죄에 비례하여야 하고, 법률에 의해 규정되어야 한다. • 형벌의 목적을 범죄자에 대한 처벌이 아닌 범죄예방에 두었다. • 베까리아는 범죄예방을 위한 처벌의 확실성, 엄중성과 함께 처벌의 신속성을 강조하였다. • 범죄를 예방할 수 있는 가장 확실한 장치는 처벌의 확실성에 있다. • 사형은 예방 목적의 필요한 한도를 넘는 불필요한 제도로서 폐지되어야 한다.
벤담(Bentham)	• 법의 목적은 최대다수의 최대행복을 보장하는 것이라고 주장하였다. • 최소비용으로 최대의 감시효과를 거둘 수 있는 파놉티콘(Panopticon)이라는 감옥형태를 구상하였다. • 범죄자에 대한 적개심에 따라 강도가 달라질 수 있는 채찍질처럼, 감정에 따라 불공정하게 형벌이 부과되는 것을 경계하였다. • 범죄를 상상(관념)적 범죄와 실제적 범죄로 구별하려고 하였다.
존 하워드(Howard)	• 감옥개량운동의 선구자로 인도적인 감옥개혁을 주장하였다. • 사형집행으로 죽는 죄수보다 감옥 내 질병으로 죽는 죄수가 많다는 것은 곤란한 일이다. • 감옥은 단순한 징벌장소가 아닌 개선장소가 되어야 한다.
리스트 (Liszt)	• 형법은 형사정책의 극복할 수 없는 한계이다. • 최선의 사회정책이 가장 좋은 형사정책이다. • '처벌되어야 할 것은 행위가 아니라 행위자'라고 하여 행위자책임설을 주장 • 형벌의 주된 목적은 응보가 아니라, 범죄인을 개선시켜 범죄를 예방하고 사회를 방위함에 있다고 보았다. • 특별예방사상을 주장하여 형벌의 목적을 범죄인을 개선시켜 그 범죄인이 또 다시 범죄를 범하지 않도록 하는데 있다고 보았다. • 형벌의 개별화에 따라, 범죄인에 따라서 개선, 위하, 무해화(사형인정) 조치를 주장하였다. • 부정기형의 채택, 단기자유형의 폐지, 강제노역의 인정, 집행유예, 벌금형, 소년범에 대한 특별처우를 주장하였다.

019 리스트(Liszt)의 형사정책이론에 관한 설명 중 옳은 것은? 15 사시

① 형벌의 목적으로 특별예방사상을 처음으로 주장함으로써 형벌 예고를 통해 일반인의 범죄충동을 억제하는 것이 형벌의 가장 중요한 기능이라고 보았다.
② '처벌되어야 할 것은 행위자가 아니고 행위'라는 명제를 제시하였다.
③ 개선이 불가능한 범죄자를 사회로부터 격리수용하는 무해화 조치도 필요하다고 주장하였다.
④ 부정기형의 폐지, 단기자유형의 활용, 강제노역의 폐지 등을 주장하였다.
⑤ 형벌의 주된 목적을 응보로 이해하였다.

해설

① 리스트(Liszt)는 형벌의 목적은 '범죄인을 개선·교육하여 그 범죄인이 장차 범죄를 저지르지 않도록 예방하는 데에 있다.'고 하여 특별예방주의를 주장하였다.

TIP 일반인에 대한 범죄억제는 일반예방주의이다.

② '처벌되어야 할 것은 행위가 아니고 행위자'라는 명제를 제시하였다.
③ 형벌의 개별화를 주장하고, 범죄인에 따라 개선, 위하, 무해화(사형) 조치를 취할 것을 주장하였다.
④ 부정기형의 채택, 단기자유형의 폐지, 집행유예, 벌금형, 누진제의 합리화, 강제노역의 인정, 소년범에 대한 특별처우를 주장하였다.
⑤ 형벌의 본질은 응보가 아니라 사회를 방위하기 위하여 장래의 범죄를 예방하려는 목적을 가진 것으로 이해하여 / 형벌 그 자체와 목적을 상대적으로 이해하였다(상대설).

TIP 형벌의 본질을 응보로 이해하는 입장을 절대설이라 한다.

정답 ③

020 형사정책과 관련한 리스트(F. v. Liszt)의 주장으로 옳지 않은 것은?

25 보호 7급

① 범죄를 범죄자의 타고난 특성과 범행 당시 그를 둘러싼 사회적 관계, 특히 경제적 관계에서 비롯되는 필연적 산물로 보았다.
② 형벌은 개선이 가능하고 필요한 범죄자에 대해서는 개선을, 개선을 필요로 하지 않은 범죄자에 대해서는 위하를, 개선이 불가능한 범죄자에 대해서는 무해화 조치를 목적으로 하여야 한다고 주장하였다.
③ 부정기형의 도입, 단기자유형의 폐지, 강제노역의 인정, 소년범죄에 대한 특별한 처우 등을 주장하였다.
④ 형사정책은 형벌권이 자의적으로 확대되지 않도록 제한하는 역할을 담당해야 한다는 점을 강조하였다.

해설

④ **리스트(Liszt)**는 '형법은 형사정책의 넘을 수 없는 한계'라고 하여 형법의 보장적 기능을 강조하였다. / 따라서 형법이 형벌권의 자의적 확대를 제한하는 역할을 담당해야 한다고 하였다.

정답 ④

021 형벌이론에 대한 설명으로 옳지 않은 것은?

24 보호 7급·24 교정 7급

① 베카리아(C. Beccaria)는 사형을 폐지하고 종신 노역형으로 대체할 것을 주장하였다.
② 헤겔(G.W.F. Hegel)은 절대적 형벌론자였으며, 범죄행위는 법의 부정이며, 형벌은 법의 부정을 부정하는 것이라고 주장하였다.
③ 칸트(I. Kant)는 응보이론을 옹호했으며, 형벌은 일정한 목적을 추구하기 위해 존재하는 것이 아니라 범죄자에게 고통을 주는 그 자체가 가치 있는 것이라고 주장하였다.
④ 포이어바흐(A. Feuerbach)는 일반예방과 특별예방을 구별하고, 재사회화와 관련된 심리강제설을 주장하면서, 특별예방을 강조하였다.

해설

④ 포이에르바하(Feuerbach)는 인간을 범죄를 저지르고자 하는 욕망을 가진 존재로 이해하고, 형법이 미리 형벌을 예고함으로써 범죄자의 심리를 억제하게 된다는 일반예방을 강조한다(심리강제설).

정답 ④

022 벤담(Bentham)의 주장에 관한 설명 중 옳지 않은 것은? (15 사시)

① 법의 목적은 최대다수의 최대행복을 보장하는 것이라고 주장하였다.
② 형벌은 범죄자의 재사회화를 목표로 하는 특별예방에 주된 목적이 있다고 보아 형벌대용물사상을 주장하였다.
③ 최소비용으로 최대의 감시효과를 거둘 수 있는 파놉티콘(Panopticon)이라는 감옥 형태를 구상하였다.
④ 범죄자에 대한 적개심에 따라 강도가 달라질 수 있는 채찍질처럼, 감정에 따라 불공정하게 형벌이 부과되는 것을 경계하였다.
⑤ 범죄를 상상(관념)적 범죄와 실제적 범죄로 구별하려고 하였다.

해설

② 페리(Ferri)의 주장이다.

정답 ②

023 〈보기 1〉에 제시된 설명과 〈보기 2〉에 제시된 학자를 옳게 짝지은 것은? (18 교정 9급)

• 보기 1 •

ㄱ. 감옥개량의 선구자로 인도적인 감옥개혁을 주장하였다.
ㄴ. 「범죄와 형벌」을 집필하고 죄형법정주의를 강조하였다.
ㄷ. 파놉티콘(Panopticon)이라는 감옥형태를 구상하였다.
ㄹ. 범죄포화의 법칙을 주장하였다.

• 보기 2 •

A. 베까리아(Beccaria) B. 하워드(Howard)
C. 벤담(Bentham) D. 페리(Ferri)

	ㄱ	ㄴ	ㄷ	ㄹ
①	A	B	C	D
②	C	A	B	D
③	B	A	C	D
④	B	A	D	C

해설

③ ㄱ-B / ㄴ-A / ㄷ-C / ㄹ-D

정답 ③

024 다음 범죄학 이론에 대한 설명으로 옳지 않은 것은?

24 교정 9급

범죄가 발생하기 위해서는 최소한 범죄성향을 갖고 그 성향을 행동으로 표현할 능력을 가진 동기화된 범죄자(motivated offender)가 존재해야 한다. 이러한 범죄자에게 적당한 범행대상(suitable target)이 되는 어떤 사람이나 물체가 존재하고, 범죄를 예방할 수 있는 감시의 부재(absence of guardianship)가 같은 시간과 공간에서 만날 때 범죄가 발생한다.

① 코헨(L. Cohen)과 펠슨(M. Felson)의 견해이다.
② 합리적 선택이론을 기반으로 한 신고전주의 범죄학 이론에 속한다.
③ 동기화된 범죄자로부터 범행대상을 보호할 수 있는 수단인 가족, 친구, 이웃 등의 부재는 감시의 부재에 해당한다.
④ 범죄예방의 중점을 환경이나 상황적 요인보다는 범죄자의 성향이나 동기의 감소에 둔다.

해설

④ 코헨과 펠슨(Cohen & Felson)의 일상활동이론(Routine activities theory)에 대한 설명이다. / 일상활동의 구조적 변화는 위와 같은 세 가지 요소(동기화된 범죄자·적절한 범행대상·감시의 부재)에 시간적·공간적으로 영향을 미치게 되며 그것이 결집된 경우에 범죄가 발생한다고 본다. / 따라서 범죄예방의 중점을 범죄자의 성향이나 동기의 감소보다는 환경이나 상황적 요인의 변화에 두고 있다.

정답 ④

제2절 개인적 범죄원인론 (생물학적·성격적)

3. 〈 이탈리아 초기 실증주의 학자 〉

<table>
<tr><td rowspan="3">롬브로조(Lombroso)</td><td colspan="2">• 범죄인류학의 창시자로서 생래적범죄인론을 주장하였다.
• 인간의 자유의사를 부정하는 결정론을 전제로, 자연과학적 방법을 도입하여 범죄원인을 실증적으로 분석하였다.
• 범죄의 원인을 생물학적으로 분석하여 격세유전과 생래적 범죄인설을 주장
• 잔혹한 누범자(생래적 범죄인)에 대하여 사형을 인정하였다.</td></tr>
<tr><td>고링(Goring)</td><td>• 롬브로조 비판
• 수형자와 정상인 간에 차이점을 발견할 수 없다.</td></tr>
<tr><td>후튼(Hooton)</td><td>• 롬브로조 지지
• 범죄자는 일반인보다 신체적 열등성을 가진다.
• 신체적 특징에 따라 범죄유형을 제시하였다.</td></tr>
<tr><td>가로팔로(Garofalo)</td><td colspan="2">• 가로팔로는 범죄원인으로서 심리학적 측면을 중시하였다.
• 범죄의 원인으로 심리적 측면을 중시하여 이타적 정서가 미발달한 사람일수록 범죄를 저지르는 경향이 있다고 하였다.
• 생물학적 요소에 사회심리학적 요소를 덧붙여 범죄인을 자연범과 법정범으로 구분하고, 과실범은 처벌하지 말 것을 주장하였다.</td></tr>
<tr><td>페리(Ferri)</td><td colspan="2">• 범죄의 원인을 인류학적 요인, 물리적 요인, 사회적 요인으로 구분하고 이 세가지 요인이 존재하는 사회에는 이에 상응하는 일정량의 범죄가 발생한다는 범죄포화의 법칙을 주장하였다.
• 형벌을 범죄자의 재사회화를 목표로 하는 특별예방에 주된 목적이 있다고 보아 형벌대용물 사상을 주장하였다.
• 페리(Ferri)는 사형을 반대하였다.</td></tr>
</table>

025 범죄인류학파(이탈리아 실증주의학파)에 대한 설명으로 옳지 않은 것은? 18 보호직 7급

① 롬브로조(Lombroso)는 자유의지에 따라 이성적으로 행동하는 인간을 전제로 하여 범죄의 원인을 자연과학적 방법으로 분석하였다.

② 페리(Ferri)는 범죄포화의 법칙을 주장하였으며 사회적·경제적·정치적 요소도 범죄의 원인이라고 주장하였다.

③ 가로팔로(Garofalo)는 범죄의 원인으로 심리적 측면을 중시하여 이타적 정서가 미발달한 사람일수록 범죄를 저지르는 경향이 있다고 하였다.

④ 생래적 범죄인에 대한 대책으로 롬브로조(Lombroso)는 사형을 찬성하였지만 페리(Ferri)는 사형을 반대하였다.

해설

① 범죄인류학파(이탈리아 실증주의학파)는 인간의 자유의사를 부정하는 결정론을 전제로, 자연과학적 방법을 도입하여 범죄원인을 실증적으로 분석하였다. 롬브로조(Lombroso)는 범죄인류학의 창시자로서 생래적범죄인론을 주장하였다. // 자유의지에 따라 이성적으로 행동하는 인간을 전제로 하여 범죄를 분석한 것은 고전학파이다.

정답 ①

026 실증주의 범죄이론에 대한 설명으로 옳지 않은 것은?

25 보호 7급

① 실증주의는 인간 행위를 연구하는 데 있어서 구체적인 증거와 논의에 대한 검증을 요구하는 과학적 연구방법론을 강조한다.
② 롬브로소(C. Lombroso)는 여성범죄자들은 여성의 특징인 모성·순종·온순함이 부족하다고 주장하였다.
③ 페리(E. Ferri)는 범죄예방을 위해서는 형벌보다는 범죄의 충동을 간접적으로 방지할 수 있는 사회정책이 필요하다고 하였다.
④ 가로팔로(R. Garofalo)는 "죄는 범죄인을 제외한 모든 사람에게 있다"라고 주장하여 범죄의 사회적 원인을 강조하였다.

해설

④ "죄는 범죄인을 제외한 모든 사람에게 있다"라고 주장한 사람은 따르드(Tarde)이다.

TIP 가로팔로(Garofalo) : 범죄인을 자연범(自然犯)과 범죄인인 법정범(法定犯)으로 구분하고 과실범은 처벌하지 말 것을 주장하였다. / 이타적 정서가 미발달한 사람일수록 범죄를 저지르는 경향이 있다고 하였다.

정답 ④

027 생물학적 범죄원인론에 대한 설명으로 옳지 않은 것은?

25 보호직 9급

① 랑게(Lange)는 생물학적 부모의 유전적 영향과 입양 부모의 환경적 영향이 상호작용할 때 범죄에 가장 큰 영향을 주는 것을 확인하였다.
② 후튼(Hooton)은 범죄자는 일반인보다 신체적 열등성을 가진다고 주장하였고, 신체적 특징에 따라 범죄유형을 제시하였다.
③ 크레취머(Kretschmer)는 체형과 성격유형, 범죄 잠재성은 높은 상관관계가 있다고 주장하였다.
④ 제이콥스(Jacobs)와 동료들은 수용자 집단의 XYY 염색체 비율이 정상집단의 비율보다 높은 것을 확인하였다.

해설

① 허칭스와 메드닉(Hutchings & Mednick)은 생물학적 부모의 유전적 영향과 입양 부모의 환경적 영향이 상호작용할 때 범죄에 가장 큰 영향을 주는 것을 확인하였다. // 랑게(Lange)는 쌍생아 연구를 하여 이란성쌍둥이에 비하여 일란성쌍둥이의 범죄일치율이 더 높다고 하였다.
② 롬브로조(Lombroso) 생래적 범죄인설 → 고링(Goring)의 비판 → 후튼(Hooton)은 롬브로조 지지

정답 ①

4. 〈 쌍둥이 및 입양아 연구 〉

랑게(Lange)	• 13쌍의 일란성 쌍둥이와 17쌍의 이란성 쌍둥이를 대상으로 연구 • 일란성쌍생아가 이란성쌍생아보다 유사한 행동경향을 보인다고 하였다. • 일란성 쌍둥이에서 쌍둥이 모두가 범죄를 저지른 비율이 이란성 쌍둥이에서 쌍둥이 모두가 범죄를 저지른 비율보다 높다는 것을 확인하였다.
크리스찬센(Christiansen)	• 광범위한 표본을 대상으로 연구하였고, 그 연구결과에 의하면 일란성 쌍둥이 모두가 범죄를 저지른 비율이 이란성 쌍둥이 모두가 범죄를 저지른 비율보다 높다는 결과를 얻었다. • 유전적 요인은 중요하지만, 사회적 변수에 따라 많은 영향을 받는다고 주장하였다.

달가드와 크링그렌 (Dalgard & Kringlen)	• 쌍둥이 연구에서 유전적 요인 이외에 양육 과정의 차이(환경적 요인)도 함께 고려하여 연구하였다. • 일란성쌍생아의 높은 범죄 일치율은 조사 대상자들이 비슷한 양육과정에 있었기 때문이고 실제 양육과정을 달리했을 때에는 큰 차이가 없다고 주장하였다. • '범죄발생에서 유전적 요소의 중요성이란 존재하지 않는다'고 주장하였다.
허칭스와 메드닉 (Hutchings & Mednick)	• 입양아 연구에서 양부모보다 생부모의 범죄성이 아이의 범죄성에 더 큰 영향을 준다고 하였다. • 입양아는 생부와 양부 둘 중 한 편만 범죄인인 경우가 생부와 양부 모두가 범죄인인 경우보다 범죄인이 될 가능성이 낮다고 하였다.

028 생물학적 범죄원인론에 관련된 설명 중 옳지 않은 것은?

14 사시

① 랑게(Lange)는 일란성 쌍생아들이 이란성 쌍생아들보다 범죄일치율(두 명 모두 범죄를 저지른 비율)이 현저히 높다는 점을 근거로 유전적 소질이 범죄에 영향을 미친다고 주장하였다.

② 제이콥스(Jakobs)는 염색체 구조와 범죄의 관계를 조사하여, 남성성을 나타내는 Y염색체가 일반 남성보다 많은 XYY형 남성은 폭력적이며 강한 범죄성향을 가진다고 주장하였다.

③ 고링(Goring)은 신체적 특징과 범죄의 관계를 분석하여, 범죄자가 일반인과 현저히 구별되는 신체적 특징을 지녔다는 롬브로조의 주장을 지지하였다.

④ 크레취머(Kretschmer)는 사람의 체형을 세장형, 운동형, 비만형으로 나누고 각 체형과 범죄유형의 상관관계를 연구하였다.

⑤ 글룩 부부(S. Glueck & E. Glueck)의 연구에 따르면 범죄를 저지르는 경향이 가장 높은 체형은 중배엽형이다.

해설

③ 고링(Goring)은 롬브로조(Lombroso의 주장을 비판하였고, / 후튼(Hooton)이 롬브로조의 주장을 지지하였다.

정답 ③

029 쌍둥이 연구에 관한 설명 중 옳지 않은 것은?

13 사시

① 쌍둥이 연구는 일란성 쌍둥이와 이란성 쌍둥이의 범죄일치율을 비교해 봄으로써 유전적 소질이 범죄에 미치는 영향을 알 수 있다는 전제에서 출발하였다.

② 랑에(Lange)는 13쌍의 일란성 쌍둥이와 17쌍의 이란성 쌍둥이를 대상으로 연구한 결과, 일란성 쌍둥이에서 쌍둥이 모두가 범죄를 저지른 비율이 이란성 쌍둥이에서 쌍둥이 모두가 범죄를 저지른 비율보다 높다는 것을 확인하였다.

③ 크리스찬센(Christiansen)은 랑에의 연구가 가진 한계를 극복하기 위해 광범위한 표본을 대상으로 연구하였고, 그 연구결과에 의하면 일란성 쌍둥이 모두가 범죄를 저지른 비율보다 이란성 쌍둥이 모두가 범죄를 저지른 비율이 오히려 높다는 결과를 얻었다.

④ 달가드(Dalgard)와 크링글렌(Kringlen)은 쌍둥이 연구에서 유전적 요인 이외에 양육 과정의 차이도 함께 고려하여 연구하였다.

⑤ 쌍둥이 연구는 일란성과 이란성의 분류 방법의 문제, 표본의 대표성, 공식적인 범죄기록에 의한 일치율 조사 등에 문제가 있다는 비판이 있다.

해설

③ 크리스찬센(Christiansen)은 일란성 쌍둥이 모두가 범죄를 저지른 비율이 이란성 쌍둥이 모두가 범죄를 저지른 비율보다 높다는 결과를 얻었다.

정답 ③

030 범죄와 생물학적 특성 연구에 대한 학자들의 주장으로 옳지 않은 것은? (21 교정 9급)

① 덕데일(Dugdale)은 범죄는 유전의 결과라는 견해를 밝힌 대표적인 학자이다.
② 랑게(Lange)는 일란성쌍생아가 이란성쌍생아보다 유사한 행동경향을 보인다고 하였다.
③ 달가드(Dalgard)와 크링그렌(Kringlen)은 쌍생아 연구에서 환경적 요인이 고려될 때도 유전적 요인의 중요성은 변함없다고 하였다.
④ 허칭스(Hutchings)와 메드닉(Mednick)은 입양아 연구에서 양부모보다 생부모의 범죄성이 아이의 범죄성에 더 큰 영향을 준다고 하였다.

해설

① 덕데일(R. Dugdale)의 듀크(Duke)가계(家系) 연구
③ 달가드와 크링그렌(Dalgard & Kringlen)은 쌍둥이 연구에서 유전적 요인 이외에 양육과정의 차이 등 환경적 요인을 고려하여 연구하였다. / 일란성쌍생아의 높은 범죄 일치율은 조사 대상자들이 비슷한 양육과정에 있었기 때문이고 실제 양육과정을 달리했을 때에는 큰 차이가 없다고 주장하였다. '범죄발생에서 유전적 요소의 중요성이란 존재하지 않는다'고 주장하였다.

정답 ③

5. 〈 가계 연구 〉

덕데일 (Dugdale)	• 쥬크(Juke) 家 연구 (교도소 가족 수형자 대상) • 범죄는 유전의 결과라는 견해를 밝힌 대표적인 학자이다.
고다드 (Henry Goddard)	• 칼리카크(Kallikak) 家 연구 (남북전쟁 민병대원의 자손 연구)

031 프로이드(Freud)의 정신분석학적 범죄이론에 대한 설명으로 옳지 않은 것은? (24 보호직 7급)

① 일탈행위의 원인은 유아기의 발달단계와 관련이 있다.
② 인간의 무의식은 에고(ego)와 슈퍼에고(superego)로 구분된다.
③ 이드(id)는 생물학적 충동, 심리적 욕구, 본능적 욕망 등을 요소로 하는 것이다.
④ 슈퍼에고는 도덕적 원칙을 따르고 이드의 충동을 억제한다.

해 설

② 프로이드(Freud)의 정신분석학에서 현실의식을 에고(Ego)라고 하고, / 무의식을 이드(Id)와 슈퍼에고(Superego)로 나누었다.

정답 ②

032 다음 설명 중 옳지 않은 것은? (15 사시)

① 프로이드(Freud)는 의식을 에고(Ego)라고 하고, 무의식을 이드(Id)와 슈퍼에고(Superego)로 나누었다.

② 정신분석학은 개인이 콤플렉스에 기한 잠재적인 죄책감과 망상을 극복할 수 없는 경우에 범죄로 나아갈 수 있다고 보았다.

③ 에이크혼(Aichhorn)에 따르면 비행소년은 슈퍼에고(Superego)의 과잉발달로 이드(Id)가 통제되지 않아 양심의 가책 없이 비행을 하게 된다고 보았다.

④ 슈나이더(Schneider)는 정신병질유형 중에서 과장성(자기현시성) 정신병질자는 고등사기범이 되기 쉽다고 보았다.

⑤ 정신분석학은 초기 아동기의 경험과 성적 욕구를 지나치게 강조한다는 비판을 받는다.

해 설

③ 에이크혼(Aichhorn)은 비행소년의 경우 슈퍼에고(Superego)가 제대로 형성되지 않아 이드(Id)가 전혀 통제되지 못함으로써 비행소년들이 반사회적 행위를 아무런 양심의 가책없이 저지르게 된 것으로 보았다.

정답 ③

6. 〈 프로이드(Freud) 정신분석학 〉

의 식	에고(Ego)	• 스스로 의식할 수 있는 자기의 모습, 자기가 살고 있는 현실세계 • 에고는 현실원칙에 따라 반응 • 본능적 충동에 따른 이드의 욕구와 사회적 의무감을 반영하는 슈퍼에고의 금지를 조정
무의식	이드(Id)	• 생물학적 충동, 심리적 욕구, 본능적 욕망 등 (쾌락의 원칙) • 쾌락의 원칙 : 좋다고 느껴지는 것이라면 그것을 행하려고 시도
		• 리비도(Libido) : 성적 에너지. 모든 동물의 생존의지와 같이 한 개인의 생활에 광범위하고 집요하게 개입되는 본능적 요소
	수퍼에고 (Superego)	• 슈퍼에고는 도덕적 원칙을 따르고 이드의 충동을 억제한다. • 자아비판력, 양심, 사회적 의무감 등을 반영하는 자아
		• 에이크혼(Aichhorn)에 따르면 비행소년은 슈퍼에고(Superego)의 미발달로 이드(Id)가 통제되지 않아 양심의 가책 없이 비행을 하게 된다고 보았다.

033 심리학적 범죄이론에 대한 설명으로 옳지 않은 것은? (25 보호 7급)

① 프로이드(S. Freud)는 성격의 세 가지 측면을 자아(ego), 원본능(id), 초자아(superego)로 구분하였다.

② 에이크혼(A. Aichhorn)은 비행소년의 경우 원본능(id)이 제대로 통제되지 않았기 때문에 양심의 가책 없이 비행을 저지르게 되는 것으로 보았다.

③ 반두라(A. Bandura)는 사람들로 하여금 특정한 행동을 하도록 하는 동기화를 외부강화, 내부강화, 자기강화로 구분하였다.

④ 피아제(J. Piaget)는 사람의 인지발달 단계를 감각운동기 - 전조작기 - 구체적 조작기 - 형식적 조작기로 구분하였다.

해설

③ 반두라(A. Bandura)의 사회인지학습이론은 인간이 타인의 행동을 직접 관찰하고 모방함으로써 학습이 일어난다는 이론이다. / 동기화는 학습한 행동을 실제로 수행할 가능성을 높이는 인지 과정을 의미한다. 반두라는 사람들의 특정한 행동을 유발하는 동기화를 외부강화, 대리강화, 자기강화로 구분하였다.

④ 피아제(J. Piaget)는 사람의 인지발달 단계 : 감각운동기(sensory-motor stage, 출생시~2세) - 전조작기(preoperational stage, 2세 ~ 7세) - 구체적 조작기(concrete operational stage, 7세 ~ 11세) - 형식적 조작기(formal stage, 11세 ~ 16세)로 구분하였다.

정답 ③

7. 〈반두라 사회학습이론의 동기화 구분〉

외부강화 (Direct Reinforcement)	• 다른 사람의 행동을 관찰하고 모방한 결과, 그 행동에 대해 직접적인 보상이나 강화를 받는 것
대리 강화 (Vicarious Reinforcement)	• 타인이 특정 행동을 하고 그 결과로 보상받는 것을 관찰함으로써 간접적으로 긍정적인 영향을 받는 것
자기 강화 (Self-Reinforcement)	• 학습자 스스로 정한 내적 표준이나 목표를 달성했을 때, 스스로에게 보상을 주어 자신의 행동을 유지하고 조절하는 것

034 **다음은 슈나이더(Schneider)가 분류한 정신병질의 특징과 범죄의 관련성에 대해 설명한 것이다. 괄호 안에 들어갈 말이 바르게 짝지어진 것은?** 13 보호직 7급

(㉠) 정신병질자는 인간이 보편적으로 갖는 고등감정이 결핍되어 있으며, 냉혹하고 잔인한 범죄를 저지르는 경우가 많다.
(㉡) 정신병질자는 환경의 영향을 많이 받으며, 누범의 위험이 높다.
(㉢) 정신병질자는 심신의 부조화 상태를 늘 호소하면서 타인의 동정을 바라는 성격을 가지며, 일반적으로 범죄와는 관계가 적다.
(㉣) 정신병질자는 낙천적이고 경솔한 성격을 가지고 있으며, 상습사기범이 되기 쉽다.

	㉠	㉡	㉢	㉣
①	광신성	의지박약성	우울성	발양성
②	무정성	의지박약성	무력성	발양성
③	광신성	자신결핍성	우울성	기분이변성
④	무정성	자신결핍성	무력성	기분이변성

해설

② ㄱ(무정성), ㄴ(의지박약성), ㄷ(무력성), ㄹ(발양성)

정답 ②

8. 〈 슈나이더(Schneider)는 정신병질유형과 범죄 - 10분법 〉

발양성	• 자기를 사물의 중심으로 생각하고, 자기에 대한 과대평가 • 고등사기범이 되기 쉽다.
우울성*	• 염세적·비관적인 인생관, 우울하고 자책적 • 자살 충동이 강함, 강박 증상으로 살상과 성범죄 가능
의지박약성	• 내·외적 의지 모두 박약 • 환경의 영향을 많이 받으며, 누범의 위험이 높다. • 상습사기범, 성매매여성, 마약중독자
무정성	• 인간이 보편적으로 갖는 고등감정이 결핍, 냉혹·잔인하고 죄책감이 없음 • 범죄학상 가장 문제시됨 • 냉혹하고 잔인한 범죄를 저지르는 경우가 많다. • 롬브로조의 생래적 범죄인, XYY 범죄인, 뇌손상범죄인 등
폭발성	• 병적 흥분자, 뇌전증 기질을 나타내는 경우가 많다. • 충동적 살상범, 폭행범, 손괴범
기분이변성	• 기분의 동요가 심하여 예측할 수 없음, 충동인(衝動人) • 방화범, 상해범
과장성 (자기현시욕성)	• 자기를 사물의 중심으로 생각하고, 자기에 대한 과대평가 • 공상성 거짓말을 일삼고, 고급사기범이 되기 쉽다.
자신결핍성*	• 자기의 능력부족을 의식하여 주변 사정에 민감하고 강박 증상이 있음 • 범죄와는 거리가 멀다.

열광성 (광신성)	• 어떤 가치 관념에 열중하여 적극적으로 선전·주장하고, 그 소신에 따라 행동 • 종교적 광신자나 정치적 확신범 중에 많다.
무력성*	• 심신의 부조화 상태를 늘 호소하면서 타인의 동정을 바라는 성격 • 일반적으로 범죄와의 관계가 적다.

TIP 범죄와 관련성이 낮은 것 : 무력성, 우울성, 자신결핍성(의지박약성)

035 **사이코패스에 대한 설명으로 옳지 않은 것은?** (23 보호직 7급)

① 감정, 정서적 측면에서 타인에 대한 공감능력이 부족하며 죄의식이나 후회의 감정이 결여되어 있다.
② 헤어(Hare)의 사이코패스 체크리스트 수정본(PCL-R)은 0 ~ 2점의 3점 척도로 평가되는 총 25개 문항으로 구성된다.
③ 모든 사이코패스가 형사사법제도 안에서 범죄행위가 드러나는 형태로 걸러지는 것은 아니다.
④ 공감, 양심, 대인관계의 능력 등에 대한 전통적 치료프로그램의 효과를 거의 기대하기 어렵다.

해설

② 사이코패스 진단방법인 PCL-R(수정본)은 심리학자 로버트 헤어(Robert D. Hare)가 PCL을 수정하여 개발한 것이다. / PCL-R은 0~2점의 3점 척도로 20문항으로 구성되고, 40점을 최고점으로 하여 최고점에 근접할수록 사이코패스적 성향이 높다고 판단하는 방식이다.

정답 ②

제3절 사회적 범죄원인론

036 다음 학자와 그의 주장이 바르게 연결된 것은? (13 교정 9급)

① 리스트(Liszt) - 죄는 범죄인을 제외한 모든 사람에게 있다.
② 케틀레(Quetelet) - 사회 환경은 범죄의 배양기이며, 범죄자는 미생물에 해당할 뿐이므로 벌해야할 것은 범죄자가 아니라 사회이다.
③ 타르드(Tarde) - 모든 사회현상이 모방이듯이 범죄행위도 모방으로 이루어진다.
④ 라카사뉴(Lacassagne) - 사회는 범죄를 예비하고, 범죄자는 그것을 실천하는 도구에 불과하다.

해설

① 타르드(Tarde)
② 라카사뉴(Lacassagne)
③ 타르드(Tarde) 모방의 법칙
④ 케틀레(Quetelet)

정답 ③

9. 〈 사회적 범죄원인론 : 라카사뉴(Lacassagne)와 케틀레(Quetelet) 〉

라카사뉴 (Lacassagne)	• 사회환경은 범죄의 배양기이며, 범죄자는 미생물에 해당할 뿐이므로 벌해야 할 것은 범죄자가 아니라 사회이다.
케틀레(Quetelet)	• 사회는 범죄를 예비하고, 범죄자는 그것을 실천하는 도구에 불과하다. • 정비례 법칙 : 명역범죄와 암수범죄 사이에 변함없는 고정관계가 존재한다고 보고, 공식적 통계상의 범죄현상은 실제의 범죄현상을 징표하거나 대표하는 의미가 있다. • 범죄의 기온법칙 : 인신범죄는 따뜻한 지방에서, 재산범죄는 추운지방에서 상대적으로 많이 일어난다.

037 맛차(Matza)의 표류이론(drift theory)에 대한 설명으로 옳지 않은 것은? (15 교정 7급)

① 비행청소년들은 비행의 죄책감을 모면하기 위해 다양한 중화의 기술을 구사한다.
② 비행이론은 표류를 가능하게 하는, 즉 사회통제를 느슨하게 만드는 조건을 설명해야 한다고 주장하였다.
③ 대부분의 비행청소년들은 합법적인 영역에서 오랜 시간을 보낸다.
④ 비행청소년들은 비행 가치를 받아들여 비행이 나쁘지 않다고 생각하기 때문에 비행을 한다.

해설

④ 밀러(Miller)의 하위계층문화이론에 대한 설명이다.

정답 ④

10. 〈 사이크스(Sykes)와 맛차(Matza)의 중화기술 〉

책임의 부정 (denial of responsibility)	• 자신이 비행을 범한 것은 열악한 가정환경과 불합리한 사회적 환경 탓이라고 합리화한다. • 술에 취해서 자기도 모르는 사이에 저지른 범행이라고 주장하는 경우 • 강간범 홍길동은 자신이 술에 너무 취해서 제 정신이 없는 상태에서 자기도 모르게 강간을 하게 되었다고 주장하고 있다.
가해의 부정 (denial of injury)	• 절도죄를 범하면서 필요에 의해 물건을 잠시 빌리는 것뿐이라고 합리화한다. • 마약을 사용하면서 마약은 누구에게도 피해를 주지 않는다고 합리화한다.
피해(자)의 부정 (denial of victim)	• 학생이 선생님을 때리면서 이 선생은 학생들을 공평하게 대하지 않았기 때문에 구타당해 마땅하다고 합리화한다. • 점원이 점주의 물건을 훔치면서 점주가 평소 직원들을 부당하게 대우하여 노동을 착취해왔기 때문에 그의 물건을 가져가는 것은 당연하다고 합리화한다. • 아버지가 폭력을 사용하여 나를 심하게 괴롭혀왔기 때문에 나도 아버지에게 폭력을 행사할 수 있다. • 자신의 행위로 피해를 입은 사람은 그러한 피해를 입어도 마땅하다고 합리화하는 기술이다.
비난자에 대한 비난 (condemnation of the condemners)	• 甲은 경찰, 검사, 판사는 부패한 공무원들이기 때문에 자신의 비행을 비난할 자격이 없다고 합리화한다. • 나의 잘못에 대하여 신이 벌한다면 몰라도 현재의 부패한 사법당국이 나를 벌하는 것은 도저히 수용할 수 없다.
상위가치에 대한 호소 (appeal to higher loyalty)	• 폭력시위 현장에서 화염병을 사용하는 것이 위법행위이기는 하지만 민주주의를 위해 어쩔 수 없다고 합리화한다. • 범죄자 甲은 특수절도를 하는 과정에서 공범인 乙 및 丙과의 친분관계 때문에 어쩔 수 없었다고 주장하였다. • 나는 내 가족의 생계를 위해서 훔쳤어.

038 **사이크스(Sykes)와 맛차(Matza)는 청소년들이 표류상태에 빠지는 과정에서 중화기술을 습득함으로써 자신의 비행을 합리화한다고 하였다. 5가지 중화기술의 유형과 구체적인 사례를 바르게 연결한 것은?**

(14 사시)

ⓐ 책임의 부정(denial of responsibility)
ⓑ 가해의 부정(denial of injury)
ⓒ 피해자의 부정(denial of victim)
ⓓ 비난자에 대한 비난(condemnation of the condemners)
ⓔ 상위가치에 대한 호소(appeal to higher loyalty)

㉠ 경찰, 검사, 판사들은 부패한 공무원들이기 때문에 자신의 비행을 비난할 자격이 없다고 합리화한다.
㉡ 폭력시위 현장에서 화염병을 사용하는 것이 위법행위이기는 하지만 민주주의를 위해 어쩔 수 없다고 합리화한다.
㉢ 절도죄를 범하면서 필요에 의해 물건을 잠시 빌리는 것뿐이라고 합리화한다.
㉣ 학생이 선생님을 때리면서 이 선생은 학생들을 공평하게 대하지 않았기 때문에 구타당해 마땅하다고 합리화한다.
㉤ 자신이 비행을 범한 것은 열악한 가정환경과 불합리한 사회적 환경 탓이라고 합리화한다.

① ⓐ-ⓒ, ⓑ-ⓜ, ⓒ-ⓡ, ⓓ-ⓛ, ⓔ-ⓖ
② ⓐ-ⓜ, ⓑ-ⓒ, ⓒ-ⓡ, ⓓ-ⓖ, ⓔ-ⓛ
③ ⓐ-ⓡ, ⓑ-ⓒ, ⓒ-ⓛ, ⓓ-ⓖ, ⓔ-ⓜ
④ ⓐ-ⓡ, ⓑ-ⓜ, ⓒ-ⓒ, ⓓ-ⓖ, ⓔ-ⓛ
⑤ ⓐ-ⓜ, ⓑ-ⓡ, ⓒ-ⓒ, ⓓ-ⓖ, ⓔ-ⓛ

해설

② 책임의 부정(ⓐ-ⓜ) / 가해의 부정(ⓑ-ⓒ) / 피해자의 부정(ⓒ-ⓡ) / 비난자에 대한 비난(ⓓ-ⓖ, ⓔ-ⓛ)

정답 ②

039 **사이크스(Sykes)와 맛차(Matza)는 청소년들이 표류상태에 빠지는 과정에서 '중화(neutralization)기술'을 습득함으로써 자신의 비행을 합리화한다고 하였다. 〈보기 1〉의 중화기술의 유형과 〈보기 2〉의 구체적인 사례를 바르게 연결한 것은?** 18 보호직 7급

• 보기 1 •

ㄱ. 책임의 부정(denial of responsibility)
ㄴ. 가해의 부정(denial of injury)
ㄷ. 피해(자)의 부정(denial of victim)
ㄹ. 비난자에 대한 비난(condemnation of the condemners)

• 보기 2 •

A. 甲은 경찰, 검사, 판사는 부패한 공무원들이기 때문에 자신의 비행을 비난할 자격이 없다고 합리화한다.
B. 乙은 자신이 비행을 범한 것은 열악한 가정환경과 빈곤, 불합리한 사회적 환경 탓이라고 합리화한다.
C. 丙은 마약을 사용하면서 마약은 누구에게도 피해를 주지 않는다고 합리화한다.
D. 점원 丁은 점주의 물건을 훔치면서 점주가 평소 직원들을 부당하게 대우하여 노동을 착취해왔기 때문에 그의 물건을 가져가는 것은 당연하다고 합리화한다.

	ㄱ	ㄴ	ㄷ	ㄹ
①	B	A	D	C
②	B	C	D	A
③	B	D	C	A
④	D	C	B	A

해설

② 비난자에 대한 비난(A-ㄹ) / 책임의 부정(B-ㄱ) / 가해의 부정(C-ㄴ) / 피해자의 부정(D-ㄷ)

정답 ②

040 다음 사례에 해당하는 중화의 기술을 옳게 짝지은 것은?
(18 교정 9급)

(가) 친구의 물건을 훔치면서 잠시 빌린 것이라고 주장하는 경우
(나) 술에 취해서 자기도 모르는 사이에 저지른 범행이라고 주장하는 경우

	(가)	(나)		(가)	(나)
①	가해(손상)의 부정	책임의 부정	②	가해(손상)의 부정	비난자에 대한 비난
③	책임의 부정	비난자에 대한 비난	④	피해자의 부정	충성심에 대한 호소

해설

① (가) 가해의 부정 / (나) 책임의 부정

정답 ①

041 타르드(Tarde)가 주장한 모방의 법칙에 관한 설명 중 옳지 않은 것은?
(12 사시)

① 롬브로조(Lombroso)의 생래적 범죄인설을 부정하고, 범죄행위도 타인의 행위를 모방함으로써 발생한다고 한다.
② 거리의 법칙에 의하면 모방은 시골보다는 도시지역에서 쉽게 발생한다.
③ 방향의 법칙에 의하면 원래 하류계층이 저지르던 범죄를 다른 계층들이 모방함으로써 모든 사회계층으로 전파된다.
④ 삽입의 법칙에 의하면 처음에 단순한 모방이 유행이 되고, 유행은 관습으로 변화·발전된다.
⑤ 총기에 의한 살인이 증가하면서 칼을 사용한 살인이 줄어드는 현상은 새로운 유행이 기존의 유행을 대체하기 때문이라고 보았다.

해설

③ 방향의 법칙 : 상류계층이 저지르는 범죄를 다른 계층들이 모방함으로써 모든 계층으로 전파된다.

정답 ③

042 학습이론에 대한 설명으로 옳지 않은 것은?
(21 보호직 7급)

① 타르드(Tarde)는 인간은 다른 사람들과 접촉하면서 관념을 학습하며, 행위는 자신이 학습한 관념으로부터 유래한다고 주장하였다.
② 서덜랜드(Sutherland)의 차별적 접촉이론(differential association theory)은 범죄자도 정상인과 다름없는 성격과 사고방식을 갖는다고 보는 데에서 출발한다.
③ 그레이저(Glaser)의 차별적 동일시이론(differential identification theory)은 자신과 동일시하려는 대상이나 자신의 행동을 평가하는 준거집단의 성격보다는 직접적인 대면접촉이 범죄학습 과정에서 더욱 중요하게 작용한다고 본다.
④ 조작적 조건화의 논리를 반영한 사회적 학습이론은 사회적 상호작용과 더불어 물리적 만족감(굶주림, 갈망, 성적욕구 등의 해소)과 같은 비사회적 사항에 의해서도 범죄행위가 학습될 수 있다고 본다.

해설

③ 글래저(Glaser)의 차별적 동일시이론(differential identification theory)에 의하면 가족이나 친구 등과 같은 직접적인 대면접촉보다는 자신과 동일시하려는 매스미디어 등 간접적 접촉대상이나 자신의 행동을 평가하는 준거집단의 성격이 범죄학습 과정에서 더욱 중요하게 작용한다고 본다.
④ 에이커스(Akers)의 사회학습이론에 대한 설명이다.

정답 ③

11. 〈 따르드(Tarde) 모방의 법칙 〉

- 범죄행위도 타인의 행위를 모방함으로써 발생한다.
- 죄는 범죄인을 제외한 모든 사람에게 있다.
- 인간은 다른 사람들과 접촉하면서 관념을 학습하며, 행위는 자신이 학습한 관념으로부터 유래한다.

1. 거리의 법칙	• 모방은 시골보다는 도시지역에서 쉽게 발생한다.
2. 방향의 법칙	• 학습의 방향은 열등한 사람이 우월한 사람을 모방하는 방향으로 진행된다. • 모방은 사회적 지위가 높은 사람을 하류계층이 모방하고, 농촌이 도시를, 빈자가 부자를 모방한다. • 방향의 법칙에 의하면 상류계층이 저지르던 범죄를 다른 계층들이 모방함으로써 모든 사회계층으로 전파된다.
3. 삽입의 법칙 (무한진행의 법칙)	• 처음에 단순한 모방이 그 다음 단계에서는 유행이 되고, 그리고 유행이 관습으로 변화 발전되어 가면서, 상호 배타적인 유행이 동시에 발생하면 새로운 유행이 기존의 유행을 대치한다. • 총기에 의한 살인이 증가하면서 칼을 사용한 살인이 줄어드는 현상은 새로운 유행이 기존의 유행을 대체하기 때문이라고 보았다.

043 서덜랜드(Sutherland)의 차별접촉이론(differential association theory)의 9가지 명제로 옳지 않은 것은?

21 교정 7급

① 범죄행위의 학습은 다른 사람들과의 의사소통과정을 통하여 이루어진다.
② 법 위반에 대한 비우호적 정의에 비해 우호적 정의를 더 많이 학습한 사람은 비행을 하게 된다.
③ 범죄행위가 학습될 때 범죄의 기술, 동기, 충동, 합리화, 태도 등도 함께 학습된다.
④ 금전적 욕구, 좌절 등 범죄의 욕구와 가치관이 범죄행위와 비범죄행위를 구별해 주는 변수가 된다.

해설

④ 범죄행위도 욕구와 가치관의 표현이라는 점에서 일반적인 타행위와 같으므로 / 일반적인 욕구나 가치관으로는 범죄행위를 설명할 수 없다(제9명제).

정답 ④

12. 〈 서덜랜드(Sutherland)의 차별접촉이론(differential association theory) 〉

- 범죄자도 정상인과 다름없는 성격과 사고방식을 갖는다.
- 범죄행위는 다른 사람들과의 상호작용과정에서 의사소통을 통해 학습되며, / 범죄행위 학습의 중요한 부분은 친밀한 관계를 맺고 있는 집단들에서 일어난다.
- 화이트칼라 범죄를 "높은 사회적 지위를 가진 자들이 이욕적 동기에서 자신의 직업활동과 관련하여 행하는 범죄"라고 정의하였다.
- 1987년 실시한 「직업절도범 연구」가 대표적인 개별적 사례조사의 예이다.

〈차별적접촉이론 9가지 명제〉

1. 범죄행위는 학습된다.
2. 범죄행위는 타인과의 의사소통 등 상호작용과정에서 학습된다.
3. 범죄행위 학습은 주요부분은 친밀한 집단내에서 이루어진다.
4. 범죄행위 학습 내용에는 범행기술 뿐만아니라, 동기, 충동, 합리화방법 내도 등이 포함된다.
5. 범행동기나 욕구는 법을 우호적으로 보는가 비우호적으로 보는가에 따라 학습된다.
6. 특정인이 범죄자가 되는 것은 법위반을 우호적으로 생각하는 정도가 비우호적으로 생각하는 정도보다 크기 때문이다.
7. 차별적 접촉은 접촉의 빈도, 기간, 시기, 강도에 따라 다양하게 나타난다.
8. 범죄자와 준법자의 차이는 학습과정의 차이가 아니라 접촉유형의 차이이다.
9. 범죄행위도 일반적인 욕구나 가치관의 표현이지만, / 일반적 요구나 가치관으로는 설명할 수 없다.

044 서덜랜드(Sutherland)의 차별적 접촉이론에 대한 설명으로 옳지 않은 것은? (22 보호직 7급)

① 차별접촉은 빈도, 기간, 우선순위, 그리고 강도(强度) 등에 의하여 차이가 발생한다고 주장한다.
② 범죄학습이 신문·영화 등 비대면적인 접촉수단으로부터도 큰 영향을 받는다는 점을 간과하고 있다.
③ 범죄원인으로는 접촉의 경험이 가장 큰 역할을 한다고 보아, 나쁜 친구들을 사귀면 범죄를 저지를 것이라는 단순한 등식을 제시했다.
④ 범죄인과 가장 접촉이 많은 경찰·법관·형집행관들이 범죄인이 될 확률이 높지 않다는 비판이 있다.

해설

③ 서덜랜드(Sutherland)의 차별적 접촉이론 : 법률위반에 대한 호의적인 정의가 법률위반에 대한 비호의적인 정의보다 클 때 개인은 범죄를 저지르게 된다(제6명제). / 차별적 접촉이론은 나쁜 친구들을 사귀면 범죄를 저지를 것이라는 식의 단순한 등식이 아니라 불법적인 생각과 접촉한 정도와 준법적인 생각과 접촉한 정도와의 차이가 범죄유발의 중요한 요인이라고 본다.

정답 ③

13. 〈 버제스(Burgess) 와 에이커스(Akers) 차별적 강화 이론(differential reinforcement theory) 〉

- 범죄행동은 보상에 의해 강화되고, 부정적 반응이나 처벌에 의해 중단된다.
- 범죄행위를 학습하는 과정은 과거에 이러한 행위를 하였을 때에 주위로부터 칭찬, 인정, 더 나은 대우를 받는 등의 보상이 있었기 때문이다.

차별접촉 (differential association)	• 대부분 서덜랜드의 명제를 수용하나 차별적 접촉의 내용으로 사람들 간의 직접적인 의사소통까지 포함시킨다.
정의(definition)	• 사람들이 자신의 행위에 대해 부여하는 의미를 말한다.
차별강화 (differential reinforcement)	• 행위에 대해 기대되는 결과가 다를 수 있다는 것으로, 자기 행위에 대한 보담이나 처벌에 대한 생각의 차이가 사회적 학습에서 나름의 의미를 지닌다.
모방 (imitation)	• 다른 사람들이 하는 행동을 관찰하고 모방하는 것을 말한다. TIP 동일시(identification) ×

045 서덜랜드(Sutherland)의 차별접촉이론(differential association theory)관점에서 범죄를 범할 가능성이 가장 높은 사람은? (25 교정 7급)

① 어린 시절에 형성된 낮은 자기통제력이 성인기까지 지속된 사람
② 청소년기 부모의 부재로 인해 애착이 부족한 상태로 성장한 사람
③ 지속적인 학교폭력 피해로 인해 높은 수준의 분노와 공격성을 내면화한 사람
④ 범죄에 우호적인 정의를 가진 친한 사람들과 밀접한 관계를 유지하며 상호작용한 사람

해설

④ 서덜랜드(Sutherland)는 범죄자도 정상인과 다름없는 성격과 사고방식을 갖는다는 데서 출발한다. / 범죄자는 타인과의 접촉과정에서 범죄행위를 배우게 된다고 보았으며 최우선적인 접촉대상은 부모, 가족, 친구 등이라고 하였다. / 사람들이 법률을 위반해도 무방하다는 생각을 학습한 정도가 법률을 위반하면 안 된다는 생각을 학습한 정도보다 클 때에 범죄를 저지르게 된다고 하였다.

정답 ④

046 사회적 범죄원인론의 내용과 이론을 바르게 연결한 것은? (08 교정 7급)

ㄱ. 조직적인 범죄활동이 많은 지역에서는 범죄기술을 배우거나 범죄조직에 가담할 기회가 많으므로 범죄가 발생할 가능성이 큰 반면, 조직적인 범죄활동이 없는 지역에서는 비합법적인 수단을 취할 수 있는 기회가 제한되어 있으므로 범죄가 발생할 가능성이 적다.
ㄴ. 사람들이 법률을 위반해도 무방하다는 관념을 학습한 정도가 법률을 위반하면 안 된다는 관념을 학습한 정도보다 클 때에 범죄를 저지르게 된다.
ㄷ. 사람들은 누구든지 비행으로 이끄는 힘과 이를 차단하는 힘을 받게 되는데, 만일 이끄는 힘이 차단하는 힘보다 강하게 되면 그 사람은 범죄나 비행을 저지르게 되는 반면, 차단하는 힘이 강하게 되면 비록 이끄는 힘이 있더라도 범죄나 비행을 자제하게 된다.
ㄹ. 중산층의 가치나 규범을 중심으로 형성된 사회의 중심 문화와 빈곤계층 출신 소년들에게 익숙한 생활 사이에는 긴장이나 갈등이 발생하며, 이러한 긴장관계를 해결하려는 시도에서 비행문화가 형성되어 이로 인해 범죄가 발생한다.

	ㄱ	ㄴ	ㄷ	ㄹ
①	차별적 동일시이론	선택이론	억제이론	하층계급문화이론
②	차별적기회구조이론	차별적접촉이론	억제이론	비행하위문화이론
③	차별적 기회구조이론	억제이론	사회통제이론	문화갈등이론
④	차별적 동일시이론	자아관념이론	문화갈등이론	아노미이론

해설

ㄱ 차별적 기회구조이론 / ㄴ 차별적 접촉이론 / ㄷ 억제이론 / ㄹ 비행하위문화이론

정답 ②

14. 〈 클로워드(Cloward)와 올린(Ohlin)의 차별적 기회구조이론(Differential Opportunity Theory) 〉

- 머튼(Merton)의 아노미이론과 서덜랜드(Sutherland)의 차별적 접촉이론의 영향을 받았다.
- 합법적 수단을 사용할 수 없는 사람들은 곧바로 불법적 수단을 사용할 것이라는 머튼(Merton)의 가정에 동조하지 않는다.
- 합법적 수단뿐만 아니라 비합법적 수단에 대해서도 차별기회를 고려하였다.
- 불법적 수단에 대한 접근기회의 차이가 각 사회계층·지역별로 상이하게 분포하여, 그 지역의 비행적 하위문화의 성격 및 비행의 종류에 영향을 미친다고 한다.
- 하류계층 청소년들이 합법적 수단에 의한 목표달성이 제한될 때 비합법적 수단에 호소하게 되는 경우에도, 비행의 특성은 불법행위에 대한 기회에 영향을 미치는 지역사회의 특성에 따라 달라진다.

범죄적 하위문화 (criminal subculture)	• 범죄적 하위문화는 청소년 범죄자에게 성공적인 역할모형이 될 수 있는 조직화된 성인범죄자들의 활동이 존재하는 지역에서 나타난다. • 범죄적 가치나 지식을 습득할 기회가 가장 많은 문화는 '범죄적 하위문화'라고 주장하였다.
갈등적 하위문화 (conflict subculture)	• 성인들의 범죄가 조직화되지 않아 청소년들이 비합법적 수단에 접근할 수 없는 지역에서는 갈등적 하위문화가 형성된다. • 합법적인 기회구조와 비합법적인 기회구조 모두가 차단된 상황에서 폭력을 수용한 경우에 나타나는 하위문화이다. • 폭력범죄와 갱 등에서 흔히 나타나는 것으로 갈등적 하위문화를 들고 있다.

도피적 하위문화 (retreatist subculture)	• 문화적 목표를 추구하는 데 필요한 합법적인 수단을 이용하기도 어렵고 비합법적인 기회도 결여된 사람들은 이중실패자로 분류되며, 이들은 주로 마약과 음주 등을 통하여 도피적인 생활양식에 빠져 든다. • 도피하위문화의 구성원을 '이중 실패자'로 묘사하기도 하며, 마약 중독 등의 도피적 행동에 집중하는 경향이 있다. • 마약 소비 행태가 두드러지게 나타나는 갱에서 주로 발견된다.

047 **차별적 기회구조이론(Differential Opportunity Theory)에 관한 설명 중 옳지 않은 것은?** (12 사시)

① 클로워드(Cloward)와 올린(Ohlin)이 제시한 이론이다.
② 머튼(Merton)의 아노미이론과 서덜랜드(Sutherland)의 차별적 접촉이론의 영향을 받았다.
③ 불법적 수단에 대한 접근기회의 차이가 그 지역의 비행적 하위문화의 성격 및 비행의 종류에 영향을 미친다고 한다.
④ 합법적 수단을 사용할 수 없는 사람들은 곧바로 불법적 수단을 사용할 것이라는 머튼(Merton)의 가정을 계승하고 있다.
⑤ 비행적 하위문화로 '범죄적 하위문화', '갈등적 하위문화', '도피적 하위문화' 등 세 가지를 제시하고, 범죄적 가치나 지식을 습득할 기회가 가장 많은 문화는 '범죄적 하위문화'라고 주장하였다.

해 설

④ 클로워드(Cloward)와 올린(Ohlin)의 차별적 기회구조이론(Differential Opportunity Theory) : 성공이나 출세를 위하여 합법적 수단을 사용할 수 없는 사람들은 바로 비합법적 수단을 사용할 것이라는 머튼(Merton)의 가정에 동의하지 않는다.

정답 ④

048 **클로워드(Cloward)와 올린(Ohlin)의 차별적 기회구조이론의 내용과 다른 것은?** (10 사시)

① 아노미 현상을 비행적 하위문화의 촉발요인으로 본다는 점에서 머튼(Merton)의 영향을 받았다.
② 성공이나 출세를 위하여 합법적 수단을 사용할 수 없는 사람들은 바로 비합법적 수단을 사용할 것이라는 머튼(Merton)의 가정에 동의하지 않는다.
③ 범죄적 하위문화는 청소년 범죄자에게 성공적인 역할모형이 될 수 있는 조직화된 성인범죄자들의 활동이 존재하는 지역에서 나타난다.
④ 성인들의 범죄가 조직화되지 않아 청소년들이 비합법적 수단에 접근할 수 없는 지역에서는 갈등적 하위문화가 형성되는데, 범죄기술을 전수할 기회가 없기 때문에 이 지역의 청소년들은 비폭력적이며 절도와 같은 재산범죄를 주로 저지른다.
⑤ 문화적 목표를 추구하는 데 필요한 합법적인 수단을 이용하기도 어렵고 비합법적인 기회도 결여된 사람들은 이중실패자로 분류되며, 이들은 주로 마약과 음주 등을 통하여 도피적인 생활양식에 빠져 든다.

해 설

④ 갈등적 하위문화에서는 청소년들의 폭력범죄가 주로 발생한다.

정답 ④

049 **클로워드(Cloward)와 올린(Ohlin)의 차별기회이론(differential opportunity theory)에 대한 설명으로 옳지 않은 것은?** 25 보호직 9급

① 불법적 수단에 접근할 수 있는 기회가 각 사회계층·지역별로 상이하게 분포한다고 보았다.
② 머튼(Merton)의 아노미이론(긴장이론)과 서덜랜드(Sutherland)의 차별접촉이론으로 하위문화 형성을 설명하였다.
③ 범죄하위문화(criminal subculture)는 주거가 불안정하고 물리적으로 쇠퇴한 해체지역에서 주로 생겨나며, 폭력과 같은 즉흥적인 범죄가 두드러지는 특징이 있다.
④ 도피하위문화(retreatist subculture)의 구성원을 '이중 실패자'로 묘사하기도 하며, 마약 중독 등의 도피적 행동에 집중하는 경향이 있다.

해 설

③ 갈등하위문화(conflict subculture)의 특징이다. / 범죄하위문화(criminal subculture)는 범죄의 학습기회와 수행기회가 많은 지역에서 발생하며 하위문화권의 청소년은 관습적이며 비행적인 가치를 내면화하므로 절도·강도 등의 범죄 및 비행을 일상적으로 수행한다.

정답 ③

050 **클라워드(Cloward)와 올린(Ohlin)의 차별기회이론(differential opportunity theory)에 대한 설명으로 옳지 않은 것은?** 23 교정 9급

① 합법적 수단뿐만 아니라 비합법적 수단에 대해서도 차별기회를 고려하였다.
② 도피 하위문화는 마약 소비 행태가 두드러지게 나타나는 갱에서 주로 발견된다.
③ 머튼의 아노미이론과 서덜랜드의 차별접촉이론으로 하위문화 형성을 설명하였다.
④ 비행 하위문화를 갈등하위문화(conflict subculture), 폭력하위문화(violent subculture), 도피하위문화(retreatist subculture)로 구분하였다.

해 설

④ 클라워드와 올린(Cloward & Ohlin)은 비행하위문화를 범죄적 하위문화(criminal subculture), 갈등적 하위문화(conflict subculture), 도피하위문화(retreatist subculture)로 분류하였다.

정답 ④

15. 〈 뒤르켐 (E. Durkheim) 〉

- 규범이 붕괴되어 사회 통제 또는 조절 기능이 상실된 상태를 아노미로 최초로 규정함
- 사회의 도덕적 권위가 무너져 사회구성원들이 '지향적 삶의 기준을 상실한 무규범상태'
- 아노미는 현재의 사회구조가 구성원 개인의 욕구나 욕망에 대한 통제력을 유지할 수 없을 때 발생한다고 보았다.
- 사회적 통합력의 저하 또는 도덕적 권위의 훼손은 범죄발생의 원인이 된다.
- 모든 사회와 시대에 공통적으로 적용될 수 있는 객관적 범죄개념은 존재하지 않으며, / 특정 사회에서 형벌의 집행 대상으로 정의된 행위가 바로 범죄라고 보았다.
- 어느 사회든지 일정량의 범죄는 있을 수 밖에 없다는 범죄정상설을 주장한다.
- 뒤르켐은 집단적 비승인이 존재하는 한 범죄는 모든 사회에 어쩔 수 없이 나타나는 현상으로 병리적이기보다는 정상적인 현상이라고 주장하였다.
- 범죄는 이에 대한 제재와 비난을 통해 사회의 공동의식을 사람들이 체험할 수 있게 함으로써 사회의 유지존속에 있어서 중요한 역할을 담당한다고 한다(범죄기능설).
- 머튼(R. Merton)이 주창한 아노미 이론의 토대가 됨

아노미적 자살	• 급격한 사회변동으로 인한 혼란, 전통적 규범력의 상실에 따라 발생 • 급격한 경제침체기보다 급격한 경제성장기에 아노미적 자살의 빈도가 더 높다고 주장하였다.
이기적 자살	• 사회 통합의 약화로 인해 자신의 욕망, 좌절감에 따라 발생
이타적 자살	• 사회통합이 강화된 곳에서 집단의 존속을 위해 발생
운명적 자살	• 사회의 외적인 권위, 즉 과도한 규제력으로부터 발생

051 뒤르켐(E. Durkheim)의 이론에 대한 설명으로 옳지 않은 것은? (24 보호직 7급)

① 자살 유형을 아노미적 자살, 이기적 자살, 이타적 자살, 운명적 자살로 구분하였다.
② 급격한 경제성장기보다 급격한 경제침체기에 아노미적 자살의 빈도가 더 높다고 주장하였다.
③ 범죄는 이에 대한 제재와 비난을 통하여 사회의 공동의식을 사람들이 체험할 수 있도록 함으로써 사회의 유지 존속에 중요한 역할을 담당한다고 하였다.
④ 객관적 범죄개념은 존재하지 않으며, 특정 사회에서 형벌의 집행 대상으로 정의된 행위가 바로 범죄라고 보았다.

해설

② 뒤르켐(E. Durkheim)은 자살론에서 급격한 경제침체기보다 급격한 경제성장기에 아노미적 자살의 빈도가 더 높다고 주장하였다.

정답 ②

052 뒤르껭(E. Durkheim)이 주장한 이론에 관한 설명 중 옳은 것으로만 묶은 것은? (11 사시)

ㄱ. 사회적 통합력의 저하 또는 도덕적 권위의 훼손은 범죄발생의 원인이 된다.
ㄴ. 어느 사회든지 일정량의 범죄는 있을 수밖에 없다는 범죄정상설을 주장한다.
ㄷ. 인간은 사회생활을 하는 중에 다른 사람의 행위를 모방하는데, 범죄행위도 그 한 예이다.
ㄹ. 사회환경은 범죄의 배양기이며 범죄자는 미생물에 해당하므로 벌해야 할 것은 범죄자가 아니라 사회이다.
ㅁ. 범죄는 이에 대한 제재와 비난을 통해 사회의 공동의식을 사람들이 체험할 수 있게 함으로써 사회의 유지존속에 있어서 중요한 역할을 담당한다고 한다.

① ㄱ, ㄴ, ㄹ
② ㄱ, ㄴ, ㅁ
③ ㄱ, ㄹ, ㅁ
④ ㄴ, ㄷ, ㄹ
⑤ ㄷ, ㄹ, ㅁ

해설

ㄷ 따르드(Tarde) 모방의 법칙
ㄹ 라까사뉴(Lacassagne)

정답 ②

053 다음 설명에 해당하는 학자는? (20 교정 9급)

- 범죄는 정상(normal)이라고 주장함
- 규범이 붕괴되어 사회 통제 또는 조절 기능이 상실된 상태를 아노미로 규정함
- 머튼(R. Merton)이 주창한 아노미 이론의 토대가 됨

① 뒤르켐(E. Durkheim)
② 베까리아(C. Beccaria)
③ 케틀레(A. Quetelet)
④ 서덜랜드(E. Sutherland)

해설

① 뒤르켐(E. Durkheim) 범죄정상설

정답 ①

054 머튼(Robert K. Merton)의 긴장이론(Strain Theory)에 대한 설명으로 옳지 않은 것은? (11 교정 9급)

① 사회 내에 문화적으로 널리 받아들여진 가치와 목적, 그리고 그것을 실현하고자 사용하는 수단 사이에 존재하는 괴리가 아노미적 상황을 이끌어낸다고 보았다.
② 특정 사회 내의 다양한 문화와 추구하는 목표의 다양성을 무시하고 있다.
③ 다섯 가지 적응유형 중에 혁신형(Innovation)이 범죄의 가능성이 제일 높은 유형이라고 보았다.
④ 하층계급을 포함한 모든 계층이 경험할 수 있는 긴장을 범죄의 주요 원인으로 제시하였다.

해설

④ 머튼(Merton)의 아노미 이론은 하류계층의 재산범죄에 대한 것으로 중상류계층의 범죄를 설명하는 데에는 한계가 있다.

TIP 하급계층을 포함한 모든 계층이 경험할 수 있는 긴장을 범죄의 주요 원인으로 제시한 이론은 로버트 애그뉴(Robert Agnew)의 일반긴장이론이다.

정답 ④

055 머튼(Merton)의 아노미이론에 대한 설명으로 옳은 것으로만 묶인 것은?

12 보호직 7급

ㄱ. 동조형(conformity)은 안정적인 사회에서 가장 보편적인 행위유형으로서 문화적인 목표와 제도화된 수단을 부분적으로만 수용할 때 나타난다.
ㄴ. 혁신형(innovation)은 문화적인 목표에 집착하여 부당한 수단을 통해서라도 성공을 달성하려는 행위유형으로 이욕적 범죄가 대표적이다.
ㄷ. 의례형(ritualism)은 문화적 성공의 목표에는 관심이 없으면서도 제도화된 수단은 지키려는 유형으로 출세를 위한 경쟁을 포기한 하위직원들 사이에서 발견된다.
ㄹ. 은둔형(retreatism)은 사회의 문화적 목표와 제도화된 수단을 모두 수용하지만 사회로부터 소외된 도피적인 유형을 말한다.
ㅁ. 혁명형(rebellion)은 기존의 사회가 수용하는 목표와 제도화된 수단을 모두 거부하고 체제의 전복 등을 통해 새로운 것으로 대체하려는 유형이다.

① ㄱ, ㄴ, ㄷ
② ㄱ, ㄹ, ㅁ
③ ㄴ, ㄷ, ㄹ
④ ㄴ, ㄷ, ㅁ

해설

ㄱ 동조형(conformity)은 안정적인 사회에서 가장 보편적인 행위유형으로서 문화적인 목표와 제도화된 수단을 전부 수용할 때 나타난다.
ㄹ 은둔형(retreatism)은 사회의 문화적 목표와 제도화된 수단을 모두 거부하여 사회로부터 소외된 도피적인 유형을 말한다.

정답 ④

16. 〈 머튼(Merton)의 아노미 상황의 적응방식 〉

- 문화적 목표와 이를 달성하기 위한 제도적 수단 사이에 간극이 있고 구조적 긴장이 생길 경우에 아노미가 발생한다고 보았다.
- 문화적으로 규정된 목표는 사회의 모든 구성원이 공유하고 있으나 이들 목표를 성취하기 위한 수단은 주로 사회경제적인 계층에 따라 차등적으로 분배되며, 이와 같은 목표와 수단의 괴리가 범죄의 원인으로 작용한다.
- 하층계급은 성공을 위한 전통적 교육과 직업의 기회로부터 상대적으로 차단되어 있다.
- 문화적 목표를 달성할 수 있는 제도화된 수단이 제한되었을 때 개인의 적응방식에 따라 비행이 발생할 수 있다.
- 머튼(Merton)의 아노미 이론은 하류계층의 재산범죄에 대한 것으로 중상류계층의 범죄를 설명하는 데에는 한계가 있다.

적응방식	문화적 목표	제도화된 수단	
동조형 (conformity)	+	+	• 안정적인 사회에서 가장 보편적인 행위유형으로서 문화적인 목표와 제도화된 수단을 전부 수용할 때 나타난다.

혁신형 (innovation)	+	-	• 문화적인 목표에 집착하여 부당한 수단을 통해서라도 성공을 달성하려는 행위유형으로 이욕적 범죄가 대표적이다. • 범죄의 가능성이 제일 높은 유형
의례형 (ritualism)	-	+	• 문화적 성공의 목표에는 관심이 없으면서도 제도화된 수단은 지키려는 유형으로 출세를 위한 경쟁을 포기한 하위직원들 사이에서 발견된다.
도피형·은둔형 (retreatism)	-	-	• 사회의 문화적 목표와 제도화된 수단을 모두 거부하여 / 사회로부터 소외된 도피적인 유형
반역형·혁명형 (rebellion)	∓	∓	• 기존의 사회가 수용하는 목표와 제도화된 수단을 모두 거부하고 / 체제의 전복 등을 통해 새로운 것으로 대체하려는 유형이다.

TIP 참고 : + 는 수용, - 는 거부, ∓ 는 지배적인 가치체계를 거부하고 새로운 가치의 대치를 의미한다.

056 다음에서 설명하는 이론을 주장한 학자는?

(23 교정 9급)

• 아메리칸 드림이라는 문화사조는 경제제도가 다른 사회제도들을 지배하는 '제도적 힘의 불균형' 상태를 초래함
• 아메리칸 드림과 같은 문화사조와 경제제도의 지배는 서로 상호작용을 하면서 미국의 심각한 범죄문제를 일으킴

① 머튼(Merton)
② 코헨과 펠슨(Cohen & Felson)
③ 코니쉬와 클라크(Cornish & Clarke)
④ 메스너와 로젠펠드(Messner & Rosenfeld)

해 설

④ 메스너와 로젠펠드(Messner & Rosenfeld)의 '제도적 아노미 이론'에 대한 설명이다.

정답 ④

17. 〈 메스너와 로젠펠드의 제도적 아노미이론 〉

• 메스너와 로젠펠드는 머튼의 아노미이론을 계승하여 제도적 아노미이론을 주장하였다.
• 사회 내 다양한 제도들이 조화를 이루지 못하고 경제제도의 지배적 영향력 아래 힘의 불균형이 발생하면서 발생하는 아노미(혼란 상태)가 범죄율을 높이는 원인이 된다.
• 특히 미국 사회의 아메리칸 드림(American Dream)과 같은 경제적 성공에 대한 과도한 강조가 다른 사회 제도들의 역할을 약화시켜 높은 범죄율로 이어진다고 주장하였다.

057 애그뉴(R. Agnew)의 일반긴장이론(General Strain Theory)에 대한 설명으로 옳은 것만을 모두 고른 것은?

17 교정 9급

ㄱ. 머튼(R. Merton)의 아노미이론(Anomie Theory)에 그 이론적 뿌리를 두고 있다.
ㄴ. 거시적 수준의 범죄이론으로 분류된다.
ㄷ. 범죄발생의 원인으로 목표달성의 실패, 기대와 성취 사이의 괴리, 긍정적 자극의 소멸, 부정적 자극의 발생을 제시했다.
ㄹ. 긴장을 경험하는 모든 사람이 범죄를 저지른다거나 범죄에 의존하게 되는 것은 아니다.

① ㄱ, ㄹ
② ㄱ, ㄴ, ㄷ
③ ㄱ, ㄷ, ㄹ
④ ㄱ, ㄴ, ㄷ, ㄹ

해설

③ 옳은 것 ㄱ, ㄷ, ㄹ
ㄴ. (×) 애그뉴(R. Agnew)의 일반긴장이론(General Strain Theory)은 스트레스와 긴장을 느끼는 개인이 범죄를 저지르는 이유를 설명하는 이론으로서, 미시적 관점의 범죄이론에 해당한다.

정답 ③

18. 〈 애그뉴(R. Agnew)의 일반긴장이론(General Strain Theory) 〉

- 머튼(R. Merton)의 아노미이론(Anomie Theory)에 그 이론적 뿌리를 두고 있다.
- 스트레스와 긴장을 느끼는 개인이 범죄를 저지르는 이유를 설명하는 이론으로, 미시적 수준의 범죄이론으로 분류된다.
- 개인적 수준에서의 열망(aspiration)과 기대(expectation) 간의 괴리로 인해 긴장 및 스트레스가 발생하고 이는 범죄를 유발하는 요인이 된다.
- 범죄발생의 원인으로 목표달성의 실패, 기대와 성취 사이의 괴리, 긍정적 자극의 소멸, 부정적 자극의 발생을 제시했다.
- 계층에 관계없이 스트레스와 긴장을 느끼는 개인은 누구나 범죄를 저지르기 쉬운 이유를 설명하였다.
- 자신에게 중요한 이성 친구와의 결별이나 실연, 친한 친구나 가족의 사망 등은 긍정적 자극이 소멸한 예라 할 수 있다.

058 하위문화이론에 관한 설명 중 옳지 않은 것은? (05 사시)

① 하위문화란 일반 사회구성원이 공유하는 문화와는 별도로 특정집단에서 강조되는 특수한 가치 또는 규범체계를 의미한다.

② 밀러(W. Miller)는 하위계층 청소년들의 '관심의 초점'(focal concerns)이 중산층 문화의 그것과는 다르기 때문에 범죄에 빠져들기 쉽다고 보았다.

③ 코헨(A. Cohen)은 하위계층 청소년들간에 형성된 하위문화가 중산층의 문화에 대해 대항적 성격을 띠고 있다고 본다.

④ 밀러(W. Miller)나 코헨(A. Cohen)의 하위문화이론으로는 중산층 출신 청소년의 범죄를 설명하기 곤란하다.

⑤ 코헨(A. Cohen)은 '비행적 하위문화'를 범죄적 하위문화, 갈등적 하위문화, 도피적 하위문화라는 3가지 기본형태로 분류하였다.

해설

⑤ 클로워드(Cloward)와 올린(Ohlin)의 주장이다.

정답 ⑤

059 범죄사회학이론 가운데에는 일정한 하위문화 때문에 범죄를 범한다고 하는 범죄적 하위문화론이 있다. 이에 대한 설명으로 옳지 않은 것은? (07 교정 7급)

① 범죄적 하위문화론은 모두 범죄행위를 특정한 하위문화의 자연적 결과로 인식하는 점에서는 동일하지만 범죄적 하위문화의 구체적 성격이나 그 형성과정에 대해서는 다양한 입장이 개진되었다.

② 범죄적 하위문화란 사회의 다양한 하위문화 가운데 규범의 준수를 경시하거나 반사회적 행동양식을 옹호하는 것을 말한다.

③ 코헨(Albert Cohen)은 사회의 중심문화와 빈곤계층 출신소년들이 익숙한 생활 사이에 긴장이나 갈등이 발생하며 이러한 긴장관계를 해결하려는 시도에서 비행적 하위문화가 형성된다고 하였으며, 그 특징으로 비공리성, 악의성, 부정성(否定性) 등을 들고 있다.

④ 클로워드(Cloward)와 오린(Ohlin)은 비행적 하위문화의 기본형태 가운데 폭력범죄와 갱 등에서 흔히 나타나는 것으로서 범죄적 하위문화를 들고 있다.

해설

④ 폭력범죄와 갱 등에 흔히 나타나는 것은 갈등적 하위문화이다.

정답 ④

060 다음 ㉠, ㉡에 들어갈 용어가 바르게 연결된 것은? (16 보호직 7급)

- 뒤르껭(Durkheim)에 의하면 (㉠)는 현재의 사회구조가 구성원 개인의 욕구나 욕망에 대한 통제력을 유지할 수 없을 때 발생한다고 보았으며, 머튼(Merton)에 의하면 문화적 목표와 이를 달성하기 위한 제도적 수단 사이에 간극이 있고 구조적 긴장이 생길 경우에 발생한다고 보았다.
- 밀러(Miller)에 의하면 (㉡)는 중산층과 상관없이 고유의 전통과 역사를 가진 독자적 문화로 보았으며, 코헨(Cohen)에 의하면 중산층의 보편적인 문화에 대항하고 반항하기 위해서 형성되는 것이라고 보았다.

	㉠	㉡		㉠	㉡
①	아노미	저항문화	②	아노미	하위문화
③	사회해체	저항문화	④	사회해체	하위문화

해설

㉠ 뒤르껭(Durkheim)과 머튼(Merton)의 아노미(anomie)에 대한 설명이다. // 뒤르껭(Durkheim)에 의하면 (아노미)는 현재의 사회구조가 구성원 개인의 욕구나 욕망에 대한 통제력을 유지할 수 없을 때 발생한다고 보았으며, / 머튼(Merton)에 의하면 문화적 목표와 이를 달성하기 위한 제도적 수단 사이에 간극이 있고 구조적 긴장이 생길 경우에 발생한다고 보았다.

정답 ②

061 코헨(Cohen)의 비행하위문화이론과 관련된 설명 중 옳지 않은 것은? (14 사시)

① 하위문화(subculture)란 지배집단의 문화와는 별도로 특정한 집단에서 강조되는 가치나 규범체계를 의미한다.

② 하위문화이론에 속하는 여러 견해들의 공통점은 특정한 집단이 지배집단의 문화와는 상이한 가치나 규범체계에 따라 행동하며, 그 결과가 범죄와 비행이라고 보는 것이다.

③ 코헨은 하위계층 청소년들 사이에서 반사회적 가치나 태도를 옹호하는 비행문화가 형성되는 과정을 규명하였다.

④ 비행하위문화이론은 중산층 또는 상류계층 청소년의 비행이나 범죄를 잘 설명하지 못한다.

⑤ 코헨은 비행하위문화의 특징으로 사고치기(trouble), 강인함(toughness), 기만성(smartness), 흥분 추구(excitement), 운명주의(fatalism), 자율성(autonomy) 등을 들었다.

해설

⑤ 코헨(Cohen)은 비행하위문화의 특징으로 비공리성, 악의성, 부정성(거부주의), 변덕, 단락적 쾌락주의, 집단자율성의 강조 등을 들고 있다. // 지문은 밀러(Miller)의 하위계층의 주요관심사에 대한 설명이다.

정답 ⑤

19. 〈 코헨(Cohen)의 비행하위문화이론 〉

- 코헨은 하위계층 청소년들 사이에서 반사회적 가치나 태도를 옹호하는 하위문화(subculture)가 형성되는 과정을 규명하였다.
- 코헨은 중산층 문화에 적응하지 못한 하위계층 출신 소년들이 자신을 궁지에 빠뜨린 문화나 가치체계와는 정반대의 비행하위문화를 형성한다고 보았다.
- 하위문화는 중산층의 보편적인 문화에 대항하고 반항하기 위해서 형성되는 것이라고 보았다.
- 하류계층의 비행은 중류계층의 가치와 규범에 대한 저항이다.
- 코헨(Cohen)은 비행하위문화가 비합리성을 추구하기 때문에 공리성, 합리성을 중요시하는 중심문화와 구별된다고 한다.
- [비판] 코헨의 비행하위문화이론은 중산층 또는 상류층 청소년의 비행이나 범죄를 잘 설명하지 못한다.
- 비행하위문화의 특징 : 비공리성, 악의성, 부정성(거부주의), 변덕, 단락적 쾌락주의, 집단자율성의 강조

<table>
<tr><td>비공리성·비합리성
(non-utilitarianism)</td><td colspan="2">• 합리성의 추구라는 중산층 가치에 반대되는 것으로 합리적 계산에 의한 이익에 따라서 행동하는 것이 아니라 스릴과 흥미 등에 따른 행동을 추구한다.
• 범죄행위로부터 얻는 물질적 이익보다 동료들로부터 얻는 신망과 영웅적 지위 때문에 범죄를 저지른다는 것이다.</td></tr>
<tr><td>악의성
(malice)</td><td colspan="2">• 중산층의 문화나 상징에 대한 적대적 표출로서 다른 사람에게 불편을 주는 행동, 사회에서 금지하는 행동을 하는 것을 즐긴다.
• 다른 사람이 고통을 당하는 모습에서 쾌감을 느끼는 속성을 의미한다.</td></tr>
<tr><td>부정성
(negativism)</td><td colspan="2">• 기존의 지배문화, 인습적 가치에 반대되는 행동을 추구하며, 기존 어른들의 문화를 부정하는 성향을 갖는다.
• 사회의 지배적 가치체계에 대해 무조건 거부반응을 보이는 것이다.</td></tr>
<tr><td>변덕</td><td>단기적 쾌락주의</td><td>집단자율성의 강조</td></tr>
</table>

062 코헨(Cohen)이 주장한 비행하위문화의 특징에 해당하지 않는 것은? (21 보호직 7급)

① 자율성(autonomy) : 다른 사람의 간섭을 받기 싫어하는 태도나 자기 마음대로 행동하려는 태도로서 일종의 방종을 의미한다.

② 악의성(malice) : 중산층의 문화나 상징에 대한 적대적 표출로서 다른 사람에게 불편을 주는 행동, 사회에서 금지하는 행동을 하는 것을 즐긴다.

③ 부정성(negativism) : 기존의 지배문화, 인습적 가치에 반대되는 행동을 추구하며, 기존 어른들의 문화를 부정하는 성향을 갖는다.

④ 비합리성(non-utilitarianism) : 합리성의 추구라는 중산층 가치에 반대되는 것으로 합리적 계산에 의한 이익에 따라서 행동하는 것이 아니라 스릴과 흥미 등에 따른 행동을 추구한다.

해 설

① '자율성(autonomy)'은 밀러(Miller)의 하류계층 문화이론에서 주장한 하층계급의 주요 관심사(focal concerns)의 하나이다.

정답 ①

20. 〈 코헨(Cohen)의 비행하위문화의 특성〉 vs 〈밀러(Miller)의 하류계층 주요관심사 〉

코헨(Cohen)의 비행하위문화의 특성	밀러(Miller)의 하류계층 주요관심사
• 악의성(malice) • 비합리성(non-utilitarianism) • 부정성(negativism) • 단기쾌락주의 • 변덕성 • 집단자율성의 강조	• 말썽(trouble) • 강인함(toughness) • 흥분(excitement) • 교활함(smartness) • 운명주의(fatalism) • 자율성(autonomy)

063 코헨(A. Cohen)이 주장한 비행하위문화(delinquent subculture)에 대한 설명으로 옳지 않은 것은?

24 보호직 7급

① 부정성(negativism)은 사회의 지배적 가치체계에 대해 무조건 거부반응을 보이는 것이다.

② 운명주의(fatalism)는 하층계급의 구성원들이 자신의 미래가 스스로의 노력보다는 운명에 달려 있다고 믿는 것이다.

③ 악의성(maliciousness)은 다른 사람이 고통을 당하는 모습에서 쾌감을 느끼는 속성을 의미한다.

④ 비공리성(non-utilitarianism)은 범죄행위로부터 얻는 물질적 이익보다 동료들로부터 얻는 신망과 영웅적 지위 때문에 범죄를 저지른다는 것이다.

해설

② 운명주의(fatalism)는 밀러(W.B. Miller)의 하층계급문화이론에서 주장한 하위계층 주요관심사(focal concerns)의 하나이다.

정답 ②

21. 〈 밀러(Miller)의 하류계층 문화이론(lower class culture theory) 〉

- 하류계층의 비행을 '중류층에 대한 반발에서 비롯된 것'이라는 코헨(Cohen)의 주장에 반대하고 / 그들만의 독특한 하류계층문화 자체가 집단비행을 발생시킨다고 보았다.
- 밀러(Miller)는 하류계층의 문화를 고유의 전통과 역사를 가진 독자적 문화로 보았다.
- 하류계층의 대체문화가 갖는 상이한 가치는 지배계층의 문화와 갈등을 초래하며, 지배집단의 문화와 가치에 반하는 행위들이 지배계층에 의해 범죄적·일탈적 행위로 간주된다고 주장한다.
- 하류계층의 비행이 반항도 혁신도 아닌 그들만의 독특한 '관심의 초점'을 따르는 동조행위라고 보았다.
- 하류계층 주요 관심사(6가지) : 사고치기(trouble), 강인함(toughness), 영악함(smartness), 흥분추구(excitement), 운명(fate), 자율성(autonomy)이다.

사고치기 (Trouble)	• 주위사람들의 주목을 끌고 높은 평가를 받기 위해서 사고를 치고 사고의 결과를 회피하는 일에 많은 관심을 두고 있다. • 법이나 법집행기관 등과의 말썽이 오히려 영웅적이거나 정상적이며 성공적인 것으로 간주된다.
강인함 (Toughness)	• 남성다움과 육체적 힘의 과시, 용감성·대담성에 대한 관심이 있다.
영악함 (Smartness)	• 지적인 총명함을 의미하는 것이 아니라 도박, 사기, 탈법 등과 같이 기만적인 방법으로 다른 사람을 속일 수 있는 능력이다. • 남이 나를 속이기 이전에 내가 먼저 남을 속일 수 있어야 한다.

흥분추구 (Excitement)	• 하위계급이 거주하는 지역에서 도박, 사움, 음주 등이 많이 발생하는 것은 흥분거리를 찾는 과정에서 발생한다. • 스릴, 모험 등 권태감을 모면하는 데 관심이 있다.
운명주의 (fatalism)	• 자신의 미래가 스스로의 노력보다는 스스로 통제할 수 없는 운명에 달려 있다는 믿음이다. • 하위계급은 행운이나 불행에 많은 관심을 갖고 있으며 범죄를 저지르고 체포되더라도 이를 운수가 좋지 않았기 때문이라고 판단한다. • 빈곤한 사람은 때로 그들의 생활이 숙명이라고 생각하며 현실을 정당화한다.
자율성 (Autonomy)	• 권위로부터 벗어나고, 다른 사람으로부터 간섭을 받는 것을 혐오한다.

064 밀러(Miller)의 하류계층 하위문화이론에 대한 설명으로 옳지 않은 것은? (13 보호직 7급)

① 하류계층의 비행을 '중류층에 대한 반발에서 비롯된 것'이라는 코헨(Cohen)의 주장에 반대하고 그들만의 독특한 하류계층 문화 자체가 집단비행을 발생시킨다고 보았다.

② 하류계층의 대체문화가 갖는 상이한 가치는 지배계층의 문화와 갈등을 초래하며, 지배집단의 문화와 가치에 반하는 행위들이 지배계층에 의해 범죄적·일탈적 행위로 간주된다고 주장한다.

③ 하류계층의 비행이 반항도 혁신도 아닌 그들만의 독특한 '관심의 초점'을 따르는 동조행위라고 보았다.

④ 하류계층의 문화를 범죄적 하위문화, 갈등적 하위문화, 도피적 하위문화로 분류하였다.

해 설

④ 클라워드와 올린(Cloward & Ohlin)은 차별적 기회구조이론에서 비행하위문화를 범죄적 하위문화(criminal subculture), 갈등적 하위문화(conflict subculture), 도피하위문화(retreatist subculture)로 분류하였다.

정답 ④

065 문화적 비행이론(cultural deviance theory)에 대한 설명으로 옳지 않은 것은? (20 보호직 7급)

① 밀러(Miller)는 권위적 존재로부터 벗어나고 다른 사람으로부터 간섭을 받는 것을 혐오하는 자율성(autonomy)이 하위계층의 주된 관심 중 하나라고 한다.

② 코헨(Cohen)은 비행하위문화가 비합리성을 추구하기 때문에 공리성, 합리성을 중요시하는 중심문화와 구별된다고 한다.

③ 코헨(Cohen)의 비행하위문화이론은 중산계층이나 상류계층 출신이 저지르는 비행이나 범죄를 설명하지 못하는 한계가 있다.

④ 클로워드(Cloward)와 오린(Ohlin)의 범죄적 하위문화는 합법적인 기회구조와 비합법적인 기회구조 모두가 차단된 상황에서 폭력을 수용한 경우에 나타나는 하위문화이다.

해 설

④ 갈등적 하위문화에 대한 설명이다. // 범죄적 하위문화는 합법적인 기회구조는 없고 범죄의 학습기회와 수행기회가 많은 지역에서 발생한다.

정답 ④

066 밀러(Miller)의 하류계층 문화이론(lower class culture theory)에 대한 설명으로 옳지 않은 것은?

23 교정 7급

① 밀러는 하류계층의 문화를 고유의 전통과 역사를 가진 독자적 문화로 보았다.
② 하류계층의 여섯 가지 주요한 관심의 초점은 사고치기(trouble), 강인함(toughness), 영악함(smartness), 흥분추구(excitement), 운명(fate), 자율성(autonomy)이다.
③ 중류계층의 관점에서 볼 때, 하류계층 문화는 중류계층 문화의 가치와 갈등을 초래하여 범죄적·일탈적 문화로 간주된다.
④ 범죄와 비행은 중류계층 문화에 대한 저항으로서 하류계층 문화 자체에서 발생한다.

해설

④ 범죄와 비행을 중류계층 문화에 대한 저항으로서 하류계층 문화 자체에서 발생한다고 본 것은 코헨(Cohen)이다. // 밀러(W. Miller)는 하류계층문화이론에서 해체된 지역사회에서 하위계층이 공유하는 독자적인 문화가 존재하며, 그와 같은 하층문화에 동조하는 것 자체가 비행이 된다고 하였다.

정답 ④

067 사회해체이론에 대한 설명으로 옳지 않은 것은?

24 보호직 7급

① 범죄를 예방하기 위해서는 도시의 지역사회를 재조직함으로써 사회통제력을 증가시키는 것이 중요하다.
② 버제스(Burgess)의 동심원 이론에 따르면, 도시 중심부로부터 멀어질수록 범죄 발생률이 높아진다.
③ 쇼우(Shaw)와 맥케이(McKay)는 사회해체가 높은 범죄율과 상관관계가 있다고 보았다.
④ 버제스의 동심원 이론은 소위 변이지역(zone in transition)의 범죄율이 거주민들의 국적이나 인종의 변화에도 불구하고 지속해서 높다는 것을 보여 준다.

해설

② 버제스(Burgess)는 동심원 이론에 따르면, 도시의 중심부에서 멀어질수록 범죄발생률이 낮아진다. // 제2구역인 전이지대(퇴행변이지대, transitional zone)에 범죄가 집중되는 것으로 나타났다.

정답 ②

22. 〈 버제스(Burgess)는 동심원 이론 〉

- 시카고를 다섯 가지 구역으로 나누었다.
  - 제1지대 : 중심지대(central business zone)
  - 제2지대 : 전이지대(transitional zone)
  - 제3재대 : 근로자 거주지대(working man's home zone)
  - 제4지대 : 주거지대(residential zone)
  - 제5지대 : 통근자 거주지대(commuter's zone)
- 각각의 구역은 범인성의 특징이 서로 다르게 구성되어 있으므로 범죄발생률이나 범죄의 종류에 상당한 차이를 나타낸다고 주장하였다.
- 특히 버제스는 유대인 이주자가 초기에 정착한 시카고의 제2지대에 주목했다. 소위 전이지대(점이지대. 퇴행변이지

대)라고 불리는 이곳은 빈곤한 사람들, 소수민족구성원들, 사회적 일탈자들이 주로 거주함으로써 범죄와 비행에 가장 취약한 지역이다.

23. 〈 쇼우(Shaw)와 맥케이(McKay)는 사회해체론 〉

- 1920~1930 시카고 대상 연구
- 범죄율을 이웃공동체의 생태학적 특징과 결부시킨다.
- 도심과 인접하면서 주거지역에서 상업지역으로 바뀐 이른바 전이지역의 범죄발생률이 지속적으로 높다고 지적하였다.
- 청소년비행의 지리적 집중현상이 중심상업지역으로부터 외곽으로 벗어날수록 약화된다고 지적하면서, 도심집중 현상이 가장 극심한 곳은 버제스의 동심원 모델에서 제시된 제2지대인 전이지대라고 주장하였다.
- 전이지역 내 구성원의 인종이나 국적이 바뀌었음에도 불구하고 계속적으로 높은 범죄율을 보이는 것은 개별적으로 누가 거주하든지 관계없이 지역의 특성과 범죄발생과는 중요한 연관이 있다는 것이다. 즉 범죄 및 비행은 지대와 관련된 것이지 행위자의 특성이나 사회전체의 경제적 수준 등과는 관계없다는 것이다.
- 쇼와 맥케이의 사회해체이론은 지역사회에 새로운 거주자들이 증가하면 과거 이 지역을 지배하였던 여러 사회적 관계가 와해되고 시간이 흐르면서 새로운 관계가 형성되는 생태학적 과정을 거친다고 주장한다.

24. 〈 통제이론(Control Theory) 〉

<table>
<tr><td colspan="3">• 모든 인간이 범죄를 저지를 수 있는 동기를 가지고 있다고 가정한다.
• 통제이론은 “사람들이 왜 범죄를 저지르는가?”보다는 “왜 많은 사람들이 범죄를 저지르지 않는가?”를 설명하려고 한다.
• 비행을 저지르려고 하다가 부모가 실망하고 슬퍼할 것을 떠올리고 그만두었다.</td></tr>
<tr><td>라이스(Reiss)</td><td colspan="2">• 소년비행의 원인을 두가지 측면에서 파악하였다.
• 소년비행은 개인통제력의 미비와 사회통제력의 부족으로 유발된다고 하였다.</td></tr>
<tr><td>나이(Nye)</td><td colspan="2">• 나이(Nye)는 비공식적인 간접통제가 소년비행을 예방할 수 있는 가장 효율적인 방법이라고 주장하였다.
• 나이(F. Nye)는 가정이나 학교에서 소년에게 자신의 행위가 주위 사람에게 실망과 고통을 줄 것이라고 인식시키는 것이 소년비행을 예방할 수 있는 가장 효율적인 방법이라고 하였다.</td></tr>
<tr><td rowspan="3">레클리스
(Reckless)</td><td colspan="2">• 올바른 자아관념이 비행에 대한 절연체(내적 봉쇄요인)라고 보았다.
• 열악한 환경에도 불구하고 소년들이 비행을 저지르지 않고 정상적인 사회구성원으로 성장할 수 있는 것은 올바른 자아관념이 있기 때문이다.
• 레크리스는 압력, 유인, 배출 요인이 범행을 유발한다고 보았다.
– 압력요인 : 열악한 생활조건, 가족갈등, 열등한 신분적 지위, 성공기회의 박탈
– 유인요인 : 나쁜 친구들, 범죄조직
– 배출요인 : 불안감, 불만감, 내적 긴장감
• 범죄로 이끄는 힘이 범죄를 차단하는 힘보다 강하면 범죄나 비행을 저지르게 된다.
• 레크리스는 외부적 통제요소와 내부적 통제요소 중 어느 한 가지만 제대로 작동되어도 범죄는 방지될 수 있다고 보았다.</td></tr>
<tr><td>내적 봉쇄요인</td><td>• 사회의 규범이나 도덕을 내면화함으로써 형성한 범죄 차단력
• 자기통제력, 자아나 초자아의 능력, 좌절감을 인내할 수 있는 능력, 책임감, 집중력, 성취지향력, 대안을 찾을 수 있는 능력 등</td></tr>
<tr><td>외적 봉쇄요인</td><td>• 가족이나 주위사람들과 같이 외부적으로 범죄를 차단하는 요인들
• 일관된 도덕 교육, 교육기관의 관심, 합리적 규범과 기대 체계, 집단의 포용성, 효율적인 감독과 훈육, 소속감과 일체감의 배양 등</td></tr>
</table>

068 통제이론에 대한 설명으로 옳지 않은 것은?

24 보호직 7급

① 라이스(A. Reiss)는 개인적 통제 및 사회적 통제의 실패가 범죄의 원인이라고 보고, 가족 등 일차집단의 역할수행에 주목하였다.

② 레클리스(W. Reckless)는 대부분의 사람이 수많은 압력과 유인에도 불구하고 범행에 가담하지 않고 순응상태를 유지하는 이유 중의 하나를 사회화 과정에서 형성되는 내적(자기) 통제에서 찾았다.

③ 나이(F. Nye)는 가정이나 학교에서 소년에게 자신의 행위가 주위 사람에게 실망과 고통을 줄 것이라고 인식시키는 것이 소년비행을 예방할 수 있는 가장 효율적인 방법이라고 하였다.

④ 허쉬(T. Hirschi)는 전념(commitment)은 참여(involvement)의 결과물로 장래의 목표성취와 추구에 관한 관심과 열망이 강한 경우 범죄나 비행이 감소한다고 하였다.

해설

④ 허쉬(T. Hirschi)는 참여(involvement)는 전념(commitment)의 결과물로 장래의 목표성취와 추구에 관한 관심과 열망이 강한 경우 범죄나 비행이 감소한다고 하였다.

정답 ④

069 레크리스(W. Reckless)의 봉쇄이론(견제이론, containment theory)에 관한 설명으로 옳지 않은 것은?

07 사시

① 범죄나 비행으로 이끄는 힘이 있더라도 차단하는 힘이 강하면 범죄나 비행이 통제된다.

② 나쁜 친구는 범죄나 비행으로 이끄는 유인요인이 될 수 있다.

③ 좌절감에 대한 내성은 범죄나 비행을 차단하는 내적 봉쇄요인에 해당한다.

④ 자기통제력은 범죄나 비행을 차단하는 외적 봉쇄요인에 해당한다.

⑤ 외적 봉쇄요인이 약하더라도 내적 봉쇄요인이 강하면 범죄나 비행이 통제될 수 있다.

해설

④ 자기통제력은 범죄나 비행을 차단하는 내적 봉쇄요인에 해당한다.

정답 ④

070 통제이론에 대한 설명으로 옳은 것은?

20 보호직 7급

① 나이(Nye)는 범죄통제방법 중 비공식적인 직접통제가 가장 효율적인 방법이라고 주장하였다.

② 레크리스(Reckless)는 외부적 통제요소와 내부적 통제요소 중 어느 한 가지만 제대로 작동되어도 범죄는 방지될 수 있다고 보았다.

③ 맛차(Matza)와 사이크스(Sykes)가 주장한 중화기술 중 '가해의 부정'은 자신의 행위로 피해를 입은 사람은 그러한 피해를 입어도 마땅하다고 합리화하는 기술이다.

④ 통제이론은 "개인이 왜 범죄로 나아가지 않게 되는가"의 측면이 아니라 "개인이 왜 범죄를 하게 되는가"의 측면에 초점을 맞춘다.

해설

① 나이(Nye)는 범죄통제방법 중 비공식적 간접통제가 가장 효율적인 방법이라고 주장하였다.
③ 맛차(Matza)와 사이크스(Sykes)가 주장한 중화기술 중 '가해의 부정'은 친구의 물건을 훔치고도 빌렸다고 하는 것과 같이 스스로 한 가해행위 자체를 부정하는 것을 말한다. // 자신의 행위로 피해를 입은 사람은 그러한 피해를 입어도 마땅하다고 합리화하는 기술은 '피해자의 부정'이다.
④ 통제이론은 "개인이 왜 범죄를 저지르는가"에 초점을 맞추어 원인을 분석했던 기존의 이론과 달리, "개인이 왜 범죄로 나아가지 않게 되는가"의 측면에 초점을 맞추어 설명한다.

정답 ②

071 통제이론에 대한 설명으로 옳지 않은 것은? (20 교정 7급)

① 라이스(A. Reiss) - 소년비행의 원인을 낮은 자기통제력에서 찾았다.
② 레크리스(W. Reckless) - 청소년이 범죄환경의 압력을 극복한 것은 강한 자아상 때문이다.
③ 허쉬(T. Hirschi) - 범죄행위의 시작이 사회와의 유대약화에 있다고 보았다.
④ 에그뉴(R. Agnew) - 범죄는 사회적으로 용인된 기술을 학습하여 얻은 자기합리화의 결과이다.

해설

① 라이스(Reiss)의 개인통제 이론
② 레크리스(W. Reckless) 봉쇄이론, 자아관념이론
③ 허쉬(T. Hirschi) 사회유대이론
④ 맛차와 사이크스(Matza & Sykes)가 강조한 '중화기술의 이론'이다. // 에그뉴(R. Agnew)의 일반긴장이론은 스트레스와 긴장을 느끼는 개인이 범죄를 저지르기 쉬운 이유를 설명하는 이론이다.

정답 ④

072 허쉬(T. Hirschi)의 사회유대이론의 요소에 대한 설명으로 옳게 짝지어진 것은? (14 교정 9급)

ㄱ. 부자지간의 정, 친구 사이의 우정, 가족끼리의 사랑, 학교 선생님에 대한 존경 등 다른 사람과 맺는 감성과 관심을 의미한다.
ㄴ. 미래를 위해 교육에 투자하고 저축하는 것처럼 관습적 활동에 소비하는 시간과 에너지, 노력 등을 의미한다.
ㄷ. 학교, 여가, 가정에서 많은 시간을 보내게 되면 범죄행위의 유혹에서 멀어진다는 것을 의미한다.
ㄹ. 관습적인 규범의 내면화를 통하여 개인이 사회와 맺고 있는 유대의 형태로 관습적인 도덕적 가치에 대한 믿음을 의미한다.

	ㄱ	ㄴ	ㄷ	ㄹ
①	애착	전념	참여	신념
②	애착	전념	신념	참여
③	전념	애착	신념	참여
④	전념	참여	애착	신념

해 설

① 허쉬(T. Hirschi)는 개인이 사회와 유대를 맺는 방법, 즉 사회유대의 요소로 애착(attachment), 전념(수용)(commitment), 참여(involvement), 믿음(신념)(belief)를 들고 있으며, / 그 정도가 강할수록 범죄를 저지를 가능성이 낮고, 그 정도가 약할수록 범죄를 저지를 가능성이 높아진다고 보았다.

정답 ①

25. 〈 허쉬(T. Hirschi)의 사회유대이론 〉

- 모든 사람을 잠재적 법위반자라고 가정한다.
- 범죄행위의 시작이 사회와의 유대약화에 있다고 보았다.
- 누구든지 비행가능성이 잠재되어 있고, 이를 통제하는 요인으로 개인이 사회와 맺고 있는 일상적인 유대가 중요하다.
- 허쉬는 개인이 사회와 유대관계를 맺는 방법으로 애착, 전념, 믿음, 참여를 제시하였다.

애착 (attachment)	• 애정과 정서적 관심을 통하여 개인이 사회와 맺고 있는 유대관계 • 부자지간의 정, 친구 사이의 우정, 가족구성원끼리의 사랑, 학교의 스승에 대한 존경심 등 • 애정과 정서적 관심을 통하여 개인이 사회와 맺고 있는 유대관계가 강하면 비행이나 범죄를 저지를 가능성이 낮다. • 부모 등 가족구성원이 실망할 것을 우려해서 비행을 그만두는 것은 사회유대의 형성 방법으로서 애착에 의한 것으로 설명할 수 있다.
전념(수용) (commitment)	• 규범준수에 따른 사회적 보상에 얼마나 관심을 갖는가에 관한 것 • 미래를 위해 교육에 투자하고 저축하는 것처럼 관습적 활동에 소비하는 시간과 에너지, 노력 등을 의미한다. • 규범적인 생활에 집착하고 많은 관심을 지닌 사람은 그렇지 않은 사람들에 비해 잃을 것이 많기 때문에 비행이나 범죄를 저지를 가능성이 낮다.
참여 (involvement)	• 개인이 가정, 학교, 여가 등의 활동에 얼마나 많은 시간을 보내는가를 기준 • 사회생활에 대한 참여율이 낮으면 그만큼 일탈행동의 기회가 증가됨으로써 비행을 저지를 가능성이 높아진다. • 사회생활에 대하여 참여가 높으면 그만큼 일탈행위의 기회가 감소되고 비행이나 범죄를 저지를 가능성이 낮아진다.
신념 (belief)	• 관습적인 규범의 내면화를 통하여 개인이 사회와 맺고 있는 유대의 형태로 관습적인 도덕적 가치에 대한 믿음을 의미한다. • 규범에 대한 믿음이 약할수록 비행이나 범죄를 저지를 가능성이 높다.

073 다음 범죄이론의 내용과 주장자를 올바르게 연결한 것은? (16 사시)

ㄱ. 어떤 사람이 범죄자가 되는 것은 법률 위반을 긍정적으로 생각하는 정도가 부정적으로 생각하는 정도보다 크기 때문이다.
ㄴ. 범죄로 이끄는 힘이 범죄를 차단하는 힘보다 강하면 범죄나 비행을 저지르게 된다.
ㄷ. 성공목표를 달성하기 위한 수단이 주로 사회경제적 계층에 따라 차등적으로 분배되어 목표와 수단의 괴리가 커지게 될 때 범죄가 발생한다.
ㄹ. 개인이 일상적 사회와 맺고 있는 유대가 범죄발생을 통제하는 기능을 하며, 개인과 사회 간의 애착(attachment), 전념(commitment), 참여(involvement), 믿음(belief)의 네 가지 관계를 중요시 한다.
ㅁ. 하류계층의 비행은 범죄적·갈등적·은둔적 세 가지 차원에서 발생한다.

A. 허쉬(Hirschi)의 사회통제이론
B. 레크리스(Reckless)의 봉쇄이론
C. 클로이드(Cloward)와 올린(Ohlin)의 차별적 기회이론
D. 서덜랜드(Sutherland)의 차별적 접촉이론
E. 머튼(Merton)의 아노미이론

① ㄱ - D, ㄴ - B
② ㄱ - B, ㄷ - E
③ ㄴ - A, ㅁ - C
④ ㄷ - D, ㄹ - A
⑤ ㄹ - D, ㅁ - C

해설

① 서덜랜드 차별적 접촉이론(㉠ - D) / 레크리스 봉쇄이론(㉡ - B) / 머튼의 아노미 이론(㉢ - E) / 허쉬의 사회통제이론(㉣ - A) / 클라워드와 올린의 차별적 기회이론(㉤ - C)

정답 ①

074 낙인이론에 대한 설명으로 옳은 것만을 모두 고르면? (20 교정 9급)

ㄱ. 일탈·범죄행위에 대한 공식적·비공식적 통제기관의 반응(reaction)과 이에 대해 일탈·범죄행위자 스스로가 정의(definition)하는 자기관념에 주목한다.
ㄴ. 비공식적 통제기관의 낙인, 공식적 통제기관의 처벌이 2차 일탈·범죄의 중요한 동기로 작용한다고 본다.
ㄷ. 범죄행동은 보상에 의해 강화되고 부정적 반응이나 처벌에 의해 중단된다고 설명한다.
ㄹ. 형사정책상 의도하는 바는 비범죄화, 탈시설화 등이다.

① ㄴ, ㄹ
② ㄱ, ㄴ, ㄷ
③ ㄱ, ㄴ, ㄹ
④ ㄴ, ㄷ, ㄹ

해설

③ 옳은 것 ㄱ, ㄴ, ㄹ
ㄷ. (×) 버제스(Burgess)와 에이커스(Akers)의 차별적 강화이론에 대한 설명이다.

정답 ③

26. 〈 낙인이론(Labeling theory) 〉

- 일탈·범죄행위에 대한 공식적·비공식적 통제기관의 반응(reaction)과 이에 대해 일탈·범죄행위자 스스로가 정의(definition)하는 자기관념에 주목한다.
- 범죄의 원인보다 범죄자에 대한 사회적 반응을 중시하고, 사회적 금지가 일탈행위를 유발가하거나 강화시킨다고 주장하였다.
- 비공식적 통제기관의 낙인, 공식적 통제기관의 처벌이 2차 일탈·범죄의 중요한 동기로 작용한다.
- 낙인이론은 범죄행위에 대한 공식적 처벌의 부정적 효과에 주목한다.
- 공식적 처벌은 특정인에게 낙인을 가함으로써 범죄를 억제하는 효과보다 야기하는 효과가 더 크다.
- 중요한 형사정책으로는 다이버전, 비범죄화, 탈시설화 등이 있다.
- 낙인이론은 2차적 일탈에 대하여 적절히 설명할 수 있으나, / 낙인 이전의 단계에서 일어나는 1차적 일탈(범죄원인)에 대하여는 설명을 하지 못한다는 비판을 받는다.

탄넨바움 (Tannenbaum)	• 악의 극화(dramatization of evil) : 공공에 의해 부여된 범죄자라는 꼬리표에 비행소년 스스로가 자신을 동일시하고 그에 부합하는 역할을 수행하게 되는 과정 • 사회에서 범죄자로 규정되는 과정이 일탈강화의 악순환으로 작용하며, 이를 '악의 극화'라고 한다.
레머트 (Lemert)	• 일탈행위를 1차적 일탈과 2차적 일탈로 구분하였다. • 1차적 일탈에 대하여 부여된 사회적 낙인으로 인해 일탈적 자아개념이 형성되고, / 이 자아개념이 직접 범죄를 유발하는 요인으로 작용하여 2차적 일탈이 발생된다. • 1차적 일탈에 대한 사회적 반응이 2차적 일탈을 저지르게 한다. • 일탈행위에 대한 사회적 반응은 크게 사회구성원에 의한 것과 사법기관에 의한 것으로 구분할 수 있고, 사법기관에 의한 공식적인 반응은 비공식적 반응보다 심각한 낙인효과를 끼쳐 일차적 일탈자가 이차적 일탈자로 발전하게 된다고 하였다. • 2차적 일탈은 일반적으로 오래 지속되며, 행위자의 정체성이나 사회적 역할들의 수행에 중요한 영향을 미친다.
베커 (Becker)	• 일탈자라는 낙인은 그 사람의 지위를 대변하는 주지위(master status)가 되기 때문에 / 다른 사람들과의 원활한 상호작용에 부정적인 영향을 미치는 장애요인이 된다. • 베커(H. Becker)는 금지된 행동에 대한 사회적 반응이 2차적 일탈을 부추길 뿐 아니라 사회집단이 만든 규율을 특정인이 위반한 경우 '이방인(outsider)'으로 낙인찍음으로써 일탈을 창조한다고 하였다.
슈어 (Schur)	• 사회적 낙인보다 스스로 일탈자라고 규정(self-labeling)함으로써 2차적 일탈에 이르는 경우도 있다는 점을 강조하였다. • 2차적 일탈로의 발전은 정형적인 것이 아니며 사회적 반응에 대한 개인의 적응노력에 따라 달라질 수 있다고 주장하였다.

075 낙인이론에 대한 설명으로 옳지 않은 것은? (19 교정 9급)

① 탄넨바움(F. Tannenbaum)은 공공에 의해 부여된 범죄자라는 꼬리표에 비행소년 스스로가 자신을 동일시하고 그에 부합하는 역할을 수행하게 되는 과정을 '악의 극화(dramatization of evil)'라고 하였다.

② 슈어(E. Schur)는 사람에게 범죄적 낙인이 일단 적용되면, 그 낙인이 다른 사회적 지위나 신분을 압도하게 되므로 일탈자로서의 신분이 그 사람의 '주지위(master status)'로 인식된다고 하였다.

③ 레머트(E. Lemert)는 1차적 일탈에 대하여 부여된 사회적 낙인으로 인해 일탈적 자아개념이 형성되고, 이 자아개념이 직접 범죄를 유발하는 요인으로 작용하여 2차적 일탈이 발생된다고 하였다.

④ 베커(H. Becker)는 금지된 행동에 대한 사회적 반응이 2차적 일탈을 부추길 뿐 아니라 사회집단이 만든 규율을 특정인이 위반한 경우 '이방인(outsider)'으로 낙인찍음으로써 일탈을 창조한다고 하였다.

해설

② 베커(Becker) '주지위(master status)'이론에 대한 설명이다. // 슈어(Schur)는 사회적 낙인보다 스스로 일탈자라고 규정(self-labeling)함으로써 2차적 일탈에 이르는 경우도 있다는 점을 강조하였다.

정답 ②

076 낙인이론에 대한 설명으로 옳지 않은 것은? (21 보호직 7급)

① 낙인이론에 따르면 범죄자에 대한 국가개입의 축소와 비공식적인 사회 내 처우가 주된 형사정책의 방향으로 제시된다.

② 슈어(Schur)는 이차적 일탈로의 발전은 정형적인 것이 아니며 사회적 반응에 대한 개인의 적응노력에 따라 달라질 수 있다고 주장하였다.

③ 레머트(Lemert)는 일탈행위에 대한 사회적 반응은 크게 사회구성원에 의한 것과 사법기관에 의한 것으로 구분할 수 있고, 현대사회에서는 사회구성원에 의한 것이 가장 권위 있고 광범위한 영향력을 행사하는 것으로 보았다.

④ 베커(Becker)는 일탈자라는 낙인은 그 사람의 지위를 대변하는 주된 지위가 되어 다른 사람들과의 상호작용에 부정적인 영향을 미치는 요인이 되는 것으로 설명하였다.

해설

③ 레머트(Lemert)는 일탈행위에 대한 사회적 반응 중에서 사회구성원에 의한 낙인보다는 공적 통제기관인 사법기관에 의한 낙인이 가장 권위 있고 광범위한 영향력을 행사하는 것으로 보았다.

정답 ③

077 낙인이론에 대한 설명으로 옳지 않은 것은?

18 보호직 7급

① 낙인이론은 범죄행위에 대하여 행해지는 부정적인 사회적 반응이 범죄의 원인이라고 보며 이를 통해 1차적 일탈과 2차적 일탈의 근본원인을 설명한다.

② 탄넨바움(Tannenbaum)에 따르면, 청소년의 사소한 비행에 대한 사회의 부정적 반응이 그 청소년으로 하여금 자신을 부정적인 사람으로 인식하게 한다.

③ 레머트(Lemert)에 따르면, 1차적 일탈에 대한 사회적 반응이 2차적 일탈을 저지르게 한다.

④ 베커(Becker)에 따르면, 일탈자라는 낙인은 그 사람의 사회적 지위와 타인과의 상호작용에 부정적인 영향을 미친다.

해설

① 낙인이론은 범죄행위에 대하여 행해지는 부정적인 사회적 반응이 범죄의 원인이라고 보기 때문에, 2차적 일탈에 대하여 적절히 설명할 수 있으나, / 낙인 이전의 단계에서 일어나는 1차적 일탈(범죄원인)에 대하여는 설명을 하지 못한다는 비판을 받는다.

정답 ①

078 레머트(E.M. Lemert)가 주장한 낙인효과에 대한 설명이 바르게 짝지어지지 않은 것은?

24 보호직 7급

① 오명씌우기(stigmatization) : 일차적 일탈자에게 도덕적 열등아라는 오명이 씌워져서 이후 정상적인 자아정체성을 회복하는 것이 곤란해진다.

② 제도적 강제(institutional restraint)의 수용 : 공식적 처벌을 받게 되면 스스로 합리적·독자적 사고를 하지 못하고 사법기관의 판단을 수용할 수밖에 없게 된다.

③ 부정적 정체성의 긍정적 측면(positive side of negative identity) : 일차적 일탈자는 자신에 대한 부정적 평가를 거부하는 과정을 통해 긍정적 정체성을 형성한다.

④ 일탈하위문화에 의한 사회화(socialization of deviant subculture) : 공식적인 처벌을 집행하는 시설 특유의 일탈하위문화에 의하여 범죄를 옹호하는 가치나 새로운 범죄기술을 습득하게 된다.

해설

③ 레머트(E.M. Lemert)가 주장한 낙인효과 중 부정적 정체성의 긍정적 측면(positive side of negative identity)이란 형사사법기관이 일차적 일탈자에 대하여 부정적 정체성을 부여하지만, 이것을 수용했을 때에 얻게 되는 이익 때문에 일차적 일탈자는 자신에 대한 부정적인 평가를 거부하지 않는 것을 말한다. / 부정적 정체성을 수용했을 때 얻게 되는 이익이란 죄책감으로부터의 도피 또는 책임감의 소멸 등을 의미한다.

정답 ③

27. 〈 레머트(Lemert) 공식반응이 미치는 낙인효과 〉

오명씌우기 (stigmatization)	• 사법기관에 의한 공식반응이 행해짐으로써 일차적 일탈자에게 도덕적 열등아라는 오명이 씌워진다. • 특히 공식처벌은 대중매체를 통해 알려지고 전과자로 기록되면서 정상적인 사회생활을 하지 못하게 되므로 이차적 일탈로 이어진다.
불의의 자각 (sense of injustice)	• 공적 처벌을 받는 과정에서 불공정한 형사사법집행을 알게 되어 형사사법제도의 공정성이나 정의를 신뢰하지 못하게 된다.
제도적 강제 (institutional restraint)	• 일차적 일탈자는 공식적 처벌을 받게 되면 자신에 대한 사법기관의 판단을 수용할 수밖에 없게 된다.
비행하위문화에 의한 사회화 (socialization of deviant subculture)	• 공적 처벌을 집행하는 시설에 존재하는 비행하위문화에 접하게 됨으로써 범죄행위를 옹호하거나 새로운 범죄기술을 습득하게 된다.
부정적 정체성의 긍정적 측면 (positive side of negative identity)	• 사법기관이 일탈자에게 부정적인 정체성을 부여하지만, / 이것을 수용했을 때에 얻게 되는 죄책감으로부터 도피 또는 책임감의 소멸 등의 이익 때문에 / 일차적 일탈자는 자신에 대한 부정적인 평가를 거부하지 않는다.

079 범죄원인론의 내용과 이론에 대한 설명으로 옳은 것만을 모두 고르면? (24 보호직 7급)

ㄱ. 서덜랜드(E. Sutherland)의 차별적 교제이론(differential association theory)에 따르면 범죄행위는 학습되며, 법 위반에 대한 우호적 정의(definition)가 비우호적 정의보다 클 때 개인은 비행을 저지르게 된다.
ㄴ. 베커(H.S. Becker)의 낙인이론에 따르면 일탈자라는 낙인은 그 사람의 지위를 대변하는 주 지위(master status)가 되기 때문에 다른 사람들과의 원활한 상호작용에 부정적인 영향을 미치는 장애요인이 된다.
ㄷ. 머튼(R. Merton)의 아노미이론에 따르면 아노미 상태에 있는 개인의 적응방식 중 혁신형(innovation)은 범죄자들의 전형적인 적응방식으로, 문화적 목표는 수용하지만 제도화된 수단은 거부하는 형태이다.
ㄹ. 타르드(G. Tarde)의 학습이론에 따르면 "사람들이 왜 범죄를 저지르는가?"에 대한 질문보다는 "왜 누군가는 규범에 순응하며 합법적인 행동을 하는가?"라는 질문이 중요하다.

① ㄴ, ㄷ　　② ㄱ, ㄴ, ㄷ
③ ㄱ, ㄴ, ㄹ　　④ ㄱ, ㄷ, ㄹ

해설

② 옳은 것은 ㄱ, ㄴ, ㄷ
ㄹ. (×) 통제이론에 대한 설명이다. // 타르드(G. Tarde)는 인간은 다른 사람의 행위를 모방하는 속성을 가지고 있으며, 범죄도 모방을 통하여 전수된다는 모방의 법칙을 주장하였다.

정답 ②

080 범죄이론에 대한 설명으로 옳지 않은 것은? 24 보호직 7급

① 에이커스(Akers)의 사회학습이론에 따르면, 비행이나 일탈은 사회 구성원 간의 상호작용을 통해 학습된다.
② 라이스(Reiss)와 나이(Nye)의 내적·외적 통제이론에 따르면, 애정·인정·안전감 및 새로운 경험에 대한 청소년의 욕구가 가족 내에서 충족될수록 범죄를 저지를 확률이 낮아진다.
③ 허쉬(Hirschi)의 사회유대이론에 따르면, 모든 사람은 잠재적 범죄자로서 자신의 행위로 인해 주변인과의 관계가 악화하는 것을 두려워하기 때문에 범죄를 저지르게 된다.
④ 사이크스(Sykes)와 맛차(Matza)의 중화(기술)이론에 따르면, 자신의 비행에 대하여 책임이 없다고 합리화하는 것도 중화기술의 하나에 해당한다.

해설

③ 허쉬(Hirschi)의 사회유대이론에 따르면, 애착(attachment)이 큰 사람은 자신의 행위로 인해 주변인과의 관계가 악화하는 것을 두려워하기 때문에 범죄를 저지르지 않게 된다.

정답 ③

28. 〈 브레이스웨이트(Braithwaite)의 재통합적 수치심부여이론(reintegrative shaming theory) 〉

- 재통합적 수치심부여이론에서 '수치'란 낙인이론에서의 '낙인'에 상응하는 개념이다.
- '수치심'은 수치를 당하는 사람에게 양심의 가책을 야기하는 효과를 가진 사회적 불승인 또는 타인의 비난을 의미한다.
- 회복적 사법의 이론적 틀을 제공하였다.
- 브레이스웨이트는 '수치'를 '불승인 표시로써 당사자에게 양심의 가책을 느끼게 하는 것'으로 정의하고, 재통합적 수치심과 거부(해체)적 수치심으로 나누었다.

재통합적 수치심	• 범죄자를 사회와 결속시키기 위한 고도의 낙인을 주는 것 • 용서의 언어·몸짓 또는 범죄자라는 낙인을 벗겨주는 의식을 통하여 / 범죄자가 법률을 준수하고 존중하는 시민 공동체로 돌아가도록 하는 노력 • 재통합적 수치심부여는 범죄율이 보다 낮다.
거부적(해제적) 수치심	• 범죄자에게 명백한 낙인을 찍어 높은 수치심을 주는 것 • 범죄자와 지역사회 간의 도덕적 유대를 파괴하는 것 • 거부(해체)적 수치심부여는 범죄율이 더 높은 결과가 초래된다.

081 브레이스웨이트(Braithwaite)의 재통합적 수치심부여이론(reintegrative shaming theory)에 대한 설명으로 옳지 않은 것은? 22 교정 7급

① 재통합적 수치심 개념은 낙인이론, 하위문화이론, 기회이론, 통제이론, 차별접촉이론, 사회학습이론 등을 기초로 하고 있다.
② 해체적 수치심(disintegrative shaming)을 이용한다면 범죄자의 재범확률을 낮출 수 있으며, 궁극적으로는 사회의 범죄율을 감소시키는 효과를 기대할 수 있다.
③ 재통합적 수치심의 궁극적인 목표는 범죄자가 자신의 잘못을 진심으로 뉘우치고 사회로 복귀할 수 있도록 그들이 수치심을 느끼게 할 방법을 찾아내는 것이다.
④ 브레이스웨이트는 형사사법기관의 공식적 개입을 지양하며 가족, 사회지도자, 피해자, 피해자 가족 등 지역사회의 공동체 강화를 중시하는 '회복적 사법(restorative justice)'에 영향을 주었다.

해설

② 범죄자의 재범확률을 낮추고 궁극적으로 사회의 범죄율을 감소시키는 효과를 기대할 수 있는 것은 재통합적 수치(reintegrative shaming)이다. // 해체적(거부적) 수치(disintegrative shaming)는 범죄자에게 명백한 낙인을 찍어 범죄자와 지역사회 간의 도덕적 유대가 파괴되어 범죄율 감소에 도움이 되지 않는다.

정답 ②

082 발달범죄학이론에 대한 설명으로 옳지 않은 것은?

20 교정 7급

① 1930년대 글룩(Glueck) 부부의 종단연구는 발달범죄학이론의 토대가 되었다.
② 인생항로이론은 인간의 발달이 출생 시나 출생 직후에 나타나는 주된 속성에 따라 결정된다고 주장한다.
③ 인생항로이론은 인간이 성숙해 가면서 그들의 행위에 영향을 주는 요인도 변화한다는 사실을 인정한다.
④ 인생항로이론은 첫 비행의 시기가 빠르면 향후 심각한 범죄를 저지를 것이라고 가정한다.

해설

② 잠재적 특질이론에 대한 설명이다. 잠재적 특질이론은 출생 또는 그 직후에 나타난 주된 속성이 변화하지 않는다고 보는 이론이다. 따라서 인간은 변하지 않고 기회가 변할 뿐이라고 한다. // 인생항로이론(Life Course Theory = 생애과정이론)은 인간의 발달이 출생 시나 출생 직후에 나타나는 주된 속성에 따라 결정되는 것이 아니라, / 경험하는 시간과 장소, 특정 사회의 상황과 구조 속에서의 개인의 선택과 상황에 따라 사람의 발달경로는 달라질 수 있으며, 시간의 흐름에 따라 변화하고 범죄성도 변화하게 된다고 본다.

정답 ②

083 샘슨(Sampson)과 라웁(Laub)의 생애과정이론(연령 – 단계이론)에 대한 설명으로 옳지 않은 것은?

25 보호직 9급

① 범죄 행위의 지속성과 가변성은 인생의 중요한 전환기에 발생하는 사건과 그 결과에 영향을 받는다고 본다.
② 허쉬(Hirschi)의 사회유대이론의 영향을 받아, 사회유대의 약화를 범죄행위의 원인으로 본다.
③ 성실한 직장생활, 활발한 대인관계 등의 사회적 자본을 발전시키는 것을 범죄 중단의 중요한 요인으로 본다.
④ 범죄를 중단하는 데 있어 결정적인 전환점(turning point)은 체포 혹은 수감(收監) 경험이다.

해설

④ 샘슨(Sampson)과 라웁(Laub)은 범죄를 중단하는 데 있어 결정적인 전환점(turning point)이 되는 인생을 변화시키는 중요한 4가지 사건으로 결혼, 군 입대, 구직, 자신의 환경과 이웃의 변화를 들고 있다.

정답 ④

084 다음 글에서 설명하는 이론은?

23 보호직 7급

> 공동체의 사회통제에 대한 노력이 무뎌질 때 범죄율은 상승하고 지역의 응집력은 약해진다. 이에 지역사회 범죄를 줄이기 위해서는 이웃 간의 유대 강화와 같은 비공식적 사회통제가 중요하며, 특히 주민들의 사회적 참여는 비공식적 사회통제와 밀접하게 관련되어 있다.

① 샘슨(Sampson)의 집합효율성(collective efficacy)
② 쇼(Shaw)와 맥케이(Mckay)의 사회해체(social disorganization)
③ 머튼(Merton)의 긴장(strain)
④ 뒤르켐(Durkheim)의 아노미(anomie)

해 설

① 샘슨(Sampson)의 집합효율성(collective efficacy)에 관한 설명이다. 집합효율성은 지역의 무질서나 사회문제를 해결하겠다는 지역사회 공동체의 사회통제에 대한 노력을 의미한다. / 집합효율성이 높을수록 범죄율은 낮아질 것으로 예측한다.

정답 ①

29. 〈 샘슨(Sampson)의 집합효율성이론(collective efficacy theory) 〉

- 지역사회의 범죄율에 차이가 나는 것을 사회구조적으로 설명하였다.
- 지역주민 간의 상호신뢰 또는 연대감과 범죄에 대한 적극적인 개입을 강조한다.
- 집합효율성이란 공통의 선을 유지하기 위한 지역주민들 사이의 사회적 응집력을 의미하며, 상호신뢰와 유대 및 사회통제에 대한 공통된 기대를 포함하는 개념이다.
- 집합효율성은 이웃상호간 신뢰수준이나 자신의 이웃 및 외부에서 온 사람에 대해 적극적으로 개입하려고 하는 성향 등으로 설명되는데, 범죄가 집중되는 곳은 이러한 집합효율성이 낮게 나타난다.
- 지역사회 범죄를 줄이기 위해 이웃 간의 유대 강화와 같은 비공식적 사회통제를 중요시한다.
- 공식적 사회통제(경찰 등 법집행기관)의 중요성을 간과하였다는 비판을 받는다.

085 발달이론에 관한 설명으로 옳지 않은 것은?

23 교정 7급

① 글룩(Glueck)부부는 반사회적인 아이들은 성인이 되어 가해 경력을 지속할 가능성이 크다고 보았다.
② 모피트(T. Moffitt)의 생애지속형(life-course-persistent) 비행청소년은 생래적인 신경심리적 결함이 주된 비행의 원인이며, 유아기의 비행은 성인기까지도 지속된다.
③ 손베리(T. Thornberry)는 후기개시형(late starters) 비행청소년 일탈의 원인을 비행친구와의 접촉으로 보았다.
④ 샘슨(R. Sampson)과 라웁(J. Laub)은 생애주기에 있어 시기에 따라 서로 다른 비공식적 사회통제가 존재하며 인생의 전환점에 의해 언제든지 변할 수 있다고 보았다.

해 설

① 글룩(Glueck)부부의 500명의 비행집단과 500명의 통제집단 간의 비교연구의 내용이다.
② 모피트(Moffitt)의 발달유형론에 대한 설명이다.
③ 청소년의 비행경로를 조기 개시형(early starters)과 만기 개시형(late starters)으로 구분한 학자는 패터슨(Patterson)이다.
④ 샘슨과 라웁(Sampson & Laub)의 생애과정 이론(Life Course Theory, 인생항로이론)에 대한 설명이다.

정답 ③

30. 〈 패터슨(Patterson)의 청소년의 비행경로 〉

조기 개시형 (early starters)	• 아동기부터 공격성을 드러내고 반사회적 행동을 저지르는 특징을 보인다. • 아동기의 부적절한 양육에 원인이 있고, 이것은 후에 학업의 실패와 친구집단의 거부를 초래하게 되고, / 이러한 이중적 실패는 비행집단에 참가할 가능성을 높이게 된다. • 성인이 되어서도 지속적으로 범죄를 저지른다.
후기 개시형 (late starters)	• 아동기에 부모에 의해 적절하게 양육되었으나, 청소년기 중기나 후기에 접어들어 비행친구들의 영향으로 비행에 가담하게 되는 유형이다. • 일탈의 주된 원인은 부모들이 청소년 자녀들을 충분히 감시·감독하지 못한 데에서 찾을 수 있다. • 비행에 가담하는 기간은 단기간에 그치며, 대부분의 경우 성인기에 접어들면서 진학이나 취업 등 관습적 활동기회가 제공됨에 따라 불법적 행동을 중단하게 된다. • 만기 개시형들이 저지르는 범죄나 비행은 조기 개시형에 비해서 심각성의 수준도 떨어진다.

086 발전이론에 대한 설명으로 옳지 않은 것은? (12 보호직 7급)

① 손베리(Thornberry)는 청소년들의 발달과정에서 연령에 따라 비행의 원인이 어떻게 다르게 작용하는가에 주목하였다.

② 샘슨(Sampson)과 라웁(Laub)은 나이가 들면서 경험하는 사회적 유대와 비공식적 사회통제의 변화가 범법행위에 있어서의 차이를 야기한다고 주장하였다.

③ 모피트(Moffitt)는 어려서 가정에서의 부적절한 훈육과 신경 심리계의 손상의 이유로 충동적이고 언어·학습능력이 부족한 아이들이 어려서부터 문제행동을 한다고 하면서 그러한 아이 들은 성인에 이르기까지 지속적으로 비행이나 범죄를 자행하게 될 가능성이 높다고 주장하였다.

④ 갓프레드슨(Gottfredson)과 허쉬(Hirschi)는 어릴 때 형성된 자기통제력이라는 내적 성향 요소가 어려서의 다양한 문제행동을 설명할 수 있는 반면에, 청소년비행이나 성인들의 범죄는 설명하기 어렵다고 주장하였다.

해 설

④ 갓프레드슨(Gottfredson)과 허쉬(Hirschi)는 「범죄일반이론」(a general theory of crime)에서 범죄는 기본적으로 자기 이익을 추구하는 행위라고 파악하고, 자아통제력(self-control)이 약한 사람이 범죄행동에 취약하다고 설명하였다. 이러한 설명은 모든 유형의 범죄를 설명할 수 있다는 점에서 '범죄 일반이론'이라고 한다. / 낮은 통제력의 근본 원인을 부적절한 자녀 양육에서 찾는다. 낮은 자아통제력은 인생의 초기 단계(10세까지)에서 형성되어 성인기를 거쳐 나갈 때까지 지속적으로 유지된다. / 갓프레드슨과 허쉬는 소년사법체계의 효용성과 어린 비행 위반자에게 관대한 처우를 내리는 것의 효용성에 의문을 제기하였다.

정답 ④

087 모피트(Moffitt)의 발달유형론(developmental taxonomy)에 대한 설명으로 옳지 않은 것은?

25 보호직 9급

① 반사회적 범죄자를 청소년기한정형(adolescence-limited)과 생애지속형(life-course- persistent)으로 구분하였다.

② 청소년기한정형 범죄자에 비하여 생애지속형 범죄자가 또래 집단과의 유대관계에 더욱 강한 영향을 받는다고 보았다.

③ 개인의 신경심리학적 취약성과 범죄 유발적 환경이 상호작용하여 생애지속형 반사회적 행위가 발생하는 것으로 보았다.

④ 생물학적 능력과 사회적 역할의 격차, 즉 성장격차(maturity gap)를 청소년기한정형 범죄자가 반사회적 행위에 가담하는 주요 원인으로 보았다.

해 설

② 청소년기한정형 범죄자는 성숙의 격차, 사회적 모방 및 강화로 인하여 범죄가 시작되므로 또래 집단과의 유대관계에 더욱 강한 영향을 받는다. // 생애지속형 범죄자는 유년기 부적절한 훈육과 신경심리계의 손상으로 인하여 어려서부터 문제행동을 하고 성인에 이르기까지 지속적으로 비행을 하거나 범죄를 저지르므로 또래 집단과의 유대관계에는 그다지 영향을 받지 않는다.

정답 ②

31. 〈 모피트(Moffitt) 발달유형론(developmental taxonomy) 〉

1. 생애 지속형 범죄자 (life-course-persistent)

- 생애지속형 범죄자는 유년기 부적절한 훈육과 신경심리계의 손상으로 인하여 어려서부터 문제행동을 하고 성인에 이르기까지 지속적으로 비행을 하거나 범죄를 저지르는 유형
- 또래 집단과의 유대관계에는 그다지 영향을 받지 않는다.
- 어린 시절 가정에서의 부적절한 훈육과 신경심리학적 결함으로 충동적이고 언어·학습능력이 부족한 아이들이 어려서부터 문제행동을 하며, 성인에 이르기까지 지속적으로 비행이나 범죄를 저지르게 될 가능성이 높은 유형을 말한다.

2. 청소년기 한정형 범죄자 (adolescent-limited offenders)

- 청소년기 한정형 범죄자는 청소년기에 약물·음주관련 범죄, 재물손괴, 절도 또는 가출·무단결석 등 부모의 통제로부터 자유롭다는 것을 표출하는 범죄행동을 시작하되, 보통 18세 전후에 범죄행동을 그만두고 정상적인 생활양식으로 되돌아가게 되는 유형
- 청소년기한정형 범죄자는 성장격차(maturity gap, 생물학적 능력과 사회적 역할의 격차), 사회적 모방(social mimicry) 및 강화(reinforcement)로 인하여 범죄가 시작되므로 / 또래 집단과의 유대관계에 더욱 강한 영향을 받는다.
- 청소년기 동안 성인들의 역할과 지위를 갈망하게 되고 범죄자들을 흉내 내며 흡연, 음주 등 경미한 비행(지위비행)을 일삼다가 어른이 되면 저절로 비행을 멈춘다고 한다.
- 모피트는 대다수의 청소년 범죄자들은 청소년기한정형 범죄자의 경로를 따른다고 보았다.

088 모피트(Moffitt)의 청소년기 한정형(adolescence-limited) 일탈의 원인으로 옳은 것만을 모두 고르면?

22 교정 7급

ㄱ. 성숙의 차이(maturity gap)
ㄴ. 신경심리적 결함(neuropsychological deficit)
ㄷ. 사회모방(social mimicry)
ㄹ. 낮은 인지 능력(low cognitive ability)

① ㄱ, ㄴ
② ㄱ, ㄷ
③ ㄴ, ㄹ
④ ㄷ, ㄹ

해설

② 청소년기 한정형(adolescence-limited) 일탈과 관계가 있는 것 ㄱ, ㄷ
③ ㄴ. ㄹ. 신경심리적 결함(neuropsychological deficit)과 낮은 인지 능력(low cognitive ability)은 생애지속형(life-course-persistent) 범죄자와 관련이 있다.

정답 ②

089 손베리(Thornberry)의 상호작용이론(interactional theory)에 대한 설명으로 옳은 것은?

25 교정 9급

① 사회통제이론과 사회학습이론을 결합한 통합이론이다.
② 청소년의 비행경로를 조기 개시형(early starters)과 만기 개시형(late starters)으로 구분한다.
③ 사회적 반응이 일탈의 특성과 강도를 규정하는 원인이다.
④ 사회학습 요소로 차별접촉, 차별강화, 애착, 모방을 제시한다.

해설

① 손베리(Thornberry)의 상호작용이론(interactional theory)은 사회통제이론과 사회학습이론을 통합하여 비행이나 범죄행위는 행위자와 환경이 상호작용하는 발전적 과정에 의하여 발생한다고 주장하였다. / 손베리(Thornberry)는 청소년기를 세 단계로 나누어 초기 청소년기(11세~13세)에는 가정, / 중기 청소년기(15세~16세)에는 친구, 학교, / 후기 청소년기(18세~20세)에는 취업, 대학, 결혼 등이 중요한 역할을 하게 된다고 보았다.
② 청소년의 비행경로를 조기 개시형(early starters)과 만기 개시형(late starters)으로 구분한 사람은 패터슨(Patterson)이다.
③ 낙인이론에 대한 설명이다.
④ 에이커스(Akers)는 차별적 강화이론에 대한 설병이다.

정답 ①

32. 〈 쏜베리(Thornberry)의 비행 상호작용이론(interactional theory of delinquency) 〉

- 쏜베리(Thornberry)는 상호작용이론(interactional theory)은 / 사회통제이론과 사회학습이론을 결합하여 / 비행이나 범죄는 청소년과 환경이 상호작용하는 발전적 과정에 의하여 발생한다고 주장하였다.
- 쏜베리는 청소년의 발달과정에서 연령에 따라 비행의 원인이 어떻게 다르게 작용하는가에 주목하였다. 청소년 초기에는 가족의 애착이 중요하고, / 중기에는 친구, 학교, 청소년 문화로 대체되고, / 성인기에는 관습적 사회와 가족 내 자신의 위치에 따라 애착을 형성한다.
- 비행의 근본적 원인은 사회와의 유대 약화이며(통제이론), / 사회와의 유대 약화는 청소년을 비행의 후보자로 쉽게 만든다. 청소년은 접촉·강화·정의를 통한 학습을 한 후 비행행위를 범하게 된다(학습이론). 이것이 지속될수록 비행은 청소년의 안정적 행동유형의 한 부분이 될 것이다. 이러한 영향은 정적이지 않고, 연령과 비행의 시작·지속·중단 단계에 따라서 변화한다.
- 비행 또는 범죄는 개인과 주변과의 교제, 유대, 그리고 사회화 과정 등의 상호작용의 결과이다.
- 통제이론 : 부모에 대한 애착, 학교에 전념, 전통적 가치에 대한 믿음
- 학습이론 : 비행 또래와의 접촉, 비행 가치의 수용

제4절 갈등론적 범죄원인론

090 **비판범죄학에 대한 설명으로 옳지 않은 것은?** 16 보호직 7급

① 비판범죄학의 기초가 되는 마르크스(Marx)는 범죄발생의 원인을 계급갈등과 경제적 불평등으로 설명하고, 생활에 필요한 물적 자산을 충분히 갖지 못한 피지배계급이 물적 자산 내지 지배적 지위에 기존사회가 허락하지 않는 방법으로 접근하는 행위를 범죄로 인식했다.

② 봉거(Bonger)는 사법체계가 가진 자에게는 그들의 욕망을 달성할 수 있는 합법적인 수단을 허용하는 반면, 가난한 자에게는 이러한 기회를 허용하지 않기 때문에 범죄는 하위계급에 집중된다고 주장했다.

③ 퀴니(Quinney)는 마르크스의 경제계급론을 부정하면서 사회주의사회에서의 범죄 및 범죄통제를 분석하였다.

④ 볼드(Vold)는 집단갈등이 입법정책 영역에서 가장 첨예하게 나타난다고 보았다.

해 설

③ 퀴니(Quinney)는 마르크스 이후 발전된 경제계급론을 총체적으로 흡수하여 자본주의 사회에서의 범죄 및 범죄통제를 분석한 급진적 갈등론자이다. / 범죄란 자본주의의 물질적 상황에 의해 어쩔 수 없이 유발되는 반응형태라고 보고, 자본주의 사회의 붕괴와 사회주의 건설을 통해서만 범죄문제를 해결할 수 있다고 하였다.

정답 ③

33. 〈 갈등이론(비판범죄학) 〉

- 비판범죄학의 기초가 되는 마르크스는 범죄발생의 원인을 계급갈등과 경제적 불평등으로 설명하고, 생활에 필요한 물적 자산을 충분히 갖지 못한 피지배계급이 물적 자산 내지 지배적 지위에 기조사회가 허락하지 않는 방법을 접근하는 행위를 범죄로 인식하였다.
- 범죄문제는 도덕성의 문제가 아니라, 사회경제적이고 정치적인 함의를 지니는 문제로 다루어진다.
- 입법이나 사법활동은 사회구성원 대부분의 가치를 반영하는 것이 아니라, / 강력한 권력과 높은 지위를 차지한 집단의 이익을 도모하는 방향으로 운용된다.
- 범죄행위의 개별적 원인을 규명하는 것보다 어떤 행위가 범죄로 규정되는 과정에 주된 관심이 있다.
- 형사사법기관은 행위자의 경제적·사회적 지위에 따라 차별적으로 법을 집행한다고 본다.
- 범죄인 가운데 하층계급의 사람들이 많은 것은 국가가 이들의 범죄만을 집중적으로 통제하기 때문이다.
- 자본주의 사회의 모순이 범죄원인이라는 것을 강조하였으나, / 범죄에 대한 다양하고 구체적인 대책을 제시하지 못하였다는 비판이 제기된다.

091 셀린(T. Sellin)이 주장한 문화갈등이론(cultural conflict theory)에 관한 설명 중 옳지 않은 것은?

06 사시

① 개별집단의 문화적 행동규범과 사회전체의 지배적 가치체계 사이에 발생하는 문화적 갈등관계가 범죄원인이 된다.
② 동일문화 안에서 사회변화에 의하여 문화갈등이 생기는 경우를 일차적 문화갈등이라고 한다.
③ 범죄학적으로 의미있는 문화갈등은 합법적 행위규범과 비합법적 행위규범이 다른 경우이다.
④ 문화갈등이 있게 되면 법규범은 다양한 사회구성원들 사이의 합의된 가치를 반영하는 것이 불가능해진다.
⑤ 문화갈등이 존재하는 지역의 사람들은 그 지역의 행위규범이 모호하고 서로 경쟁적이기 때문에 사회통제가 약화되어 보다 용이하게 범죄나 일탈행위에 이끌리게 된다.

해 설

② 2차적 문화갈등이다.

정답 ②

34. 〈 셀린(T. Sellin)의 문화갈등이론(cultural conflict theory) 〉

- 범죄학은 영토를 가지지 않은 제왕의 학문이다.
- 문화갈등과 범죄(Cukure Conflict and Crime, 1938)
- 개별집단의 문화적 행동규범과 사회전체의 지배적 가치체계 사이에 발생하는 문화적 갈등관계가 범죄원인이 된다.
- 문화갈등이 있게 되면 법규범은 다양한 사회구성원들 사이의 합의된 가치를 반영하는 것이 불가능해진다.
- 문화갈등이 존재하는 지역의 사람들은 그 지역의 행위규범이 모호하고 서로 경쟁적이기 때문에 사회통제가 약화되어 보다 용이하게 범죄나 일탈행위에 이끌리게 된다.
- 범죄는 하나의 단일문화가 독특한 행위규범을 갖는 여러 개 상이한 하위문화로 분화될 때, 사람들이 자신이 속한 문화의 행위규범을 따르다 보면 발생할 수 있다.
- 문화갈등에 따른 행위규범의 갈등은 심리적 갈등의 원인이 되고, 나아가 범죄의 원인이 된다.

1차적 문화갈등	• 상이한 문화 안에서 사회변화에 의하여 갈등이 생기는 경우 • 국가 간의 병합이나 이민 집단의 경우처럼 특정 문화집단의 구성원이 다른 문화의 영역으로 이동할 때에 발생할 수 있는 갈등을 말한다.
2차적 문화갈등	• 동일한 문화 안에서 갈등이 생기는 경우 • 도시·농촌 등 지역 간 갈등, 세대 간 갈등, 빈부갈등 등 동일문화 내에서 사회분화로 인하여 발생하는 갈등을 말한다.

092 갈등이론에 대한 설명으로 옳지 않은 것은?

24 보호직 7급

① 터크(Turk)는 법제도 자체보다는 법이 집행되는 과정에서 특정 집단의 구성원이 범죄자로 규정되는 과정에 주목하였다.

② 셀린(Sellin)은 이질적인 문화 사이에서 발생하는 갈등을 일차적 문화갈등이라고 하고, 하나의 단일 문화가 각기 독특한 행위규범을 갖는 여러 개의 상이한 하위문화로 분화될 때 일어나는 갈등을 이차적 문화갈등이라고 하였다.

③ 스핏처(Spitzer)는 후기 자본주의 사회에서는 생산활동에서 소외되는 인구가 양산됨에 따라 이로 인해 많은 일탈적 행위가 야기될 것이라고 보았다.

④ 봉거(Bonger)는 법규범과 문화적·사회적 규범의 일치도, 법 집행자와 저항자 간의 힘의 차이, 법규범 집행에 대한 갈등의 존재 여부가 범죄화에 영향을 미친다고 보았다.

해설

④ 터크(A. Turk)의 범죄화론에 대한 설명이다. / 터크의 범죄화론은 다른 갈등이론과 달리 법제도 자체보다는 법이 집행되는 과정에서 특정집단의 구성원이 범죄자로 규정되는 과정을 중시하였다.

정답 ④

35. 〈 갈등이론의 대표 학자 〉

볼드(Vold) 집단갈등론	• 이해관계의 갈등에 기초한 집단갈등론을 이론범죄학에서 주장하였다. • 볼드(Vold) 등의 집단갈등이론에 따르면 범죄란 집단이익의 갈등이나 국가의 권력을 이용하고자 하는 집단간 투쟁의 산물이라고 하였다. • 이해관계의 갈등에 기초한 집단갈등론을 주장하였으며, 특히 집단 간의 이익갈등이 가장 첨예한 상태로 대립하는 영역으로 입법정책 부문을 지적하였다. • 볼드(Vold)는 법제정과정에서 자신들의 이익을 반영시키지 못한 집단 구성원이 법을 위반하며 자기의 이익을 추구하는 행위를 범죄로 보았다. • 입법이나 법집행 등의 모든 과정이 집단 간 이해갈등의 결과로 빚어지며 국가의 경찰력 역시 자신의 이익에 도움이 되는 방향으로 유도하려는 집단들 간의 경쟁을 반영한다.
터크(A. Turk) 범죄화(과정)론	• 터크의 범죄화론은 다른 갈등이론과 달리 법제도 자체보다는 법이 집행되는 과정에서 특정집단의 구성원이 범죄자로 규정되는 과정을 중시하였다. • 터크는 갈등의 개연성은 지배집단과 피지배잡단 양자의 조직화 정도와 세련됨의 수준에 의해 영향을 받는다고 한다. • 사회적으로 권력이 있는 집단이 하층계급의 사람들에게 그들의 실제 행동과는 관계없이 범죄자라는 신분을 부여할 수 있다는 측면에서 피지배집단의 범죄현상을 이해한다. • 피지배집단의 저항력이 약할수록 법의 집행가능성이 높아진다고 보았다.

093 갈등이론에 대한 설명으로 옳지 않은 것은?

22 보호직 7급

① 셀린(Sellin)은 이민 집단의 경우처럼 특정 문화집단의 구성원이 다른 문화의 영역으로 이동할 때에 발생할 수 있는 갈등을 이차적 문화갈등으로 보았다.

② 볼드(Vold)는 이해관계의 갈등에 기초한 집단갈등론을 주장하였으며, 특히 집단 간의 이익갈등이 가장 첨예한 상태로 대립하는 영역으로 입법정책 부문을 지적하였다.

③ 터크(Turk)는 사회를 통제할 수 있는 권력 또는 권위의 개념을 범죄원인과 대책 분야에 적용시키고자 하였다.

④ 퀴니(Quinney)는 노동자계급의 범죄를 자본주의 체제에 대한 적응범죄와 대항범죄로 구분하였다.

해설

① 셀린(Sellin)은 국가 간의 병합이나 이민 집단의 경우처럼 특정 문화집단의 구성원이 다른 문화의 영역으로 이동할 때에 발생할 수 있는 갈등을 1차적 문화갈등으로 보았다. / 2차적 문화갈등은 도시·농촌 등 지역 간 갈등, 세대 간 갈등, 빈부갈등 등 동일문화 내에서 사회분화로 인하여 발생하는 갈등을 말한다.

정답 ①

094 갈등론적 범죄론에 대한 설명으로 옳은 것은?

25 보호 7급

① 보수적 갈등이론은 마르크스의 계급갈등론을 바탕으로 사회에는 두 가지 계급이 존재하며 양자가 서로 사회를 지배하고자 경쟁하고 있다고 본다.

② 셀린(T. Sellin)은 문화갈등을 하나의 단일 문화가 여러 개의 상이한 하위문화로 분화될 때 발생하는 1차적 문화갈등, 이질적인 문화 사이에서 발생하는 2차적 문화갈등으로 구분하였다.

③ 볼드(G. Vold)는 범죄는 입법과정에서 소외된 집단의 구성원이 일상생활 속에서 법률을 위반하여 자기 이익을 추구하는 행위라고 주장하였다.

④ 터크(A. Turk)는 법 집행자의 문화규범과 사회규범이 공식적인 법규범과 일치할수록, 피지배집단의 권력이 강할수록, 피지배자의 행동이 비현실적일수록 법집행이 강화된다고 주장하였다.

해설

① 마르크스의 계급갈등론을 바탕으로 사회에는 두 가지 계급이 존재하며 양자가 서로 사회를 지배하고자 경쟁하고 있다고 보는 것은 급진적 갈등론(비판범죄학)이다.

② 셀린(T. Sellin)은 문화갈등을 이질적인 문화 사이에서 발생하는 갈등을 1차적 문화갈등, / 하나의 단일 문화가 여러 개의 상이한 하위문화로 분화될 때 발생하는 갈등을 2차적 문화갈등으로 구분하였다.

③ 볼드(G. Vold)의 집단갈등론에 대한 설명이다. 볼드는 집단갈등이 입법정책 영역에서 가장 첨예하게 나타난다고 보았다.

④ 터크(A. Turk)는 사회적으로 권력을 가진 집단이 자신들의 이익을 위해 특정 집단의 행동을 범죄로 규정하고, 이를 통해 피지배 계층을 통제한다고 주장하였다. / 법 집행자의 문화규범과 사회규범이 공식적인 법규범과 일치할수록, / 피지배집단의 권력이 약할수록, / 피지배자의 행동이 비현실적일수록 / 법집행이 강화된다고 주장하였다.

정답 ③

095 갈등이론에 관한 설명 중 옳은 것(○)과 옳지 않은 것(×)을 올바르게 조합한 것은? (15 사시)

> ㄱ. 퀴니(Quinney)는 피지배집단(노동자계급)의 범죄를 적응(accommodation)범죄와 대항(resistance)범죄로 구분하였다.
> ㄴ. 볼드(Vold)는 법제정과정에서 자신들의 이익을 반영시키지 못한 집단 구성원이 법을 위반하며 자기의 이익을 추구하는 행위를 범죄로 보았다.
> ㄷ. 터크(Turk)는 피지배집단의 저항력이 약할수록 법의 집행가능성이 높아진다고 보았다.
> ㄹ. 봉거(Bonger)는 범죄발생의 원인을 계급갈등과 경제적 불평등으로 보고, 근본적 범죄대책은 사회주의 사회의 달성이라고 하였다.

① ㄱ(○), ㄴ(×), ㄷ(○), ㄹ(×)
② ㄱ(×), ㄴ(○), ㄷ(×), ㄹ(×)
③ ㄱ(○), ㄴ(○), ㄷ(×), ㄹ(×)
④ ㄱ(×), ㄴ(○), ㄷ(×), ㄹ(○)
⑤ ㄱ(○), ㄴ(○), ㄷ(○), ㄹ(○)

해설

⑤ 모두 옳은 설명이다.

정답 ⑤

36. 〈 급진적 갈등론자 〉

봉거(W. Bonger) 급진적 갈등론	• 봉거(Bonger)는 범죄발생의 원인을 계급갈등과 경제적 불평등으로 보고, 근본적 범죄대책은 사회주의 사회의 달성이라고 하였다. • 봉거는 사법체계가 가진 자에게는 그들의 욕망을 달성할 수 있는 합법적인 수단을 허용하는 반면, 가난한 자에게는 이러한 기회를 허용하지 않기 때문에 범죄는 하위계급에 집중된다고 주장하였다.	
퀴니(Quinney) 급진적 갈등론	• 마르크스주의적 관점에서 범죄는 자본주의의 물질적 상황에 의해 어쩔 수 없이 유발되는 반응현상이라고 보았다. • 퀴니(Quinney) 등의 급진적 갈등이론에 따르면 자본주의 사회의 붕괴와 사회주의 건설을 통해서만 범죄문제를 해결할 수 있다고 하였다.	
	적응범죄 (accommodation)	• 절도, 강도, 살인, 폭행, 강간 등
	대항범죄 (resistance)	• 시위, 파업
스핏처(Spitzer)	• 스핏처(Spitzer)는 후기 자본주의 사회에서는 생산활동에서 소외되는 문제인구가 양산(production of problem populations)됨에 따라 이로 인해 많은 일탈적 행위가 야기될 것이라고 보았다.	

096 페미니즘 범죄학에 대한 설명으로 옳지 않은 것은?

25 보호 7급

① 체스니 - 린드(M. Chesney-Lind)는 전통적인 성역할을 저버린 여성에게 형사사법체계가 더 가혹하게 처벌한다고 주장했다.

② 헌니컷(G. Hunnicutt)과 브로이디(L. M. Broidy)는 여성이 남성에게 경제적으로 의존하게 만든 구조가 경제적으로 열악한 지위에 놓인 여성의 범죄요인이 된다고 주장했다.

③ 밀레트(K. Millett)는 남성 폭력이 유전자와 환경의 복합적 요소에서 비롯되고, 테스토스테론이 남성을 여성보다 더 폭력적으로 만든다고 주장했다.

④ 메서슈미트(J. W. Messerschmidt)는 남자의 사내다움이 의심되거나 의문시되는 상황에서 이를 과시할 특별한 방법이 없는 사람이 남자다움을 표현하는 방법으로 범죄를 선택한다고 주장했다.

해설

③ 케이트 밀레트(K. Millett)는 저서 「성 정치학(Sexual Politics)」(1970)을 통해 가부장제와 성적 불평등이 범죄 문제와 밀접한 관련이 있다는 것을 밝힌 급진적 페미니스트 사상가이다. / 밀레트는 가부장제(patriarchy)를 여성 억압의 근본적인 원인으로 지적하고, 성(sex)이 단순한 생물학적 범주가 아닌 사회적으로 구성된 "젠더(gender)"로서 정치적 권력의 핵심이라고 보았다.[1] / 남성폭력을 유전적 요소나 테스토스테론 등 생물학적원인으로 보는 것과는 거리가 멀다.

정답 ③

1) "가부장제는 유례없는 지배 이데올로기다. 어떠한 체제도 피지배자에 대해 이와 같이 완벽한 지배력을 행사해 온 일은 없었다." / "우리가 사랑이라고 알고있었던 섹스가 사실은 '남성은 지배자, 여성은 피지배자'를 확인하는 정치행위다."

제5절 구체적 개별인자와 범죄

097 환경과 범죄현상에 대한 설명으로 가장 적절하지 않은 것은? (10 보호직 7급)

① 급격한 도시화는 인구의 이동이나 집중으로 인해 그 지역의 사회관계의 혼란을 초래하고, 지역사회의 연대를 어렵게 하여 범죄의 증가를 초래할 수 있다고 한다.

② 케틀레(A. Quetelet)는 인신범죄는 따뜻한 지방에서, 재산범죄는 추운 지방에서 상대적으로 많이 발생한다고 한다.

③ 경기와 범죄는 상관관계가 없다는 주장도 있지만, 일반적으로 불황기에는 호황기에 비해 재산범죄가 많이 발생한다고 한다.

④ 전체주의 사회에서는 소수집단의 공격성 때문에 다수집단의 구성원이 대량 희생되어 모든 범죄가 전체적으로 감소하게 된다고 한다.

해설

① 일정한 정치적 이데올로기가 사회를 지배하게 되면 사회를 구성하는 다수집단의 가치합의가 강화되고 전제주의적 성격을 띠게 되는데 이것이 일시적으로 범죄를 감소시키는 효과를 가질 수 있다. / 다만 이러한 효과는 다수집단의 공격성과 소수집단의 희생 위에서 가능하게 된다.

정답 ④

098 영화나 TV에서 폭력적인 장면이 시청자의 공격적 성향을 자제 또는 억제시킨다는 매스컴의 범죄순기능을 강조하는 이론과 시청자에게 단기적 또는 장기적 범죄유발요인이 된다는 매스컴의 범죄역기능을 강조하는 이론이 있다. 각 이론에 해당하는 것으로 옳게 묶인 것은? (09 사시)

	범죄순기능이론	범죄역기능이론
①	자극성가설-억제가설	집단갈등가설-습관성가설
②	자극성가설-억제가설	카타르시스가설-문화갈등가설
③	카타르시스가설-억제가설	자극성가설-습관성가설
④	카타르시스가설-집단갈등가설	자극성가설-억제가설
⑤	자극성가설-습관성가설	억제가설-카타르시스가설

해설

③ 영화나 TV에서 폭력적인 장면이 시청자의 공격적 성향을 자제 또는 억제시킨다는 매스컴의 범죄순기능을 강조하는 이론은 카타르시스가설 또는 억제가설에 해당한다. // 시청자에게 단기적 또는 장기적 범죄유발요인이 된다는 매스컴의 범죄역기능을 강조하는 이론은 자극성가설 또는 습관성가설이다.

정답 ③

37. 〈 메스컴과 범죄 〉

1. 메스컴의 순기능

카타르시스가설 (정화이론)	• 영화 속의 폭력장면을 보고 자기 스스로 하지 못하는 폭력행위에 대해 대리만족(카다르시스)을 얻으며 정서적 이완을 통하여 자신의 공격적 성향을 감소시켜 일반인들에게 유사한 범죄가 발생하는 것을 막는 기능을 한다.
억제가설	• 매스컴의 범죄묘사는 폭력피해에 대한 책임감과 보복에 대한 공포심을 불러일으켜 일반인들의 공격적 성향이나 범죄의 충동을 억제한다.

2. 메스컴의 역기능

자극성 가설	• 매스컴이 묘사하는 범죄실행장면이 모방심리를 자극함으로써 범죄를 유발한다.
습관성 가설	• 매스컴의 폭력장면에 장기적으로 노출되다 보면 폭력에 무감각해지고 범죄를 미화하는 가치관이 형성되므로 범죄가 유발된다.

099 매스컴과 범죄의 관계에 관한 설명 중 옳지 않은 것은? (12 사시)

① 자극성가설에 의하면 매스컴이 묘사하는 범죄실행장면이 모방심리를 자극함으로써 범죄를 유발한다고 한다.

② 카타르시스가설에 의하면 일반인들이 매스컴의 범죄장면을 보고 스스로 카타르시스를 얻기 위해 범죄행위에 나설 수 있기 때문에 매스컴이 범죄를 유발한다고 한다.

③ 습관성가설에 의하면 매스컴의 폭력장면에 장기적으로 노출되다 보면 폭력에 무감각해지고 범죄를 미화하는 가치관이 형성되므로 범죄가 유발된다고 한다.

④ 억제가설에 의하면 매스컴의 범죄묘사는 폭력피해에 대한 책임감과 보복에 대한 공포심을 불러일으켜 일반인들의 공격적 성향을 억제한다고 한다.

⑤ 텔레비전이 가족의 대화를 단절시키고 구성원을 고립시킴으로써 범죄를 유발한다는 주장도 제기된다.

해설

② 카타르시스가설에 의하면 일반인들이 매스컴의 범죄장면을 보고 카타르시스를 얻기 때문에 범죄행위를 할 필요가 없다고 한다.

정답 ②

100 사회·문화적 환경과 범죄에 대한 설명으로 옳지 않은 것은? (22 보호직 7급)

① 체스니 - 린드(Chesney-Lind)는 여성범죄자가 남성범죄자보다 더 엄격하게 처벌받으며, 특히 성(性)과 관련된 범죄에서는 더욱 그렇다고 주장하였다.

② 스토우퍼(Stouffer), 머튼(Merton) 등은 상대적 빈곤론을 주장하면서 범죄발생에 있어 빈곤의 영향은 단지 빈곤계층에 국한된 현상이 아니라고 지적하였다.

③ 매스컴과 범죄에 대하여 '카타르시스 가설'과 '억제가설'은 매스컴의 역기능성을 강조하는 이론이다.

④ 서덜랜드(Sutherland)는 화이트칼라 범죄를 직업활동과 관련하여 존경과 높은 지위를 가지고 있는 사람이 저지르는 범죄라고 정의했다.

해설

① 체스니 - 린드(Chesney-Lind)의 페미니스트 범죄이론이다.
③ '카타르시스 가설'과 '억제가설'은 매스컴이 범죄와 무관하며 순기능을 가진다는 이론이다.

정답 ③

101 환경과 범죄원인에 대한 설명으로 옳지 않은 것은? (16 보호직 7급)

① 물가와 범죄의 관계에 대한 경험적 연구는 주로 곡물류 가격과 범죄의 관계를 대상으로 하였다.
② 계절과 범죄의 관계에 대한 연구에 의하면 성범죄와 폭력범죄는 추울 때보다 더울 때에 더 많이 발생한다고 알려져 있다.
③ 범죄인자 접촉빈도와 범죄발생과의 관계에 대한 이론인 습관성가설은 마약범죄 발생의 원인규명에 주로 활용되었다.
④ 엑스너(Exner)는 전쟁을 진행 단계별로 나누어 전쟁과 범죄의 관련성을 설명하였다.

해설

① 곡물류 가격의 변동은 재산범죄에 정비례하고 / 임금변동과 재산범은 반비례한다고 본다.
② 케틀레(Quetelet)의 연구에 의하면 성범죄와 폭력범죄 등 인신범죄는 따뜻한 지방에서, 재산범죄는 추운지방에서 상대적으로 많이 발생한다고 한다.
③ 습관성가설은 매스컴과 범죄의 관계에 대한 이론이다. 매스컴의 폭력장면에 장기적으로 노출되다 보면 폭력에 무감각해지고 범죄를 미화하는 가치관이 형성되므로 범죄가 유발된다고 한다. // 도파민가설은 마약범죄 발생의 원인규명에 주로 활용된다. 도파민 가설에 의하면 마약중독은 인체가 약물에 의해 도파민의 적정량을 유지하는 기능을 상실했을 때 발생한다고 한다.
④ 엑스너(Exner)는 전쟁의 진행단계와 범죄와의 관련성을 감격기, 의무이행기, 피로기, 붕괴기로 나누어 설명하였다.

정답 ③

102 화이트칼라범죄(White-collar Crime)에 대한 설명으로 옳지 않은 것은? (22 교정 7급)

① 화이트칼라범죄는 경제적·사회적 제도에 대한 불신감을 조장하여 공중의 도덕심을 감소시키고 나아가 기업과 정부에 대한 신뢰를 훼손시킨다.
② 화이트칼라범죄의 폐해가 심각한 것은 청소년비행과 기타 하류계층 범인성의 표본이나 본보기가 된다는 사실이다.
③ 오늘날 화이트칼라범죄의 존재와 현실을 부정하는 사람은 없으나, 대체로 초기 서덜랜드(Sutherland)의 정의보다는 그 의미를 좁게 해석하여 개념과 적용범위를 엄격하게 적용하려는 경향이 있다.
④ 화이트칼라범죄는 피해규모가 큰 반면 법률의 허점을 교묘히 이용하거나 권력과 결탁하여 조직적으로 은밀히 이뤄지기 때문에 암수범죄가 많다.

해설

③ 서덜랜드(Sutherland)는 화이트칼라범죄를 '사회적 지위가 높은 사람들이 이욕적 동기에서 자신들의 직업상 저지르는 범죄'라고 정의하였다. / 오늘날은 화이트칼라범죄의 유형이 다양화함에 따라 초기 서덜랜드(Sutherland)의 정의보다는 그 개념이나 적용범위를 넓게 해석하는 경향이 있다.

정답 ③

103 **화이트칼라 범죄에 대한 설명으로 옳지 않은 것으로만 묶인 것은?** 13 보호직 7급

ㄱ. 화이트칼라 범죄는 사회지도층에 대한 신뢰를 파괴하고, 불신을 초래할 수 있다.
ㄴ. 화이트칼라 범죄는 청소년비행이나 하류계층 범인성의 표본이나 본보기가 될 수 있다.
ㄷ. 화이트칼라 범죄는 폭력성이 전혀 없다는 점에서 전통적인 범죄유형과 구별된다.
ㄹ. 화이트칼라 범죄는 업무활동에 섞여 일어나기 때문에 적발이 용이하지 않고 증거수집이 어려운 특성이 있다.
ㅁ. 경제발전과 소득증대로 화이트칼라 범죄를 범하는 계층은 점차 확대되어가는 경향이 있다.
ㅂ. 서덜랜드는 사회적 지위와 직업활동이라는 요소로 화이트칼라 범죄를 개념정의한다.
ㅅ. 화이트칼라 범죄는 직접적인 피해자를 제외하고는 다른 사람들에게 영향을 미치지 않는다.
ㅇ. 화이트칼라 범죄는 전문적 지식이나 기법을 기반으로 행해지기 때문에 대체로 위법성의 인식이 분명한 특성이 있다.

① ㄱ, ㄹ, ㅇ
② ㄴ, ㅅ
③ ㄷ, ㅇ
④ ㅁ, ㅂ, ㅅ

해설

③ 옳지 않은 것 ㄷ, ㅅ, ㅇ
ㄷ. 화이트칼라 범죄는 폭력성이 전혀 없는 것이 아니라, 약하고 복잡하다는 특징을 가진다.
ㅅ. 화이트칼라 범죄는 개인을 직접적인 피해자로 하기보다는 사회 전체에 광범위한 피해를 야기하는 점에서 일반 범죄와 구분된다.
ㅇ. 화이트칼라 범죄는 전문적 지식이나 기법을 기반으로 행하던 일과 연관되기 때문에 대체로 위법성의 인식이 적은 경향이 있다.

정답 ③

38. 〈 서덜랜드(Sutherland)의 화이트칼라범죄 〉

- 사회적 지위가 높은 사람들이 이욕적 동기에서 자신들의 직업상 저지르는 범죄
- 서덜랜드는 사회적 지위와 직업활동이라는 요소로 화이트칼라 범죄를 개념정의한다.
- 화이트칼라 범죄는 관료적이고, 지능적이며, 권력적 특성을 지니고 있고, 전통적인 범죄에 비하여 그 피해나 손해가 크고, 범죄로 인해 얻는 이익도 크다.
- 화이트칼라 범죄의 경우 일반인은 화이트칼라 범죄를 중대한 범죄로 생각하지 않는 경향이 있으며, 행위자는 규범의식이 없는 경우가 많다.
- 화이트칼라범죄는 피해규모가 큰 반면 법률의 허점을 교묘히 이용하거나 권력과 결탁하여 조직적으로 은밀히 이뤄지기 때문에 암수범죄가 많다.

- 화이트칼라 범죄의 경우 암수범죄가 많은 이유는 비밀리에 지능적으로 행해지고, 범죄의 특성상 적법과 위법의 한계가 불분명하며, 증거확보가 어렵다는 점이다.
- 화이트칼라 범죄는 경제적 발전과 소득증대로 중산층이 두터워지면서 매우 빠른 속도로 확산되고 있는 추세이다.
- 오늘날은 화이트칼라범죄의 유형이 다양화함에 따라 초기 서덜랜드(Sutherland)의 정의보다는 그 개념이나 적용범위를 넓게 해석하는 경향이 있다.
- 화이트칼라범죄는 경제적·사회적 제도에 대한 불신감을 조장하여 공중의 도덕심을 감소시키고 나아가 기업과 정부에 대한 신뢰를 훼손시킨다.

104 **아바딘스키(Abadinsky)가 제시한 조직범죄의 특성에 대한 설명으로 옳지 않은 것은?** (23 보호직 7급)

① 정치적 목적이나 이해관계가 개입되지 않는 점에서 비이념적이다.
② 내부 구성원이 따라야 할 규칙을 갖고 있고, 이를 위반한 경우에는 상응한 응징이 뒤따른다.
③ 조직의 활동이나 구성원의 참여가 일정 정도 영속적이다.
④ 조직의 지속적 확장을 위하여, 조직구성원이 제한되지 않고 배타적이지 않다.

해 설

④ 아바딘스키(Abadinsky)에 의하면 조직범죄집단은 조직구성원이 매우 제한적이며 배타적이다.

정답 ④

39. 〈 아바딘스키(Abadinsky)가 제시한 조직범죄의 특징 〉

1. 정치적 목적이나 이해관계가 개입되지 않는 점에서 비이념적이다.
2. 위계적·계층적인 성격을 가진다.
3. 조직구성원은 매우 제한적이며 배타적이다.
4. 조직의 활동이나 구성원의 참여가 영속성을 가진다.
5. 목표달성을 쉽고 빠르게 하기 위하여 폭력을 행사하거나, 뇌물로 매수하여 단속을 피한다.
6. 전문성 또는 조직 내 위치에 따라 임무와 역할이 철저하게 분업화·전문화되었다.
7. 이익증대를 위하여 폭력을 사용하거나 공무원을 매수하여 특정지역이나 사업을 독점한다.
8. 철저한 내부 규율이 존재하며, 이를 위반할 경우 상응한 응징이 뒤따른다.

105 여성범죄에 대한 설명으로 옳지 않은 것은?

16 보호직 7급

① 여성범죄는 우발적이거나 상황적인 경우가 많고 경미한 범행을 반복해서 자주 저지르는 성향이 있다.
② 폴락(Pollak)은 여성이 남성 못지 않게 범죄행위를 저지르지만, 은폐 또는 편견적 선처에 의해 통계상 적게 나타나는 것일 뿐이라고 지적하였다.
③ 신여성범죄자(new female criminals) 개념은 여성의 사회적 역할변화와 그에 따른 여성범죄율의 변화와의 관계에 초점을 맞추어 등장하였다.
④ 롬브로조(Lombroso)는 범죄여성은 신체적으로는 다른 여성과 구별되는 특징이 없지만, 감정적으로는 다른 여성과 구별되는 특징이 있다고 설명하였다.

해설

② 폴락(Pollak)의 기사도정신 가설(chivalry hypothesis)이다.
③ 아들러(Adler)는 「신여성범죄자(new female criminal)」에서 전통적으로 여성범죄율이 낮은 이유는 여성의 사회경제적 지위가 낮기 때문이라고 보고, 여성의 사회적 역할이 변하고 생활형태가 남성의 생활상과 유사해지면서 여성의 범죄활동도 남성의 그것과 닮아간다고 주장하였다.
④ 롬브로조(Lombroso)는 「여성범죄자(The Female Offender)」에서 범죄를 범하는 여성은 몸에 털이 많이 나는 등의 신체적 특성으로 정상적인 여성과는 구별될 수 있다고 보았으며, "여성범죄자는 정상인과 다를 뿐만 아니라 일반적 여성과도 다른 특이한 존재로서의 이중적인 의미를 지닌 괴물이다."라고 한 바 있다.

정답 ④

제3장 범죄와 형사정책

제1절 범죄실태분석, 범죄예방, 범죄예측

40. 〈 범죄예측 방법 〉

임상적 예측법	통계적 예측법
• 범죄자의 소질과 인격에 대한 상황을 분석하여 범죄자의 범죄성향을 임상적 경험에 의하여 예측하는 방법이다. • 임상적 예측방법은 정신과의사나 범죄학 교육을 받은 심리학자가 행위자의 성격분석을 토대로 내리는 예측으로 판단자의 주관적 평가를 통제할 수 없고 많은 시간과 비용이 소요된다. • 임상적 예측법은 정신과 의사나 범죄심리학자가 조사와 관찰 등에 의해 행위자의 성격분석을 토대로 내리는 예측이므로 판단자의 자료해석의 오류나 주관적 평가가 개입할 위험이 있다. • 임상적 예측방법은 각 개인에게 내재한 특성을 집중적으로 관찰할 수 있지만 / 평가자의 전문성 여부에 따라 동일한 대상에 대한 판단이 달라질 수 있다는 단점이 있다. • 범죄의 종합적인 측면과 개별 범죄자의 고유한 특성을 동시에 고려할 수 있지만 경험이 풍부한 전문가에 의해서만 행해져야 한다는 단점이 있다.	• 기존 자료들을 분석하여 범죄자의 특징들을 수량화한 예측표를 사용한다. • 임상적 예측법에서 범하기 쉬운 객관성 문제를 개선하기 위해 개발된 방법이다. • 통계적 예측법은 범죄자의 특징을 계량화하여 그 점수에 따라 범죄행동을 예측하므로 실효성이 높고, 비교적 공평하며, 예측비용이 절감되는 장점이 있다. • 통계적 예측방법은 범죄자의 특징을 계량화하여 객관적 기준에 의존하기 때문에 실효성과 공정성을 확보할 수 있지만 범죄요인의 상이한 선별기준에 대한 대책이 없다. • 임상적 예측법에 비하여 객관성이 높다. • 개별 범죄자의 특성이나 개인적 편차를 충분히 반영할 수 없다는 한계가 있다. • 임상적 예측법에 비하여 재범의 가능성을 판단하는 데에 약점이 있다.

직관적 예측법	• 직관적 예측방법은 실무경험이 많은 판사, 검사, 교도관 등이 실무에서 애용하고 있는 방법으로 교육과 훈련을 통해 주관적 자의를 통제할 수 없기에 신뢰성이 낮다. • 직관적 예측법은 실무에서 자주 사용되는 방법이지만, 이는 판단자의 주관적 입장에 의존한다는 점에서 비판을 받는다.
통합적 예측법	• 통합적 예측방법은 직관적 예측, 통계적 예측 및 임상적 예측방법을 절충함으로써 각각의 단점을 보완하고자 하는 예측방법으로 다양한 예측방법의 단점을 어느 정도는 극복할 수 있다.

106 범죄예측에 관한 설명 중 옳은 것을 모두 고른 것은? (16 사시)

ㄱ. 범죄예측이란 예방, 수사, 재판, 교정의 각 단계에서 잠재적 범죄자의 범행가능성이나 범죄자의 재범가능성을 판단하는 것이다.
ㄴ. 통계적 예측법은 범죄자의 특징을 계량화하여 그 점수에 따라 범죄행동을 예측하므로 실효성이 높고, 비교적 공평하며, 예측비용이 절감되는 장점이 있다.
ㄷ. 임상적 예측법은 정신과 의사나 범죄심리학자가 조사와 관찰 등에 의해 행위자의 성격분석을 토대로 내리는 예측이므로 판단자의 자료해석의 오류나 주관적 평가가 개입할 위험이 있다.
ㄹ. 글뤽(Glueck) 부부는 범죄예측과 관련하여 특정항목의 점수를 가중하거나 감점하는 '가중실점방식'이라는 조기예측법을 소개하였다.

① ㄱ, ㄴ
② ㄱ, ㄹ
③ ㄴ, ㄷ
④ ㄱ, ㄷ, ㄹ
⑤ ㄱ, ㄴ, ㄷ, ㄹ

해설

⑤ 모두 옳은 설명이다.

정답 ⑤

107 통계적 범죄예측법에 대한 설명으로 옳지 않은 것은? (01 사시)

① 기존 자료들을 분석하여 범죄자의 특징들을 수량화한 예측표를 사용한다.
② 임상적 예측법에 비하여 객관성이 높다.
③ 개별 범죄자의 특성이나 개인적 편차를 충분히 반영할 수 없다는 한계가 있다.
④ 임상적 예측법에 비하여 재범의 가능성을 판단하는 데에 약점이 있다.
⑤ 임상적 예측법에 비하여 예측비용이 많이 들어 비경제적이다.

해설

⑤ 통계적 범죄예측법은 / 정신과의사나 심리학자등 전문가가 투입되는 임상적 예측법에 비하여 / 경제적이다.

정답 ⑤

108 범죄예측에 관한 설명으로 옳지 않은 것은? (05 사시)

① 범죄예방단계에서의 범죄예측은 주로 소년들의 잠재적인 비행을 예측하는데 사용되고 있으나, 오히려 소년들을 미래의 비행자로 낙인찍을 수 있다는 비판이 제기된다.
② 재판단계에서의 범죄예측은 양형책임을 결정하는 중요한 수단으로 작용한다.
③ 가석방결정을 위해 범죄예측이 활용된다.
④ 임상적 예측방법은 각 개인에게 내재한 특성을 집중적으로 관찰할 수 있지만 평가자의 전문성 여부에 따라 동일한 대상에 대한 판단이 달라질 수 있다는 단점이 있다.

⑤ 통계적 예측방법은 범죄의 종합적인 측면과 개별 범죄자의 고유한 특성을 동시에 고려할 수 있지만 경험이 풍부한 전문가에 의해서만 행해져야 한다는 단점이 있다.

해설

⑤ 임상적 예측방법에 대한 설명이다. / 통계적 예측법은 개별 범죄자의 특성이나 개인적 편차를 충분히 반영할 수 없다는 한계가 있다.

정답 ⑤

109 범죄예측방법에 대한 설명으로 옳지 않은 것은?

12 보호직 7급

① 직관적 예측방법은 실무경험이 많은 판사, 검사, 교도관 등이 실무에서 애용하고 있는 방법으로 교육과 훈련을 통해 주관적 자의를 통제할 수 있기에 신뢰성이 높다.
② 통계적 예측방법은 범죄자의 특징을 계량화하여 객관적 기준에 의존하기 때문에 실효성과 공정성을 확보할 수 있지만 범죄 요인의 상이한 선별기준에 대한 대책이 없다.
③ 임상적 예측방법은 정신과의사나 범죄학 교육을 받은 심리학자가 행위자의 성격분석을 토대로 내리는 예측으로 판단자의 주관적 평가를 통제할 수 없고 많은 시간과 비용이 소요된다.
④ 통합적 예측방법은 직관적 예측, 통계적 예측 및 임상적 예측방법을 절충함으로써 각각의 단점을 보완하고자 하는 예측방법으로 다양한 예측방법의 단점을 어느 정도는 극복할 수 있다.

해설

① 직관적 예측방법은 주관적 자의를 통제할 수 없기 때문에 신뢰성이 낮다.

정답 ①

110 범죄예측에 대한 설명으로 옳지 않은 것을 모두 고른 것은?

16 보호직 7급

ㄱ. 글룩(Glueck) 부부는 아버지의 훈육, 어머니의 감독, 아버지의 애정, 어머니의 애정, 가족의 결집력 등 다섯 가지 요인으로 구분하여 범죄예측표를 작성하였다.
ㄴ. 통계적 예측법은 많은 사례를 중심으로 개발된 것이기 때문에 개별 범죄자의 고유한 특성이나 편차를 충분히 반영할 수 있다는 장점이 있다.
ㄷ. 직관적 예측법은 실무에서 자주 사용되는 방법이지만, 이는 판단자의 주관적 입장에 의존한다는 점에서 비판을 받는다.
ㄹ. 예방단계의 예측은 주로 소년범죄 예측에 사용되는데 잠재적인 비행소년을 식별함으로써 비행을 미연에 방지하고자 하는 방법이다.
ㅁ. 재판단계에서 행해지는 예측은 주로 가석방결정에 필요한 예측이다.

① ㄱ, ㄷ
② ㄱ, ㄹ
③ ㄴ, ㄷ
④ ㄴ, ㅁ

해설

④ 옳지 않은 것 ㄴ, ㅁ

ㄴ. 통계적 예측법은 개별 범죄자의 특성이나 개인적 편차를 충분히 반영할 수 없다는 한계가 있다. / 임상적 예측법에 비하여 재범의 가능성을 판단하는 데에 약점이 있다.

ㅁ. 재판단계에서 행해지는 예측은 범죄자의 양형을 결정하는 데 필요한 예측이다. / 가석방결정에 필요한 예측은 교정단계에서의 예측이다.

정답 ④

111 범죄예측에 대한 설명으로 옳은 것은?

20 교정 7급

① 전체적 평가법은 통계적 예측법에서 범하기 쉬운 객관성 문제를 개선하기 위해 개발된 방법이다.

② 통계적 예측법은 범죄자의 소질과 인격에 대한 상황을 분석하여 범죄자의 범죄성향을 임상적 경험에 의하여 예측하는 방법이다.

③ 버제스(E. W. Burgess)는 경험표(experience table)라 불렸던 예측표를 작성·활용하여 객관적인 범죄예측의 기초를 마련하였다.

④ 가석방 시의 예측은 교도소에서 가석방을 결정할 때 수용생활 중의 성적만을 고려하여 결정한다.

해설

① 통계적 예측법은 전체적 평가법(임상적 예측법)에서 범하기 쉬운 객관성 문제를 개선하기 위해 개발된 방법이다. 통계적 예측법은 점수법이라고도 한다.

② 임상적 예측법은 범죄자의 소질과 인격에 대한 상황을 분석하여 범죄자의 범죄성향을 임상적 경험에 의하여 예측하는 방법이다.

③ 버제스(Burgess)는 1928년 일리노이주에서 3,000명의 가석방자를 대상으로 21개의 인자를 분석하여 공통점을 추출한 실점부여방식에 의한 예측표(경험표)를 작성하여 객관적인 범죄예측의 기초를 마련하였다.

④ 가석방심사위원회는 수형자의 나이, 범죄동기, 죄명, 형기, 교정성적, 건강상태, 가석방 후의 생계능력, 생활환경, 재범의 위험성, 그 밖에 필요한 사정을 고려하여 가석방의 적격 여부를 결정한다(형집행법 제121조 제2항).

정답 ③

112 범죄예방에 관한 설명 중 옳지 않은 것은?

16 사시

① '형벌을 통한 범죄억제모델'은 범죄예방의 효과를 높이기 위해서 처벌의 신속성, 확실성, 엄격성을 요구한다.

② '범죄자 치료와 갱생을 통한 사회복귀모델'은 주로 형집행단계에서 특별예방의 관점을 강조하고 있다.

③ '환경설계를 통한 범죄예방'은 주택 및 도시설계를 범죄예방에 적합하도록 구성하려는 생각이다.

④ '상황적 범죄예방 모델'은 범죄기회를 감소시키는 것만으로는 범죄를 예방하는 데 한계가 있다는 생각에서 출발한다.

⑤ 범죄예방을 주된 임무로 하는 기관은 경찰이지만 민간기관이나 시민들도 범죄예방활동에 관여할 수 있다.

해설

④ 상황적 범죄예방모델은 '범죄예방은 특별한 범죄기회를 감소시킴으로써 성취될 수 있다.'는 생각에서 출발한다.

정답 ④

113 범죄예방모델에 대한 설명으로 옳지 않은 것은? (18 보호직 7급)

① 범죄억제모델은 고전주의의 형벌위하적 효과를 중요시하며 이를 위하여 처벌의 신속성, 확실성, 엄격성을 요구한다.
② 사회복귀모델은 범죄자의 재사회화와 갱생에 중점을 둔다.
③ 제프리(Jeffery)는 사회환경개선을 통한 범죄예방모델로 환경설계를 통한 범죄예방(Crime Prevention Through Environmental Design : CPTED)을 제시하였다.
④ 상황적 범죄예방모델은 한 지역의 범죄가 예방되면 다른 지역에도 긍정적 영향이 전해진다는 소위 범죄의 전이효과(displacement effect)를 주장한다.

해설

④ 범죄의 전이효과(displacement effect)는 상황적 범죄예방모델의 효과를 부정하는 견해이다. / 어느 한 지역의 범죄기회의 차단은 결국 범죄행위를 다른 장소로 이전시키는 전이효과를 가지므로 전체적으로 볼 때 범죄감소의 효과가 없다고 한다.

정답 ④

41. 〈 상황적 범죄예방모델에 대한 평가 〉

이익의 확산효과 (diffusion of Benefit)	• 지역의 상황적 범죄예방활동의 효과는 다른 지역으로 확산되어 다른 지역에서도 범죄기회가 줄어들게 되어 결국 전체적으로 범죄예방의 효과를 얻을 수 있다.
전이효과 (displacement effect)	• 어느 한 지역의 범죄기회의 차단은 결국 범죄행위를 다른 장소로 이전시키는 전이효과만을 발생할 뿐이다. • 전이효과는 지역적 전이, 시간적 전이, 목표물의 전이, 전술적 전이, 기능적 전이 등이 있다.

114 A 지역에서 주로 침입절도범으로 활동하던 甲이 경찰의 침입절도 집중단속기간 동안 주로 강도범죄를 저지르게 된 경우에 해당하는 것은? (25 보호 7급)

① 공간적 전이 ② 기능적 전이
③ 시간적 전이 ④ 전술적 전이

해설

② 범죄의 유형이 바뀌는 '기능적 전이functional displacement'이다.

정답 ②

42. 〈 레페토(Reppetto)의 범죄전이(crime displacement) 5가지 유형 〉

공간적·지역적 전이 (territorial displacement)	• 가장 일반적인 형태 • 범죄예방활동이 없는 지역으로 이동
시간적 전이 (temporal displacement)	• 범행의 시간대나 요일이 바뀌는 경우

전술적 전이 **(tactical displacement)**	• 범행의 방법이 변하는 경우 • 칼을 이용한 살인 → 총기를 이용한 살인
목표물의 전이 **(target displacement)**	• 범죄예방활동(경보장치)으로 범죄의 대상이나 피해자가 바뀌는 경우
기능적 전이 **(functional displacement)**	• 범죄의 유형이 바뀌는 경우 • 절도 → 강도

115 범죄예방에 대한 설명으로 옳지 않은 것은?

24 보호직 7급

① 적극적 일반예방 이론은 형벌이 사회의 규범의식을 강화해 주는 효과를 가짐으로써 범죄가 예방된다고 보는 것이다.

② 브랜팅햄(Brantingham)과 파우스트(Faust)가 제시한 범죄예방 구조모델에 따르면, 사회환경 가운데 범죄의 원인이 될 수 있는 것을 정화하는 것은 3차 예방에 해당한다.

③ 환경설계를 통한 범죄예방(CPTED)모델은 사전적 범죄예방을 지향한다.

④ 일상활동이론(routine activity theory)에서는, 범죄예방에 관하여 범죄자의 범죄성향이나 동기를 감소시키는 것보다는 범행기회를 축소하는 것이 강조된다.

해 설

② 브랜팅햄(Brantingham)과 파우스트(Faust)의 범죄예방모델 중 1차적 범죄예방에 대한 설명이다.

정답 ②

43. 〈 브랜팅햄(Brantingham) 부부의 범죄패턴이론(Crime Pattern Theory) 〉

- 범죄자는 일반인과 같은 일반적인 시공간적 행동패턴을 갖는다.
- 사람들이 활동하기 위해 움직이고 이동하는 것과 관련하여 축(활동교점, nodes), 통로(경로, paths), 가장자리(경계, edges)의 세 가지 개념을 제시한다.
- 활동교점(nodes)은 가해자의 집, 직장, 학교 및 여가생활을 하기 위한 장소를 의미하고, / 경로(paths)는 가해자가 각 교점 사이를 이동하는 경로를 의미하며, / 경계(edges)란 상대적으로 동질적인 지역사회 간의 경계를 의미한다.
- 잠재적 피해자는 잠재적 범죄자의 활동공간과 교차하는 위치 또는 활동공간을 갖는다.
- 잠재적 피해자는 잠재적 범죄자는 모두 일정한 생활권과 일상적인 행동패턴을 가지며, 이들의 활동공간이 교차할 때 범죄가 발생할 기회가 생긴다.

44. 〈 브랜팅햄(Brantingham)과 파우스트(Faust)가 제시한 범죄예방 구조모델 〉

- 질병예방에 관한 보건의료모형을 응용하여 단계화한 범죄예방모델을 제시하였다.

1차적 범죄예방	• 1차적 예방은 질병예방을 위해 주변환경의 청결·소독과 같은 위생상태를 개선하는 것과 유사 • 범죄행위를 야기할 가능성이 있는 문제들을 미연에 방지할 목적으로 범죄기회를 제공하거나 범죄를 촉진하는 물리적·사회적 환경조건을 변화시키는 것 • 방법으로는 조명·자물쇠장치·접근통제 등과 같은 환경설비, 시민순찰 등과 같은 이웃감시, 범죄 실태에 대한 대중교육 등과 같은 범죄예방교육, 경찰방범활동, 민간경비 등이 있다.

2차적 범죄예방	• 2차적 예방은 질병에 걸린 사람들을 격리하고 주변 사람들에게 예방접종을 하는 것과 유사 • 범죄의 가능성이 있는 잠재적 범죄자를 조기에 발견하고 그를 감시·교육함으로써 반사회적 행위에 이르기 전에 미리 예방하는 것
3차적 범죄예방	• 3차적 예방은 중병에 걸린 사람을 입원시켜 치료하는 것과 유사하다. • 범죄자를 대상으로 하는 범죄예방조치를 통하여 재범을 방지할 수 있도록 하는 것

116 **상황적 범죄예방이론에 대한 설명으로 옳은 것은?** (25 보호 7급)

① 이익의 확산 효과(diffusion of benefit)는 어떤 지역의 범죄예방 프로그램의 효과가 확산되어 다른 지역의 범죄예방에도 긍정적인 영향을 미치는 것을 의미한다.
② 브랜팅햄(P. J. Brantingham)과 파우스트(F. L. Faust)가 주장한 3차적 범죄예방에 해당한다.
③ 치료와 갱생을 통한 사회복귀와 특별예방의 중요성을 강조하는 범죄예방 이론이다.
④ 클라크(R. Clarke)는 '소유자 표시(identifying property)'를 상황적 범죄예방의 방법 중 '위험의 증가(increasing the risk)'의 하위기법으로 제시했다.

해설

① 상황적 범죄예방이론에서 이익의 확산 효과는 긍정적인 부분이고, 전이효과는 부정적인 부분이다.
② 상황적 범죄예방이론은 브랜팅햄(Brantingham)과 파우스트(Faust)가 주장한 범죄예방모델 중 1차적 범죄예방에 해당한다.
③ 치료와 갱생을 통한 사회복귀와 특별예방의 중요성을 강조하는 이론은 사회복귀모델이다.
④ 코니쉬와 클라크(Cornish and Clarke)는 '소유자 표시(identifying property)'는 '보상 감소 기법'에 해당한다.

정답 ①

45. 〈코니쉬와 클라크(Cornish and Clarke) 상황적범죄예방의 5가지 목표와 25가지 기법〉

노력 증대	위험 증대	보상 감소	자극 감소	변명 제거
1. 대상물 강화	6. 보호기능 확대	11. 대상물 감추기	16. 좌절감과 스트레스 감소	21. 규칙 제정
2. 시설 접근통제	7. 자연적 감시 지원	12. 대상물 제거	17. 논쟁 피하기	22. 지침 게시
3. 출구 검색	8. 익명성 감소	13. 소유자 표시	18. 감정적 자극 감소	23. 양심에의 호소
4. 범죄자 피하기	9. 장소 관리자 활용	14. 시장 교란	19. 친구압력 중화	24. 순응 촉진
5. 도구·무기 통제	10. 공식 감시강화	15. 이익 제거	20. 모방 좌절시키기	25. 약물과 알코올 통제

117 범죄예방에 대한 설명으로 옳지 않은 것은? (23 보호직 7급)

① 생활양식이론에 의하면, 범죄예방을 위하여 체포가능성의 확대와 처벌의 확실성 확보를 강조한다.
② 브랜팅햄(Brantingham)과 파우스트(Faust)는 질병예방에 관한 보건의료모형을 응용하여 단계화한 범죄예방모델을 제시하였다.
③ 일상활동이론에 의하면, 동기 부여된 범죄자와 매력적인 목표물, 보호능력의 부재나 약화라는 범죄의 발생조건의 충족을 제지함으로써 범죄를 예방할 수 있다.
④ 이웃감시는 일반시민을 대상으로 한 1차적 범죄예방모델의 예에 해당한다.

해설

① 하인들링과 갓프레드슨(Hindelang & Gottfredson)의 생활양식이론(Lifestyle exposure theory)에 의하면, 개인의 직업적 활동·여가활동 등 모든 일상적 활동의 생활양식에 따라 범죄피해의 위험성이 달라진다고 보았다. 따라서 범죄예방을 위해서는 범죄자와의 접촉과 노출이 적은 생활양식을 가져야 한다고 한다. // 체포가능성의 확대와 처벌의 확실성 확보는 생활양식이론과 무관하다.

정답 ①

118 환경설계를 통한 범죄예방(CPTED)에 대한 설명으로 옳지 않은 것은? (22 보호직 7급)

① 자연적 감시(natural surveillance) : 건축물이나 시설을 설계함에 있어서 가시권을 최대한 확보하고, 범죄행동에 대한 감시기능을 확대함으로써 범죄발각 위험을 증가시켜 범죄기회를 감소시키거나 범죄를 포기하도록 하는 원리
② 접근통제(access control) : 일정한 지역에 접근하는 사람들을 정해진 공간으로 유도하거나 외부인의 출입을 통제하도록 설계함으로써 접근에 대한 심리적 부담을 증대시켜 범죄를 예방하는 원리
③ 영역성 강화(territorial reinforcement) : 레크레이션 시설의 설치, 산책길에의 벤치설치 등 당해 지역에 일반인의 이용을 장려하여 그들에 의한 감시기능을 강화하는 전략
④ 유지·관리(maintenance·management) : 시설물이나 장소를 처음 설계된 대로 지속해서 이용할 수 있도록 관리함으로써 범죄예방 환경설계의 장기적·지속적 효과를 유지

해설

③ 활동의 활성화(자연적 감시와 연계된 다양한 활동을 유도하는 설계)에 해당한다.

정답 ③

46. 〈 제프리(C.Ray Jeffery) 환경설계를 통한 범죄예방(CPTED 〉

- 제프리는 사회환경개선을 통한 범죄예방모델로 환경설계를 통한 범죄예방(Crime Prevention Through Envirnmental Design : CPTED)을 제시하였다.
- 환경설계를 통한 범죄예방(CPTED)을 주장한 제프리는 "세상에는 환경적 조건에 따른 범죄행동만 일을 뿐 범죄자는 존재하지 않는다"라고 주장하였다.
- CPTED 모델은 일반예방적 관점이 강조된다.
- 감시(surveillance). 접근통제(access control), 영역성(territoriality) 등을 기본요소로 한다.

47. 〈 제프리(Jeffery) 환경설계를 위한 범죄예방(CPTED) 〉

자연적 감시 (natural surveillance)	• 주변을 잘 볼 수 있고 은폐장소를 최소화시킨 설계 • 건축물이나 시설을 설계함에 있어서 가시권을 최대한 확보하고, 범죄행동에 대한 감시기능을 확대함으로써 범죄발각 위험을 증가시켜 범죄기회를 감소시키거나 범죄를 포기하도록 하는 원리
접근통제 (access control)	• 외부인과 부적절한 사람의 출입을 통제하는 설계 • 일정한 지역에 접근하는 사람들을 정해진 공간으로 유도하거나 외부인의 출입을 통제하도록 설계함으로써 접근에 대한 심리적 부담을 증대시켜 범죄를 예방하는 원리
영역성 강화 (territorial reinforcement)	• 공간의 책임의식과 준법의식을 강화시키는 설계 • 공적인 영역과 사적인 영역을 명확히 구분지음으로써 잠재적 범죄자에게 그러한 영역성을 인식하게 하여 범행시도를 어렵게 하는 기법을 말한다. • 조경, 도로의 포장, 특수 울타리 설치, 출입구 통제 강화, 표지판 설치, 내부 공원조성 등은 주민들의 소유재산이나 자기의 사적 영역이라는 인식을 강화한다.
활동의 활성화 (activity support)	• 자연적 감시와 연계된 다양한 활동을 유도하는 설계 • 레크레이션 시설의 설치, 산책길에의 벤치설치 등 당해 지역에 일반인의 이용을 장려하여 그들에 의한 감시기능을 강화하는 전략
유지·관리 (maintenance·management)	• 지속적으로 안전한 환경 유지를 위한 계획 • 시설물이나 장소를 처음 설계된 대로 지속해서 이용할 수 있도록 관리함으로써 범죄예방 환경설계의 장기적·지속적 효과를 유지

TIP 셉티드(CPTED) : 환경설계를 통한 범죄예방(Crime Prevention Through Environmental Design)

119 **뉴먼(Newman)과 레피토(Reppetto)의 범죄예방모델에 대한 설명으로 옳지 않은 것은?** (22 보호직 7급)

① 뉴먼은 주택건축과정에서 공동체의 익명성을 줄이고 순찰·감시가 용이하도록 구성하여 범죄예방을 도모해야 한다는 방어공간의 개념을 사용하였다.

② 범죄행위에 대한 위험과 어려움을 높여 범죄기회를 줄임으로써 범죄예방을 도모하려는 방법을 '상황적 범죄예방모델'이라고 한다.

③ 레피토는 범죄의 전이양상을 시간적 전이, 전술적 전이, 목표물 전이, 지역적 전이, 기능적 전이의 5가지로 분류하였다.

④ 상황적 범죄예방활동에 대해서는 '이익의 확산효과'로 인해 사회 전체적인 측면에서는 범죄를 줄일 수 없게 된다는 비판이 있다.

해설

④ 상황적 범죄예방모델을 비판하는 전이효과에 대한 설명이다. // '이익의 확산효과'는 한 지역의 범죄예방활동이 다른 지역에까지 확장되어 사회 전체의 범죄가 줄어들게 된다는 긍정론을 말한다.

정답 ④

120 환경범죄학(Environmental Criminology)에 대한 설명으로 옳지 않은 것은? (16 교정 7급)

① 범죄사건을 가해자, 피해자, 특정 시공간상에 설정된 법체계 등의 범죄환경을 통해 설명하였다.
② 브랜팅햄(Brantingham) 부부의 범죄패턴이론(Crime Pattern Theory)에 따르면 범죄자는 일반인과 같은 정상적인 시공간적 행동패턴을 갖지 않는다.
③ 환경설계를 통한 범죄예방(CPTED)을 주장한 제프리(Jeffrey)는 "세상에는 환경적 조건에 따른 범죄행동만 있을 뿐 범죄자는 존재하지 않는다"라고 주장하였다.
④ 환경범죄학의 다양한 범죄분석 기법은 정보주도 경찰활동(Intelligence-Led Policing : ILP)에 활용되고 있다.

해설

② 브랜팅햄(Brantingham) 부부의 범죄패턴이론(Crime Pattern Theory)에 따르면 범죄자는 일반인과 같은 정상적인 시공간적 행동패턴을 갖는다.

정답 ②

121 깨어진 유리창 이론(broken windows theory)에 대한 설명으로 옳지 않은 것은? (12 보호직 7급)

① 종래의 형사정책이 범죄자 개인에 집중하는 개인주의적 관점을 취한다는 점을 비판하고, 공동체적 관점으로의 전환을 주장한다.
② 법률에 의한 범죄화와 범죄에 대한 대응을 중시한다.
③ 경찰의 역할로서 지역사회의 물리적·사회적 무질서를 집중적으로 다룰 것을 강조한다.
④ 개인의 자유와 권리, 법의 지배라는 기본적 가치가 상실될 수 있다는 비판의 소지가 있다.

해설

① 사소한 무질서에도 경찰의 무관용원칙(zero-tolorence)을 적용하여 범죄예방을 강조함으로서 / 적법절차의 원칙과 죄형법정주의에 반한다는 비판이 있다.

정답 ②

48. 〈 윌슨(Wilson)과 켈링(Kelling)의 깨진 유리창 이론 (broken windows theory) 〉

- 1982년 두 대의 자동차에 대한 파괴과정에 대한 실험을 기초
- 법률에 의한 범죄화와 범죄에 대한 대응보다 무질서 행위에 대한 비공식적 통제관리를 통한 범죄예방을 강조하였다.
- 종래의 형사정책이 범죄자 개인에 집중하는 개인주의적 관점을 취한다는 점을 비판하고, / 공동체적 관점으로의 전환을 주장한다.
- 경찰의 역할로서 지역사회의 물리적·사회적 무질서를 집중적으로 다룰 것을 강조한다.
- 사소한 무질서에 행위에 대한 경찰의 강경한 대응(무관용의 원칙, Zero Tolerance)을 강조함
- 개인의 자유와 권리, 법의 지배라는 기본적 가치가 상실될 수 있다는 비판의 소지가 있다.

제2절 범죄피해자, 회복적 사법, 비범죄화(다이버전)

49. 〈 피해자 분류 〉

멘델존 (Mendelsohn)	• 피해자학(1947), 범죄자와 그 피해자(1948) / 피해자학의 아버지 • 피해자가 범죄행위에 어떠한 역할을 하는지 파악하기 위해 피해자 유책의 개념을 제시하였고, 피해자를 유책성의 정도에 따라 구분하였다. 1. 아무런 책임 없는 피해자 : 영아살해죄 영아 2. 유책성이 적은 피해자 : 자신의 무지로 낙태를 감행하다가 사망한 임신부 3. 가해자와 같은 정도의 유책성이 있는 피해자 : 동반자살자, 자살 촉탁·승낙한 자 4. 가해자보다 더 유책한 피해자 : 유발적 피해자와 부주의에 의한 피해자 5. 가장 유책성이 높은 피해자 : 정당방위의 상대방, 집주인에게 총격당한 절도범 6. 상상적 피해자 : 기만적 피해자(무고), 피해 망상자
헨티히 (Hentig)	• 행위자와 피해자 사이의 상호작용에 관한 연구(1941) • 피해자의 존재가 오히려 범죄자를 만들어낸다. • 범죄피해자는 단순한 수동적 객체에 불과한 것이 아니라 / 범죄화 과정의 적극적 주체가 된다. • 범죄피해 경향을 기준 1. 일반적 피해자 유형 : 어린이, 여성, 노인, 심신장애자, 소수민족, 아둔한 자 등 2. 심리학적 피해자 유형 : 우울증 있는 사람, 탐욕자, 비관자, 학대자 등
엘렌베르거 (Ellenberger)	• 범죄자와 피해자 사이의 심리학적 관계(1954) • 개인의 심리학적 특성을 기준 1. 잠재적(생래적) 피해자성 : 피학대증이 있는 사람, 우울증이 있는 사람, 자기만족자, 죄책감에 빠진 자 등) 2. 일반적 피해자성
레크리스 (Reckless)	• 피해자의 도발을 기준 1. 순수한 피해자 모델 : 가해자 – 피해자 모델 2. 도발한 피해자 모델 : 피해자 – 가해자 – 피해자 모델

122 피해자학에 관한 설명 중 괄호 안에 들어갈 이름으로 옳은 것은? (06 사시)

> 피해자에 대한 체계적인 연구는 제2차 세계대전 이후에 시작되었다고 볼 수 있다. (A)은(는) 강간범죄의 피해자를 연구하여 형사정책적으로 의미 있는 피해자학의 기초를 마련하였고, 범죄에 대한 피해자의 유책성 정도에 따라 피해자를 분류하였다. (B)은(는) 죄를 범한 자와 그로 인하여 고통받는 자라는 도식을 통하여 "피해자의 존재가 오히려 범죄자를 만들어낸다"고 지적하면서 범죄자와 피해자의 관계에 대한 과학적인 연구의 필요성을 강조하였다.

ㄱ. 포이어바흐(A. von Feuerbach)
ㄴ. 멘델존(B. Mendelsohn)
ㄷ. 가로팔로(R. Garofalo)
ㄹ. 프라이(M. Fry)
ㅁ. 헨티히(H. von Hentig)

	A	B
①	ㄱ	ㄷ
②	ㄴ	ㄹ
③	ㄱ	ㅁ
④	ㄷ	ㄹ
⑤	ㄴ	ㅁ

해설

⑤ 멘델존(A. ㄴ) / 헨티히(B, ㅁ)

정답 ⑤

123 피해자학에서의 피해자 유형에 대한 설명으로 옳지 않은 것은? (24 보호직 7급)

① 레클리스(W. Reckless)는 피해자 도발을 기준으로 '가해자 - 피해자 모델'과 '피해자 - 가해자 - 피해자 모델'로 구분하였다.
② 헨티히(H. Hentig)는 사회구조적 요인을 기초로 하여 피해자 유형을 구분하고자 하였으며, 피해자를 크게 '일반적 피해자 유형'과 '심리적 피해자 유형'으로 구분하였다.
③ 멘델존(B. Mendelsohn)은 피해자가 범죄행위에 어떠한 역할을 하는지 파악하기 위해 피해자 유책의 개념을 제시하였고, 피해자를 책임 정도에 따라 구분하였다.
④ 엘렌베르거(H. Ellenberger)는 개인의 심리학적 특성을 기준으로 하여 피해자의 유형을 피해자가 되기 쉬운 특성을 지닌 '잠재적 피해자성'과 그렇지 아니한 '일반적 피해자성'으로 구분하였다.

해설

② 헨티히(Hentig)는 저서 「범죄와 그 피해자(The Crime and his Victims)」에서 범죄피해 경향을 기준으로 '일반적 피해자 유형'과 '심리적 피해자 유형'으로 구분하였다.

정답 ②

124 **범죄피해자에 대한 설명으로 옳지 않은 것은?** (18 보호직 7급)

① 멘델존(Mendelsohn)은 범죄발생에 있어 귀책성의 정도에 따라 피해자를 구분하였고, 엘렌베르거(Ellenberger)는 심리학적 기준에 따라 피해자를 분류하였다.
② 「범죄피해자 보호법」상 범죄피해자의 개념에는 타인의 범죄행위로 피해를 당한 사람의 배우자는 포함되지 않는다.
③ 피해자는 공판절차에서 증인으로 신문을 받는 경우 자신과 신뢰관계에 있는 자의 동석을 신청할 수 있다.
④ 회복적 사법은 범죄피해자의 피해회복을 통하여 사회적 화합을 성취하고 이를 통하여 가해자에게도 사회복귀의 기회와 가능성을 높여주기 위한 프로그램이다.

해설

② "범죄피해자"란 타인의 범죄행위로 피해를 당한 사람과 그 배우자(사실상의 혼인관계를 포함한다), 직계친족 및 형제자매를 말한다(범죄피해자 보호법 제3조 제1항 제1호).
③ 형사소송법 제163조의2 제1항

정답 ②

125 **피해자 유형의 분류에 대한 설명으로 옳지 않은 것은?** (10 보호직 7급)

① 엘렌베르거(H. Ellenberger)는 피해자 유형을 일반적 피해자성과 잠재적 피해자으로 나누며, 피학대자를 잠재적 피해자성으로 분류한다.
② 헨티히(H. von Hentig)는 피해자 유형을 일반적 피해자와 심리학적 피해자로 나누며, 심신장애자를 심리학적 피해자로 분류한다.
③ 멘델존(B. Mendelsohn)은 피해자 유형을 피해자측의 귀책성 여부에 따라 나누며, 영아살해죄의 영아를 완전히 유책성이 없는 피해자로 분류한다.
④ 레클리스(W. Reckless)는 피해자 유형을 피해자의 도발유무를 기준으로 하여 순수한 피해자와 도발한 피해자로 나눈다.

해설

② 헨티히(Hentig)에 따르면 심신장애자는 일반적 피해자로 분류된다.

정답 ②

50. 〈 회복적 사법(restorative justice) 〉

- 회복적 사법의 개념을 최초로 사용한 사람은 1977년 알버트 이글래쉬(Albert Eglash)이다.
- 회복적 사법은 / 범죄를 국가에 대한 침해이자 법 위반 행위로만 보는 전통적인 응보적 사법과 달리, / 범죄를 피해자와 공동체에 대한 갈등 행위로 보고, 피해자 회복, 가해자의 책임 있는 참여, 그리고 공동체의 관계 회복에 중점을 두고 있다.
- 피해자와 가해자, 지역사회가 사건 해결 과정에 능동적으로 참여하여 피해를 복구하고 재통합을 추구하는 것이 특징이다.
- 회복적 사법은 범죄피해자의 피해회복을 통하여 사회적 화합을 성취하고 이를 통하여 가해자에게도 사회복귀의 기

회와 가능성을 높여주기 위한 프로그램이다.
- 회복적 사법의 핵심가치는 피해자와 가해자 및 지역사회의 요구까지도 반영하는 것이다.
- 회복적 사법의 이념에 따르면 화해 또는 피해회복을 통한 형사책임의 면제·완화도 인정될 수 있다.
- 유엔은 회복적 사법의 개념을 내용에 따라 대면개념(encounter conception), 배상개념(reparative conception), 변환개념(transformative conception)으로 분류하고 있다.

126 **회복적 사법(restorative justice)에 대한 설명으로 옳지 않은 것은?** (15 교정 7급)

① 회복적 사법은 가해자에 대한 강한 공식적 처벌과 피해의 회복을 강조한다.
② 회복적 사법은 공식적인 형사사법이 가해자에게 부여하는 오명효과를 줄이는 대안이 될 수 있다.
③ 회복적 사법의 시각에서 보면 범죄행동은 법을 위반한 것일 뿐만 아니라 피해자와 지역사회에 해를 끼친 것이다.
④ 회복적 사법 프로그램으로는 피해자-가해자 중재, 가족회합 등이 있다.

해설

① 회복적 사법은 가해자에 대한 공식적인 처벌을 지양하고, 피해의 회복을 강조한다.

정답 ①

127 **회복적 사법에 관한 설명 중 옳지 않은 것은?** (16 사시)

① 회복적 사법의 핵심가치는 피해자와 가해자 및 지역사회의 요구까지도 반영하는 것이다.
② 회복적 사법의 이념에 따르면 화해 또는 피해회복을 통한 형사책임의 면제·완화는 인정되지 않는다.
③ 피해자와 가해자 및 지역사회의 역할을 강조하고, 이를 통해 피해자와 지역사회의 손실을 복구하고 재통합을 추구하는 형사사법이론이다.
④ 유엔은 회복적 사법의 개념을 내용에 따라 대면개념(encounter conception), 배상개념(reparative conception), 변환개념(transformative conception)으로 분류하고 있다.
⑤ 회복적 사법은 범죄피해자와 가해자가 함께 만나 범죄에 대하여 이야기 하고 회복을 위해 어떤 과정이 필요한지 의견을 모으는 것을 포함한다.

해설

⑤ 회복적 사법의 이념에 따르면 화해 또는 피해회복을 통한 형사책임의 면제·완화도 인정될 수 있다.

정답 ②

128 회복적 사법에 대한 설명으로 옳지 않은 것은? (13 보호직 7급)

① 회복적 사법은 지역사회의 피해를 복구하고 사회적 화합을 도모할 수 있다.
② 회복적 사법은 가해자에게 진심으로 반성할 수 있는 기회를 제공함으로써 재사회화에도 도움이 된다.
③ 회복적 사법은 회복목표가 명확하고 재량이 광범위하여 평가 기준이 가변적이라는 장점이 있다.
④ 회복적 사법은 형사화해를 통해 형벌이 감면되는 경우 낙인효과를 경감시킬 수 있다.

해설

③ 회복적 사법(restorative justice)은 회복목표가 불명확하고 재량이 광범위하여 평가기준이 가변적이라는 단점이 있다.

정답 ③

129 회복적 사법(restorative justice)에 대한 설명으로 옳은 것만을 모두 고르면? (25 교정 7급)

ㄱ. 브레이스웨이트(Braithwaite)의 재통합적수치이론(reintegrative shaming theory)은 회복적 사법의 이론적 논거로 주로 활용된다.
ㄴ. 참여자의 만족보다 적법절차를 준수하는 데 초점을 맞춘다.
ㄷ. 국내에서 시행하고 있는 회복적 사법 프로그램으로는 형사조정제도가 있다.
ㄹ. 응보적 사법은 범죄를 특정 개인에 대해 피해를 준 것으로 보는 반면, 회복적 사법은 범죄를 국가의 법규범을 위반한 것으로 본다.

① ㄱ, ㄴ　　② ㄱ, ㄷ
③ ㄴ, ㄹ　　④ ㄷ, ㄹ

해설

② 옳은 것 ㄱ, ㄷ
ㄴ. (×) 회복적 사법은 중재자의 도움으로 범죄로 인한 피해자와 가해자, 그 밖의 관련자 및 지역공동체가 함께 범죄로 인한 문제를 치유하고 해결하는 데에 적극적으로 참여하는 절차를 의미한다. / 공식적인 형사법체계가 가해자에게 부여하는 오명효과를 줄일 수 있는 가능한 대안을 제시하는 특성이 있으므로 적법절차의 준수보다는 참여자(가해자, 피해자, 지역사회)의 화해와 만족을 중요시한다.
ㄹ. (×) 응보적 사법은 범죄를 국가에 대한 행위로서 법률을 위반한 것으로 보는 반면, 회복적 사법은 특정 개인 이나 사회에 대해 피해를 준 것으로 본다.

정답 ②

51 〈응보적 사법과 회복적 사법〉

응보적 사법	회복적 사법
• 범죄는 국가에 대한 행위로서 법률을 위반한 것	• 범죄는 다른 사람이나 지역사회에 대한 행위
• 형사사법체계가 범죄를 통제	• 지역사회가 주로 범죄통제를 담당함
• 범죄는 개인적 책임을 지는 개인의 행위	• 범죄는 책임의 개인적 특성과 사회적 특성을 둘 다 갖고 있음
• 대립적인 관계가 강조	• 대화와 협상이 강조
• 처벌하고, 억제하고, 예방하기 위하여 고통이 부과됨	• 손해배상은 양 당사자를 회복시키는 수단이고 목표는 화해

130 회복적 사법(restorative justice)에 대한 설명으로 옳지 않은 것은?

20 교정 9급

① 경쟁적, 개인주의적 가치를 권장한다.
② 형사절차상 피해자의 능동적 참여와 감정적 치유를 추구한다.
③ 가족집단회합(family group conference)은 피해자와 가해자 및 양 당사자의 가족까지 만나 피해회복에 대해 논의하는 회복적 사법 프로그램 중 하나이다.
④ 사건의 처리과정이나 결과에 대한 보다 많은 정보를 피해자에게 제공해 줄 수 있다.

해설

① 경쟁적, 개인주의적 가치를 지향하는 것은 응징적 사법의 태도이다. / 회복적 사법은 피해자 및 피해의 회복에 초점을 두고 피해자와 가해자 및 사회공동체 구성원이 자율적으로 참여하여 대화를 통하여 반성과 피해 배상, 용서와 화해에 이르는 것을 목표로 한다. 따라서 회복적 사법은 화합적이고 공동체적인 가치를 권장한다.

정답 ①

52. 〈 회복적 사법의 장단점 〉

장 점	단 점
• 지역사회의 자율적 분쟁해결능력 향상 • 범죄자의 낙인효과를 최소화 • 형사사법 절차를 통해 해결하기 어려운 범죄에 효과적으로 대응 • 형사사법 기관의 업무 경감 • 형사사법 작용에 대한 국민의 신뢰 증대	• 회복적 사법은 회복목표가 불명확하고 재량이 광범위하여 평가기준이 가변적이라는 문제가 있다. • 피해자의 용서와 이해를 전제로 하므로 피해자에게 희생을 강요할 수 있다. • 법원이 아닌 경찰·검찰·보호관찰기관 등에 의한 해결은 사법절차의 공정성과 명확성이 훼손될 수 있다. • 합의 실패시 해결이 지연되고, 감정이 더욱 악화 될 우려가 있다. • 회복적 사법이 낙인효과 및 재범을 감소시킨다는 실증적 증거가 미약하다. • 지역사회의 적극적인 참여는 산업화된 현대사회에서는 현실성이 없다.

131 다이버전(diversion)에 대한 설명으로 옳지 않은 것은?

18 보호직 7급

① 구속적부심사제도는 법원에 의한 다이버전에 해당된다.
② 다이버전에 대해서는 형사사법의 대상조차 되지 않을 문제가 다이버전의 대상이 된다는 점에서 오히려 사회적 통제가 강화된다는 비판이 있다.
③ 다이버전의 장점은 경미범죄를 형사사법절차에 의하지 아니하고 처리함으로써 낙인효과를 줄이는 것이다.
④ 검사가 소년피의자에 대하여 선도를 받게 하면서 공소를 제기하지 아니하는 조건부 기소유예는 다이버전의 예이다.

해설

① 구속적부심사제도는 통상의 형사절차 내에서의 적법절차의 문제이다. 다이버전은 공식적 형사절차로부터의 이탈과 동시에 사회내 처우 프로그램에 위탁하는 것을 내용으로 한다. // 구속적부심사제도나 보석은 단지 피의자·피고인을 구속하지 않은 상태에서 수사나 재판을 진행하는 것에 불과할 뿐 사회 내 처우 등 새로운 절차로 이행하는 것이 아니므로, 다이버전이라 할 수 없다.

정답 ①

132 전환제도(diversion)의 장점만을 모두 고르면? (25 교정 9급)

ㄱ. 경미한 범죄자가 형사사법의 대상이 됨으로써 형사사법망이 확대된다.
ㄴ. 범죄자에게 범죄를 중단할 수 있는 변화의 기회를 제공한다.
ㄷ. 형사사법제도의 운영이 최적 수준이 되도록 자원을 배치한다.
ㄹ. 범죄자에 대한 보다 인도적인 처우방법이다.

① ㄱ, ㄴ
② ㄱ, ㄷ
③ ㄴ, ㄹ
④ ㄴ, ㄷ, ㄹ

해설

④ 전환제도의 장점 ㄴ, ㄷ, ㄹ
ㄱ. (×) 경미한 범죄자가 형사사법의 대상이 됨으로써 형사사법망이 확대되는 것은 전환제도의 단점이다.

정답 ④

133 비범죄화(decriminalization)에 대한 설명으로 옳지 않은 것은? (23 교정 9급)

① 비범죄화의 예시로 혼인빙자간음죄가 있다.
② 형사사법 절차에서 형사처벌의 범위를 축소하는 것을 의미한다.
③ 형사사법기관의 자원을 보다 효율적으로 활용하자는 차원에서 경미범죄에 대한 비범죄화의 필요성이 주장된다.
④ 비범죄화의 유형 중에서 사실상 비범죄화는 범죄였던 행위를 법률의 폐지 또는 변경으로 더이상 범죄로 보지 않는 경우를 말한다.

해설

④ 비범죄화의 유형 중에서 범죄였던 행위를 법률의 폐지 또는 변경으로 더 이상 범죄로 보지 않는 경우는 '법률상 비범죄화'이다.

정답 ④

53. 〈 비범죄화(decriminalization) 〉

법률상 비범죄화	• 법률의 개정 등 입법에 의한 경우와 헌법재판소의 위헌결정에 의한 경우
사실상 비범죄화	• 형사사법상의 공적 통제장치는 그대로 가지고 있으나, 일정한 범죄에 대한 범죄피해자 등의 고소·고발의 기피, 경찰의 무혐의처리, 검사의 불기소처분, 법원의 절차중단 등 형사사법기관의 점진적 활동축소로 인하여 이루어지는 경우

134 **비범죄화(decriminalization)와 다이버전(diversion)에 대한 설명으로 옳지 않은 것은?** (25 보호 7급)

① 다이버전은 형사사법의 탈제도화라는 의미에서 낙인이론의 산물이라고 할 수 있다.
② 비범죄화는 기존에 형사처벌의 대상이었던 행위를 형사처벌의 대상에서 제외하여 국가형벌권 행사의 범위를 축소하는 시도를 말한다.
③ 다이버전의 단점으로는 형벌의 고통을 감소시켜 오히려 재범의 위험성을 증가시킬 수 있다는 점이 지적된다.
④ 헌법재판소의 위헌결정을 통해서 형벌법규를 무효로 만드는 것은 사실상의 비범죄화에 포함된다.

해설

④ 헌법재판소에서 위헌으로 결정된 법률 또는 법률의 조항은 그 결정이 있는 날부터 효력을 상실한다. / 형벌에 관한 법률 또는 법률의 조항은 소급하여 그 효력을 상실한다. 다만, 해당 법률 또는 법률의 조항에 대하여 종전에 합헌으로 결정한 사건이 있는 경우에는 그 결정이 있는 날의 다음 날로 소급하여 효력을 상실한다(헌법재판소법 제47조 제2항, 제3항). / 헌법재판소의 위헌결정은 법률의 효력을 상실시키므로 법률상 비범죄화에 해당한다.

정답 ④

제4장 형사제재론

제1절 형벌과 보안처분

135 **형벌의 본질과 목적에 대한 설명으로 옳지 않은 것은?** (18 보호직 7급)

① 응보형주의에 따르면 범죄는 정의에 반하는 악행이므로 범죄자에 대해서는 그 범죄에 상응하는 해악을 가함으로써 정의가 실현된다.

② 목적형주의에 따르면 형벌은 과거의 범행에 대한 응보가 아니라 장래의 범죄예방을 목적으로 한다.

③ 일반예방주의는 범죄자에게 형벌을 과함으로써 수형자에 대한 범죄예방의 효과를 기대하는 사고방식이다.

④ 특별예방주의는 형벌의 목적을 범죄자의 사회복귀에 두고 형벌을 통하여 범죄자를 교육·개선함으로써 그 범죄자의 재범을 예방하려는 사고방식이다.

해설

③ 수형자에 대한 범죄예방의 효과를 기대하는 사고방식은 특별예방주의이다. // 일반예방주의는 범죄자에게 형벌을 과함으로써 일반인에 대한 범죄예방의 효과를 기대한다. 일반예방주의에서는 엄격한 법규정과 엄정한 법집행은 일반인들에 대하여 위하력으로 작용하게 되고, 이에 따라 범죄행위가 억제될 수 있다고 본다(심리강제설).

정답 ③

54. 〈 형벌의 본질과 목적 〉

<table>
<tr><td>응보형주의</td><td colspan="2">• 응보형주의(고전주의)에 의하면 범죄는 사람의 자유의지에 따른 선택에 의하여 발생하는 것으로 본다.
• 형벌의 본질은 응보에 있고 형벌의 내용은 악에 대한 보복적 반동으로서의 고통을 의미한다.</td></tr>
<tr><td>교육형주의</td><td colspan="2">• 교육형주의는 범죄인의 자유박탈과 사회로부터의 격리를 교육을 위한 수단으로 본다.</td></tr>
<tr><td rowspan="3">목적형주의</td><td colspan="2">• 목적형주의에 따르면 형벌은 과거의 범행에 대한 응보가 아니라 장래의 범죄예방을 목적으로 한다.</td></tr>
<tr><td>일반예방주의</td><td>• 범죄자에게 형벌을 과함으로써 일반인에 대한 범죄예방의 효과를 기대하는 사고방식이다.</td></tr>
<tr><td>특별예방주의</td><td>• 형벌의 목적을 범죄자의 사회복귀에 두고 형벌을 통하여 범죄자를 교육·개선함으로써 그 범죄자의 재범을 예방하려는 사고방식이다.</td></tr>
</table>

136 형벌의 목적에 대한 설명으로 옳지 않은 것은?

(21 보호직 7급)

① 응보형주의는 개인의 범죄에 대하여 보복적인 의미로 형벌을 과하는 것이다.
② 교육형주의는 범죄인의 자유박탈과 사회로부터의 격리를 교육을 위한 수단으로 본다.
③ 응보형주의에 의하면 범죄는 사람의 의지에 의하여 발생하는 것이 아니라 사회 환경 및 사람의 성격에 의하여 발생하는 것이다.
④ 현대의 교정목적은 응보형주의를 지양하고, 교육형주의의 입장에서 수형자를 교정·교화하여 사회에 복귀시키는 데에 중점을 둔다.

해설

③ 응보형주의(고전주의)에 의하면 범죄는 사람의 자유의지에 따른 선택에 의하여 발생하는 것으로 본다. 형벌의 본질은 응보에 있고 형벌의 내용은 악에 대한 보복적 반동으로서의 고통을 의미한다. // 범죄가 사람의 의지가 아닌 사회 환경 및 사람의 성격에 의하여 발생하는 것으로 보는 것은 실증주의에 입각한 범죄원인론이다.

정답 ③

55. 〈 형벌과 보안처분의 관계 〉

이원주의	• 이원주의에 따르면 형벌의 본질은 책임을 기초로 한 과거 행위에 대한 응보이고, / 보안처분은 장래의 위험성에 대한 사회방위처분이므로 양자는 그 기능이 다르다고 본다. • 이원주의는 형벌이 범죄라는 과거의 사실에 중점을 두는 반면, / 보안처분은 장래에 예상되는 범죄의 예방에 중점을 둔다고 한다. • 형벌과 보안처분이 별개의 제도로 운영되기 때문에 이중처벌의 위험성이 있다고 비판받는다.
일원주의	• 일원주의에 따르면 형벌과 보안처분이 모두 사회방위와 범죄인의 교육 및 개선을 목적으로 하므로 본질적 차이가 없다고 본다. • 일원주의는 형벌과 보안처분의 목적을 모두 사회방위와 범죄인의 교육·개선으로 보고, 양자 중 어느 하나만을 적용하자고 한다.
대체주의 (代替主義) (절충주의)	• 형벌과 보안처분의 관계에 관한 이원주의와 일원주의를 절충하여, / 형벌은 언제나 책임의 정도에 따라 선고하되(이원주의의 입장), / 그 집행단계에서 보안처분으로 대체하거나 보안처분이 집행된 후 형벌을 집행하자는 주의(일원주의의 입장)를 말한다. • 대체주의(代替主義)는 형벌을 폐지하고 보안처분으로 대체하자는 주장이 아니다. • 대체주의는 형벌과 보안처분이 선고된 경우, 보안처분이 먼저 집행되어야 하며, 그 기간을 형기에 산입하여야 한다고 한다. • [비판] 대체주의는 형벌과 보안처분의 교환이 책임형법(책임주의)에 합치되지 아니하고, / 형벌과 보안처분의 한계가 불명확해 지며, / 보안처분을 받은 자가 형벌만을 선고받은 자보다 유리하게 되어 정의 관념에 반한다는 비판이 있다.

137 형벌과 보안처분에 대한 설명으로 옳지 않은 것은? (다툼이 있는 경우 판례에 의함)

20 보호직 7급

① 형벌은 행위자가 저지른 과거의 불법에 대한 책임을 전제로 부과되는 제재이다.
② 보안처분은 행위자의 재범의 위험성에 근거한 것으로 책임능력이 있어야 부과되는 제재이다.
③ 이원주의에 따르면 형벌은 책임을, 보안처분은 재범의 위험성을 전제로 부과되는 것으로 양자는 그 기능이 다르다고 본다.
④ 일원주의에 따르면 형벌과 보안처분이 모두 사회방위와 범죄인의 교육 및 개선을 목적으로 하므로 본질적 차이가 없다고 본다.

해설

② 보안처분은 행위자의 재범의 위험성을 전제로 하여 특별예방의 관점에서 과하여 지므로, 책임능력이 없는 경우에도 부과될 수 있다. / 책임능력이 없어 범죄가 성립되지 않은 경우에도 치료감호에 처할 수 있다.

정답 ②

138 형벌과 보안처분의 관계에 관한 설명 중 옳지 않은 것은?

11 사시

① 이원주의는 형벌의 본질이 책임을 전제로 한 응보이고, 보안처분은 장래의 위험성에 대한 사회방위처분이라는 점에서 양자의 차이를 인정한다.
② 대체주의는 형벌과 보안처분이 선고되어 보안처분이 집행된 경우 그 기간을 형기에 산입하여야 한다고 한다.
③ 일원주의는 형벌과 보안처분의 목적을 모두 사회방위와 범죄인의 교육·개선으로 보고, 양자 중 어느 하나만을 적용하자고 한다.
④ 이원주의는 형벌이 범죄라는 과거의 사실에 중점을 두는 반면, 보안처분은 장래에 예상되는 범죄의 예방에 중점을 둔다고 한다.
⑤ 일원주의는 행위자의 반사회적 위험성을 척도로 하여 일정한 제재를 부과하는 것이 행위책임원칙에 적합하다고 한다.

해설

⑤ 일원주의는 형벌이나 보안처분 가운데 어느 하나만을 선고·집행해야 한다는 주장이다. 형벌과 보안처분의 목적을 모두 사회방위와 범죄인의 교육·개선으로 본다. // 행위책임에 적합한 것은 이원주의의 입장이다.

정답 ⑤

139 형벌과 보안처분의 관계에 대한 설명으로 옳지 않은 것은? (24 교정 7급)

① 일원주의에 따르면 형벌과 보안처분은 모두 사회방위와 범죄인의 교육 및 개선을 목적으로 하므로 본질적인 차이가 없다고 본다.

② 이원주의에 따르면 형벌의 본질은 책임을 기초로 한 과거 행위에 대한 응보이고, 보안처분은 장래의 위험성에 대한 대책이므로 양자는 그 기능이 다르다고 본다.

③ 대체주의는 보안처분에 의해서도 형벌의 목적을 달성할 수 있는 경우 형벌을 폐지하고 이를 보안처분으로 대체해야 한다는 입장이다.

④ 대체주의에 대해서는 책임원칙에 어긋나고 정의 관념에 반한다는 비판이 있다.

해설

③ 대체주의(代替主義)는 형벌을 폐지하고 보안처분으로 대체하자는 주장이 아니다. 이원주의와 일원주의를 절충한 견해로, 형벌은 언제나 책임의 정도에 따라 선고하되(이원주의의 입장), 그 집행단계에서 보안처분으로 대체하거나 보안처분이 집행된 후 형벌을 집행하자는 주의(일원주의의 입장)를 말한다.

정답 ③

제2절 형의 집행 및 양형론

140 「형법」상 형의 집행에 대한 설명으로 옳지 않은 것은? (24 교정 9급)

① 징역은 교정시설에 수용하여 집행하며, 정해진 노역(勞役)에 복무하게 한다.
② 유기징역 또는 유기금고에 자격정지를 병과한 때에는 징역 또는 금고의 집행을 종료하거나 면제된 날로부터 정지기간을 기산한다.
③ 벌금과 과료는 판결확정일로부터 30일 내에 납입하여야 한다. 다만, 벌금을 선고할 때에는 동시에 그 금액을 완납할 때까지 노역장에 유치할 것을 명하여야 한다.
④ 벌금이나 과료의 선고를 받은 사람이 그 금액의 일부를 납입한 경우에는 벌금 또는 과료액과 노역장 유치기간의 일수(日數)에 비례하여 납입금액에 해당하는 일수를 노역장 유치일수에서 뺀다.

해설

① 형법 제67조
② 형법 제44조 제2항
③ 벌금과 과료는 판결확정일로부터 30일내에 납입하여야 한다. / 단, 벌금을 선고할 때에는 동시에 그 금액을 완납할 때까지 노역장에 유치할 것을 명할 수 있다(형법 제69조 제1항).
④ 형법 제71조

정답 ③

141 양형의 합리화를 위한 방안과 그에 대한 설명을 옳게 짝지은 것은? (24 보호직 7급)

(가) 양형기준표의 마련　　(나) 양형위원회의 설치 및 운영
(다) 판결 전 조사제도　　(라) 공판절차이분론

A. 공판절차를 사실인정 절차와 양형 절차로 분리하자는 주장
B. 판결 전 피고인의 성향과 환경을 과학적으로 조사하여 이를 양형의 기초 자료로 이용하는 제도
C. 법관의 양형을 일정 부분 통제할 수 있도록 양형기준표를 개발하는 것을 주된 임무로 삼는 제도
D. 특정 범죄에 대해 어떤 형벌과 어느 정도의 형량이 선고될지를 예측할 수 있게 만드는 업무 지침

	(가)	(나)	(다)	(라)
①	B	C	D	A
②	C	B	A	D
③	D	B	C	A
④	D	C	B	A

해설

④ (가) - D / (나) - C / (다) - B / (라) - A

정답 ④

142 양형이론에 대한 설명으로 옳지 않은 것은? (12 보호직 7급)

① 형벌책임의 근거를 비난가능성에서 구하는 것은 객관적이고 중립적이어야 할 국가형벌권의 행사가 감정에 치우칠 위험이 있다.

② 양형이론 중 범주이론 또는 재량여지이론(Spielraumtheorie)은 예방의 관점을 고려한 것으로 법관에게 일정한 형벌목적으로 고려할 수 있는 일정한 재량범위를 인정하는 장점을 가지고 있다.

③ 유일점 형벌이론(Punktstrafentheorie)에 의하면 책임은 언제나 하나의 고정된 크기를 가지므로 정당한 형벌은 언제나 하나일 수 밖에 없다.

④ 양형에서는 법적 구성요건의 표지에 해당하는 사정이 다시 고려되어도 무방하다는 이중평가의 원칙이 적용된다.

해 설

④ 양형에서는 법적 구성요건의 표지에 해당하는 사정이 다시 고려하여서는 아니된다는 이중평가금지의 원칙이 적용된다.

정답 ④

143 소송절차이분론에 관한 설명 중 옳지 않은 것은? (02 사시)

① 형사소송절차를 사실인정절차와 양형절차로 나누자는 주장이다.

② 소송절차이분제도는 영미의 형사소송에서 유래하는 것으로 배심원에 의한 유죄평결 후 직업법관에 의한 형의 선고가 이루어진다.

③ 양형절차에서는 공개주의를 제한할 필요가 있다.

④ 사실인정절차의 순수화를 통해 법관의 선입견을 배제하고 무죄추정의 원칙에 충실할 수 있다.

⑤ 변호권의 실질적 보장에 기여할 수 있으나 피고인의 인격권 보장과는 직접 관련성이 없다.

해 설

⑤ 변호인의 입장에서 무죄의 확신이 드는 경우에도 양형을 위한 변호를 할 수밖에 없다. / 따라서 사실인정절차와 양형절차가 이분화되면 변호권의 실질적 보장을 기대할 수 있다. / 또한 사실인정절차에서 피고인의 인격(양형요소)을 다루지 않기 때문에 피고인의 인격권 보장에도 도움이 된다.

정답 ⑤

144 판결전조사제도에 관한 설명으로 옳지 않은 것은? (10 사시)

① 형사정책적으로 양형의 합리화뿐만 아니라 사법적 처우의 개별화에 그 제도적 의의가 있다.

② 미국에서 보호관찰(Probation)제도와 관련하여 널리 채택되고 있다.

③ 조사한 내용을 피고인과 그 변호인에게 공개하는 것이 제도적 취지에 부합한다,

④ 판결전조사를 정밀하고 과학적으로 행한다고 하더라도 피고인에게 반드시 유리한 양형이 이루어지는 것은 아니다.

⑤ 보호관찰, 사회봉사 및 수강명령제도가 성인범에 대해서 전면적으로 실시되었음에도 현행법은 성인범을 판결전조사의 대상자로 하고 있지 않다.

해설

⑤ 현행법은 성인범에 대해서도 판결전조사의 대상자로 하고 있다. / 법원은 피고인에 대하여 「형법」 제59조의2 및 제62조의2에 따른 보호관찰, 사회봉사 또는 수강을 명하기 위하여 필요하다고 인정하면 그 법원의 소재지(所在地) 또는 피고인의 주거지를 관할하는 보호관찰소의 장에게 범행 동기, 직업, 생활환경, 교우관계, 가족상황, 피해회복 여부 등 피고인에 관한 사항의 조사를 요구할 수 있다(보호관찰법 제19조 제1항).

정답 ⑤

145 재산형의 문제점과 그 개선방향에 대한 설명으로 적절하지 않은 것은?

07 보호직 9급

① 재산형에 대한 근본적인 비판은 수형자의 재산정도에 따라 형벌의 효과가 달라진다는 데에 있다.
② 벌금의 연납·분납제도가 활성화되면 형벌의 예방효과가 높아진다.
③ 일수벌금제도는 범죄자의 경제적 상태에 대한 조사가 사실상 매우 어렵다는 점에 문제가 있다.
④ 범죄수익금몰수제도는 특별예방적인 고려가 책임한도를 넘어서게 될 수 있다는 형법이론적인 문제가 있다.

해설

② 벌금의 연납·분납제도가 활성화되면 형벌의 예방효과가 낮아진다. / 일정한 요건하에서 연납·분납이 허용된다.

정답 ②

146 부정기형제도에 대한 설명으로 옳지 않은 것은?

22 보호직 7급

① 부정기형은 범죄인의 개선에 필요한 기간을 판결선고시에 정확히 알 수 없기 때문에 형을 집행하는 단계에서 이를 고려한 탄력적 형집행을 위한 제도로 평가된다.
② 부정기형은 범죄자에 대한 위하효과가 인정되고, 수형자자치제도의 효과를 높일 수 있으며, 위험한 범죄자를 장기구금하게 하여 사회방위에도 효과적이다.
③ 부정기형은 형벌개별화원칙에 반하고, 수형자의 특성에 따라서 수형기간이 달라지게 되는 문제점이 있으며, 교도관의 자의가 개입할 여지가 있고, 석방결정과정에서 적정절차의 보장이 결여될 위험이 있다.
④ 소년법 제60조 제1항은 "소년이 법정형으로 장기 2년 이상의 유기형에 해당되는 죄를 범한 경우에는 그 형의 범위 내에서 장기와 단기를 정하여 형을 선고하되, 장기는 10년, 단기는 5년을 초과하지 못한다."고 규정하여 상대적 부정기형제도를 채택하였다.

해설

③ 부정기형은 개별범죄자의 특성에 따라 형벌을 탄력적으로 집행함으로써 형벌개별화의 원칙을 달성하는데 기여할 수 있는 제도이다. // 수형자의 특성에 따라서 수형기간이 달라지게 되는 문제점이 있으며, 교도관의 자의가 개입할 여지가 있고, 석방결정과정에서 적정절차의 보장이 결여될 위험이 있다.

정답 ③

147 단기자유형의 폐단과 대체방안에 대한 설명으로 옳지 않은 것은? (07 보호직 9급)

① 단기자유형의 경우 효율적인 교정이 어렵고 오히려 다른 범죄자로부터 범죄오염의 가능성이 있다.
② 형기가 짧더라도 전과자로서의 낙인은 남게 되며 본인의 사회복귀에 큰 지장이 초래될 위험이 있다.
③ 단기자유형은 남용되는 경우 자유형의 일반적 위신이 떨어질수 있다.
④ 단기자유형의 대체방안으로는 상대적 혹은 절대적 부정기형을 선고하는 것을 들 수 있다.

해 설

④ 절대적 부정기형은 죄형법정주의에 반하므로 허용되지 않는다. 우리나라는 소년범에 대하여 (상대적) 부정기형을 채택하고 있다. / 소년이 법정형으로 장기 2년 이상의 유기형(有期刑)에 해당하는 죄를 범한 경우에는 그 형의 범위에서 장기와 단기를 정하여 선고한다. / 다만, 장기는 10년, 단기는 5년을 초과하지 못한다(소년법 제60조 제1항).

정답 ④

148 단기자유형에 대한 기술 중 옳지 않은 것은? (03 사시)

① 수형자가 재사회화되기에는 기간이 너무 짧다는 지적이 있다.
② 피고인이 불과 몇 개월의 자유형을 선고받고 복역했어도 누범가중이나 집행유예결격의 사유가 될 수 있는 문제가 발생한다.
③ 단기자유형의 단점은 구류형의 경우에도 대체로 동일하게 나타난다고 볼 수 있다.
④ 단기자유형의 폐해에도 불구하고 교통범죄나 소년범죄의 경우에 유용성을 갖기도 한다.
⑤ 단기자유형의 개선방안으로는 부정기형과 기소법정주의의 채택 등이 제시되고 있다.

해 설

⑤ 기소법정주의는 형사사법의 경직을 초래하므로 단기자유형의 대체방안으로 적절하지 않다. / 우리나라는 기소편의주의(기소유예)를 채택하고 있다. / 검사는「형법」제51조의 사항을 참작하여 공소를 제기하지 아니할 수 있다(형사소송법 제247조).

정답 ⑤

149 판결전 조사제도에 대한 설명으로 옳은 것을 모두 고른 것은? (10 보호직 7급)

ㄱ. 판결전 조사제도는 형사절차가 유무죄인부절차와 양형 절차로 분리되어 있는 미국의 보호관찰제도와 밀접한 관련을 가지고 발전되어 왔다.
ㄴ. 법원은 피고인에 대하여 「형법」제59조의2 및 제62조의 2에 따른 보호관찰, 사회봉사 또는 수강을 명하기 위하여 필요하다고 인정하면 범행 동기, 직업, 생활환경, 교우 관계, 가족상황, 피해회복 여부 등 피고인에 관한 사항의 조사를 요구할 수 있다.
ㄷ. 판결전 조사요구는 제1심 또는 항소심 뿐만 아니라 상고심에서도 할 수 있다.
ㄹ. 판결전 조사제도는 개별사건에 대하여 구체적이고 실제적으로 적절히 처우할 수 있도록 하는 처우의 개별화와 관련 있으며, 양형의 합리화를 기할 수 있다.
ㅁ. 현행법상 판결전 조사의 주체는 조사를 요구하는 법원의 소재지 또는 피고인의 주거지를 관할하는 경찰서장이다.

① ㄱ, ㄴ, ㄷ　　② ㄱ, ㄴ, ㄹ
③ ㄴ, ㄷ, ㄹ　　④ ㄷ, ㄹ, ㅁ

해설

ㄷ 사후심·법률심을 원칙으로 하는 상고심에서는 판결전 조사제도가 의미가 없다.
ㅁ 법원의 소재지 또는 피고인의 주거지를 관할하는 보호관찰소의 장이 조사한다. / 법원은 피고인에 대하여 「형법」 제59조의2 및 제62조의2에 따른 보호관찰, 사회봉사 또는 수강을 명하기 위하여 필요하다고 인정하면 그 법원의 소재지(所在地) 또는 피고인의 주거지를 관할하는 보호관찰소의 장에게 범행 동기, 직업, 생활환경, 교우관계, 가족상황, 피해회복 여부 등 피고인에 관한 사항의 조사를 요구할 수 있다(보호관찰법 제19조 제1항).

정답 ②

150 판결전 조사제도에 대한 설명으로 옳지 않은 것은? (12 교정 7급)

① 보호관찰 등에 관한 법률 에 의하면 판결 전 조사의 대상자를 소년으로 한정하고 있다.
② 사실심리절차와 양형절차를 분리하는 소송절차이분(訴訟節次二分)을 전제로 하며, 미국에서 보호관찰(Probation)제도와 밀접한 관련을 가지고 발전되어 온 제도이다.
③ 판결전 조사보고서의 내용에 대하여 피고인에게 반대신문권을 인정할 것인지의 여부가 문제되는데, 미국은 법원이 피고인과 변호인에게 보고서에 대하여 논박할 기회를 충분히 제공하도록 하고 있다.
④ 형사정책적으로 양형의 합리화 뿐만 아니라 사법적 처우의 개별화에도 그 제도적 의의가 있다.

해설

① 판결 전 조사제도는 소년범에 대해서만 인정되었으나, 2008년 12월 26일 「보호관찰 등에 관한 법률」이 개정되면서 그 대상이 성인범까지 확대되었다. // 법원은 피고인에 대하여 「형법」 제59조의2 및 제62조의2에 따른 보호관찰, 사회봉사 또는 수강을 명하기 위하여 필요하다고 인정하면 그 법원의 소재지(所在地) 또는 피고인의 주거지를 관할하는 보호관찰소의 장에게 범행 동기, 직업, 생활환경, 교우관계, 가족상황, 피해회복 여부 등 피고인에 관한 사항의 조사를 요구할 수 있다(보호관찰법 제19조 제1항).

TIP 소년에 대하여 → 피고인에 대하여 〈개정 2008.12.26.〉

정답 ①

제3절 보안처분론

151 보안처분에 대한 설명으로 옳지 않은 것은? (10 교정 9급)

① 보안처분의 우선적 목적은 과거의 범죄에 대한 처벌이 아니라 장래의 재범위험을 예방하기 위한 범죄인의 교화·개선에 있다.

② 보안처분의 법적 성격을 이원주의로 인식하는 입장에 대해서는 행위자의 개별책임원칙에 반한다는 비판이 제기되고 있다.

③ 보안처분이 정당성을 갖기 위해서는 비례성원칙이 적용되어야 한다.

④ 보안관찰처분의 기간은 2년으로 하는 것이 원칙이다.

해 설

② 행위자의 개별책임원칙에 반한다는 비판은 형벌의 보안처분으로의 대체(代替)를 인정하는 일원주의와 대체주의에 대한 비판이다. // 보안처분의 법적 성격을 이원주의로 인식하는 입장에서는 형벌과 보안처분을 구분하여 별도 선고와 별도 집행을 강조하고 있기 때문에 책임주의 원칙에 반한다고 볼 수 없고 오히려 이중처벌의 위험성이 있다고 비판한다.

정답 ②

56. 〈 올린(Ohlin)의 보호관찰관의 유형 〉

처벌적 (punitive) 보호관찰관	• 통제는 강조하지만, 지원에는 소극적 • 위협을 수단으로 대상자를 규율에 동조하도록 통제를 강조 • 사회의 보호, 범죄자의 통제, 범죄자에 대한 체계적 의심 등을 중요시한
보호적 (protective) 보호관찰관	• 통제나 지원 모두 강조 • 통제기능과 지원기능을 적절히 조화 • 주로 직접적인 지원이나 강연 또는 칭찬과 꾸중의 방법을 이용 • 지역사회보호와 범죄자의 보호 사이를 망설이는 유형 → 양쪽 사이에서 망설이거나 큰 갈등을 겪게 된다.
수동적 (passive) 보호관찰관	• 통제나 지원 모두에 소극적 • 자신의 임무는 최소한의 개입이라고 믿는 유형
복지적 (welfare) 보호관찰관	• 통제는 소극적이지만, 지원은 강조 • 자신의 목표를 대상자에 대한 복지향상에 두고 지원기능을 강조

152 올린(L. E. Ohlin)의 관점에 따라 보호관찰관의 유형을 통제와 지원이라는 두 가지 차원에서 그림과 같이 구분할 때, ㉠~㉣에 들어갈 유형을 바르게 연결한 것은? (18 교정 7급)

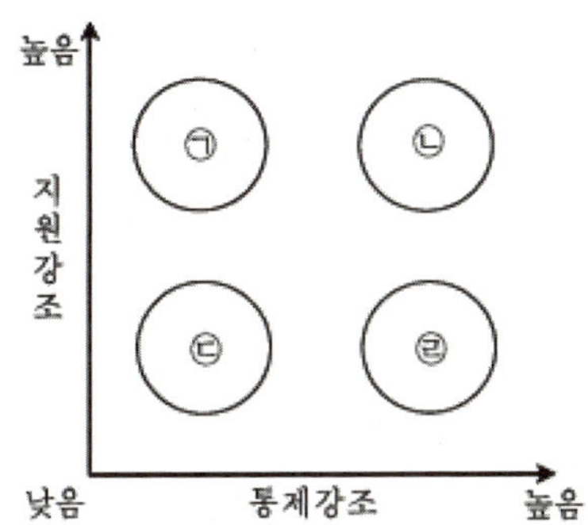

	㉠	㉡	㉢	㉣
①	복지적 관찰관	보호적 관찰관	수동적 관찰관	처벌적 관찰관
②	보호적 관찰관	복지적 관찰관	수동적 관찰관	처벌적 관찰관
③	복지적 관찰관	보호적 관찰관	처벌적 관찰관	수동적 관찰관
④	보호적 관찰관	복지적 관찰관	처벌적 관찰관	수동적 관찰관

해설

㉠ 지원을 강조하고, 통제는 약화되는 유형은 복지적(welfare) 보호관찰관이다.
㉡ 지원과 통제를 모두 강조하는 유형은 보호적(protective) 보호관찰관이다.
㉢ 지원과 통제가 모두 약화되는 유형은 수동적(passive) 보호관찰관이다.
㉣ 지원은 약화되고, 통제를 강조하는 유형은 처벌적(punitive) 보호관찰관이다.

정답 ①

153 보호관찰의 지도·감독 유형으로 올린(L. E. Ohlin)이 제시한 내용 중 지역사회보호와 범죄자보호 양쪽 사이에서 갈등을 가장 크게 겪는 보호관찰관의 유형은? (17 교정 9급)

① 보호적 보호관찰관
② 수동적 보호관찰관
③ 복지적 보호관찰관
④ 중개적 보호관찰관

해설

① 보호적 보호관찰관 유형이 지역사회보호와 범죄자보호 양쪽 사이에서 갈등을 가장 크게 겪는 유형이다.

정답 ①

154 다음에서 설명하는 오린(L. E. Ohlin)의 보호관찰관 유형은?
(21 교정 7급)

이 유형의 보호관찰관은 주로 직접적인 지원이나 강연 또는 칭찬과 꾸중 등 비공식적인 방법을 이용한다. 또한 보호관찰관은 사회의 보호, 즉 사회방위와 범죄자 개인의 개선·보호를 조화시키고자 하므로 역할갈등을 크게 겪는다.

① 처벌적 보호관찰관(punitive probation officer)
② 보호적 보호관찰관(protective probation officer)
③ 복지적 보호관찰관(welfare probation officer)
④ 수동적 보호관찰관(passive probation officer)

해 설

② 올린(L. E. Ohlin)은 보호관찰관의 유형 중 보호적 보호관찰관에 해당한다.

정답 ②

155 (가)와 (나)에 들어갈 내용을 바르게 연결한 것은?
(21 교정 7급)

(가)는(은) 보호관찰관의 기능과 자원의 활용에 따라 보호관찰을 모형화하였는데, 이 중 (나) 모형이란 전문성을 갖춘 보호관찰관이 외부의 사회적 자원을 적극 개발하고 활용하는 유형을 말한다.

	(가)	(나)		(가)	(나)
①	Crofton	옹호(advocacy)	②	Crofton	중개(brokerage)
③	Smykla	옹호(advocacy)	④	Smykla	중개(brokerage)

해 설

④ 스미클라(Smykla)는 보호관찰관의 기능과 자원의 활용에 따라 보호관찰을 모형화하였는데, / 이 중 중개(brokerage) 모형이란 전문성을 갖춘 보호관찰관이 외부의 사회적 자원을 적극 개발하고 활용하는 유형을 말한다.

정답 ④

156 다음 설명에 해당하는 스미크라(Smykla)의 보호관찰 모형은?
(17 교정 7급)

보호관찰관은 외부자원을 적극 활용하여 보호관찰대상자들이 다양하고 전문적인 사회적 서비스를 받을 수 있도록 사회기관에 위탁하는 것을 주요 일과로 삼고 있다.

① 프로그램모형(program model)
② 중재자모형(brokerage model)
③ 옹호모형(advocacy model)
④ 전통적모형(traditional model)

해설

③ 스미크라(Smykla)는 보호관찰 모형 중 옹호모형(advocacy model)에 해당한다.

정답 ③

57. 〈스미클라(Smykla) 보호관찰 모형〉

전통적 모형 (traditional model)	• 보호관찰관이 지식인(generalist)으로서 내부자원을 이용하여 지역적으로 균등 배분된 대상자에 대하여 지도·감독에서 보도원호에 이르기까지 다양한 기능을 수행하는 모형으로 통제를 더 중시하는 모형
프로그램 모형 (program model)	• 보호관찰관이 전문가(specialist)를 지향하나 목적 수행을 위한 자원은 내부적으로 해결하고, 보호관찰관이 전문가로 기능하기 때문에 대상자를 관찰관의 전문성에 따라 분류하고 배정하는 모형 • 범죄자의 상당수는 특정한 한 가지 문제만으로 범죄자가 된 것은 아니며, 한 가지의 처우만을 필요로 하는 것도 아니라는 문제가 있다.
옹호 모형 (advocacy model)	• 보호관찰관이 지식인(generalist)으로서 외부자원을 적극 활용하여 보호관찰대상자에게 다양하고 전문적인 사회적 서비스를 제공받을 수 있도록 무작위로 배정된 대상자들을 사회기관에 위탁하는 것을 주요 일과로 삼는 모형 • 보호관찰관은 외부자원을 적극 활용하여 보호관찰대상자들이 다양하고 전문적인 사회적 서비스를 받을 수 있도록 사회기관에 위탁하는 것을 주요 일과로 삼고 있다.
중재자 모형 (brokerage model)	• 보호관찰관이 전문가(specialist)로서 자신의 전문성에 맞게 배정된 대상자에게 사회자원의 개발과 중개의 방법으로 외부자원을 적극 활용하여 대상자가 전문적인 보호관찰을 받을 수 있도록 하는 유형

157 **집중감독보호관찰(intensive supervision probation)에 대한 설명으로 옳지 않은 것은?** (16 교정 9급)

① 위험성이 높은 보호관찰대상자 중에서 대상자를 선정하는 것이 보편적이다.
② 구금과 일반적인 보호관찰에 대한 대체방안으로서 대상자와의 접촉을 늘려 세밀한 감독을 한다.
③ 대상자의 자발적 동의와 참여하에 단기간 구금 후 석방하여 집중적으로 감시하는 사회내 처우이다.
④ 보호관찰이 지나치게 관대한 처벌이라는 느낌을 주지 않으면서 범죄자를 사회 내에서 처우할 수 있는 기회를 제공한다.

해설

③ 집중감독보호관찰은 대상자의 동의를 요건으로 하지 않는다. / 집중감독 보호관찰은 약물범죄자나 그 밖에 집중적인 감시가 필요한 자를 대상으로 보호관찰을 실시하되, 보호관찰관이 대상자를 자주 접촉하고 무작위방문을 실시하는 등 집중적인 접촉관찰을 실시하는 것을 말한다.

TIP 단기간 구금 후 석방하여 보호관찰로 전환하는 처우방식은 충격구금(Shock Incarceration)이다.

정답 ③

158 중간처벌제도에 관한 설명으로 옳지 않은 것은? (08 교정 7급)

① 미국의 모리스(Morris)는 범죄자 처벌에 있어서 중간처벌제도를 적극 활용해야 한다고 주장하였다.
② 구금과 보호관찰처분의 이분법적 처벌형태에서 존재할 수 있는 불공정성을 극복할 수 있다.
③ 보호관찰의 다양한 활용과 구금형의 무용론이 대두되면서 새로운 처벌제도로 논의가 활발하게 이루어졌다.
④ 쇼크 구금(Shock Incarceration)과 병영식 캠프(Boot Camp)는 교정관련 중간처벌의 대표적 예에 속한다.

해설

③ 중간처벌제도는 1980년대 이후 과밀수용의 문제와 보호관찰대상자들의 높은 재범률에 따라 보호관찰의 무용론과 구금형의 유용론이 결합되면서 나타난 새로운 처벌유형을 말한다.

정답 ③

159 중간처벌제도에 대한 설명으로 옳은 것은? (19 교정 7급)

① 중간처벌은 중간처우에 비해 사회복귀에 더욱 중점을 둔 제도이다.
② 충격구금은 보호관찰의 집행 중에 실시하는 것으로, 일시적인 구금을 통한 고통의 경험이 미래 범죄행위에 대한 억지력을 발휘할 것이라는 가정을 전제로 한다.
③ 배상명령은 시민이나 교정당국에 비용을 부담시키지 않고, 범죄자로 하여금 지역사회에서 가족과 인간관계를 유지하며 직업활동에 전념할 수 있게 한다.
④ 집중감독보호관찰(intensive supervision probation)은 주로 경미범죄자나 초범자에게 실시하는 것으로, 일반보호관찰에 비해 많은 수의 사람을 대상으로 한다.

해설

① 중간처우가 사회복귀에 중점을 둔 제도라면, / 중간처벌은 제재에 더욱 중점을 둔 제도이다.
② 충격구금은 일시적인 구금을 통한 고통의 경험이 미래 범죄행위에 대한 억지력을 발휘할 것이라는 가정을 전제로 하는 제도로서, / 먼저 구금의 효과가 큰 6~7개월간 격리·구금을 실시하고 그 후에는 보호관찰로 전환하는 제도를 말한다.

TIP ① 충격구금 후 → ② 보호관찰

③ 배상명령의 일반적 기능에 대한 설명이다. // 우리나라의 배상명령은 형사절차에 민사상 손해배상청구권의 집행권원을 얻게 해주는 부대소송형태로 운영되고 있다.
④ 집중감독보호관찰(intensive supervision probation)은 약물범죄자나 상습범죄자 등 집중적인 감시가 필요한 자를 대상으로 보호관찰을 실시하되, 보호관찰관이 대상자를 자주 접촉하고 무작위방문을 실시하는 등 집중적인 접촉관찰을 실시하는 것을 말한다. // 일반보호관찰이 경미범죄자나 초범자를 대상으로 하는 반면, 집중감독보호관찰은 중범죄자, 약물중독자, 상습범죄자 등을 대상으로 한다.

정답 ③

배상명령 제도의 취지 (대판 1996.6.11. 96도945)

① 소송촉진등에관한특례법 제25조 제1항의 규정에 의한 배상명령은 피고인의 범죄행위로 피해자가 입은 직접적인 재산상 손해에 대하여 그 피해금액이 특정되고, 피고인의 배상책임의 범위가 명백한 경우에 한하여 피고인에게 그 배상을 명함으로써 간편하고 신속하게 피해자의 피해회복을 도모하고자 하는 제도로서,

② 같은 조 제3항 제3호의 규정에 의하면, 피고인의 배상책임의 유무 또는 그 범위가 명백하지 아니한 때에는 배상명령을 하여서는 아니되고, 그와 같은 경우에는 같은 법 제32조 제1항이 정하는 바에 따라 법원은 결정으로 배상명령 신청을 각하하여야 한다.

160 전자감독제도에 대한 설명으로 옳지 않은 것은? (23 교정 9급)

① 프라이버시 침해 우려가 없다.
② 교정시설 수용인구의 과밀을 줄일 수 있다.
③ 사법통제망이 지나치게 확대될 우려가 있다.
④ 대상자의 위치는 확인할 수 있으나 구체적인 행동은 통제할 수 없다.

해설

① 전자감시제도는 감시대상자의 프라이버시를 지나치게 침해할 우려가 있다는 비판이 있다.

정답 ①

161 전자감시제도에 대한 설명으로 옳지 않은 것은 몇 개인가? (다툼이 있는 경우 판례에 의함) (10 교정 9급)

ㄱ. 성폭력범죄뿐만아니라 미성년자대상 유괴범죄에 대하여도 전자장치를 부착할 수 있다.
ㄴ. 형 집행의 종료 후에 부착명령을 집행하도록 한다면 일사부재리의 원칙에 반한다.
ㄷ. 성폭력범죄를 2회 이상 범하여 그 습벽이 인정되고, 재범의 위험성이 있다고 판단되는 경우 검사는 부착명령을 법원에 청구할 수 있다.
ㄹ. 교도소장 등은 가석방 예정자가 석방되기 5일 전까지 그의 주거지를 관할하는 경찰서장에게 그 사실을 통보하여야 한다.
ㅁ. 법원은 부착명령 청구가 이유 있다고 인정하는 때에는 5년의 범위 내에서 부착기간을 정하여 판결로 부착명령을 선고하여야 한다.
ㅂ. 피부착자가 정당한 사유 없이 전자장치를 해제하거나 손상한 때에는 2년 이상의 유기징역에 처한다.
ㅅ. 전자감시제도는 성폭력범죄자의 재범방지와 성행교정을 통한 재사회화를 위한 일종의 보안처분이다.

① 1개
② 2개
③ 3개
④ 4개

해설

④ / 옳지 않은 것 ㄴ, ㄹ, ㅁ, ㅂ
ㄱ (○)전자장치부착법 제5조 제2항
ㄴ (×) 전자감시제도는 범죄행위를 한 자에 대한 응보를 주된 목적으로 그 책임을 추궁하는 사후적 처분인 형벌과 구별되어 그 본질을 달리하는 것으로서 형벌에 관한 일사부재리의 원칙이 그대로 적용되지 않으므로, 위 법률이 형 집행의 종료 후에 부착명령을 집행하도록 규정하고 있다 하더라도 그것이 일사부재리의 원칙에 반한다고 볼 수 없다(대판

2009.9.10. 2009도6061,2009전도13).
ㄷ (○) 전자장치부착법 제5조 제1항 제3호
ㄹ (×) 교도소장등은 제1항 및 제2항에 따른 가석방 예정자가 석방되기 5일 전까지 그의 주거지를 관할하는 보호관찰소의 장에게 그 사실을 통보하여야 한다(전자장치부착법 제22조 제5항).
ㅁ (×) 대상 범죄의 법정형에 따라 부착기간을 달리 정하고 있다(전자장치부착법 제9조 제1항).
1. 법정형의 상한이 사형 또는 무기징역인 특정범죄 : 10년 이상 30년 이하
2. 법정형 중 징역형의 하한이 3년 이상의 유기징역인 특정범죄 : 3년 이상 20년 이하
3. 법정형 중 징역형의 하한이 3년 미만의 유기징역인 특정범죄 : 1년 이상 10년 이하
ㅂ (×) 피부착자가 제14조제1항(제27조 및 제31조에 따라 준용되는 경우를 포함한다)을 위반하여 전자장치의 부착기간 중 전자장치를 신체에서 임의로 분리·손상, 전파 방해 또는 수신자료의 변조, 그 밖의 방법으로 그 효용을 해한 때에는 7년 이하의 징역 또는 2천만원 이하의 벌금에 처한다(전자장치부착법 제38조 제1항).
ㅅ (○) 대판 2009.9.10. 2009도6061, 2009전도13

정답 ④

162 '전자감시를 조건으로 한 가택구금'에 대한 설명으로 옳지 않은 것은? (09 교정 9급)

① 범죄자를 자신의 집에 구금시키고 전자장비를 이용하여 범죄자를 감시하는 일종의 시설 내 처우이다.
② 과잉구금 및 교도소 과밀수용의 문제점을 해결하기 위한 대안으로 시작되었다.
③ 범죄자에 대한 통제 강화라는 엄격한 처벌의 요구와 구금비용 절약이라는 경제성의 요구를 동시에 만족시킬 수 있다.
④ 형사사법의 그물망을 확대시킴으로써 더 많은 사람들에 대해 형사사법기관이 개입하게 된다는 단점이 있다.

해설

① 사회 내 처우이다.

정답 ①

163 전자감시제도에 관한 설명으로 옳지 않은 것은? (08 교정 7급)

① 보호관찰관의 감시업무 부담을 경감시키고, 시설수용보다 관리비용을 절감할 수 있다는 장점도 제기되고 있다.
② 전자감시기구는 일반인들의 눈에 잘 띄지 않으므로 낙인효과도 작고, 시민의 자유 침해를 최소화하여 형사사법망의 축소에도 도움이 된다.
③ 전자감시제도는 인간을 기계와 장비의 감시대상으로 전락시키며, 대상자의 사생활을 감시하여 과잉금지원칙에 위배된다는 비판이 있다.
④ 전자감시방법으로는 일정한 시간간격을 두고 무선신호를 자동적으로 발신하는 계속적 감시시스템, 감시컴퓨터가 무작위로 대상자의 자택에 전화를 걸어 소재를 확인하는 단속적 감시 시스템, 그리고 대상자에게 외출을 허용하지만 부착된 송신기가 발신하는 무선신호를 통하여 그 소재를 확인하는 탐지시스템이 있다.

해 설

② 전자감시기구(전자발찌)는 / 일반인들의 눈에 쉽게 노출될 수 있기 때문에 낙인효과가 생길 수 있고, / 시민의 자유(사생활의 비밀)를 침해할 소지가 있으며, / 형사사법망의 확대라는 문제가 있다.

정답 ②

제5장 소년과 형사정책

제1절 총설

164 소년비행의 원인에 대한 설명으로 옳지 않은 것은? (08 사시)

① 형태적 결손가정뿐만 아니라 기능적 결손가정도 소년범죄의 한 원인이 된다.
② 가정의 빈곤을 소년범죄의 중요한 원인으로 생각하는 학자들은 환경적 요인보다 개인적 소질을 중요하게 생각하는 경향이 있다.
③ 렉클레스(Reckless)는 자아관념을 비행에 대한 절연체로 보았다.
④ 맛짜(Matza)와 사이크스(Sykes)는 소년들이 중화기술을 습득함으로써 준법과 위법간의 표류상태에 빠진다고 주장했다.
⑤ 글뤽 부부(Glueck & Glueck)는 비행소년에 대한 조사 결과 신체특징이 중배엽형일수록 범죄성향이 높다고 주장했다.

해설

② 가정의 빈곤을 소년범죄의 중요한 원인으로 생각하는 학자들은 개인적 소질보다 환경적 요인을 중요하게 생각하는 경향이 있다.

정답 ②

165 비행 청소년의 처벌과 처우에 대한 설명으로 옳은 것은? (25 보호직 9급)

① 균형·회복적 사법(balanced and restorative justice)은 비행 청소년의 책임, 역량 개발, 지역사회 안전이라는 목표에 초점을 둔다.
② 소년범에 대한 형사법원 이송은 전통적인 소년사법 이념인 국친사상에 부합한다.
③ 바톨라스(Bartollas)와 밀러(Miller)의 의료모형에서는 비행 청소년은 자유의지로 비행을 저지른다고 가정한다.
④ 소년사법에 있어서 비시설수용(deinstitutionalization)은 구금으로 인한 폐해를 막고자 성인교도소가 아닌 소년 전담 시설에 별도로 수용하는 것을 말한다.

해설

② 소년범에 대한 소년부 송치는 전통적인 소년사법 이념인 국친사상에 부합한다. / 형사법원에 이송하는 것은 보호처분이 아니라 형사처벌을 하는 것으로 국친사상에 부합하지 않는다. // 국친사상은 범죄소년에 대하여 국가가 부모를 대신하여 소년에 대한 후견인적 역할을 하여 소년을 적극적으로 보호해야 한다는 사상을 말한다.
③ 비행 청소년은 자유의지로 비행을 저지른다고 가정하는 것은 범죄통제모형이다. // 바톨라스(Bartollas)와 밀러(Miller)의 의료모형에서 비행 청소년은 자신이 통제할 수 없는 요인에 의하여 범죄자로 결정되었으며, 이들은 사회적 병질자이므로 처벌의 대상이 아니라 치료의 대상이라고 본다.

④ 소년 전담 시설에 별도로 수용하는 것도 시설수용에 해당한다. // 비시설수용(deinstitutionalization)은 소년범을 구금시설에 수용하지 않고, 소년을 보호할 책임이 있는 가족, 학교, 사회복지시설 등에서 소년을 보호(사회내 처우)함으로써 소년을 지역사회에 정착할 수 있도록 하는 것을 말한다.

정답 ①

166 소년사법에 있어서 4D(비범죄화, 비시설수용, 적법절차, 전환)에 대한 설명으로 옳지 않은 것은?

(22 교정 9급)

① 비범죄화(decriminalization)는 경미한 일탈에 대해서는 비범죄화하여 공식적으로 개입하지 않음으로써 낙인을 최소화하자는 것이다.

② 비시설수용(deinstitutionalization)은 구금으로 인한 폐해를 막고자 성인교도소가 아닌 소년 전담시설에 별도로 수용하는 것을 의미한다.

③ 적법절차(due process)는 소년사법절차에서 절차적 권리를 철저하고 공정하게 보장하여야 한다는 것을 의미한다.

④ 전환(diversion)은 비행소년을 공식적인 소년사법절차 대신에 비사법적인 절차에 의해 처우하자는 것이다.

해설

② 성인교도소를 비롯한 소년 전담시설도 시설수용에 해당한다. // 비시설수용(deinstitutionalization)은 소년 범죄자에 대하여 구금시설에 수용하지 않고, 소년을 보호할 책임이 있는 가족이나 학교, 사회복지시설 등이 직접 소년을 보호함으로써 소년이 지역사회에 정착할 수 있도록 하는 것을 말한다.

정답 ②

58. 〈 소년사법에 있어서 4D 〉

비범죄화 (decriminalization)	• 경미한 일탈에 대해서는 비범죄화하여 공식적으로 개입하지 않음으로써 낙인을 최소화하자는 것이다.
비시설수용 (deinstitutionalization)	• 소년 범죄자에 대하여 시설에 수용하지 않고, 소년을 보호할 책임이 있는 가족이나 학교, 사회복지시설 등이 직접 소년을 보호함으로써 소년이 지역사회에 정착할 수 있도록 하는 것을 말한다.
적법절차 (due process)	• 소년사법절차에서 절차적 권리를 철저하고 공정하게 보장하여야 한다는 것을 의미한다.
전환 (diversion)	• 비행소년을 공식적인 소년사법절차 대신에 비사법적인 절차에 의해 처우하자는 것이다.

167 **소년사법의 대표적 제도인 소년법원의 특성으로 옳지 않은 것은?** (21 교정 9급)

① 소년법원은 반사회성이 있는 소년의 형사처벌을 지양하며 건전한 성장을 도모하기 위한 교화개선과 재활철학을 이념으로 한다.
② 소년법원은 범죄소년은 물론이고 촉법소년, 우범소년 등 다양한 유형의 문제에 개입하여 비행의 조기발견 및 조기처우를 하고 있다.
③ 소년법원의 절차는 일반법원에 비해 비공식적이고 융통성이 있다.
④ 소년법원은 감별 또는 분류심사 기능과 절차 및 과정이 잘 조직되어 있지 못한 한계가 있다.

해설

④ 감별 또는 분류심사 기능과 절차 및 과정은 일반법원과 소년법원에 차이가 없다. / 우리나라는 소년법에서 소년에 대한 보호처분과 형사처벌의 특례를 규정하고 있으며, / 보호소년법에서 소년에 대한 분류심사 및 처우를 규정하고 있다. // (소년분류심사위원회의) 분류심사는 제3조제2항에 해당하는 소년의 신체, 성격, 소질, 환경, 학력 및 경력 등에 대한 조사를 통하여 비행 또는 범죄의 원인을 규명하여 심사대상인 소년의 처우에 관하여 최선의 지침을 제시함을 목적으로 한다(보호소년법 제24조 제1항).

정답 ④

59. 〈 바톨라스(Bartolas)와 밀러(Miler)의 소년교정모형 〉

의료 모형 (medical model)	• 비행소년은 자신이 통제할 수 없는 요인에 의해서 범죄자로 결정되었으며, 이들은 사회적 병질자이기 때문에 처벌의 대상이 아니라 치료의 대상이다. • 결정론적 시각에서 비행소년은 스스로 통제할 수 없는 환자이므로 처벌의 대상이 아니라 치료의 대상으로 본다.
적응(개선) 모형 (adjustment model)	• 범죄자 스스로 책임 있는 선택과 합법적 결정을 할 수 있다고 간주하고, 그 결과 현실요법, 환경요법, 교류분석 등 스스로 책임감 있게 판단하고 결정할 수 있는 능력을 함양하도록 하는 처우기법이 강조된다. • 범죄소년은 치료의 대상이지만 합리적이고 책임 있는 결정을 할 수 있다고 하면서, 현실요법·집단지도상호작용·교류분석 등의 처우를 통한 범죄소년의 사회재통합을 강조한다. • 적응모형은 의료모형과 거의 유사한 가정에 기초하고 있다. 즉 범죄자는 비범죄자와 차이가 있으며, 그 차이점이 파악될 수 있고 처우를 필요로 하며 치료될 수 있다는 것이다.
범죄통제 모형 (crime control model)	• 지금까지 소년범죄자에 대하여 시도해 온 다양한 처우모형들이 거의 실패했기 때문에 유일한 대안은 강력한 조치로서 소년범죄자에 대한 훈육과 처벌뿐이다. • 청소년도 자신의 행동에 대해서 책임을 져야 하므로, 청소년 범죄자에 대한 처벌을 강화하는 것만이 청소년범죄를 줄일 수 있다.
최소제한 모형 (least-restrictive model)	• 비행소년에 대해서 소년사법이 개입하게 되면 낙인의 부정적 영향 등으로 인해 지속적으로 법을 어길 가능성이 증대되므로, 청소년을 범죄소년으로 만들지 않는 길은 시설에 수용하지 않는 것이다.

168 바톨라스(Bartolas)와 밀러(Miler)의 소년교정모델에 대한 설명으로 옳지 않은 것은?

14 교정 7급

① 의료모형(medical model) - 비행소년은 자신이 통제할 수 없는 요인에 의해서 범죄자로 결정되었으며, 이들은 사회적으로 약탈된 사회적 병질자이기 때문에 처벌의 대상이 아니라 치료의 대상이다.
② 적응모형(adjustment model) - 범죄자 스스로 책임 있는 선택과 합법적 결정을 할 수 없다. 그 결과, 현실요법, 환경요법 등의 방법이 처우에 널리 이용된다.
③ 범죄통제모형(crime control model) - 청소년도 자신의 행동에 대해서 책임을 져야 하므로, 청소년 범죄자에 대한 처벌을 강화하는 것만이 청소년범죄를 줄일 수 있다.
④ 최소제한모형(least-restrictive model) - 비행소년에 대해서 소년사법이 개입하게 되면, 이들 청소년들이 지속적으로 법을 위반할 가능성이 증대될 것이다.

해설

② 적응모형(adjustment model)은 범죄자 스스로 책임 있는 선택과 합법적 결정을 할 수 있다고 주장하고, 그 결과 현실요법, 환경요법, 교류분석 등 스스로 책임감 있게 판단하고 결정할 수 있는 능력을 함양하도록 하는 처우기법을 강조한다.

정답 ②

169 바톨라스(C. Bartollas)의 소년교정모형에 대한 설명이다. 〈보기 1〉에 제시된 설명과 〈보기 2〉에서 제시된 교정모형을 옳게 짝지은 것은?

19 교정 9급

• 보기 1 •

ㄱ. 비행소년은 통제할 수 없는 요인에 의해서 범죄자로 결정되어 졌으며, 이들은 사회적 병질자이기 때문에 처벌의 대상이 아니라 치료의 대상이다.
ㄴ. 범죄소년은 치료의 대상이지만 합리적이고 책임 있는 결정을 할 수 있다고 하면서, 현실요법·집단지도상호작용·교류분석 등의 처우를 통한 범죄소년의 사회재통합을 강조한다.
ㄷ. 비행소년에 대해서 소년사법이 개입하게 되면 낙인의 부정적 영향 등으로 인해 지속적으로 법을 어길 가능성이 증대되므로, 청소년을 범죄소년으로 만들지 않는 길은 시설에 수용하지 않는 것이다.
ㄹ. 지금까지 소년범죄자에 대하여 시도해 온 다양한 처우모형들이 거의 실패했기 때문에 유일한 대안은 강력한 조치로서 소년범죄자에 대한 훈육과 처벌뿐이다.

• 보기 2 •

A. 의료모형　　B. 적응(조정)모형
C. 범죄통제모형　　D. 최소제한(제약)모형

	ㄱ	ㄴ	ㄷ	ㄹ
①	A	B	C	D
②	A	B	D	C
③	A	C	D	B
④	B	A	D	C

해설

② ㄱ-A(의료모형) / ㄴ-B(적응모형) / ㄷ-D(최소제한모형) / ㄹ-C(범죄통제모형)

정답 ②

170 **샘슨과 라웁(R. Sampson & J. Laub)의 생애과정이론에 대한 설명으로 옳지 않은 것은?** (25 보호 7급)

① 비행과 이로 인한 학업 실패와 구금 경험은 범죄를 지속하게 만든다.
② 생애과정지속 비행자와 청소년기한정 비행자로 구분하여 성장격차가 비행의 잠재적인 동기가 된다고 주장하였다.
③ 결혼, 취업, 군 복무 등은 범죄 궤적을 변화시키는 전환점이 될 수 있다.
④ 성인의 경우 사회적 유대가 앞으로 범죄행위에 가담할지 여부에 영향을 미친다고 주장하였다.

해설

② 생애과정지속형 비행자와 청소년기한정형 비행자로 구분하여 성장격차가 비행의 잠재적인 동기가 된다고 주장한 사람은 모피트(Moffitt)이다.

정답 ②

171 **샘슨과 라웁(Sampson & Laub)의 생애과정이론에 대한 설명으로 옳지 않은 것은?** (25 교정 7급)

① 비행과 이로 인한 학업실패와 구금경험은 범죄를 지속하게 만든다.
② 행위자를 둘러싼 상황적·구조적 변화가 범죄행위를 할 위험성에 영향을 미친다.
③ 결혼과 같은 우연한 사건은 약화되거나 단절된 사회유대를 새롭게 복원하는 기능을 한다.
④ 청소년기의 비행은 성인기의 사회적 자본을 획득하는 데에는 영향을 미치지 않는다.

해설

③ 샘슨과 라웁(Sampson & Laub)은 인생을 변화(범죄경력을 전환)시키는 중요한 4가지 사건(life event)로 결혼, 군입대, 안정적 직업, 가족과의 긍정적 관계를 지적하였다.
④ 샘슨과 라웁(Sampson & Laub)은 한 개인이 생애과정에서 다른 사람 및 사회적 제도와 가지는 적극적 관계의 정도를 사회적 자본(Social Capital)이라고 하였다. / 어렸을 때의 소년비행은 성인기의 사회적 자본을 획득하는데 부정적 영향을 미치지만, / 성인기에 사회적 유대(social tie)를 계발하면 소년기 경험에 관계 없이 범죄 가능성이 감소하게 된다.

정답 ④

172 소년범죄의 원인과 대책에 대한 설명으로 옳지 않은 것은? (17 교정 9급)

① 모피트(T. E. Moffit)는 사회적 자본(social capital) 개념을 도입하여 청소년기에 비행을 저지른 아이들도 사회유대 혹은 사회자본의 형성을 통해 취업과 결혼으로 가정을 이루는 인생의 전환점을 만들면 성인이 되어 정상인으로 돌아가게 된다고 주장하였다.

② 패터슨(G. R. Patterson) 등에 따르면 초기 비행을 경험한 소년들이 후반에 비행을 시작한 소년에 비하여 어릴 때부터 반사회적 환경과 밀접한 관계를 맺음으로써 또래집단 속에서 정상적 사회화를 경험할 기회가 상대적으로 적기 때문에 만성적 범죄자가 될 확률이 높다고 하였다.

③ 워렌(M. Q. Warren)에 따르면 비행소년 분류상 신경증적 비행소년에 대한 처우로는 가족집단요법과 개별심리요법이 적절하다고 한다.

④ 바톨라스(C. Bartollas)의 적응(개선)모델에 따르면 비행소년 스스로 책임 있는 선택과 합법적 결정을 할 수 있다고 하며, 이 모형에 따른 처우로서는 현실요법, 환경요법, 집단지도상호작용, 교류분석 등의 방법이 이용되고 있다.

해설

① 샘슨과 라웁(Sampson & Laub)은 사회적 자본(social capital)의 개념을 도입하여 청소년기에 비행을 저지른 아이들이 사회유대 혹은 사회자본의 형성을 통해 인생의 전환점을 만들게 되면 정상인으로 돌아가게 된다고 주장하였다. / 샘슨과 라웁은 개인이 다른 사람 및 사회적 제도와 가지는 적극적 관계의 정도를 '사회적 자본(social capital)'이라고 하였으며, 사회적 자본이 커질수록 범죄적 행동을 할 기회는 적어지며, 사회적 자본이 낮아질수록 범죄의 가능성이 커진다고 보았다. // 모피트(Moffitt)는 범죄자를 청소년기한정형 범죄자와 인생지속형 범죄자로 분류하였다. / 인생지속형 범죄자는 어린 시절 가정에서의 부적절한 훈육과 신경심리계의 손상으로 충동적이고 언어·학습능력이 부족한 아이들이 어려서부터 문제행동을 하며, 이러한 아이들이 성인에 이르기까지 지속적으로 비행이나 범죄를 저지르게 될 가능성이 높다고 하였다. 모피트는 대부분의 비행은 청소년기에 한정된다고 하였다.

정답 ①

60. 〈 데이비드 스트리트(David Street) 처우조직(Organization For Treatment)」〉

복종 및 동조 유형 (Obedience/conformity)	• 처우보다는 보안에 중점을 두는 유형 • 구금을 강조하는 대부분의 소년교정시설의 유형 • 대규모 보안 직원과 적은 수의 처우 요원 • 소년 범죄자를 강제된 동조성을 강요받는 준군대식 형태로 조직하여 규율을 엄격히 집행 • 습관, 동조성훈련, 권위에 대한 복종을 강조 • 소년 범죄자는 외부통제에 즉각적으로 동조하도록 요구 • 강력한 직원통제와 다양한 부정적 제재를 함 • 주된 기술은 조절(conditioning)
재교육 및 발전 유형 (Reeducation/development)	• 복종보다는 교육 및 훈련을 통한 청소년의 변화를 강조 • 소년범죄자의 태도와 행동의 변화 그리고 개인적 자원의 개발에 중점 • 소년범죄자를 지역사회의 학교로 외부통학을 시키기도 한다. • 처우시설의 직원들은 대부분 교사로서 기술 습득과 친화적 분위기 창출에 많은 관심을 둔다. • 처우시설 내 규율의 엄격한 집행이 쉽지 않다.

처우 유형 (Treatment)	• 보안보다는 처우에 중점을 두는 유형 • 가능한 한 많은 수의 처우요원을 두고 청소년의 처우계획을 진전시키기 위하여 처우요원과 보안요원의 협조와 소년 범죄자 각자의 이해를 강조 • 자기 존중심의 개발과 자기 성찰을 통하여 소년 범죄자의 인성변화를 강조 • 다양한 활동을 통하여 성취감을 유도하여 청소년의 심리 재편에 초점을 맞추어 조직을 운영 • 처벌은 자주 이용되지 않으며 엄하지 않게 집행 • 개인적 통제와 사회적 통제를 동시에 강조하기 때문에 소년 범죄자의 개인적 문제 해결에 도움을 주고 지역사회생활에의 준비도 강조되는 유형이다.

173 **미국의 데이비드 스트리트(David Street) 등의 학자들은 「처우조직(Organization For Treatment)」이라는 자신들의 저서에서 소년범죄자들에 대한 처우조직을 여러 유형으로 분류하였다. 다음 설명에 해당하는 유형은?** (16 교정 7급)

> • 소년범죄자의 태도와 행동의 변화 그리고 개인적 자원의 개발에 중점을 둔다.
> • 소년범죄자를 지역사회의 학교로 외부통학을 시키기도 한다.
> • 처우시설의 직원들은 대부분 교사로서 기술 습득과 친화적 분위기 창출에 많은 관심을 둔다.
> • 처우시설 내 규율의 엄격한 집행이 쉽지 않다.

① 복종 및 동조(obedience/conformity) 유형
② 처우(treatment) 유형
③ 재교육 및 발전(reeducation/development) 유형
④ 변화 및 혁신(changement/innovation) 유형

해설

③ 지문은 재교육 및 발전(reeducation/development) 유형의 내용이다.

정답 ③

174 청소년범죄 관련 다이버전(diversion, 전환) 프로그램에 대한 설명으로 옳지 않은 것은? (20 교정 9급)

① 다이버전은 형사사법기관이 통상적인 형사절차를 대체하는 절차를 활용하여 범죄인을 처리하는 제도를 말한다.

② 공식적인 형사처벌로 인한 낙인효과를 최소화하려는 목적을 갖고 있다.

③ 다이버전은 주체별로 '경찰에 의한 다이버전', '검찰에 의한 다이버전', '법원에 의한 다이버전' 등으로 분류하는 경우도 있다.

④ 경찰의 '선도조건부 기소유예 제도'가 대표적인 '기소전 다이버전' 프로그램이라고 할 수 있다.

해설

④ 검찰의 '선도조건부 기소유예 제도'가 대표적인 '기소전 다이버전' 프로그램이라고 할 수 있다. 선도조건부 기소유예의 권한은 검사에게 있다. 2007년 12월 21일 소년법 제49조의3(조건부 기소유예) 조항을 신설하여 법적 근거를 마련하였다. / 경찰단계에서의 다이버전으로는 경찰의 훈방조치를 들 수 있다.

정답 ④

175 소년에 대한 다이버전(diversion)에 해당하지 않는 것을 모두 고르면? (08 교정 7급)

ㄱ. 선도조건부 기소유예
ㄴ. 소년법상 압수, 수색
ㄷ. 불처분 결정
ㄹ. 신입자 수용 특칙
ㅁ. 소년법상 심리 불개시의 결정
ㅂ. 경찰의 훈방 처분
ㅅ. 소년교도소 수용 처분

① ㄱ, ㄹ, ㅅ
② ㄴ, ㄷ, ㅁ
③ ㄴ, ㄹ, ㅅ
④ ㄴ, ㅁ, ㅂ

해설

③ 다이버전에 해당하지 않는 것 ㄴ, ㄹ, ㅅ
공식적 개입으로부터 비공식적 개입으로의 전환을 의미하는 다이버전에는 포함되지 않는다.
ㄴ 소년법상 압수·수색은 공식적 기관의 개입
ㄹ 신입자 수용특칙도 교정기관의 개입
ㅅ 소년교도소 수용처분 역시 공식적 기관의 개입

정답 ③

제2절 소년보호사건

61. 〈 소년보호의 원칙 〉

개별주의	• 소년 개인의 특성에 알맞은 처우를 하여야 한다. • 소년사건에서 소년보호조치를 취할 때 소년 개개인을 1건의 독립된 사건으로 취급하는 것을 의미한다. (TIP 형사사건 병합처리 ×) • 소년법 제9조 : 조사는 의학·심리학·교육학·사회학 기타 전문적인 지식을 활용하여 소년과 보호자 또는 참고인의 성행·경력·가정상황 기타 환경 등을 구명(究明)하도록 노력하여야 한다.
인격주의	• 소년보호사건에서 소년의 행위에서 나타난 개성과 환경을 중시한다.
과학주의	• 과학주의는 소년의 범죄환경에 대한 연구와 소년범죄자에게 어떤 종류의 형벌을 어느 정도 부과할 것인가에 대한 전문가의 활용을 말한다. • 의학, 심리학, 교육학, 사회학 기타 전문지식을 활용하여야 한다. • 소년법 제12조 : 소년부는 조사 또는 심리를 함에 있어서 정신과의사·심리학자·사회사업가·교육자 기타 전문가의 진단 및 소년분류심사원의 분류심사결과와 의견을 참작하여야 한다.
협력주의	• 협력주의는 효율적 소년보호를 위해 국가는 물론이고 소년의 보호자를 비롯한 민간단체 등이 서로 협력해야 한다. • 소년사법에서는 국가가 전담하는 사법뿐만 아니라 보호자와 관계기관은 물론 사회 전반의 상호부조와 연대의식이 뒷받침되어야 한다.
예방주의	• 소년의 특성과 소년의 장래를 고려하여 소년범에 대하여 과거의 비행에 대한 처벌보다는 장래의 범죄를 예방하는 데 중점을 두어야 한다. • 집단적으로 몰려다니며 주위 사람들에게 불안감을 조성하는 성벽이 있는 소년을 소년법의 규율대상으로 하는 것은 소년보호의 예방주의 원칙에서 나온 것이다. • 소년법 제4조 제1항 제3호 : 보호자의 정당한 감독에 복종하지 않는 성벽이 있거나, 정당한 이유없이 가정에서 이탈하거나, 범죄성이 있는 자 또는 부도덕한 자와 교제하거나 자기 또는 타인의 덕성을 해롭게 하는 성벽이 있는 자로서 형벌에 저촉되는 행위를 할 우려가 있는 소년은 소년법의 규율대상이 된다.
밀행주의	• 소년범에 대한 사회적 비난 또는 낙인의 결과를 초래하는 것을 방지하기 위하여 소년범의 처리과정을 외부에 노출시켜서는 안 된다. • 보호소년을 개선하여 사회생활에 적응시키고 건전하게 육성하기 위해 소년사법절차를 가급적 비공개로 해야 한다는 원칙이다. • 소년법 제68조 제1항 : 이 법에 의하여 조사 또는 심리중에 있는 보호사건 또는 형사사건에 대하여는 성명, 연령, 직업, 용모 등에 의하여 그 자가 당해 본인으로 추지(推知)할 수 있는 정도의 사실이나 사진을 신문지 기타 출판물에 게재 또는 방송할 수 없다.
교육주의	• 교육주의는 반사회성이 있는 소년의 건전한 육성을 위한 환경조성과 성행의 교정에 필요한 보호처분을 행하고, 형사처분을 할 때 특별한 조치를 취해야 한다. • 소년범죄에 대해서는 처벌보다 보호, 개선에 중점을 두어야 한다.

176 소년보호의 원칙에 대한 설명으로 옳지 않은 것은?

(24 보호직 7급)

① 개별주의 : 소년보호조치를 취할 때 소년사건을 형사사건과 병합하여 1개의 사건으로 취급한다.
② 인격주의 : 소년보호사건에서는 소년의 행위에서 나타난 개성과 환경을 중시한다.
③ 과학주의 : 소년범죄인의 처우를 법률가의 규범적 판단에만 맡기지 않고 여러 전문가의 조언·협조를 받아 그 과학적 진단과 의견을 바탕으로 행한다.
④ 협력주의 : 소년사법에서는 국가가 전담하는 사법뿐만 아니라 보호자와 관계기관은 물론 사회 전반의 상호 부조와 연대의식이 뒷받침되어야 한다.

해설

① 개별주의란 범죄인 처우의 개별화 이념에 따라 각각의 소년을 독립적으로 취급하고, 그 소년의 개별적인 특성에 알맞은 처우를 하여야 한다는 원칙을 말한다.

정답 ①

177 소년보호의 원칙에 대한 설명으로 옳지 않은 것은?

(10 교정 9급)

① 인격주의는 소년을 보호하기 위하여 소년의 행위에서 나타난 개성과 환경을 중시하는 것을 말한다.
② 예방주의는 범행한 소년의 처벌이 아니라 이미 범행한 소년이 더 이상 범죄를 범하지 않도록 하는 데에 있다.
③ 개별주의는 소년사건에서 소년보호조치를 취할 때 형사사건과 병합하여 1건의 사건으로 취급하는 것을 말한다.
④ 과학주의는 소년의 범죄환경에 대한 연구와 소년범죄자에게 어떤 종류의 형벌을 어느 정도 부과할 것인가에 대한 전문가의 활용을 말한다.

해설

③ 개별주의는 소년사건에서 소년보호조치를 취할 때 소년 개개인을 1건의 독립된 사건으로 취급하는 것을 의미한다.

정답 ③

178 소년보호의 원칙에 대한 설명으로 옳은 것만을 모두 고르면?

(18 보호직 7급)

ㄱ. 효율적 소년보호를 위해 국가는 물론이고 소년의 보호자를 비롯한 민간단체 등이 서로 협력해야 한다는 협력주의에 바탕을 둔 조치들이 필요하다.
ㄴ. 보호소년을 개선하여 사회생활에 적응시키고 건전하게 육성하기 위해서는 소년사법절차를 가급적이면 비공개로 해야 한다는 밀행주의가 중요하다.
ㄷ. 소년의 보호를 위하여 사후적 처벌보다는 장래에 다시 죄를 범하는 것을 예방하는 활동을 중시하는 예방주의에 비중을 두어야 한다.

① ㄱ, ㄴ　　② ㄱ, ㄷ
③ ㄴ, ㄷ　　④ ㄱ, ㄴ, ㄷ

해설

④ ㄱ, ㄴ, ㄷ 모두 옳다.

정답 ④

179 **소년보호의 원칙에 대한 설명으로 옳지 않은 것으로만 묶인 것은?** (13 보호직 7급)

ㄱ. 집단적으로 몰려다니며 주위 사람들에게 불안감을 조성하는 성벽이 있는 소년을 소년법의 규율대상으로 하는 것은 소년보호의 예방주의 원칙에서 나온 것이다.
ㄴ. 인격주의는 보호소년을 개선하여 사회생활에 적응시키고 건전하게 육성하기 위해 소년사법절차를 가급적 비공개로 해야 한다는 원칙이다.
ㄷ. 교육주의는 반사회성이 있는 소년의 건전한 육성을 위한 환경조성과 성행의 교정에 필요한 보호처분을 행하고, 형사처분을 할 때 특별한 조치를 취해야 한다는 것을 말한다.
ㄹ. 소년사건조사에서 전문지식을 활용하여 소년과 보호자 또는 참고인의 품행·경력·가정상황 그 밖의 환경 등을 밝히도록 노력해야 한다고 규정한 것은 소년보호의 개별주의를 선언한 것이다.
ㅁ. 협력주의는 효율적 소년보호를 위해 국가는 물론이고 소년의 보호자를 비롯한 민간단체 등이 서로 협력해야 한다는 것을 말한다.

① ㄱ, ㄴ
② ㄱ, ㄷ, ㅁ
③ ㄴ
④ ㄹ, ㅁ

해설

ㄴ. 보호소년을 개선하여 사회생활에 적응시키고 건전하게 육성하기 위해 소년사법절차를 가급적 비공개로 해야 한다는 원칙은 "밀행주의"이다. // "인격주의"는 소년보호사건에서 소년의 행위에서 나타난 개성과 환경을 중시하는 것을 말한다.

정답 ③

180 **소년보호의 이념에 대한 설명으로 옳지 않은 것은?** (03 사시)

① 교육주의 : 소년범죄에 대해서는 처벌보다 보호, 개선에 중점을 두어야 한다.
② 개별주의 : 소년 개인의 특성을 중시한 보호처분을 내려야 한다.
③ 예방주의 : 소년의 장래 범죄를 막는데 중점을 두어야 한다.
④ 공개주의 : 소년보호사건을 공개하여 가정, 민간단체, 국가기관 등 전국민의 협력을 구해야 한다.
⑤ 과학주의 : 소년범죄에 대한 적절한 대책 마련을 위해 의학, 심리학, 교육학, 사회학 기타 전문지식을 활용하여야 한다.

해설

④ 밀행주의는 소년범에 대한 사회적 비난 또는 낙인의 결과를 초래하는 것을 방지하기 위하여 소년범의 처리과정을 외부에 노출시켜서는 안 된다는 원칙이다. 소년에 대한 보호사건의 심리는 비공개를 원칙으로 한다. // 후단 지문은 협력주의를 의미한다.

정답 ④

181 다음 교정 처우 이념에 대한 설명으로 옳지 않은 것은? (25 교정 9급)

소년보호사건의 경우 판사가 소년의 품행을 교정하고 피해자를 보호하는 데 필요하다고 인정하면 소년에게 피해변상 등 피해자와의 화해를 권고할 수 있고, 화해가 잘 이루어진 경우에는 이를 보호처분 결정에 고려할 수 있다.

① 공식적인 형사사법 체계가 가해자에게 부여하는 낙인효과를 줄일 수 있다.
② 범죄의 정황, 가해자와 피해자 등 사건과 관련된 사안에 대해 개별적으로 고려할 수 있다.
③ 강력범죄자보다는 소년 범죄자에게 적합하기 때문에 사회적 무질서를 바로잡는 것과는 무관하다.
④ 가해자로 하여금 자신의 행동에 대한 원인과 결과를 직시하게 하고 행위에 대한 진정한 책임을 갖게 한다.

해설

① 공식적인 형벌이 아닌 보호처분을 통하여 낙인효과를 줄일 수 있다.
② 보호처분과 화해제도를 활용하여 소년의 개별적인 특성을 충분히 고려하여 처분을 할 수 있다.
③ 설문의 내용은 소년법 제25조의3의 보호사건에 있어서의 화해권고제도이다. 회복적 사법에 해당한다. / 화해권고제도는 강력범죄자(형사처벌이 필요)보다는 소년에 대한 보호처분에 적합하다. / 화해가 이루어진 경우 보호처분 결정에 고려함으로써 소년의 재사회화에 도움이 되고, 피해자와 화해하여 지역사회의 안정을 이룰 수 있으므로 사회적 무질서를 바로잡는 것이 된다.

정답 ③

182 소년법상의 소년보호원칙이 ㄱ ~ ㄹ의 순서대로 나열된 것은? (02 사시)

ㄱ. 소년법 제4조 제1항 제3호 : 보호자의 정당한 감독에 복종하지 않는 성벽이 있거나, 정당한 이유없이 가정에서 이탈하거나, 범죄성이 있는 자 또는 부도덕한 자와 교제하거나 자기 또는 타인의 덕성을 해롭게 하는 성벽이 있는 자로서 형벌에 저촉되는 행위를 할 우려가 있는 소년은 소년법의 규율대상이 된다.
ㄴ. 소년법 제9조 : 조사는 의학·심리학·교육학·사회학 기타 전문적인 지식을 활용하여 소년과 보호자 또는 참고인의 성행·경력·가정상황 기타 환경 등을 구명(究明)하도록 노력하여야 한다.
ㄷ. 소년법 제12조 : 소년부는 조사 또는 심리를 함에 있어서 정신과의사·심리학자·사회사업가·교육자 기타 전문가의 진단 및 소년분류심사원의 분류심사결과와 의견을 참작하여야 한다.
ㄹ. 소년법 제68조 제1항 : 이 법에 의하여 조사 또는 심리중에 있는 보호사건 또는 형사사건에 대하여는 성명, 연령, 직업, 용모 등에 의하여 그 자가 당해 본인으로 추지(推知)할 수 있는 정도의 사실이나 사진을 신문지 기타 출판물에 게재 또는 방송할 수 없다.

① 예방주의, 개별주의, 과학주의, 밀행주의
② 개별주의, 인격주의, 과학주의, 밀행주의
③ 예방주의, 인격주의, 개별주의, 협력주의
④ 개별주의, 과학주의, 협력주의, 통고주의
⑤ 개별주의, 과학주의, 교육주의, 협력주의

해설

① 예방주의(ㄱ), 개별주의(ㄴ), 과학주의(ㄷ), 밀행주의(ㄹ)

정답 ①

제 2 편

형사정책 법령편

제1장 범죄피해자 보호법

001 **피해자학 또는 범죄피해자에 대한 설명으로 옳지 않은 것은?** (14 교정 7급)

① 멘델존(Mendelsohn)은 피해자학의 아버지로 불리며 범죄피해자의 유책성 정도에 따라 피해자를 유형화하였다.

② 범죄피해자보호법에서는 대인범죄 피해자와 재산범죄 피해자를 모두 범죄피해 구조대상으로 본다.

③ 마약 복용, 매춘 등의 행위는 '피해자 없는 범죄'에 해당한다.

④ 정당방위(형법 제21조 제1항)에 해당하여 처벌되지 않는 행위 및 과실에 의한 행위로 인한 피해는 범죄피해 구조대상에서 제외된다.

해 설

② 범죄피해자보호법의 구조대상은 생명·신체에 피해를 받은 사람(대인범죄 피해자)을 구조대상으로 한다. // 재산범죄 피해자는 범죄피해자보호법의 구조대상은 아니나, 소송촉진법의 배상명령의 대상이다(범죄피해자보호법 제1호, 제3조 참조)

정답 ②

범죄피해자 보호법 제1조(목적)

이 법은 범죄피해자 보호·지원의 기본 정책 등을 정하고 타인의 범죄행위로 인하여 생명·신체에 피해를 받은 사람을 구조((救助)함으로써 범죄피해자의 복지 증진에 기여함을 목적으로 한다.

범죄피해자 보호법 제3조(정의)

① 이 법에서 사용하는 용어의 뜻은 다음과 같다.

1. "범죄피해자"란 타인의 범죄행위로 피해를 당한 사람과 그 배우자(사실상의 혼인관계를 포함한다), 직계친족 및 형제자매를 말한다.

4. "구조대상 범죄피해"란 대한민국의 영역 안에서 또는 대한민국의 영역 밖에 있는 대한민국의 선박이나 항공기 안에서 행하여진 사람의 생명 또는 신체를 해치는 죄에 해당하는 행위(「형법」 제9조(형사미성년자), 제10조제1항(심신상실), 제12조(강요된 행위), 제22조제1항(긴급피난)에 따라 처벌되지 아니하는 행위를 포함하며, // 같은 법 제20조(정당행위) 또는 제21조제1항(정당방위)에 따라 처벌되지 아니하는 행위 및 과실에 의한 행위는 제외한다)로 인하여 사망하거나 장해 또는 중상해를 입은 것을 말한다.

② 제1항제1호에 해당하는 사람 외에 범죄피해 방지 및 범죄피해자 구조 활동으로 피해를 당한 사람도 범죄피해자로 본다.

002 「범죄피해자 보호법」상 구조금 지급에 대한 설명으로 옳지 않은 것은? (17 교정 9급 수정)

① 범죄행위 당시 구조피해자와 가해자의 사이가 4촌 이내의 친족관계가 있는 경우 구조금을 지급하지 아니한다. 다만 구조금을 지급하지 아니하는 것이 사회통념에 위배된다고 인정할 만한 특별한 사정이 있는 경우에는 구조금의 전부 또는 일부를 지급할 수 있다.

② 구조금은 유족구조금, 장해구조금 및 중상해구조금으로 구분하며, 일시금으로 지급한다. 다만, 특별한 사정이 있는 경우에는 범죄피해구조심의회의 결정이 없어도 분할하여 지급할 수 있다.

③ 구조피해자의 사망 당시 구조피해자의 수입으로 생계를 유지하고 있지 않은 구조피해자의 자녀, 부모, 손자·손녀, 조부모 및 형제자매도 유족구조금의 지급대상인 유족에 해당한다.

④ 국가는 구조피해자나 유족이 해당 구조대상 범죄피해를 원인으로 하여 손해배상을 받았으면 그 범위에서 구조금을 지급하지 아니한다.

해 설

① 범죄피해자 보호법 제19조 제1항 제3호, 제19조 제7항

② 구조금은 유족구조금·장해구조금 및 중상해구조금으로 구분하며, 일시금으로 지급한다(범죄피해자 보호법 제17조 제1항).

TIP 2024.9.20. 구조금 분할지급근거 마련

정답 ②

범죄피해자 보호법 제17조(구조금의 종류 등)

① 구조금은 유족구조금·장해구조금 및 중상해구조금으로 구분한다. 〈개정 2024.9.20〉

② 유족구조금은 구조피해자가 사망하였을 때 제18조에 따라 맨 앞의 순위인 유족에게 지급한다. 다만, 순위가 같은 유족이 2명 이상이면 똑같이 나누어 지급한다.

③ 장해구조금 및 중상해구조금은 해당 구조피해자에게 지급한다. / 다만, 장해구조금 또는 중상해구조금의 지급을 신청한 구조피해자가 장해구조금 또는 중상해구조금을 지급받기 전에 사망(해당 구조대상 범죄피해의 원인이 된 범죄행위로 사망한 경우는 제외한다)한 경우에는 제18조에 따라 맨 앞의 순위인 유족에게 지급하되, 순위가 같은 유족이 2명 이상이면 똑같이 나누어 지급한다. 〈개정 2024.9.20〉

④ 구조금은 일시금으로 지급한다. / 다만, 구조피해자 또는 그 유족이 연령, 장애, 질병이나 그 밖에 대통령령으로 정하는 사유로 구조금을 관리할 능력이 부족하다고 인정되는 경우로서 다음 각 호의 어느 하나에 해당하는 경우에는 대통령령으로 정하는 바에 따라 구조금을 분할하여 지급할 수 있다. 〈신설 2024.9.20〉

1. 구조피해자나 그 유족이 구조금의 분할 지급을 청구하여 제24조제1항에 따른 범죄피해구조심의회가 구조금의 분할 지급을 결정한 경우
2. 제24조제1항에 따른 범죄피해구조심의회가 직권으로 구조금의 분할 지급을 결정한 경우

003 범죄피해자 보호법령상 범죄피해 구조금에 대한 설명으로 옳은 것은? (25 보호 7급)

① 지구심의회는 구조피해자나 그 유족에게 구조금을 지급하기로 결정함과 동시에 구조금을 받은 사람이 구조대상 범죄피해를 원인으로 하여 가지고 있는 손해배상청구권을 대위하여 가해자에게 행사할 것인지를 결정하여야 한다.

② 범죄행위 당시 구조피해자와 가해자가 4촌 이내의 친족관계로 구조금의 실질적 수혜자가 가해자로 귀착될 우려가 없는 등 특별한 사정이 있는 경우가 아니라면 구조금의 일부를 지급하지 아니한다.

③ 국가는 구조금을 받은 사람이 거짓이나 그 밖의 부정한 방법으로 구조금을 받은 경우에 지구심의회 또는 본부심의회의 결정을 거쳐 그가 받은 구조금의 전부 또는 일부를 환수하여야 한다.

④ 범죄피해 구조금을 받을 권리는 그 구조금을 지급하는 결정이 있는 날부터 2년간 행사하지 아니하면 시효로 인하여 소멸된다.

해설

① 범죄피해자 보호법 시행령 제18조 제1항

② 범죄행위 당시 구조피해자와 가해자 사이에 ⅰ) 부부(사실상의 혼인관계를 포함한다), ⅱ) 직계혈족, ⅲ) 4촌 이내의 친족, ⅳ) 동거친족의 어느 하나에 해당하는 친족관계가 있는 경우 에는 구조금을 지급하지 아니한다(동법 제19조 제1항). 구조금의 실질적인 수혜자가 가해자로 귀착될 우려가 없는 경우 등 구조금을 지급하지 아니하는 것이 사회통념에 위배된다고 인정할 만한 특별한 사정이 있는 경우에는 구조금의 전부 또는 일부를 지급할 수 있다(범죄피해자 보호법 제19조 제7항).

③ 국가는 이 법에 따라 구조금을 받은 사람이 ⅰ) 거짓이나 그 밖의 부정한 방법으로 구조금을 받은 경우, ⅱ) 구조금을 받은 후 제19조(구조금을 지급하지 아니할 수 있는 경우)에 규정된 사유가 발견된 경우, ⅲ) 구조금이 잘못 지급된 경우의 어느 하나에 해당하면 지구심의회 또는 본부심의회의 결정을 거쳐 그가 받은 구조금의 전부 또는 일부를 환수할 수 있다(범죄피해자 보호법 제30조 제1항).

④ 구조금을 받을 권리는 그 구조결정이 해당 신청인에게 송달된 날부터 2년간 행사하지 아니 하면 시효로 인하여 소멸된다(범죄피해자 보호법 제31조).

정답 ①

004 「범죄피해자 보호법」상 범죄피해의 구조에 대한 설명으로 옳지 않은 것은? (23 보호직 7급)

① 범죄피해 구조금을 받을 권리는 그 구조결정이 해당 신청인에게 송달된 날부터 2년간 행사하지 아니하면 시효로 인하여 소멸된다.

② 구조대상 범죄피해를 받은 사람이 해당 범죄피해의 발생 또는 증대에 가공한 부적절한 행위를 한 때에는 범죄피해 구조금의 일부를 지급하지 아니한다.

③ 범죄피해구조심의회에서 범죄피해 구조금 지급신청을 일부기각하면 신청인은 결정의 정본이 송달된 날부터 2주일 이내에 그 범죄피해구조심의회를 거쳐 범죄피해구조본부심의회에 재심을 신청할 수 있다.

④ 범죄피해 구조금을 받은 사람이 거짓이나 그 밖의 부정한 방법으로 범죄피해 구조금을 받은 경우, 국가는 범죄피해구조심의회 또는 범죄피해구조본부심의회의 결정을 거쳐 그가 받은 범죄피해 구조금의 전부를 환수해야 한다.

해설

① 범죄피해자 보호법 제31조
② 범죄피해자 보호법 제19조 제4항 제2호
③ 지구심의회에서 구조금 지급신청을 기각(일부기각된 경우를 포함한다) 또는 각하하면 신청인은 결정의 정본이 송달된 날부터 2주일 이내에 그 지구심의회를 거쳐 본부심의회에 재심을 신청할 수 있다(범죄피해자 보호법 제27조 제1항).
④ 국가는 이 법에 따라 구조금을 받은 사람이 거짓이나 그 밖의 부정한 방법으로 구조금을 받은 경우, 지구심의회 또는 본부심의회의 결정을 거쳐 그가 받은 구조금의 전부 또는 일부를 환수할 수 있다(범죄피해자 보호법 제30조 제1항 제1호).

TIP ~환수하여야 한다. ×

정답 ④

범죄피해자 보호법 제19조(구조금을 지급하지 아니할 수 있는 경우)

① 범죄행위 당시 구조피해자와 가해자 사이에 다음 각 호의 어느 하나에 해당하는 친족관계가 있는 경우에는 구조금을 지급하지 아니한다.
  1. 부부(사실상의 혼인관계를 포함한다)
  2. 직계혈족
  3. 4촌 이내의 친족
  4. 동거친족
② 범죄행위 당시 구조피해자와 가해자 사이에 제1항 각 호의 어느 하나에 해당하지 아니하는 친족관계가 있는 경우에는 구조금의 일부를 지급하지 아니한다.
③ 구조피해자가 다음 각 호의 어느 하나에 해당하는 행위를 한 때에는 구조금을 지급하지 아니한다.
  1. 해당 범죄행위를 교사 또는 방조하는 행위
  2. 과도한 폭행·협박 또는 중대한 모욕 등 해당 범죄행위를 유발하는 행위
  3. 해당 범죄행위와 관련하여 현저하게 부정한 행위
  4. 해당 범죄행위를 용인하는 행위
  5. 집단적 또는 상습적으로 불법행위를 행할 우려가 있는 조직에 속하는 행위(다만, 그 조직에 속하고 있는 것이 해당 범죄피해를 당한 것과 관련이 없다고 인정되는 경우는 제외한다)
  6. 범죄행위에 대한 보복으로 가해자 또는 그 친족이나 그 밖에 가해자와 밀접한 관계가 있는 사람의 생명을 해치거나 신체를 중대하게 침해하는 행위
④ 구조피해자가 다음 각 호의 어느 하나에 해당하는 행위를 한 때에는 구조금의 일부를 지급하지 아니한다.
  1. 폭행·협박 또는 모욕 등 해당 범죄행위를 유발하는 행위
  2. 해당 범죄피해의 발생 또는 증대에 가공(加功)한 부주의한 행위 또는 부적절한 행위
⑤ 유족구조금등을 지급하지 아니할 수 있는 경우에 관하여는 제1항부터 제4항까지를 준용한다. 이 경우 "구조피해자"는 "구조피해자 또는 맨 앞의 순위인 유족"으로 본다. 〈개정 2024.9.20〉
⑥ 구조피해자 또는 그 유족과 가해자 사이의 관계, 그 밖의 사정을 고려하여 구조금의 전부 또는 일부를 지급하는 것이 사회통념에 위배된다고 인정될 때에는 구조금의 전부 또는 일부를 지급하지 아니할 수 있다.
⑦ 제1항부터 제6항까지의 규정에도 불구하고 구조금의 실질적인 수혜자가 가해자로 귀착될 우려가 없는 경우 등 구조금을 지급하지 아니하는 것이 사회통념에 위배된다고 인정할 만한 특별한 사정이 있는 경우에는 구조금의 전부 또는 일부를 지급할 수 있다.

범죄피해자 보호법 제30조(구조금의 환수)

① 국가는 이 법에 따라 구조금을 받은 사람이 다음 각 호의 어느 하나에 해당하면 지구심의회 또는 본부심의회의 결정을 거쳐 그가 받은 구조금의 전부 또는 일부를 환수할 수 있다.

1. 거짓이나 그 밖의 부정한 방법으로 구조금을 받은 경우
2. 구조금을 받은 후 제19조에 규정된 사유가 발견된 경우
3. 구조금이 잘못 지급된 경우

② 국가가 제1항에 따라 환수를 할 때에는 국세징수의 예에 따르고, 그 환수의 우선순위는 국세 및 지방세 다음으로 한다.

005 「범죄피해자 보호법」상 범죄피해 구조제도에 대한 설명으로 옳은 것은? (다툼이 있는 경우 판례에 의함)

21 보호직 7급

① 사실혼 관계에 있는 배우자는 구조금을 받을 수 있는 유족에 포함되지 않는다.
② 유족구조금은 범죄행위로 인한 손실 또는 손해를 전보하기 위하여 지급된다는 점에서 불법행위로 인한 소극적 손해의 배상과 같은 종류의 금원에 해당하지 않는다.
③ 국가 간 상호보증과 무관하게 구조피해자나 유족이 외국인이라도 구조금 지급대상이 된다.
④ 범죄피해자 구조청구권의 대상이 되는 범죄피해에 해외에서 발생한 범죄피해의 경우를 포함하고 있지 아니한 것은 평등원칙에 위배되지 아니한다.

해설

① '배우자(사실상 혼인관계를 포함한다) 및 구조피해자의 사망 당시 구조피해자의 수입으로 생계를 유지하고 있는 구조피해자의 자녀'는 유족구조금을 지급받을 수 있는 1순위 유족에 해당한다(범죄피해자 보호법 제18조 제1항 제1호).
② 범죄피해자 보호법에 의한 범죄피해 구조금 중 위 법 제17조 제2항의 유족구조금은 사람의 생명 또는 신체를 해치는 죄에 해당하는 행위로 인하여 사망한 피해자 또는 그 유족들에 대한 손실보상을 목적으로 하는 것으로서, / 위 범죄행위로 인한 손실 또는 손해를 전보하기 위하여 지급된다는 점에서 불법행위로 인한 소극적 손해의 배상과 같은 종류의 금원이라고 봄이 타당하다(대판 2017.11.9. 2017다228083).
③ 구조피해자 또는 그 유족이 외국인인 때에는 1) 해당 국가의 상호보증이 있는 경우, 2) 해당 외국인이 구조대상 범죄피해 발생 당시 대한민국 국민의 배우자이거나 대한민국 국민과 혼인관계(사실상의 혼인관계를 포함한다)에서 출생한 자녀를 양육하고 있는 자로서 체류자격(영주자격·장기체류자격)을 가지고 있는 경우(범죄피해자 보호법 제23조).
④ 범죄피해자 구조청구권을 인정하는 이유는 크게 국가의 범죄방지책임 또는 범죄로부터 국민을 보호할 국가의 보호의무를 다하지 못하였다는 것과 그 범죄피해자들에 대한 최소한의 구제가 필요하다는데 있다. / 그런데 국가의 주권이 미치지 못하고 국가의 경찰력 등을 행사할 수 없거나 행사하기 어려운 해외에서 발생한 범죄에 대하여는 국가에 그 방지책임이 있다고 보기 어렵고, 상호보증이 있는 외국에서 발생한 범죄피해에 대하여는 국민이 그 외국에서 피해구조를 받을 수 있으며, 국가의 재정에 기반을 두고 있는 구조금에 대한 청구권 행사대상을 우선적으로 대한민국의 영역 안의 범죄피해에 한정하고, 향후 해외에서 발생한 범죄피해의 경우에도 구조를 하는 방향으로 운영하는 것은 입법형성의 재량의 범위 내라고 할 것이다. / 따라서 범죄피해자구조청구권의 대상이 되는 범죄피해에 해외에서 발생한 범죄피해의 경우를 포함하고 있지 아니한 것이 현저하게 불합리한 자의적인 차별이라고 볼 수 없어 평등원칙에 위배되지 아니한다(헌재 2011.12.29. 2009헌마 354).

정답 ④

제18조(유족의 범위 및 순위)

① 유족구조금이나 제17조제3항 단서에 따라 유족에게 지급하는 장해구조금 또는 중상해구조금(이하 "유족구조금등"이라 한다)을 지급받을 수 있는 유족은 다음 각 호의 어느 하나에 해당하는 사람으로 한다. 〈개정 2024.9.20〉

1. 배우자(사실상 혼인관계를 포함한다) 및 구조피해자의 사망 당시 구조피해자의 수입으로 생계를 유지하고 있는 구조피해자의 자녀
2. 구조피해자의 사망 당시 구조피해자의 수입으로 생계를 유지하고 있는 구조피해자의 부모, 손자·손녀, 조부모 및 형제자매
3. 제1호 및 제2호에 해당하지 아니하는 구조피해자의 자녀, 부모, 손자·손녀, 조부모 및 형제자매

② 제1항에 따른 유족의 범위에서 태아는 구조피해자가 사망할 때 이미 출생한 것으로 본다.

③ 유족구조금등을 받을 유족의 순위는 제1항 각 호에 열거한 순서로 하고, 같은 항 제2호 및 제3호에 열거한 사람 사이에서는 해당 각 호에 열거한 순서로 하며, 부모의 경우에는 양부모를 선순위로 하고 친부모를 후순위로 한다. 〈개정 2024.9.20〉

④ 유족이 다음 각 호의 어느 하나에 해당하면 유족구조금등을 받을 수 있는 유족으로 보지 아니한다. 〈개정 2024.9.20〉

1. 구조피해자를 고의로 사망하게 한 경우
2. 구조피해자가 사망하기 전에 그가 사망하면 유족구조금등을 받을 수 있는 선순위 또는 같은 순위의 유족이 될 사람을 고의로 사망하게 한 경우
3. 구조피해자가 사망한 후 유족구조금등을 받을 수 있는 선순위 또는 같은 순위의 유족을 고의로 사망하게 한 경우

범죄피해자 보호법 제23조(외국인에 대한 구조)

구조피해자 또는 그 유족이 외국인인 때에는 다음 각 호의 어느 하나에 해당하는 경우에만 이 법을 적용한다.

1. 해당 국가의 상호 보증이 있는 경우
2. 해당 외국인이 구조대상 범죄피해 발생 당시 대한민국 국민의 배우자이거나 대한민국 국민과 혼인관계(사실상의 혼인관계를 포함한다)에서 출생한 자녀를 양육하고 있는 자로서 다음 각 목의 어느 하나에 해당하는 체류자격을 가지고 있는 경우

   가. 「출입국관리법」 제10조제2호의 영주자격

   나. 「출입국관리법」 제10조의2제1항제2호의 장기체류자격으로서 법무부령으로 정하는 체류자격

   [전문개정 2024.9.20]

006 「범죄피해자 보호법」상 형사조정에 대한 설명으로 옳은 것은?

18 보호직 7급

① 공소시효의 완성이 임박한 형사사건이라도 형사조정에 회부할 수 있다.

② 형사조정위원회는 2명 이상의 형사조정위원으로 구성한다.

③ 형사조정위원회는 형사조정의 결과에 이해관계가 있는 사람의 신청이 없는 한 직권으로 이해관계인을 형사조정에 참여하게 할 수 없다.

④ 기소유예처분의 사유에 해당하는 형사사건은 형사조정에 회부할 수 없다.

해설

① 공소시효의 완성이 임박한 경우에는 형사조정에 회부하여서는 아니 된다(범죄피해자 보호법 제41조 제2항).

② 범죄피해자 보호법 제42조 제2항

TIP ① 형사조정위원회 (2인 이상) ↔ ② 개별 조정위원회 (3명 이내)

③ 검사는 피의자와 범죄피해자(이하 "당사자"라 한다) 사이에 형사분쟁을 공정하고 원만하게 해결하여 범죄피해자가 입은 피해를 실질적으로 회복하는 데 필요하다고 인정하면 당사자의 신청 또는 직권으로 수사 중인 형사사건을 형사조정에 회부할 수 있다(범죄피해자 보호법 제41조 제1항).

④ 불기소처분의 사유에 해당함이 명백한 경우에는 형사조정에 회부하여서는 아니 된다. / 다만, 기소유예처분의 사유에 해당하는 경우는 제외한다(범죄피해자 보호법 제41조 제2항 제3호).

TIP 기소유예처분은 유죄가 인정된 자에 대하여 형법 제51조의 사유를 참작하여 검사가 내리는 처분이다. 기소유예처분의 경우 형사조정에 회부할 수 있다. / 실무상 범죄혐의가 인정되나 형사조정이 성립한 경우 기소유예처분을 하는 경우가 많다.

정답 ②

범죄피해자 보호법제41조(형사조정 회부)

① 검사는 피의자와 범죄피해자(이하 "당사자"라 한다) 사이에 형사분쟁을 공정하고 원만하게 해결하여 범죄피해자가 입은 피해를 실질적으로 회복하는 데 필요하다고 인정하면 당사자의 신청 또는 직권으로 수사 중인 형사사건을 형사조정에 회부할 수 있다.

② 형사조정에 회부할 수 있는 형사사건의 구체적인 범위는 대통령령으로 정한다. / 다만, 다음 각 호의 어느 하나에 해당하는 경우에는 형사조정에 회부하여서는 아니 된다.

1. 피의자가 도주하거나 증거를 인멸할 염려가 있는 경우
2. 공소시효의 완성이 임박한 경우
3. 불기소처분의 사유에 해당함이 명백한 경우(다만, 기소유예처분의 사유에 해당하는 경우는 제외한다)

동법 시행령 제46조(형사조정 대상 사건)

법 제41조제2항에 따라 형사조정에 회부할 수 있는 형사사건은 다음 각 호와 같다.

1. 차용금, 공사대금, 투자금 등 개인 간 금전거래로 인하여 발생한 분쟁으로서 사기, 횡령, 배임 등으로 고소된 재산범죄 사건
2. 개인 간의 명예훼손·모욕, 경계 침범, 지식재산권 침해, 임금체불 등 사적 분쟁에 대한 고소사건
3. 제1호 및 제2호에서 규정한 사항 외에 형사조정에 회부하는 것이 분쟁 해결에 적합하다고 판단되는 고소사건
4. 고소사건 외에 일반 형사사건 중 제1호부터 제3호까지에 준하는 사건

007 범죄피해자 보호법령상 형사조정에 대한 설명으로 옳지 않은 것은?

21 보호직 7급

① 피의자가 도주하거나 증거를 인멸할 염려가 있는 경우에는 형사조정에 회부하여서는 아니 된다.
② 각 형사조정사건에 대한 형사조정위원회(개별 조정위원회)는 3명 이내의 조정위원으로 구성한다.
③ 검사는 형사조정이 성립되지 아니하였다는 사정을 피의자에게 불리하게 고려하여서는 아니 된다.
④ 형사조정에 회부하는 것이 분쟁해결에 적합하다고 판단되는 경우에는 당사자의 동의가 없어도 조정절차를 개시할 수 있다.

해설

① 범죄피해자 보호법 제41조 제2항 제1호
② 형사조정위원회의 위원장은 대외적으로 형사조정위원회를 대표하고 형사조정위원회의 업무를 총괄하며, 형사조정위원 중에서 3명 이내의 형사조정위원을 지정하여 각 형사조정사건에 대한 형사조정위원회("개별 조정위원회")를 구성한다(동법 시행령 제48조 제1항).
③ 검사는 형사사건을 수사하고 처리할 때 형사조정 결과를 고려할 수 있다. 다만, 형사조정이 성립되지 아니하였다는 사정을 피의자에게 불리하게 고려하여서는 아니 된다(범죄피해자 보호법 제45조 제4항).
④ 형사조정절차를 개시하기 위해서는 당사자의 동의가 있어야 한다(범죄피해자 보호법 시행령 제52조 제1항).

정답 ①

범죄피해자 보호법 제42조(형사조정위원회)

① 제41조에 따른 형사조정을 담당하기 위하여 각급 지방검찰청 및 지청에 형사조정위원회를 둔다.
② 형사조정위원회는 2명 이상의 형사조정위원으로 구성한다.
③ 형사조정위원은 형사조정에 필요한 법적 지식 등 전문성과 덕망을 갖춘 사람 중에서 관할 지방검찰청 또는 지청의 장이 미리 위촉한다.
⑤ 형사조정위원의 임기는 2년으로 하며, 연임할 수 있다.
⑥ 형사조정위원회의 위원장은 관할 지방검찰청 또는 지청의 장이 형사조정위원 중에서 위촉한다.

동법 시행령 제48조(형사조정위원회의 구성·운영 등)

① 법 제42조에 따른 형사조정위원회(이하 "형사조정위원회"라 한다)의 위원장은 대외적으로 형사조정위원회를 대표하고 형사조정위원회의 업무를 총괄하며, 법 제42조에 따른 형사조정위원(이하 "형사조정위원"이라 한다) 중에서 3명 이내의 형사조정위원을 지정하여 각 형사조정사건에 대한 형사조정위원회(이하 "개별 조정위원회"라 한다)를 구성한다.
③ 개별 조정위원회 조정장은 형사조정위원 중에서 호선(互選)한다.

동법 시행령 제52조(형사조정절차의 개시)

① 형사조정절차를 개시하기 위해서는 당사자의 동의가 있어야 한다.
② 제1항의 동의권자가 제1회 형사조정절차 개시 이전까지 출석하여 또는 전화, 우편, 팩스, 그 밖의 방법으로 형사조정절차에 동의하지 않을 뜻을 명확히 한 경우에는 형사조정위원회는 담당 검사에게 사건을 회송해야 한다.

008 「범죄피해자 보호법」상 형사조정에 대한 설명으로 옳지 않은 것은? (23 보호직 7급)

① 검사는 피의자와 범죄피해자 사이에 형사분쟁을 공정하고 원만하게 해결하여 범죄피해자가 입은 피해를 실질적으로 회복하는 데 필요하다고 인정하면 직권으로 수사 중인 형사사건을 형사조정에 회부할 수 있다.
② 형사조정위원회는 필요하다고 인정하면 직권으로 형사조정의 결과에 이해관계가 있는 사람을 형사조정에 참여하게 할 수 있다.
③ 검사는 형사사건을 수사하고 처리할 때 형사조정이 성립되지 아니하였다는 사정을 피의자에게 불리하게 고려하여서는 아니 된다.
④ 검사는 기소유예처분 사유에 해당함이 명백한 형사사건을 형사조정에 회부하여서는 아니 된다.

해설

① 범죄피해자 보호법 제41조 제1항
② 범죄피해자 보호법 제43조 제3항
③ 범죄피해자 보호법 제45조 제4항
④ 불기소처분의 사유에 해당함이 명백한 경우에는 형사조정에 회부하여서는 아니 된다. / 다만, 기소유예처분의 사유에 해당하는 경우는 제외한다(범죄피해자 보호법 제41조 제2항 제3호).

정답 ④

009 「범죄피해자 보호법」상 형사조정에 대한 설명으로 옳지 않은 것은? (23 교정 7급)

① 검사는 피의자와 범죄피해자 사이에 형사분쟁을 공정하고 원만하게 해결하여 범죄피해자가 입은 피해를 실질적으로 회복하는 데 필요하다고 인정하면 직권으로 수사 중인 형사사건을 형사조정에 회부할 수 있다.
② 형사조정위원회는 필요하다고 인정하면 직권으로 형사조정의 결과에 이해관계가 있는 사람을 형사조정에 참여하게 할 수 있다.
③ 검사는 형사사건을 수사하고 처리할 때 형사조정이 성립되지 아니하였다는 사정을 피의자에게 불리하게 고려하여서는 아니 된다.
④ 검사는 기소유예처분 사유에 해당함이 명백한 형사사건을 형사조정에 회부하여서는 아니 된다.

해설

① 범죄피해자 보호법 제41조 제1항
② 범죄피해자 보호법 제43조 제3항
③ 범죄피해자 보호법 제45조 제4항
④ 불기소처분의 사유에 해당함이 명백한 경우에는 형사조정에 회부하여서는 아니 된다. / 다만, 기소유예처분의 사유에 해당하는 경우는 제외한다(범죄피해자 보호법 제41조 제2항 제3호).

정답 ④

010 **「범죄피해자보호법」상 범죄피해자를 위한 지원에 대한 설명으로 옳지 않은 것은?** (16 보호직 7급)

① 국가 또는 지방자치단체는 법무부장관에게 등록한 범죄피해자 지원법인의 건전한 육성과 발전을 위하여 등록법인에 보조금을 교부할 수 있다.

② 범죄피해구조금 지급에 관한 사항을 심의·결정하기 위하여 각 지방검찰청에 범죄피해구조심의회를 둔다.

③ 검사는 피의자와 범죄피해자 사이에 범죄피해자가 입은 피해를 실질적으로 회복하는데 필요하다고 인정되더라도 당사자의 신청이 없으면 수사 중인 형사사건을 형사조정에 회부할 수 없다.

④ 국가는 구조피해자나 유족이 해당 구조대상 범죄피해를 원인으로 하여 손해배상을 받았으면 그 범위에서 구조금을 지급하지 아니한다.

해설

① 범죄피해자 보호법 제34조 제1항
② 범죄피해자 보호법 제24조 제1항
③ 검사는 피의자와 범죄피해자 사이에 형사분쟁을 공정하고 원만하게 해결하여 범죄피해자가 입은 피해를 실질적으로 회복하는 데 필요하다고 인정하면 당사자의 신청 또는 직권으로 수사 중인 형사사건을 형사조정에 회부할 수 있다(범죄피해자보호법 제41조 제1항).
④ 범죄피해자 보호법 제21조 제1항

정답 ③

011 **「형사소송법」상 피해자 등 진술권에 대한 설명으로 옳지 않은 것은?** (21 보호직 7급)

① 범죄로 인한 피해자 등의 신청으로 그 피해자등을 증인으로 신문하는 경우, 신청인이 출석통지를 받고도 정당한 이유 없이 출석하지 아니한 때에는 그 신청을 철회한 것으로 본다.

② 법원은 범죄로 인한 피해자를 증인으로 신문하는 경우 당해 피해자·법정대리인 또는 검사의 신청에 따라 피해자의 사생활의 비밀이나 신변보호를 위하여 필요하다고 인정하는 때에는 결정으로 심리를 공개하지 아니할 수 있다.

③ 법원은 동일한 범죄사실에서 피해자등의 증인신문을 신청한 그 피해자 등이 여러 명이라도 진술할 자의 수를 제한할 수 없다.

④ 법원이 범죄로 인한 피해자의 신청에 의하여 신문할 증인의 신문방식은 재판장이 정하는 바에 의한다.

해설

① 형사소송법 제294조의2 제4항
② 형사소송법 제294조의3 제1항
③ 법원은 동일한 범죄사실에서 피해자 등의 증인신문의 신청인이 여러 명인 경우에는 진술할 자의 수를 제한할 수 있다(형사소송법 제294조의2 제3항).
④ 형사소송법 제161조의2 제4항

정답 ③

제294조의2(피해자등의 진술권)

① 법원은 범죄로 인한 피해자 또는 그 법정대리인(피해자가 사망한 경우에는 배우자·직계친족·형제자매를 포함한다. 이하 이 조에서 "피해자등"이라 한다)의 신청이 있는 때에는 그 피해자등을 증인으로 신문하여야 한다. / 다만, 다음 각 호의 어느 하나에 해당하는 경우에는 그러하지 아니하다. 〈개정 2007.6.1〉

1. 삭제 〈2007.6.1〉
2. 피해자등 이미 당해 사건에 관하여 공판절차에서 충분히 진술하여 다시 진술할 필요가 없다고 인정되는 경우
3. 피해자등의 진술로 인하여 공판절차가 현저하게 지연될 우려가 있는 경우

② 법원은 제1항에 따라 피해자등을 신문하는 경우 피해의 정도 및 결과, 피고인의 처벌에 관한 의견, 그 밖에 당해 사건에 관한 의견을 진술할 기회를 주어야 한다.

③ 법원은 동일한 범죄사실에서 제1항의 규정에 의한 신청인이 여러 명인 경우에는 진술할 자의 수를 제한할 수 있다.

012 범죄의 피해자에 대한 설명으로 옳지 않은 것은?

22 보호직 7급

① 「형법」에 의하면 피해의 정도뿐만 아니라 가해자와 피해자의 관계도 양형에 고려된다.

② 피해자는 제2심 공판절차에서는 사건이 계속된 법원에 「소송촉진 등에 관한 특례법」에 따른 피해배상을 신청할 수 없다.

③ 레크리스(Reckless)는 피해자의 도발을 기준으로 '가해자 - 피해자 모델'과 '피해자 - 가해자 - 피해자 모델'로 구분하고 있다.

④ 「범죄피해자보호기금법」에 의하면 형사소송법 에 따라 집행된 벌금의 일부도 범죄피해자보호기금에 납입된다.

해 설

① 형을 정함에 있어서는 i) 범인의 연령, 성행, 지능과 환경, ii) 피해자에 대한 관계, iii) 범행의 동기, 수단과 결과, iv) 범행 후의 정황을 참작하여야 한다(형법 제51조).

② 피해자는 제1심 또는 제2심 공판의 변론이 종결될 때까지 사건이 계속(係屬)된 법원에 제25조(배상명령)에 따른 피해배상을 신청할 수 있다(소송촉진법 제26조 제1항).

③ 레크리스(Reckless)의 피해자의 도발을 기준으로 한 분류이다.

④ 정부는 「형사소송법」 제477조 제1항에 따라 집행된 벌금에 100분의 6 이상의 범위에서 대통령령으로 정한 비율을 곱한 금액을 기금에 납입하여야 한다(범죄피해자보호기금법 제4조 제2항).

TIP 동법 시행령 제2조 : 집행된 벌금의 100분의 8

정답 ②

013 범죄피해자 보호제도에 대한 설명으로 옳지 않은 것은?

(25 보호 7급)

① 성폭력범죄의 처벌 등에 관한 특례법상 성폭력범죄의 피해자 및 그 법정대리인은 형사절차상 입을 수 있는 피해를 방어하고 법률적 조력을 보장하기 위하여 변호사를 선임할 수 있고 피해자 등에게 변호사가 없는 경우에 법원은 국선변호사를 선정할 수 있다.

② 범죄피해자 보호법상 지구심의회에서 범죄피해 구조금 지급신청을 전부 또는 일부 기각하거나 각하하면 그 신청인은 구조결정의 정본이 송달된 날로부터 2주일 이내에 그 지구심의회를 거쳐 본부심의회에 재심을 신청할 수 있다.

③ 범죄피해자보호기금법상 정부는 형사소송법제477조제1항에 따라 집행된 벌금에 100분의 6 이상의 범위에서 대통령령으로 정한 비율을 곱한 금액을 범죄피해자보호기금에 납입하여야 한다.

④ 범죄피해자 보호법상 검사는 형사조정 대상 사건으로 범죄피해자가 입은 피해를 실질적으로 회복하는 데 필요하다고 인정하면 명백히 기소유예처분 사유에 해당하는 경우에도 피의자와 범죄피해자의 신청 또는 직권으로 수사 중인 형사사건을 형사조정에 회부할 수 있다.

해설

① 성폭력범죄의 피해자 및 그 법정대리인은 형사절차상 입을 수 있는 피해를 방어하고 법률적 조력을 보장하기 위하여 변호사를 선임할 수 있다(성폭력처벌법 제27조 제1항). // 검사는 피해자에게 변호사가 없는 경우 국선변호사를 선정하여 형사절차에서 피해자의 권익을 보호할 수 있다. / 다만, 19세 미만 피해자 등에게 변호사가 없는 경우에는 국선변호사를 선정하여야 한다(성폭력처벌법 제27조 제6항).

TIP 성폭력 피해자의 국선변호사를 법원이 선임하면 당사자주의에 반하게 된다.

② 범죄피해자 보호법 제27조 제1항

③ 범죄피해자 보호기금법 제4조 제2항

④ 범죄피해자 보호법 제41조 제1항, 제2항 제3호

정답 ①

014 범죄피해자와 관련한 현행 제도에 대한 설명으로 옳지 않은 것은? (다툼이 있는 경우 판례에 의함)

(20 보호직 7급)

① 「소송촉진 등에 관한 특례법」 제25조 제1항에 따른 배상명령은 피고사건의 범죄행위로 발생한 직접적인 물적 피해, 치료비 손해와 위자료에 대하여 피고인에게 배상을 명함으로써 간편하고 신속하게 피해자의 피해회복을 도모하고자 하는 제도이다.

② 「범죄피해자보호법」은 피해자와 피의자 사이의 합의가 이루어졌더라도 기소유예처분의 사유에 해당함이 명백한 경우 형사조정에 회부하지 못하도록 하고 있다.

③ 「범죄피해자보호법」상 범죄피해자란 타인의 범죄행위로 피해를 당한 사람과 그 법률상·사실상 배우자, 직계친족 및 형제자매를 말한다.

④ 「성폭력범죄의 처벌 등에 관한 특례법」에 따르면 검사는 성폭력범죄 피해자에게 변호사가 없는 경우 국선변호사를 선정하여 형사절차에서 피해자의 권익을 보호할 수 있다.

해설

① 대판 2013.10.11. 2013도9616
② 불기소처분의 사유에 해당함이 명백한 경우에는 형사조정에 회부하여서는 아니 된다. / 다만, 기소유예처분의 사유에 해당하는 경우는 제외한다(범죄피해자 보호법 제41조 제2항 제3호).
③ 범죄피해자보호법 제3조 제1항 제1호
④ 성폭력처벌법 제27조 제6항

정답 ②

015 배상명령에 대한 설명으로 옳지 않은 것은?

13 보호직 7급

① 배상신청은 항소심 공판의 변론이 종결되기 전까지 피해자나 그 상속인이 신청할 수 있다. 다만, 다른 절차에 따른 손해배상 청구가 법원에 계속 중일 때에는 배상신청을 할 수 없다.
② 신청인 및 그 대리인은 재판장의 허가를 받아 소송기록을 열람 할 수 있고, 공판기일에 피고인을 신문할 수 있다. 재판장이 이를 불허하는 때에는 이의신청을 할 수 있다.
③ 배상명령은 유죄판결의 선고와 동시에 하고, 배상의 대상과 금액을 유죄판결의 주문에 표시하여 하되, 배상명령의 이유는 기재하지 않을 수 있다.
④ 유죄판결에 대한 상소가 제기된 경우에는 배상명령은 피고사건과 함께 상소심으로 이심되고, 상소심은 원심판결을 유지하는 경우에도 원심의 배상명령을 취소하거나 변경할 수 있다.

해설

① 소송촉진법 제26조 제1항, 제7항
② 신청인 및 그 대리인은 공판절차를 현저히 지연시키지 아니하는 범위에서 재판장의 허가를 받아 소송기록을 열람할 수 있고, 공판기일에 피고인이나 증인을 신문(訊問)할 수 있으며, 그 밖에 필요한 증거를 제출할 수 있다. 허가를 하지 아니한 재판에 대하여는 불복(不服)을 신청하지 못한다((소송촉진등에 관한 특례법 제30조).

TIP 불복을 허용하게 되면, 피고인에 대한 형사절차가 지연되기 때문이다.

③ 소송촉진법 제31조
④ 소송촉진법 제33조 제1항, 제4항

정답 ②

소송촉진법 제25조(배상명령)

① 제1심 또는 제2심의 형사공판 절차에서 다음 각 호의 죄 중 어느 하나에 관하여 유죄판결을 선고할 경우, 법원은 직권에 의하여 또는 피해자나 그 상속인(이하 "피해자"라 한다)의 신청에 의하여 피고사건의 범죄행위로 인하여 발생한 직접적인 물적(物的) 피해, 치료비 손해 및 위자료의 배상을 명할 수 있다. 〈개정 2012.1.17, 2012.12.18, 2016.1.6〉
② 법원은 제1항에 규정된 죄 및 그 외의 죄에 대한 피고사건에서 피고인과 피해자 사이에 합의된 손해배상액에 관하여도 제1항에 따라 배상을 명할 수 있다.
③ 법원은 다음 각 호의 어느 하나에 해당하는 경우에는 배상명령을 하여서는 아니 된다.

1. 피해자의 성명·주소가 분명하지 아니한 경우
2. 피해 금액이 특정되지 아니한 경우
3. 피고인의 배상책임의 유무 또는 그 범위가 명백하지 아니한 경우
4. 배상명령으로 인하여 공판절차가 현저히 지연될 우려가 있거나 형사소송 절차에서 배상명령을 하는 것이 타당하지 아니하다고 인정되는 경우

소송촉진법 제26조(배상신청)

① 피해자는 제1심 또는 제2심 공판의 변론이 종결될 때까지 사건이 계속(係屬)된 법원에 제25조에 따른 피해배상을 신청할 수 있다. 이 경우 신청서에 인지(印紙)를 붙이지 아니한다.

⑤ 피해자가 증인으로 법정에 출석한 경우에는 말로써 배상을 신청할 수 있다. 이 때에는 공판조서(公判調書)에 신청의 취지를 적어야 한다.

제2장 형벌론(형의 집행)

016 사형제도에 대한 설명으로 옳은 것은? 13 보호직 7급

① 형법상 절대적 법정형으로서 사형을 과할 수 있는 죄는 적국을 위하여 모병한 모병이적죄 뿐이다.
② 죄를 범할 당시 만 18세 미만인 소년에 대하여 사형으로 처할 경우에는 25년의 유기징역으로 한다.
③ 헌법재판소에 의하면, 사형제도를 법률상 존치시킬 것인지 또는 폐지할 것인지의 문제는 사형제도의 존치가 바람직한지에 관한 평가를 통하여 민주적 정당성을 가진 입법부가 결정할 입법정책적 문제이지 헌법재판소가 심사할 대상은 아니라고 한다.
④ 현재 우리나라는 거의 매년 사형이 집행되어 국제사면위원회(Amnesty International)가 규정한 실질적 사형존속국에 속한다.

해설

① 적국과 합세하여 대한민국에 항적한 자는 사형에 처한다(형법 제93조). / 형법상 절대적 법정형으로서 사형을 과할 수 있는 죄는 여적죄(與敵罪) 뿐이다.
② 죄를 범할 당시 18세 미만인 소년에 대하여 사형 또는 무기형(無期刑)으로 처할 경우에는 15년의 유기징역으로 한다(소년법 제59조).
③ 헌재 1996.11.28. 95헌바1, 헌재 2010.2.25. 2008헌가23
④ 우리나라는 1997년 12월 30일 지존파 사건의 주범들에 대한 사형을 집행한 이래 현재까지 사형집행을 하지 않고 있어, 국제사면위원회(Amnesty International)는 사형폐지국가로 분류하고 있다.

정답 ③

017 「형법」상 형벌제도에 대한 설명으로 옳지 않은 것은? 22 보호직 7급

① 유기징역 또는 유기금고는 1개월 이상 25년 이하로 하되, 형을 가중하는 때에는 50년까지로 한다.
② 유기징역 또는 유기금고에 자격정지를 병과한 때에는 징역 또는 금고의 집행을 종료하거나 면제된 날로부터 정지기간을 기산한다.
③ 벌금을 납입하지 아니한 자는 1일 이상 3년 이하, 과료를 납입하지 아니한 자는 1일 이상 30일 미만의 기간 노역장에 유치하여 작업에 복무하게 한다.
④ 벌금에 대한 노역장 유치기간을 정하는 경우, 선고하는 벌금이 1억원 이상 5억원 미만인 경우에는 300일 이상, 5억원 이상 50억원 미만인 경우에는 500일 이상, 50억원 이상인 경우에는 1천일 이상의 유치기간을 정하여야 한다.

해설

① 징역 또는 금고는 무기 또는 유기로 하고 유기는 1개월 이상 30년 이하로 한다. / 단, 유기징역 또는 유기금고에 대하여 형을 가중하는 때에는 50년까지로 한다(형법 제42조).
② 형법 제44조 제2항
③ 형법 제69조 제2항
④ 형법 제70조 제2항

TIP 황제노역 방지를 위한 특별규정이다.

정답 ①

018 자유형에 대한 설명으로 옳지 않은 것은?

25 보호 7급

① 구류는 자유형이라는 점에서 형사절차의 진행과 증거를 확보하기 위한 강제처분인 구금과 구별된다.

② 구류는 1일 이상 30일 미만으로 하고, 형의 집행 및 수용자의 처우에 관한 법률에 따르면 교정시설의 장은 구류형의 집행 중에 있는 사람에 대하여는 신청이 있더라도 작업을 부과할 수 없다.

③ 금고는 과실범이나 정치범과 같이 다소 명예를 존중할 필요가 있는 자에게 부과한다는 점에서 '명예적 구금'이라고 할 수 있다.

④ 징역 및 금고의 기간은 유기형의 경우 1개월 이상 30년 이하로 하고 이를 가중할 때에는 50년까지로 한다.

해설

② 구류는 1일 이상 30일 미만으로 한다(형법 제46조). / 소장은 금고형 또는 구류형의 집행 중에 있는 사람에 대하여는 신청에 따라 작업을 부과할 수 있다(형집행법 제67조).
③ 금고는 주로 과실범 또는 정치범에게 부과된다.
④ 형법 제42조

정답 ②

019 미결구금에 대한 설명으로 옳지 않은 것은? (다툼이 있는 경우 판례에 의함)

22 보호직 7급

① 미결구금의 폐해를 줄이기 위한 정책으로는 구속영장실질심사제, 신속한 재판의 원칙, 범죄피해자보상제도, 미결구금 전용수용시설의 확대 등이 있다.

② 미결구금된 사람을 위하여 변호인이 되려는 자의 접견교통권은 변호인의 조력을 받을 권리의 실질적 확보를 위해서 헌법상 기본권으로서 보장되어야 한다.

③ 판결선고 전 미결구금일수는 그 전부가 법률상 당연히 본형에 산입되므로 판결에서 별도로 미결구금일수 산입에 관한 사항을 판단할 필요가 없다.

④ 재심재판에서 무죄가 확정된 피고인이 미결구금을 당하였을 때에는 국가에 대하여 그 구금에 대한 보상을 청구할 수 있다.

해설

① 범죄피해자 보상제도는 미결구금과 관련이 없다.
② 헌재 2019.2.28. 2015헌마1204

TIP 〈접견교통권 등의 기본권 여부〉
1. 법률상 권리 : 변호인의 구금된 자와의 접견교통권
2. 기본권 : ① 구금된 자의 변호인 접견권, ② 구금된 자의 변호인 되려는 자와의 접견권, ③ 변호인 되려는 자의 접견권, ④ 변호인의 피의자신문 참여권(변호권), ⑤ 비변호인과의 접견권

③ 대판 2009.12.10., 2009도11448, 헌재 2009.6.25. 2007헌바25, 형법 제57조 제1항 〈개정〉.
④ 형사보상법 제2조 제1항

정답 ①

020 형의 집행 등에 대한 설명으로 옳지 않은 것은? (다툼이 있는 경우 판례에 의함)

21 교정 9급

① 형사사건으로 외국법원에 기소되어 무죄판결을 받은 경우, 그 무죄판결을 받기까지 미결구금일수도 외국에서 형의 전부 또는 일부가 집행된 경우로 보아 국내법원에서 선고된 유죄판결의 형에 전부 또는 일부를 산입하여야 한다.

② 처단형은 선고형의 최종적인 기준이 되므로 그 범위는 법률에 따라서 엄격하게 정하여야 하고 별도의 명시적 규정이 없는 이상 형법 제56조에서 열거하는 가중, 감경사유에 해당하지 않는 다른 성질의 감경사유를 인정할 수 없다.

③ 판결 주문에서 경합범의 일부에 대하여 유죄가 선고되더라도 다른 부분에 대하여 무죄가 선고되었다면 형사보상을 청구할 수 있으나, 그 경우라도 미결구금일수의 전부 또는 일부가 유죄에 대한 본형에 산입되는 것으로 확정되었다면, 그 본형이 실형이든 집행유예가 부가된 형이든 불문하고 그 산입된 미결구금일수는 형사보상의 대상이 되지 않는다.

④ 형집행정지 심의위원회 위원은 학계, 법조계, 의료계, 시민단체 인사 등 학식과 경험이 있는 사람 중에서 각 지방검찰청 검사장이 임명 또는 위촉한다.

해설

① 형법 제7조는 "죄를 지어 외국에서 형의 전부 또는 일부가 집행된 사람에 대해서는 그 집행된 형의 전부 또는 일부를 선고하는 형에 산입한다."라고 규정하고 있다. 이 규정의 취지는, 형사판결은 국가주권의 일부분인 형벌권 행사에 기초한 것이어서 피고인이 외국에서 형사처벌을 과하는 확정판결을 받았더라도 그 외국판결은 우리나라 법원을 기속할 수 없고 우리나라에서는 기판력도 없어 일사부재리의 원칙이 적용되지 않으므로, 피고인이 동일한 행위에 관하여 우리나라 형벌법규에 따라 다시 처벌받는 경우에 생길 수 있는 실질적인 불이익을 완화하려는 것이다. / 그런데 여기서 '외국에서 형의 전부 또는 일부가 집행된 사람'이란 문언과 취지에 비추어 '외국 법원의 유죄판결에 의하여 자유형이나 벌금형 등 형의 전부 또는 일부가 실제로 집행된 사람'을 말한다고 해석하여야 한다. / 따라서 형사사건으로 외국법원에 기소되었다가 무죄판결을 받은 사람은, 설령 그가 무죄판결을 받기까지 상당 기간 미결구금되었더라도 이를 유죄판결에 의하여 형이 실제로 집행된 것으로 볼 수는 없으므로, '외국에서 형의 전부 또는 일부가 집행된 사람'에 해당한다고 볼 수 없고, 그 미결구금 기간은 형법 제7조에 의한 산입의 대상이 될 수 없다(대판 2017.8.24. 2017도5977 전합).

② 대판 2021.1.21. 2018도5475 전합

③ 대결 2017.11.28. 2017모1990

④ 형집행정지 및 그 연장에 관한 사항을 심의하기 위하여 각 지방검찰청에 형집행정지 심의위원회를 둔다. / 형집행정지 심의위원회는 위원장 1명을 포함한 10명 이내의 위원으로 구성하고, 위원은 학계, 법조계, 의료계, 시민단체 인사 등 학식과 경험이 있는 사람 중에서 각 지방검찰청 검사장이 임명 또는 위촉한다(형사소송법 제471조의2 제1항, 제2항).

정답 ①

021 「형법」상 형벌제도에 대한 설명으로 옳지 않은 것은?

18 보호직 7급

① 유기징역의 기간은 1개월 이상 30년 이하이지만 형을 가중하는 경우에는 50년까지 가능하다.
② 무기징역은 종신형이지만 20년이 경과하면 가석방이 가능하다.
③ 형의 선고를 유예하는 경우에 보호관찰을 받을 것을 명하거나 사회봉사 또는 수강을 명할 수 있다.
④ 벌금을 납입하지 않은 자는 1일 이상 3년 이하의 기간 노역장에 유치하여 작업에 복무하게 한다.

해 설

① 형법 제42조
② 징역이나 금고의 집행 중에 있는 사람이 행상(行狀)이 양호하여 뉘우침이 뚜렷한 때에는 무기형은 20년, 유기형은 형기의 3분의 1이 지난 후 행정처분으로 가석방을 할 수 있다(형법 제72조 제1항).
③ 형의 선고를 유예하는 경우에 재범방지를 위하여 지도 및 원호가 필요한 때에는 보호관찰을 받을 것을 명할 수 있다. 보호관찰의 기간은 1년으로 한다(형법 제59조의2 제1항).

TIP ① 선고유예의 경우 사회봉사나 수강명령 不可 ② 집행유예시에는 보호관찰·사회봉사·수강명령 可

④ 형법 제69조 제2항

정답 ③

022 현행 법령상 형벌에 대한 설명으로 옳지 않은 것은?

18 교정 9급

① 죄를 범할 당시 18세 미만인 소년에 대해서는 사형을 선고할 수 없다.
② 유기징역은 1개월 이상 30년 이하로 하며, 형을 가중하는 경우에는 50년까지 가능하다.
③ 형을 병과할 경우에는 그 형의 일부에 대하여 집행을 유예할 수 있다.
④ 형의 선고유예를 받은 날부터 1년을 경과한 때에는 면소된 것으로 간주한다.

해 설

① 죄를 범할 당시 18세 미만인 소년에 대하여 사형 또는 무기형(無期刑)으로 처할 경우에는 15년의 유기징역으로 한다(소년법 제59조).
② 징역 또는 금고는 무기 또는 유기로 하고 유기는 1개월 이상 30년 이하로 한다. 단, 유기징역 또는 유기금고에 대하여 형을 가중하는 때에는 50년까지로 한다(형법 제42조).
③ 형법 제62조 제2항
④ 형의 선고유예를 받은 날로부터 2년을 경과한 때에는 면소된 것으로 간주한다(형법 제60조).

정답 ④

023 「형법」상 형의 선고유예에 대한 설명으로 옳지 않은 것은? (다툼이 있는 경우 판례에 의함) (23 보호직 7급)

① 주형의 선고유예를 하는 경우 몰수의 요건이 있더라도 몰수형만의 선고를 할 수는 없다.
② 피고인이 범죄사실을 자백하지 않고 부인할 경우에는 언제나 선고유예를 할 수 없다고 해석할 것은 아니다.
③ 형의 선고를 유예하는 경우에 재범방지를 위하여 지도 및 원호가 필요한 때에는 보호관찰을 받을 것을 명할 수 있는데, 이에 따른 보호관찰의 기간은 1년으로 한다.
④ 형의 선고유예 판결이 확정된 후 2년을 경과한 때에는 면소된 것으로 간주하고, 그 뒤에는 실효의 대상이 되는 선고유예의 판결이 존재하지 않으므로 선고유예 실효의 결정을 할 수 없다.

해 설

① 형법 제59조에 의하여 형의 선고유예를 하는 경우에도 몰수의 요건이 있는 때에는 몰수형만의 선고를 할 수 있다고 해석함이 상당하다(대판 1973.12.11. 73도1133 전합).

TIP 몰수나 추징을 선고하기 위하여서는 몰수나 추징의 요건이 공소가 제기된 공소사실과 관련되어 있어야 하고, 공소사실이 인정되지 않는 경우에 이와 별개의 공소가 제기되지 아니한 범죄사실을 법원이 인정하여 그에 관하여 몰수나 추징을 선고하는 것은 불고불리의 원칙에 위반되어 불가능하며, / 몰수나 추징이 공소사실과 관련이 있다 하더라도 그 공소사실에 관하여 이미 공소시효가 완성되어 유죄의 선고를 할 수 없는 경우(면소판결)에는 몰수나 추징도 할 수 없다(대판 1992.7.28. 92도700).

② 대판 2003.2.20. 2001도6138
③ 형법 제59조의2 제1항·제2항
④ 대결 2007.6.28. 2007모348

정답 ①

형법 제59조(선고유예의 요건)

① 1년 이하의 징역이나 금고, 자격정지 또는 벌금의 형을 선고할 경우에 제51조의 사항을 고려하여 뉘우치는 정상이 뚜렷할 때에는 그 형의 선고를 유예할 수 있다. / 다만, 자격정지 이상의 형을 받은 전과가 있는 사람에 대해서는 예외로 한다.
② 형을 병과할 경우에도 형의 전부 또는 일부에 대하여 선고를 유예할 수 있다.

형법 제59조의2(보호관찰)

① 형의 선고를 유예하는 경우에 재범방지를 위하여 지도 및 원호가 필요한 때에는 보호관찰을 받을 것을 명할 수 있다.
② 제1항의 규정에 의한 보호관찰의 기간은 1년으로 한다.

형법 제60조(선고유예의 효과)

형의 선고유예를 받은 날로부터 2년을 경과한 때에는 면소된 것으로 간주한다.

형법 제61조(선고유예의 실효)

① 형의 선고유예를 받은 자가 유예기간 중 자격정지 이상의 형에 처한 판결이 확정되거나 자격정지 이상의 형에 처한 전과가 발견된 때에는 유예한 형을 선고한다.
② 제59조의2의 규정에 의하여 보호관찰을 명한 선고유예를 받은 자가 보호관찰기간중에 준수사항을 위반하고 그 정도가 무거운 때에는 유예한 형을 선고할 수 있다.

024 형의 유예에 대한 설명으로 옳은 것은?

20 보호직 7급

① 형의 선고유예를 받은 날로부터 2년을 경과한 때에는 기소유예된 것으로 간주한다.
② 형의 선고를 유예하거나 형의 집행을 유예하는 경우 보호관찰의 기간은 1년으로 한다.
③ 형의 집행유예 시 부과되는 수강명령은 집행유예기간이 완료된 이후에 이를 집행한다.
④ 형을 병과할 경우에는 그 형의 일부에 대하여 집행을 유예할 수 있다.

해설

① 형의 선고유예를 받은 날로부터 2년을 경과한 때에는 면소된 것으로 간주한다(형법 제60조).
② 형의 선고를 유예하는 경우 보호관찰의 기간은 1년으로 한다(형법 제59조의2 제2항).

TIP 집행유예 : ① 보호관찰기간은 집행을 유예한 기간 / ② 법원이 유예기간의 범위 내에서 따로 정할 수 있다(형법 제62조의2 제2항).

③ 사회봉사명령 또는 수강명령은 집행유예기간 내에 이를 집행한다(형법 제62조의2 제3항).
④ 형법 제62조 제2항

정답 ④

형법 제62조(집행유예의 요건)

① 3년 이하의 징역이나 금고 또는 500만원 이하의 벌금의 형을 선고할 경우에 제51조의 사항을 참작하여 그 정상에 참작할 만한 사유가 있는 때에는 1년 이상 5년 이하의 기간 형의 집행을 유예할 수 있다. / 다만, 금고 이상의 형을 선고한 판결이 확정된 때부터 그 집행을 종료하거나 면제된 후 3년까지의 기간에 범한 죄에 대하여 형을 선고하는 경우에는 그러하지 아니하다.
② 형을 병과할 경우에는 그 형의 일부에 대하여 집행을 유예할 수 있다.

형법 제62조의2(보호관찰, 사회봉사·수강명령)

① 형의 집행을 유예하는 경우에는 보호관찰을 받을 것을 명하거나 사회봉사 또는 수강을 명할 수 있다.
② 제1항의 규정에 의한 보호관찰의 기간은 집행을 유예한 기간으로 한다. 다만, 법원은 유예기간의 범위내에서 보호관찰기간을 정할 수 있다.
③ 사회봉사명령 또는 수강명령은 집행유예기간내에 이를 집행한다.

형법 제63조(집행유예의 실효)

집행유예의 선고를 받은 자가 유예기간 중 고의로 범한 죄로 금고 이상의 실형을 선고받아 그 판결이 확정된 때에는 집행유예의 선고는 효력을 잃는다.

형법 제64조(집행유예의 취소)

① 집행유예의 선고를 받은 후 제62조 단행의 사유가 발각된 때에는 집행유예의 선고를 취소한다.
② 제62조의2의 규정에 의하여 보호관찰이나 사회봉사 또는 수강을 명한 집행유예를 받은 자가 준수사항이나 명령을 위반하고 그 정도가 무거운 때에는 집행유예의 선고를 취소할 수 있다.

형법 제65조(집행유예의 효과)

집행유예의 선고를 받은 후 그 선고의 실효 또는 취소됨이 없이 유예기간을 경과한 때에는 형의 선고는 효력을 잃는다.

025 「형법」상 보호관찰제도에 대한 설명으로 옳지 않은 것은?

16 보호직 7급

① 형의 선고를 유예하는 경우에 재범방지를 위하여 지도 및 원호가 필요한 때에는 보호관찰을 받을 것을 명할 수 있으며, 이 경우 보호관찰의 기간은 1년 이내의 범위에서 법원이 정한다.

② 보호관찰을 명한 선고유예를 받은 자가 보호관찰기간 중에 준수사항을 위반하고 그 정도가 무거운 때에는 법원은 유예한 형을 선고할 수 있다.

③ 형의 집행을 유예하는 경우에 보호관찰을 받을 것을 명할 수 있으며, 이 경우 보호관찰의 기간은 원칙적으로 집행을 유예한 기간으로 하되, 다만 법원은 유예기간의 범위 내에서 보호관찰기간을 따로 정할 수 있다.

④ 가석방된 자는 가석방을 허가한 행정관청이 필요 없다고 인정한 때가 아닌 한 가석방기간 중 보호관찰을 받는다.

해설

① 형의 선고를 유예하는 경우에 재범방지를 위하여 지도 및 원호가 필요한 때에는 보호관찰을 받을 것을 명할 수 있다. 이 경우 보호관찰의 기간은 1년으로 한다(형법 제59조의2 제1항·제2항).
② 형법 제61조 제2항
③ 형법 제62조의2 제1항·제2항
④ 형법 제73조의2 제2항

정답 ①

026 선고유예 및 가석방에 대한 설명으로 옳지 않은 것은? (다툼이 있는 경우 판례에 의함)

21 보호직 7급

① 선고유예 판결에서도 그 판결 이유에서는 선고형을 정해 놓아야 하고, 그 형이 벌금형일 경우에는 벌금액뿐만 아니라 환형유치처분까지 해두어야 한다.

② 형의 집행유예의 선고가 실효 또는 취소됨이 없이 정해진 유예기간을 경과하여 형의 선고가 효력을 잃게 되었더라도, 이는 선고유예 결격사유인 자격정지 이상의 형을 받은 전과가 있는 경우에 해당한다.

③ 형기에 산입된 판결선고전 구금일수는 가석방에 있어 집행을 경과한 기간에 산입한다.

④ 사형을 무기징역으로 특별감형한 경우, 사형집행 대기기간을 처음부터 무기징역을 받은 경우와 동일하게 가석방요건 중의 하나인 형의 집행기간에 산입할 수 있다.

해설

① 대판 2015.1.29. 2014도15120
② 대판 2007.5.11. 2005도5756, 대판 2012.6.28. 2011도10570
③ 형법 제73조 제1항
④ 사형집행을 위한 구금은 미결구금도 아니고 형의 집행기간도 아니며 / 특별감형은 형을 변경하는 효과만 있을 뿐이고 이로 인하여 형의 선고에 의한 기성의 효과는 변경되지 아니하므로 / 사형이 무기징역으로 특별감형된 경우 사형의 판결확정일에 소급하여 무기징역형이 확정된 것으로 보아 무기징역형의 형기 기산일을 사형의 판결 확정일로 인정할 수도 없고 / 사형집행대기 기간이 미결구금이나 형의 집행기간으로 변경된다고 볼 여지도 없으며, / 또한 특별감형은 수형 중의 행장의 하나인 사형집행대기기간까지를 참작하여 되었다고 볼 것이므로 사형집행대기기간을 처음부터 무기징역을 받은 경우와 동일하게 가석방요건 중의 하나인 형의 집행기간에 다시 산입할 수는 없다(대결 1991.3.4. 90모59).

정답 ④

027 「형법」상 가석방제도에 대한 설명으로 옳지 않은 것은? (다툼이 있는 경우 판례에 의함) (24 보호직 7급)

① 가석방은 가석방심사위원회의 허가신청에 의해 법무부장관이 결정하는 행정처분이다.
② 형기에 산입된 판결선고 전 구금일수는 가석방을 하는 경우 집행한 기간에 산입한다.
③ 사형이 무기징역으로 특별감형된 경우 사형집행 대기기간을 가석방에 필요한 형의 집행기간에 산입할 수 있다.
④ 가석방의 처분을 받은 후 그 처분이 실효 또는 취소되지 아니하고 가석방기간을 경과한 때에는 형의 집행을 종료한 것으로 본다.

해설

① 형법 제72조 제1항, 형집행법 제122조
② 형법 제73조 제1항
③ 사형집행을 위한 구금은 미결구금도 아니고 형의 집행기간도 아니며 / 특별감형은 형을 변경하는 효과만 있을 뿐이고 이로 인하여 형의 선고에 의한 기성의 효과는 변경되지 아니하므로 / 사형이 무기징역으로 특별감형된 경우 사형의 판결확정일에 소급하여 무기징역형이 확정된 것으로 보아 무기징역형의 형기 기산일을 사형의 판결 확정일로 인정할 수도 없고 / 사형집행대기 기간이 미결구금이나 형의 집행기간으로 변경된다고 볼 여지도 없으며, / 또한 특별감형은 수형 중의 행장의 하나인 사형집행대기기간까지를 참작하여 되었다고 볼 것이므로 사형집행대기기간을 처음부터 무기징역을 받은 경우와 동일하게 가석방요건 중의 하나인 형의 집행기간에 다시 산입할 수는 없다(대결 1991.3.4. 90모59).
④ 형법 제76조 제1항

정답 ③

형법 제72조(가석방의 요건)

① 징역이나 금고의 집행 중에 있는 사람이 행상(行狀)이 양호하여 뉘우침이 뚜렷한 때에는 무기형은 20년, 유기형은 형기의 3분의 1이 지난 후 행정처분으로 가석방을 할 수 있다.
② 제1항의 경우에 벌금이나 과료가 병과되어 있는 때에는 그 금액을 완납하여야 한다.

형법 제73조의2(가석방의 기간 및 보호관찰)

① 가석방의 기간은 무기형에 있어서는 10년으로 하고, 유기형에 있어서는 남은 형기로 하되, 그 기간은 10년을 초과할 수 없다.
② 가석방된 자는 가석방기간중 보호관찰을 받는다. / 다만, 가석방을 허가한 행정관청이 필요가 없다고 인정한 때에는 그러하지 아니하다.

소년법 제65조(가석방)

징역 또는 금고를 선고받은 소년에 대하여는 다음 각 호의 기간이 지나면 가석방(假釋放)을 허가할 수 있다.
1. 무기형의 경우에는 5년
2. 15년 유기형의 경우에는 3년
3. 부정기형의 경우에는 단기의 3분의 1

028 「사면법」상 사면에 대한 설명으로 옳지 않은 것은?

23 보호직 7급

① 특별사면은 형을 선고받은 자를 대상으로 한다.
② 일반사면이 있으면 특별한 규정이 없는 한 형을 선고받지 아니한 자에 대하여는 공소권이 상실된다.
③ 형의 집행유예를 선고받은 자에 대하여는 형 선고의 효력을 상실하게 하는 특별사면을 할 수 없다.
④ 일반사면은 죄의 종류를 정하여 대통령령으로 한다.

해설

① 서면법 제3조 제2호
② 사면법 제5조 제1항 제1호
③ 특별사면의 효과는 형의 집행이 면제된다. / 다만, 특별한 사정이 있을 때에는 이후 형 선고의 효력을 상실하게 할 수 있다(사면법 제5조 제2호).
④ 사면법 제8조

정답 ③

사면법 제5조(사면 등의 효과)

① 사면, 감형 및 복권의 효과는 다음 각 호와 같다.
1. 일반사면 : 형 선고의 효력이 상실되며, 형을 선고받지 아니한 자에 대하여는 공소권(公訴權)이 상실된다. 다만, 특별한 규정이 있을 때에는 예외로 한다.
2. 특별사면 : 형의 집행이 면제된다. / 다만, 특별한 사정이 있을 때에는 이후 형 선고의 효력을 상실하게 할 수 있다.
3. 일반(一般)에 대한 감형 : 특별한 규정이 없는 경우에는 형을 변경한다.
4. 특정한 자에 대한 감형 : 형의 집행을 경감한다. 다만, 특별한 사정이 있을 때에는 형을 변경할 수 있다.
5. 복권 : 형 선고의 효력으로 인하여 상실되거나 정지된 자격을 회복한다.

② 형의 선고에 따른 기성(既成)의 효과는 사면, 감형 및 복권으로 인하여 변경되지 아니한다.

029 양형에 대한 설명으로 옳은 것은? (다툼이 있는 경우 판례에 의함)

25 보호직 9급

① 「형법」은 양형의 조건으로서 '범행 후의 정황과 범죄 전력'을 규정하고 있다.
② 「형법」은 양형 원칙으로 양형은 행위자의 불법과 책임의 정도와 비례할 것을 규정하고 있다.
③ 대법원 양형위원회의 양형기준은 법관이 형종을 선택하고 형량을 정함에 있어 법적 구속력을 가진다.
④ 「법원조직법」에 따르면 법원이 양형기준을 벗어난 판결을 하는 경우에는 판결서에 양형의 이유를 적어야 하지만, 약식절차 또는 즉결심판절차에 따라 심판하는 경우에는 그러하지 아니하다.

해설

① 형을 정함에 있어서는 i) 범인의 연령, 성행, 지능과 환경, ii) 피해자에 대한 관계, iii) 범행의 동기, 수단과 결과, iv) 범행 후의 정황을 참작하여야 한다(형법 제51조).

TIP 범죄전력 ×

② 「형법」에 명문 규정은 없다. / 「법원조직법」에 대법원에 두는 양형위원회에 관한 규정에서 양형위원회의 양형기준 설정·변경할 때 준수해야 할 원칙을 규정하고 있다(법원조직법 제81조의6 제2항 참조).

③ 법관은 형의 종류를 선택하고 형량을 정할 때 양형기준을 존중하여야 한다. 다만, 양형기준은 법적 구속력을 갖지 아니한다(법원조직법 제81조의7 제1항). // 대법원 양형위원회의 양형기준은 형사재판에 있어서의 합리적 양형을 위해 마련된 일반적이고 객관적인 기준이므로 법관의 양형에 있어 존중되어야 하나, 구체적 사건마 다의 다양하고 특수한 사정을 모두 포섭하거나 반영하여 그에 상응하는 양형까지를 제시할 수는 없는 것이므로, 법적인 구속력을 가지는 것은 아니다(대판 2012.6.28. 2012도2631).

④ 법원조직법 제81조의7 제2항

정답 ④

법원조직법 제81조의6(양형기준의 설정 등)

① 위원회는 법관이 합리적인 양형을 도출하는 데 참고할 수 있는 구체적이고 객관적인 양형기준을 설정하거나 변경한다.

② 위원회는 양형기준을 설정·변경할 때 다음 각 호의 원칙을 준수하여야 한다.

1. 범죄의 죄질, 범정(犯情) 및 피고인의 책임의 정도를 반영할 것
2. 범죄의 일반예방과 피고인의 재범 방지 및 사회복귀를 고려할 것
3. 같은 종류 또는 유사한 범죄에 대해서는 고려하여야 할 양형 요소에 차이가 없으면 양형에서 서로 다르게 취급하지 아니할 것
4. 피고인의 국적, 종교 및 양심, 사회적 신분 등을 이유로 양형상 차별을 하지 아니할 것

③ 위원회는 양형기준을 설정·변경할 때 다음 각 호의 사항을 고려하여야 한다.

1. 범죄의 유형 및 법정형
2. 범죄의 중대성을 가중하거나 감경할 수 있는 사정
3. 피고인의 나이, 성품과 행실, 지능과 환경
4. 피해자에 대한 관계
5. 범행의 동기, 수단 및 결과
6. 범행 후의 정황
7. 범죄 전력(前歷)
8. 그 밖에 합리적인 양형을 도출하는 데 필요한 사항

④ 위원회는 양형기준을 공개하여야 한다.

법원조직법 제81조의7(양형기준의 효력 등)

① 법관은 형의 종류를 선택하고 형량을 정할 때 양형기준을 존중하여야 한다. / 다만, 양형기준은 법적 구속력을 갖지 아니한다.

② 법원이 양형기준을 벗어난 판결을 하는 경우에는 판결서에 양형의 이유를 적어야 한다. / 다만, 약식절차 또는 즉결심판절차에 따라 심판하는 경우에는 그러하지 아니하다.

030 대법원 양형위원회가 작성한 양형기준표에 대한 설명으로 옳지 않은 것은? [22 보호직 7급]

① 주요 범죄 대부분에 대하여 공통적, 통일적으로 적용되는 종합적 양형기준이 아닌 범죄 유형별로 적용되는 개별적 양형기준을 설정하였다.

② 양형인자는 책임을 증가시키는 가중인자인 특별양형인자와 책임을 감소시키는 감경인자인 일반양형인자로 구분된다.

③ 양형인자 평가결과에 따라 감경영역, 기본영역, 가중영역의 3가지 권고영역 중 하나를 선택하여 권고형량의 범위를 정한다.

④ 양형에 있어서 권고형량범위와 함께 실형선고를 할 것인가, 집행유예를 선고할 것인가를 판단하기 위한 기준을 두고 있다.

해설

① 양형위원회 양형기준(2024)

② 양형인자는 ㉠ 양형인자의 기본적인 성격(행위인자, 행위자인자, 기타인자), ㉡ 책임의 경중에 영향을 미치는 내용(가중인자, 감경인자), ㉢ 그 정도(특별양형인자, 일반양형인자)에 따라 구분된다.

- 특별양형인자 : 권고영역을 결정하는 데 사용되는 인자
- 일반양형인자 : 결정된 권고 형량범위 내에서 선고형을 정하는 데 고려되는 인자

정답 ②

031 현행법상 형의 실효에 대한 설명으로 옳지 않은 것은? (17 교정 9급)

① 수형인이 3년 이하의 징역형인 경우, 자격정지 이상의 형을 받지 아니하고 형의 집행을 종료하거나 그 집행이 면제된 날부터 5년이 경과한 때에 그 형은 실효된다.

② 구류와 과료는 형의 집행을 종료하거나 그 집행이 면제된 날부터 1년이 경과한 때에 그 형은 실효된다.

③ 하나의 판결로 여러 개의 형이 선고된 경우에는 각 형의 집행을 종료하거나 그 집행이 면제된 날부터 가장 무거운 형에 대한 「형의 실효 등에 관한 법률」에서 정한 형의 실효기간이 경과한 때에 형의 선고는 효력을 잃는다. 이때 징역과 금고는 같은 종류의 형으로 보고 각 형기를 합산한다.

④ 징역 또는 금고의 집행을 종료하거나 집행이 면제된 자가 피해자의 손해를 보상하고 자격정지 이상의 형을 받음이 없이 7년을 경과한 때에는 본인 또는 검사의 신청에 의하여 법원은 그 재판의 실효를 선고할 수 있다.

해설

① 형실효법 제7조 제1항 제2호

② 구류(拘留)와 과료(科料)는 형의 집행을 종료하거나 그 집행이 면제된 때에 그 형이 실효된다(형실효법 제7조 제1항 단서).

③ 형실효법 제7조 제2항

④ 형법 제81조

정답 ②

032 형의 실효와 복권에 대한 설명으로 옳지 않은 것은? (24 교정 9급)

① 벌금형을 받은 사람이 자격정지 이상의 형을 받지 아니하고 그 형의 집행을 종료한 날부터 2년이 경과한 때에 그 형은 실효된다.

② 자격정지의 선고를 받은 자가 피해자의 손해를 보상하고 자격정지 이상의 형을 받음이 없이 정지기간의 2분의 1을 경과한 때에는 본인 또는 검사의 신청에 의하여 법원은 자격의 회복을 선고할 수 있다.

③ 징역 5년 형의 집행을 종료한 사람이 형의 실효를 받기 위해서는 피해자의 손해를 보상하고 자격정지 이상의 형을 받음이 없이 7년을 경과한 후 해당 사건에 관한 기록이 보관되어 있는 검찰청에 형의 실효를 신청하여야 한다.

④ 형법 제81조(형의 실효)에 따라 형이 실효되었을 때에는 수형인명부의 해당란을 삭제하고 수형인명표를 폐기한다.

해설

① 형실효법 제7조 제1항 제3호

② 형법 제82조

③ 징역 또는 금고의 집행을 종료하거나 집행이 면제된 자가 피해자의 손해를 보상하고 자격정지 이상의 형을 받음이 없이 7년을 경과한 때에는 본인 또는 검사의 신청에 의하여 그 재판의 실효를 선고할 수 있다(형법 제81조).

TIP 재판에 의한 형의 실효는 일정한 요건을 갖춘 후 법원에 신청한다.

TIP 형의 실효에는 재판상 실효와 당연실효가 있다.

④ 형실효법 제8조 제1항 제1호

정답 ③

형법 제81조(형의 실효)

징역 또는 금고의 집행을 종료하거나 집행이 면제된 자가 피해자의 손해를 보상하고 자격정지 이상의 형을 받음이 없이 7년을 경과한 때에는 본인 또는 검사의 신청에 의하여 그 재판의 실효를 선고할 수 있다.

형실효법 제7조(형의 실효)

① 수형인이 자격정지 이상의 형을 받지 아니하고 형의 집행을 종료하거나 그 집행이 면제된 날부터 다음 각 호의 구분에 따른 기간이 경과한 때에 그 형은 실효된다. / 다만, 구류(拘留)와 과료(科料)는 형의 집행을 종료하거나 그 집행이 면제된 때에 그 형이 실효된다.

1. 3년을 초과하는 징역·금고 : 10년
2. 3년 이하의 징역·금고 : 5년
3. 벌금 : 2년

제3장 벌금미납자법

033 **벌금형의 특성에 대한 설명으로 옳지 않은 것은?** (14 교정 9급)

① 제3자의 대납이 허용되지 않는다.
② 국가에 대한 채권과 상계가 허용된다.
③ 공동연대책임이 허용되지 않는다.
④ 벌금은 범죄인의 사망으로 소멸된다.

해 설

② 벌금은 국가에 대한 채권과 상계가 허용되지 않는다.

정답 ②

034 **벌금형에 대한 설명으로 옳은 것은?** (13 교정 9급 수정)

① 벌금은 판결확정일로부터 90일내에 납입하여야 하며, 벌금을 선고할 때에는 동시에 그 금 액을 완납할 때까지 노역장에 유치할 것을 명할 수 있다.
② 벌금형의 형의 시효는 3년이며, 강제처분을 개시함으로 인하여 시효의 중단이 이루어진다.
③ 환형유치기간은 1일 5만원~10만원을 기준으로 환산한 벌금액에 상응하는 일수이며, 유치기간의 상한은 없다.
④ 500만원 미만의 벌금형이 확정된 벌금 미납자는 노역장유치를 대신하여 사회봉사 신청을 할 수 있다.

해 설

① 벌금과 과료는 판결확정일로부터 30일 내에 납입하여야 한다. / 단, 벌금을 선고할 때에는 동시에 그 금액을 완납할 때까지 노역장에 유치할 것을 명할 수 있다(형법 제69조 제1항).
② 벌금형의 시효는 3년에서 5년으로 개정되었다(형법 제78조 제6호). 〈개정 2017.12.12〉
③ 벌금을 납입하지 아니한 자는 1일 이상 3년 이하, 과료를 납입하지 아니한 자는 1일 이상 30일 미만의 기간 노역장에 유치하여 작업에 복무하게 한다(형법 제69조 제2항).
④ 벌금미납자법 제4조, 시행령 제2조

정답 ④

제78조(형의 시효의 기간)

시효는 형을 선고하는 재판이 확정된 후 그 집행을 받지 아니하고 다음 각 호의 구분에 따른 기간이 지나면 완성된다.

1. 삭제 〈2023. 8. 8.〉[← 사형은 30년]
2. 무기의 징역 또는 금고 : 20년
3. 10년 이상의 징역 또는 금고 : 15년
4. 3년 이상의 징역이나 금고 또는 10년 이상의 자격정지 : 10년

5. 3년 미만의 징역이나 금고 또는 5년 이상의 자격정지 : 7년 [← 5년]
6. 5년 미만의 자격정지, 벌금, 몰수 또는 추징 : 5년 [← 3년]
7. 구류 또는 과료 : 1년

형법 제79조(형의 시효의 정지)

① 시효는 형의 집행의 유예나 정지 또는 가석방 기타 집행할 수 없는 기간은 진행되지 아니한다.
② 시효는 형이 확정된 후 그 형의 집행을 받지 아니한 사람이 형의 집행을 면할 목적으로 국외에 있는 기간 동안은 진행되지 아니한다. 〈개정 2023. 8. 8.〉

형법 제80조(형의 시효의 중단)

시효는 징역, 금고 및 구류의 경우에는 수형자를 체포한 때, 벌금, 과료, 몰수 및 추징의 경우에는 강제처분을 개시한 때에 중단된다.
[전문개정 2023. 8. 8.]

035 벌금형에 관하여 현행법상 허용되는 것은? (다툼이 있는 경우 판례에 의함) (24 보호직 7급)

① 벌금형에 대한 선고유예
② 1000만 원의 벌금형에 대한 집행유예
③ 범죄자의 경제력을 반영한 재산비례벌금제(일수벌금제)
④ 500만 원의 벌금형을 선고하면서 300만 원에 대해서만 집행유예

해설

① 1년 이하의 징역이나 금고, 자격정지 또는 벌금의 형을 선고할 경우에 제51조의 사항을 고려하여 뉘우치는 정상이 뚜렷할 때에는 그 형의 선고를 유예할 수 있다. / 다만, 자격정지 이상의 형을 받은 전과가 있는 사람에 대해서는 예외로 한다(형법 제59조 제1항).
② 3년 이하의 징역이나 금고 또는 500만원 이하의 벌금의 형을 선고할 경우에 제51조의 사항을 참작하여 그 정상에 참작할 만한 사유가 있는 때에는 1년 이상 5년 이하의 기간 형의 집행을 유예할 수 있다. / 다만, 금고 이상의 형을 선고한 판결이 확정된 때부터 그 집행을 종료하거나 면제된 후 3년까지의 기간에 범한 죄에 대하여 형을 선고하는 경우에는 그러하지 아니하다(형법 제62조 제1항).
③ 우리나라는 총액벌금제도를 택하고 있다.
④ 형을 병과할 경우에는 그 형의 일부에 대하여 집행을 유예할 수 있다(형법 제62조 제2항). // 하나의 자유형 중 일부에 대해서는 실형을, 나머지에 대해서는 집행유예를 선고하는 것은 허용되지 않는다(대판 2007.2.22. 2006도8555).

정답 ①

036 「형법」상 벌금에 대한 설명으로 옳지 않은 것은? (다툼이 있는 경우 판례에 의함)

23 보호직 7급

① 벌금을 감경하는 경우에는 5만 원 미만으로 할 수 있다.
② 벌금을 선고하는 재판이 확정된 후 그 집행을 받지 아니하고 5년이 지나면 형의 시효가 완성된다.
③ 60억 원의 벌금을 선고하면서 이를 납입하지 아니하는 경우의 노역장 유치기간을 700일로 정할 수 있다.
④ 형법 제55조 제1항 제6호의 벌금을 감경할 때의 '다액의 2분의 1'이라는 문구는 '금액의 2분의 1'을 뜻하므로 그 상한과 함께 하한도 감경되는 것으로 해석하여야 한다.

해설

① 벌금은 5만원 이상으로 한다. / 다만, 감경하는 경우에는 5만원 미만으로 할 수 있다(형법 제45조).
② 형법 제78조 제6호
③ 선고하는 벌금이 50억원 이상인 경우에는 1천일 이상의 노역장 유치기간을 정하여야 한다(형법 제70조 제2항).
④ 대판 1978.4.25. 78도246

정답 ③

형법 제45조(벌금)

벌금은 5만원 이상으로 한다. / 다만, 감경하는 경우에는 5만원 미만으로 할 수 있다.

형법 제47조(과료)

과료는 2천원 이상 5만원 미만으로 한다.

형법 제69조(벌금과 과료)

① 벌금과 과료는 판결확정일로부터 30일내에 납입하여야 한다. / 단, 벌금을 선고할 때에는 동시에 그 금액을 완납할 때까지 노역장에 유치할 것을 명할 수 있다.
② 벌금을 납입하지 아니한 자는 1일 이상 3년 이하, / 과료를 납입하지 아니한 자는 1일 이상 30일 미만의 기간 노역장에 유치하여 작업에 복무하게 한다.

형법 제70조(노역장 유치)

① 벌금이나 과료를 선고할 때에는 이를 납입하지 아니하는 경우의 노역장 유치기간을 정하여 동시에 선고하여야 한다.
② 선고하는 벌금이 1억원 이상 5억원 미만인 경우에는 300일 이상, / 5억원 이상 50억원 미만인 경우에는 500일 이상, / 50억원 이상인 경우에는 1천일 이상의 노역장 유치기간을 정하여야 한다. 〈신설 2014.5.14. 2020.12.8.〉

형법 제71조(유치일수의 공제)

벌금이나 과료의 선고를 받은 사람이 그 금액의 일부를 납입한 경우에는 벌금 또는 과료액과 노역장 유치기간의 일수(日數)에 비례하여 납입금액에 해당하는 일수를 뺀다.

037 「형법」상 벌금형에 대한 설명으로 옳지 않은 것은?

16 보호직 7급

① 벌금을 선고할 때에는 동시에 그 금액을 완납할 때까지 노역장에 유치할 것을 명하여야 한다.
② 벌금을 납입하지 아니한 자는 1일 이상 3년 이하의 기간 노역장에 유치하여 작업에 복무하게 한다.
③ 벌금은 5만원 이상으로 한다. 다만, 감경하는 경우에는 5만원 미만으로 할 수 있다.
④ 선고하는 벌금이 1억원 이상 5억원 미만인 경우에는 300일 이상, 5억원 이상 50억원 미만인 경우에는 500일 이상, 50억원 이상인 경우에는 1,000일 이상의 노역장 유치기간을 정하여야 한다.

해설

① 벌금을 선고할 때에는 동시에 그 금액을 완납할 때까지 노역장에 유치할 것을 명할 수 있다(형법 제69조 제1항 단서).
② 형법 제69조 제2항
③ 형법 제45조
④ 형법 제70조 제2항

정답 ①

038 벌금형 제도에 대한 설명으로 옳지 않은 것은? (다툼이 있는 경우 판례에 의함)

21 보호직 7급

① 벌금형의 집행을 위한 검사의 명령은 집행력 있는 채무명의와 동일한 효력이 있다.
② 500만 원 이하 벌금형을 선고할 경우 피고인의 사정을 고려하여 100만 원만 집행하고 400만 원은 집행을 유예할 수 있다.
③ 벌금을 납입하지 아니한 자는 1일 이상 3년 이하의 기간 노역장에 유치하여 작업에 복무하게 한다.
④ 벌금형에 따르는 노역장 유치는 실질적으로 자유형과 동일하므로, 그 집행에 대하여는 자유형의 집행에 관한 규정이 준용된다.

해설

① 형사소송법 제477조 제2항
② 형을 병과할 경우에는 그 형의 일부에 대하여 집행을 유예할 수 있다(형법 제62조 제2항). // 하나의 자유형 중 일부에 대해서는 실형을, 나머지에 대해서는 집행유예를 선고하는 것은 허용되지 않는다(대판 2007.2.22. 2006도8555).
③ 형법 제69조 제2항
④ 대판 2010.10.14. 2010도8591, 형사소송법 제492조

정답 ②

039 벌금형과 관련하여 현행법에 도입된 제도가 아닌 것은?

18 보호직 7급

① 벌금형에 대한 선고유예
② 벌금의 연납·분납
③ 일수벌금제
④ 벌금미납자에 대한 사회봉사허가

해설

① 형법 제59조 제1항
② 형사소송법 제477조 제6항, 재산형 등에 관한 검찰 집행사무규칙 제12조
③ 현행법상 벌금제도는 총액벌금제도이다.
④ 벌금미납자법 제1조·제6조

정답 ③

040 「형법」상 벌금과 과료에 대한 설명으로 옳지 않은 것은? (19 교정 9급)

① 벌금은 5만원 이상으로 하되 감경하는 경우에는 5만원 미만으로 할 수 있으며, 과료는 2천원 이상 5만원 미만으로 한다.
② 벌금과 과료는 판결확정일로부터 30일 내에 납입하여야 한다. 단, 벌금 또는 과료를 선고할 때에는 동시에 그 금액을 완납할 때까지 노역장에 유치할 것을 명할 수 있다.
③ 선고하는 벌금이 1억원 이상 5억원 미만인 경우에는 300일 이상, 5억원 이상 50억원 미만인 경우에는 500일 이상, 50억원 이상인 경우에는 1,000일 이상의 유치기간을 정하여야 한다.
④ 벌금을 납입하지 아니한 자는 1일 이상 3년 이하, 과료를 납입하지 아니한 자는 1일 이상 30일 미만의 기간 노역장에 유치하여 작업에 복무하게 한다.

해설

① 형법 제45조
② 벌금과 과료는 판결확정일로부터 30일내에 납입하여야 한다. / 단, 벌금을 선고할 때에는 동시에 그 금액을 완납할 때까지 노역장에 유치할 것을 명할 수 있다(형법 제69조 제1항).

TIP 과료는 2천원 이상 5만원 미만으로 한다(형법 제47조). / 과료에 대한 노역장 유치는 무리이다.

③ 형법 제70조 제2항
④ 형법 제69조 제2항

정답 ②

041 벌금 미납자의 사회봉사 집행에 관한 특례법령상 사회봉사의 신청에 대한 설명으로 옳은 것은? (25 교정 7급)

① 500만원 내의 벌금형이 확정된 벌금미납자는 판결이 확정된 날로부터 30일 이내에 신청할 수 있다.
② 다른 사건으로 형 또는 구속영장이 집행되거나 노역장에 유치되어 구금 중인 사람도 신청할 수 있다.
③ 신청에 필요한 서류 및 제출방법에 관한 사항은 법무부령으로 정한다.
④ 신청인이 정당한 이유 없이 검사의 자료제출 요구를 거부한 경우 검사는 신청을 기각할 수 있다.

해설

① 대통령령으로 정한 금액(500만원) 범위 내의 벌금형이 확정된 벌금 미납자는 검사의 납부 명령일부터 30일 이내에 주거지를 관할하는 지방검찰청(지방검찰청지청을 포함한다)의 검사에게 사회봉사를 신청할 수 있다(벌금미납자법 제4조 제1항).
② 다른 사건으로 형 또는 구속영장이 집행되거나 노역장에 유치되어 구금 중인 사람은 사회봉사를 신청할 수 없다(벌금미납자법 제4조 제2항 제3호).
③ 사회봉사를 신청할 때에 필요한 서류 및 제출방법에 관한 사항은 대통령령으로 정하되, / 신청서식 및 서식에 적을 내용 등은 법무부령으로 정한다(벌금미납자법 제4조 제3항).
④ 벌금미납자법 제5조 제3항

정답 ④

042 **벌금 미납자의 사회봉사 집행에 관한 특례법 및 동법 시행령상 벌금미납자의 사회봉사집행에 대한 설명으로 옳은 것은?** (15 교정 9급 수정)

① 징역 또는 금고와 동시에 벌금을 선고받은 사람은 사회봉사를 신청할 수 있다.
② 법원은 사회봉사를 허가하는 경우 벌금 미납액에 의하여 계산된 노역장 유치 기간에 상응하는 사회봉사시간을 산정하여야 하나, 산정된 사회봉사시간 중 1시간 미만은 집행하지 아니한다.
③ 1,000만원의 벌금형이 확정된 벌금미납자는 검사의 납부명령일부터 30일 이내에 검사에게 사회봉사를 신청할 수 있다.
④ 사회봉사 대상자는 사회봉사의 이행을 마치기 전에는 벌금의 전부 또는 일부를 낼 수 없다.

해설

① 징역 또는 금고와 동시에 벌금을 선고받은 사람은 사회봉사를 신청할 수 없다(벌금미납자법 제4조 제2항 제1호).
② 벌금미납자법 제6조 제4항
③ 대통령령으로 정한 금액 범위 내의 벌금형(500만원)이 확정된 벌금 미납자는 검사의 납부명령일부터 30일 이내에 주거지를 관할하는 지방검찰청의 검사에게 사회봉사를 신청할 수 있다(벌금미납자법 제4조 제1항, 동법 시행령 제2조). 〈개정 2020.1.7〉
④ 사회봉사 대상자는 사회봉사의 이행을 마치기 전에 벌금의 전부 또는 일부를 낼 수 있다(벌금미납자법 제12조 제1항). / 사회봉사를 전부 또는 일부 이행한 경우에는 집행한 사회봉사시간에 상응하는 벌금액을 낸 것으로 본다(벌금미납자법 제13조).

정답 ②

벌금미납자법 제4조(사회봉사의 신청)

① 대통령령으로 정한 금액 범위 내의 (500만원 이하)벌금형이 확정된 벌금 미납자는 검사의 납부명령일부터 30일 이내에 주거지를 관할하는 지방검찰청(지방검찰청지청을 포함한다. 이하 같다)의 검사에게 사회봉사를 신청할 수 있다. / 다만, 검사로부터 벌금의 일부납부 또는 납부연기를 허가받은 자는 그 허가기한 내에 사회봉사를 신청할 수 있다.
② 제1항에도 불구하고 다음 각 호의 어느 하나에 해당하는 사람은 사회봉사를 신청할 수 없다.
  1. 징역 또는 금고와 동시에 벌금을 선고받은 사람
  2. 「형법」 제69조제1항 단서에 따라 법원으로부터 벌금 선고와 동시에 벌금을 완납할 때까지 노역장에 유치할 것을 명받은 사람

3. 다른 사건으로 형 또는 구속영장이 집행되거나 노역장에 유치되어 구금 중인 사람
4. 사회봉사를 신청하는 해당 벌금에 대하여 법원으로부터 사회봉사를 허가받지 못하거나 취소당한 사람. 다만, 사회봉사 불허가 사유가 소멸한 경우에는 그러하지 아니하다.

043 벌금미납자의 사회봉사 집행에 대한 설명으로 옳지 않은 것으로만 묶인 것은? (13 교정 7급)

ㄱ. 법원으로부터 벌금선고와 동시에 벌금을 완납할 때까지 노역장에 유치할 것을 명받은 사람은 사회봉사를 신청할 수 없다.
ㄴ. 벌금미납자의 사회봉사신청에 대하여 검사는 벌금미납자의 경제적 능력, 사회봉사 이행에 필요한 신체적 능력, 주거의 안정성 등을 고려하여 사회봉사 허가 여부를 결정한다.
ㄷ. 신청인이 일정한 수입원이나 재산이 있어 벌금을 낼 수 있다고 판단되는 경우에는 사회봉사를 허가하지 아니한다.
ㄹ. 사회봉사는 보호관찰관이 집행하며, 사회봉사 대상자의 성격, 사회경력, 범죄의원인 및 개인적 특성을 고려하여 사회봉사의 집행분야를 정한다.
ㅁ. 사회봉사는 원칙적으로 1일 9시간을 넘겨 집행할 수 없지만, 보호관찰관이 사회봉사의 내용상 연속집행의 필요성이 있다고 판단하는 경우에는 최대 14시간 까지 집행할 수 있다.

① ㄱ, ㄷ　　② ㄴ, ㄹ
③ ㄴ, ㅁ　　④ ㄷ, ㅁ

해설

③ 옳지 않은 것 ㄴ, ㅁ
ㄱ. (○) 벌금미납자법 제4조 제2항 제2호
ㄴ. (×) 법원은 검사로부터 사회봉사 허가 청구를 받은 날부터 14일 이내에 벌금 미납자의 경제적 능력, 사회봉사 이행에 필요한 신체적 능력, 주거의 안정성 등을 고려하여 사회봉사 허가 여부를 결정한다. 다만, 제3항에 따른 출석 요구, 자료제출 요구에 걸리는 기간은 위 기간에 포함하지 아니한다(제6조 제1항).

TIP 벌금미납자 검사에게 신청 → 검사 법원에 청구 → 법원에서 사회봉사 허가여부 결정

ㄷ. (○) 벌금미납자법 제6조 제2항 제4호
ㄹ. (○) 벌금미납자법 제10조 제1항
ㅁ. (×) 사회봉사는 1일 9시간을 넘겨 집행할 수 없다. / 다만, 사회봉사의 내용상 연속집행의 필요성이 있어 보호관찰관이 승낙하고 사회봉사 대상자가 분명히 동의한 경우에만 연장하여 집행할 수 있다(벌금미납자법 제10조 제2항).

정답 ③

벌금미납자법 제5조(사회봉사의 청구)

① 제4조제1항의 신청을 받은 검사는 사회봉사 신청인(이하 "신청인"이라 한다)이 제6조제2항 각 호의 요건에 해당하지 아니하는 때에는 법원에 사회봉사의 허가를 청구하여야 한다.
② 검사는 사회봉사의 청구 여부를 결정하기 위하여 필요한 경우 신청인에게 출석 또는 자료의 제출을 요구하거나, / 신청인의 동의를 받아 공공기관, 민간단체 등에 벌금 납입 능력 확인에 필요한 자료의 제출을 요구할 수 있다.
③ 신청인이 정당한 이유 없이 검사의 출석 요구나 자료제출 요구를 거부한 경우 검사는 신청을 기각할 수 있다.
④ 검사는 신청일부터 7일 이내에 사회봉사의 청구 여부를 결정하여야 한다. 다만, 제2항에 따른 출석 요구, 자료제출 요구에 걸리는 기간은 위 기간에 포함하지 아니한다.
⑤ 검사는 사회봉사의 신청을 기각한 때에는 이를 지체 없이 신청인에게 서면으로 알려야 한다.
⑥ 사회봉사의 신청을 기각하는 검사의 처분에 대한 이의신청에 관하여는 「형사소송법」 제489조를 준용한다.

벌금미납자법 제6조(사회봉사 허가)

① 법원은 검사로부터 사회봉사 허가 청구를 받은 날부터 14일 이내에 벌금 미납자의 경제적 능력, 사회봉사 이행에 필요한 신체적 능력, 주거의 안정성 등을 고려하여 사회봉사 허가 여부를 결정한다. / 다만, 제3항에 따른 출석 요구, 자료제출 요구에 걸리는 기간은 위 기간에 포함하지 아니한다.
② 다음 각 호의 어느 하나에 해당하는 경우에는 사회봉사를 허가하지 아니한다.
1. 제4조제1항에 따른 벌금의 범위를 초과하거나 신청 기간이 지난 사람이 신청을 한 경우
2. 제4조제2항에 따라 사회봉사를 신청할 수 없는 사람이 신청을 한 경우
3. 정당한 사유 없이 제3항에 따른 법원의 출석 요구나 자료제출 요구를 거부한 경우
4. 신청인이 일정한 수입원이나 재산이 있어 벌금을 낼 수 있다고 판단되는 경우
5. 질병이나 그 밖의 사유로 사회봉사를 이행하기에 부적당하다고 판단되는 경우
③ 법원은 사회봉사 허가 여부를 결정하기 위하여 필요한 경우 신청인에게 출석 또는 자료의 제출을 요구하거나 / 신청인의 동의를 받아 공공기관, 민간단체 등에 벌금 납입 능력 확인에 필요한 자료의 제출을 요구할 수 있다.
④ 법원은 사회봉사를 허가하는 경우 벌금 미납액에 의하여 계산된 노역장 유치 기간에 상응하는 사회봉사시간을 산정하여야 한다. / 다만, 산정된 사회봉사시간 중 1시간 미만은 집행하지 아니한다.
⑤ 사회봉사를 허가받지 못한 벌금 미납자는 그 결정을 고지받은 날부터 15일 이내에 벌금을 내야 하며, 위의 기간 내에 벌금을 내지 아니할 경우 노역장에 유치한다. / 다만, 사회봉사 불허가에 관한 통지를 받은 날부터 15일이 지나도록 벌금을 내지 아니한 사람 중 「형법」 제69조제1항에 따른 벌금 납입기간이 지나지 아니한 사람의 경우에는 그 납입기간이 지난 후 노역장에 유치한다.

044 「벌금 미납자의 사회봉사 집행에 관한 특례법」에 대한 설명으로 옳지 않은 것은? (19 교정 7급)

① 대통령령으로 정한 금액 범위 내의 벌금형이 확정된 벌금미납자는 검사의 납부명령일부터 30일 이내에 주거지를 관할하는 지방검찰청(지방검찰청지청을 포함한다)의 검사에게 사회봉사를 신청할 수 있다. 다만, 검사로부터 벌금의 일부납부 또는 납부연기를 허가받은 자는 그 허가기한 내에 사회봉사를 신청할 수 있다.

② 사회봉사 대상자는 법원으로부터 사회봉사 허가의 고지를 받은 날부터 7일 이내에 사회봉사 대상자의 주거지를 관할하는 보호관찰소의 장에게 주거, 직업, 그 밖에 대통령령으로 정하는 사항을 신고하여야 한다.

③ 사회봉사는 1일 9시간을 넘겨 집행할 수 없다. 다만, 사회봉사의 내용상 연속집행의 필요성이 있어 보호관찰관이 승낙하고 사회봉사 대상자가 분명히 동의한 경우에만 연장하여 집행할 수 있다.

④ 사회봉사의 집행은 사회봉사가 허가된 날부터 6개월 이내에 마쳐야 한다. 다만, 보호관찰관은 특별한 사정이 있으면 검사의 허가를 받아 6개월의 범위에서 한 번 그 기간을 연장하여 집행할 수 있다.

해설

① 벌금미납자법 제4조 제1항
② 사회봉사 대상자는 법원으로부터 사회봉사 허가의 고지를 받은 날부터 10일 이내에 사회봉사 대상자의 주거지를 관할하는 보호관찰소의 장에게 주거, 직업, 그 밖에 대통령령으로 정하는 사항을 신고하여야 한다(벌금미납자법 제8조 제1항).
③ 벌금미납자법 제10조 제2항
④ 벌금미납자법 제11조

정답 ②

벌금미납자법 제9조(사회봉사의 집행담당자)

① 사회봉사는 보호관찰관이 집행한다. / 다만, 보호관찰관은 그 집행의 전부 또는 일부를 국공립기관이나 그 밖의 단체 또는 시설의 협력을 받아 집행할 수 있다.
② 검사는 보호관찰관에게 사회봉사 집행실태에 대한 관련 자료의 제출을 요구할 수 있고, 집행방법 및 내용이 부적당하다고 인정하는 경우에는 이에 대한 변경을 요구할 수 있다.

벌금미납자법 제10조(사회봉사의 집행)

① 보호관찰관은 사회봉사 대상자의 성격, 사회경력, 범죄의 원인 및 개인적 특성 등을 고려하여 사회봉사의 집행분야를 정하여야 한다.
② 사회봉사는 1일 9시간을 넘겨 집행할 수 없다. 다만, 사회봉사의 내용상 연속집행의 필요성이 있어 보호관찰관이 승낙하고 사회봉사 대상자가 분명히 동의한 경우에만 연장하여 집행할 수 있다.
③ 사회봉사의 집행시간은 사회봉사 기간 동안의 집행시간을 합산하여 시간 단위로 인정한다. 다만, 집행시간을 합산한 결과 1시간 미만이면 1시간으로 인정한다.

벌금미납자법 제11조(사회봉사의 집행기간)

사회봉사의 집행은 사회봉사가 허가된 날부터 6개월 이내에 마쳐야 한다. / 다만, 보호관찰관은 특별한 사정이 있으면 검사의 허가를 받아 6개월의 범위에서 한 번 그 기간을 연장하여 집행할 수 있다.

벌금미납자법 제12조(사회봉사 대상자의 벌금 납입)

① 사회봉사 대상자는 사회봉사의 이행을 마치기 전에 벌금의 전부 또는 일부를 낼 수 있다.
⑤ 사회봉사 대상자가 미납벌금의 일부를 낸 경우 검사는 법원이 결정한 사회봉사시간에서 이미 납입한 벌금에 상응하는 사회봉사시간을 공제하는 방법으로 남은 사회봉사시간을 다시 산정하여 사회봉사 대상자와 사회봉사를 집행 중인 보호관찰소의 장에게 통보하여야 한다.

045 벌금미납자의 사회봉사에 대한 설명으로 옳은 것은?

(12 교정 7급)

① 법원으로부터 200만원의 벌금형을 선고받고 벌금을 완납할 때까지 노역장에 유치할 것을 명받은 사람은 지방검찰청의 검사에게 사회봉사를 신청할 수 있다.
② 검사는 납부능력확인을 위한 출석요구기간을 포함하여 피고인의 사회봉사신청일로부터 7일 이내에 사회봉사의 청구여부를 결정해야 한다.
③ 사회봉사신청을 기각하는 검사의 처분에 대해 불복하는 자는 사회봉사신청을 기각한 검사가 소속한 지방검찰청에 상응하는 법원에 이의신청을 할 수 있다.
④ 법원은 사회봉사를 허가하는 경우 벌금미납액에 의하여 계산된 노역장유치기간에 상응하는 사회봉사기간을 산정하되, 산정된 사회봉사기간 중 1시간 미만은 1시간으로 집행한다.

해 설

① 벌금을 완납할 때까지 노역장에 유치할 것을 명받은 사람은 지방검찰청의 검사에게 사회봉사를 신청할 수 없다(벌금미납자법 제4조 제2항 제2호).
② 검사는 납부능력확인을 위한 출석요구기간을 제외하여 벌금미납자의 사회봉사신청일로부터 7일 이내에 사회봉사의 청구여부를 결정해야 한다(벌금미납자법 제5조 제4항).

TIP ① 벌금미납자 사회봉사 신청 → ② 검사 7일 이내 청구여부 결정 → ③ 법원 14일 이내 허가여부 결정

③ 벌금미납자법 제5조 제6항
④ 법원은 사회봉사를 허가하는 경우 벌금미납액에 의하여 계산된 노역장유치기간에 상응하는 사회봉사기간을 산정하되, 산정된 사회봉사기간 중 1시간 미만은 집행하지 않는다(벌금미납자법 제6조 제4항).

정답 ③

046 「벌금 미납자의 사회봉사 집행에 관한 특례법」상 사회봉사에 대한 설명으로 옳지 않은 것은?

(25 보호직 9급)

① 사회봉사는 1일 9시간을 넘겨 집행할 수 없다. 다만, 사회봉사의 내용상 연속집행의 필요성이 있어 보호관찰관이 승낙하거나 사회봉사 대상자가 분명히 동의한 경우에만 연장하여 집행할 수 있다.
② 사회봉사의 집행은 사회봉사가 허가된 날부터 6개월 이내에 마쳐야 한다. 다만, 보호관찰관은 특별한 사정이 있으면 검사의 허가를 받아 6개월의 범위에서 한 번 그 기간을 연장하여 집행할 수 있다.
③ 법원은 사회봉사를 허가하는 경우 그 확정일부터 3일 이내에 사회봉사 대상자의 주거지를 관할하는 보호관찰소의 장에게 사회봉사 허가서, 판결문 등본, 약식명령 등본 등 사회봉사 집행에 필요한 서류를 송부하여야 한다.
④ 보호관찰관은 사회봉사 집행의 전부 또는 일부를 국공립기관이나 그 밖의 단체 또는 시설의 협력을 받아 집행할 수 있다.

해 설

① 사회봉사는 1일 9시간을 넘겨 집행할 수 없다. 다만, 사회봉사의 내용상 연속집행의 필요성이 있어 보호관찰관이 승낙하고 사회봉사 대상자가 분명히 동의한 경우에만 연장하여 집행할 수 있다(벌금미납자법 제10조 제2항).

TIP ① 보호관찰관의 승낙 & ② 사회봉사 대상자의 분명한 동의

② 벌금미납자법 제11조
③ 벌금미납자법 제7조 제2항
④ 벌금미납자법 제9조 제1항

정답 ①

047 벌금 미납자의 사회봉사 집행에 관한 특례법령의 내용에 대한 설명으로 옳지 않은 것은? (24 보호직 7급)

① 500만원의 벌금 선고와 동시에 벌금을 완납할 때까지 노역장에 유치할 것을 명받은 벌금 미납자는 검사에게 사회봉사를 신청할 수 없다.

② 사회봉사 신청인이 정당한 이유 없이 검사의 출석 요구나 자료제출 요구를 거부한 경우 검사는 신청을 기각할 수 있다.

③ 법원은 사회봉사를 허가하는 경우 벌금 미납자의 경제적 능력, 사회봉사 이행에 필요한 신체적 능력, 주거의 안정성 등을 고려하여 사회봉사시간을 산정하여야 한다.

④ 사회봉사 대상자가 미납벌금의 일부를 낸 경우 검사는 법원이 결정한 사회봉사시간에서 이미 납입한 벌금에 상응하는 사회봉사시간을 공제하는 방법으로 남은 사회봉사시간을 다시 산정하여 사회봉사 대상자와 사회봉사를 집행 중인 보호관찰소의 장에게 통보해야 한다.

해설

① 벌금미납자법 제4조 제2항 제2호, 동법 시행령 제2조

② 벌금미납자법 제5조 제3항

③ 법원은 검사로부터 사회봉사 허가 청구를 받은 날부터 14일 이내에 벌금 미납자의 경제적 능력, 사회봉사 이행에 필요한 신체적 능력, 주거의 안정성 등을 고려하여 사회봉사 허가 여부를 결정한다. 다만, 제3항에 따른 출석 요구, 자료제출 요구에 걸리는 기간은 위 기간에 포함하지 아니한다(벌금미납자법 제6조 제1항).

TIP 법원은 사회봉사를 허가하는 경우 벌금 미납액에 의하여 계산된 노역장 유치 기간에 상응하는 사회봉사시간을 산정하여야 한다. 다만, 산정된 사회봉사시간 중 1시간 미만은 집행하지 아니한다(벌금미납자법 제6조 제4항 본문).

TIP ① 사회봉사허가여부 결정 ↔ ② 사회봉사 시간산정

④ 벌금미납자법 제12조 제5항

정답 ③

제4장 치료감호법

048 「치료감호 등에 관한 법률」상 치료감호의 내용에 대한 설명으로 옳은 것은? (21 교정 9급)

① 치료감호 대상자는 의사무능력이나 심신미약으로 인하여 형이 감경되는 심신장애인으로서 징역형 이상의 형에 해당하는 죄를 지은 자이다.
② 피치료감호자를 치료감호시설에 수용하는 기간은 치료감호대상자에 해당하는 심신장애인과 정신성적 장애인의 경우 15년을 초과할 수 없다.
③ 피치료감호자의 치료감호가 가종료되었을 때 시작되는 보호관찰의 기간은 2년으로 한다.
④ 보호관찰 기간이 끝나더라도 재범의 위험성이 없다고 판단될 때까지 치료감호가 종료되지 않는다.

해설

① 「형법」 제10조 제1항(심신상실자)에 따라 벌하지 아니하거나 / 같은 조 제2항(심신미약자)에 따라 형을 감경할 수 있는 심신장애인으로서 금고 이상의 형에 해당하는 죄를 지은 자이다(치료감호법 제2조 제1항).
② 치료감호법 제16조 제2항 제1호
③ 보호관찰의 기간은 3년으로 한다(치료감호법 제32조 제2항).
④ 제32조 제1항 제1호(피치료감호자에 대한 치료감호가 가종료되었을 때) 또는 제2호(피치료감호자가 치료감호시설 외에서 치료받도록 법정대리인등에게 위탁되었을 때)에 해당하는 경우에는 보호관찰기간이 끝나면 피보호관찰자에 대한 치료감호가 끝난다(치료감호법 제35조 제1항).

정답 ②

치료감호법 제2조(치료감호대상자)

① 이 법에서 "치료감호대상자"란 다음 각 호의 어느 하나에 해당하는 자로서 치료감호시설에서 치료를 받을 필요가 있고 재범의 위험성이 있는 자를 말한다. 〈개정 2014.12.30, 2020.10.20〉
1. 「형법」 제10조제1항(심신상실)에 따라 벌하지 아니하거나 / 같은 조 제2항(심신미약)에 따라 형을 감경할 수 있는 심신장애인으로서 금고 이상의 형에 해당하는 죄를 지은 자
2. 마약·향정신성의약품·대마, 그 밖에 남용되거나 해독(害毒)을 끼칠 우려가 있는 물질이나 알코올을 식음(食飮)·섭취·흡입·흡연 또는 주입받는 습벽이 있거나 그에 중독된 자로서 금고 이상의 형에 해당하는 죄를 지은 자
3. 소아성기호증(小兒性嗜好症), 성적가학증(性的加虐症) 등 성적 성벽(性癖)이 있는 정신성적 장애인으로서 금고 이상의 형에 해당하는 성폭력범죄를 지은 자

치료감호법 제16조(치료감호의 내용)

① 치료감호를 선고받은 자(이하 "피치료감호자"라 한다)에 대하여는 치료감호시설에 수용하여 치료를 위한 조치를 한다.
② 피치료감호자를 치료감호시설에 수용하는 기간은 다음 각 호의 구분에 따른 기간을 초과할 수 없다.
1. 제2조제1항제1호(심신상실·심신미약) 및 제3호(정신성적 장애인)에 해당하는 자 : 15년
2. 제2조제1항제2호(마약·알코올 중독)에 해당하는 자 : 2년
③ 「전자장치 부착 등에 관한 법률」 제2조제3호의2에 따른 살인범죄(이하 "살인범죄"라 한다)를 저질러 치료감호를 선고받은 피치료감호자가 살인범죄를 다시 범할 위험성이 있고 계속 치료가 필요하다고 인정되는 경우에는 법원은 치료감호시설의 장의 신청에 따른 검사의 청구로 3회까지 매회 2년의 범위에서 제2항 각 호의 기간을 연장하는 결정을 할 수 있다.

④ 치료감호시설의 장은 정신건강의학과 등 전문의의 진단이나 감정을 받은 후 제3항의 신청을 하여야 한다.
⑤ 제3항에 따른 검사의 청구는 제2항 각 호의 기간 또는 제3항에 따라 연장된 기간이 종료하기 6개월 전까지 하여야 한다.
⑥ 제3항에 따른 법원의 결정은 제2항 각 호의 기간 또는 제3항에 따라 연장된 기간이 종료하기 3개월 전까지 하여야 한다.

049 「치료감호법」에 대한 설명으로 옳은 것은?

13 교정 9급

① 「치료감호법」은 죄의 종류와 상관없이 금고 이상의 형에 해당하는 죄를 지은 심신장애자, 마약 등 중독자, 정신성적(精神性的) 장애자 등 가운데 치료의 필요성과 재범의 위험성이 인정되는 경우를 치료감호의 대상으로 하고 있다.
② 검사는 범죄가 성립되지 않는 경우 공소를 제기할 수 없고, 따라서 치료감호만을 독립적으로 청구할 수도 없다.
③ 치료감호와 형이 병과된 경우에는 치료감호를 먼저 집행하고, 치료감호심의위원회가 치료감호 집행기간의 형 집행기간 산입 여부를 결정한다.
④ 법원은 공소제기된 사건의 심리결과 치료감호를 할 필요가 있다고 인정할 때에는 검사에게 치료감호의 청구를 요구할 수 있다.

해설

① 치료감호대상자는 형법의 심신상실자·심신미약자, 마약이나 알코올 중독자가 금고 이상의 형에 해당하는 죄를 지은 경우 및 정신성적 장애자가 금고 이상의 형에 해당하는 성폭력범죄를 저지른 자를 치료감호의 대상으로 하고 있다(치료감호법 제2조, 제2조의2).
② 검사는 피의자가 형법 제10조제1항(심신상실)에 해당하여 벌할 수 없는 경우에 공소를 제기하지 아니하고 치료감호만을 청구할 수 있다(치료감호법 제7조).
③ 치료감호와 형(刑)이 병과(倂科)된 경우에는 치료감호를 먼저 집행한다. / 이 경우 치료감호의 집행기간은 형 집행기간에 포함한다(치료감호법 제18조).
④ 치료감호법 제4조 제7항

정답 ④

치료감호법 제4조(검사의 치료감호 청구)

① 검사는 치료감호대상자가 치료감호를 받을 필요가 있는 경우 관할 법원(합의부)에 치료감호를 청구할 수 있다.
② 치료감호대상자에 대한 치료감호를 청구할 때에는 정신건강의학과 등의 전문의의 진단이나 감정(鑑定)을 참고하여야 한다. / 다만, 제2조제1항제3호(정신성적 장애인)에 따른 치료감호대상자에 대하여는 정신건강의학과 등의 전문의의 진단이나 감정을 받은 후 치료감호를 청구하여야 한다.
⑤ 검사는 공소제기한 사건의 항소심 변론종결 시까지 치료감호를 청구할 수 있다.
⑦ 법원은 공소제기된 사건의 심리결과 치료감호를 할 필요가 있다고 인정할 때에는 검사에게 치료감호 청구를 요구할 수 있다.

치료감호법 제7조(치료감호의 독립 청구)

검사는 다음 각 호의 어느 하나에 해당하는 경우에는 공소를 제기하지 아니하고 치료감호만을 청구할 수 있다.

1. 피의자가 「형법」 제10조제1항(심신상실)에 해당하여 벌할 수 없는 경우
2. 고소·고발이 있어야 논할 수 있는 죄에서 그 고소·고발이 없거나 취소된 경우 또는 피해자의 명시적인 의사에 반(反)하여 논할 수 없는 죄에서 피해자가 처벌을 원하지 아니한다는 의사표시를 하거나 처벌을 원한다는 의사표시를 철회한 경우
3. 피의자에 대하여 「형사소송법」 제247조에 따라 공소를 제기하지 아니하는 결정(기소유예)을 한 경우

050 「치료감호 등에 관한 법률」상 치료감호에 대한 설명으로 옳지 않은 것은? (21 보호직 7급)

① 검사는 심신장애인으로 금고 이상의 형에 해당하는 죄를 지은 자에 대하여 정신건강의학과 등의 전문의의 진단이나 감정을 받은 후, 치료감호를 청구하여야 한다.

② 구속영장에 의하여 구속된 피의자에 대하여 검사가 공소를 제기하지 아니하는 결정을 하고 치료감호 청구만을 하는 때에는 구속영장은 치료감호영장으로 보며 그 효력을 잃지 아니한다.

③ 약식명령이 청구된 후 치료감호가 청구되었을 때에는 약식명령청구는 그 치료감호가 청구되었을 때부터 공판절차에 따라 심판하여야 한다.

④ 피치료감호자 등의 텔레비전 시청, 라디오 청취, 신문·도서의 열람은 일과시간이나 취침시간 등을 제외하고는 자유롭게 보장된다.

해 설

① 치료감호대상자에 대한 치료감호를 청구할 때에는 정신건강의학과 등의 전문의의 진단이나 감정(鑑定)을 참고하여야 한다. / 다만, 제2조제1항제3호(정신성적 장애인)에 따른 치료감호대상자에 대하여는 정신건강의학과 등의 전문의의 진단이나 감정을 받은 후 치료감호를 청구하여야 한다(치료감호법 제4조 제2항).
② 치료감호법 제8조
③ 치료감호법 제10조 제3항
④ 치료감호법 제27조

정답 ①

051 「치료감호 등에 관한 법률」상 옳은 것은? (20 교정 9급)

① 마약·향정신성의약품·대마, 그 밖에 남용되거나 해독(害毒)을 끼칠 우려가 있는 물질이나 알코올을 식음(食飮)·섭취·흡입·흡연 또는 주입받는 습벽이 있거나 그에 중독된 자가 금고 이상의 형에 해당하는 죄를 범하여 치료감호의 선고를 받은 경우 치료감호시설 수용 기간은 1년을 초과할 수 없다.

② 구속영장에 의하여 구속된 피의자에 대하여 검사가 공소를 제기하지 아니하는 결정을 하고 치료감호 청구만을 하는 때에는 그 구속영장의 효력이 당연히 소멸하므로 검사는 법원으로부터 치료감호영장을 새로이 발부받아야 한다.

③ 치료감호와 형(刑)이 병과(倂科)된 경우에는 치료감호를 먼저 집행하며, 이 경우 치료감호의 집행기간은 형 집행기간에 포함되지 않는다.

④ 피치료감호자의 텔레비전 시청, 라디오 청취, 신문·도서의 열람은 일과시간이나 취침시간 등을 제외하고는 자유롭게 보장된다.

해설

① 마약·향정신성의약품·대마, 그 밖에 남용되거나 해독(害毒)을 끼칠 우려가 있는 물질이나 알코올을 식음(食飮)·섭취·흡입·흡연 또는 주입받는 습벽이 있거나 그에 중독된 자가 금고 이상의 형에 해당하는 죄를 범하여 치료감호의 선고를 받은 경우 치료감호시설 수용 기간은 2년을 초과할 수 없다(치료감호법 제16조 제2항 제2호).
② 구속영장에 의하여 구속된 피의자에 대하여 검사가 공소를 제기하지 아니하는 결정을 하고 치료감호 청구만을 하는 때에는 구속영장은 치료감호영장으로 보며 그 효력을 잃지 아니한다(치료감호법 제8조).
③ 치료감호와 형(刑)이 병과(倂科)된 경우에는 치료감호를 먼저 집행한다. / 이 경우 치료감호의 집행기간은 형 집행기간에 포함한다(치료감호법 제18조).
④ 치료감호법 제27조

정답 ④

052 「치료감호 등에 관한 법률」상 치료감호에 대한 설명으로 옳은 것은? (19 교정 9급)

① 법원은 치료감호사건을 심리하여 그 청구가 이유 없다고 인정할 때 또는 피고사건에 대하여 심신상실 외의 사유로 무죄를 선고하거나 사형을 선고할 때에는 판결로써 청구기각을 선고하여야 한다.
② 근로에 종사하는 피치료감호자에게는 근로의욕을 북돋우고 석방 후 사회정착에 도움이 될 수 있도록 법무부장관이 정하는 바에 따라 작업장려금을 지급할 수 있다.
③ 치료감호심의위원회는 치료감호만을 선고받은 피치료감호자에 대한 집행이 시작된 후 6개월이 지났을 때에는 상당한 기간을 정하여 그의 법정대리인, 배우자, 직계친족, 형제자매에게 치료감호시설 외에서의 치료를 위탁할 수 있다.
④ 「형법」상 살인죄(제250조 제1항)의 죄를 범한 자의 치료감호기간을 연장하는 신청에 대한 검사의 청구는 치료감호기간 또는 치료감호가 연장된 기간이 종료하기 3개월 전까지 하여야 한다.

해설

① 치료감호법 제12조 제1항
② 근로에 종사하는 피치료감호자에게는 근로의욕을 북돋우고 석방 후 사회정착에 도움이 될 수 있도록 법무부장관이 정하는 바에 따라 근로보상금을 지급하여야 한다(치료감호법 제29조).

TIP ① 형집행법 작업장려금 ↔ ② 치료감호법 근로보상금

③ 치료감호심의위원회는 치료감호만을 선고받은 피치료감호자에 대한 집행이 시작된 후 1년이 지났을 때에는 상당한 기간을 정하여 그의 법정대리인, 배우자, 직계친족, 형제자매에게 치료감호시설 외에서의 치료를 위탁할 수 있다(치료감호법 제23조 제1항).
④ 치료감호시설의 장의 신청에 따른 검사의 청구는 기간이 종료하기 6개월 전까지 하여야 한다(치료감호법 제16조 제5항).

TIP ① 검사 6개월 전까지 청구 → ② 법원 3개월 전까지 결정

정답 ①

053 「치료감호 등에 관한 법률」상 치료감호에 대한 설명으로 옳지 않은 것은? (25 교정 9급)

① 마약류 중독으로 금고 이상의 형에 해당하는 죄를 지어, 치료감호시설에서 치료를 받을 필요가 있고 재범의 위험성이 있는 자의 치료감호 기간은 2년을 초과할 수 없다.
② 피치료감호자에 대한 치료감호가 가종료되었을 때 보호관찰기간은 3년으로 한다.
③ 치료감호와 형(刑)이 병과(倂科)된 경우에는 치료감호를 먼저 집행하며, 이 경우 치료감호의 집행기간은 형 집행기간에서 제외한다.
④ 법무부장관은 연 2회 이상 치료감호시설의 운영실태 및 피치료감호자등에 대한 처우상태를 점검하여야 한다.

해설

① 치료감호법 제16조 제2항 제2호
② 치료감호법 제32조 제1항 제1호, 제2항
③ 치료감호와 형(刑)이 병과(倂科)된 경우에는 치료감호를 먼저 집행한다. / 이 경우 치료감호의 집행기간은 형 집행기간에 포함한다(치료감호법 제18조).
④ 치료감호법 제31조

정답 ③

054 「치료감호 등에 관한 법률」상 보호관찰에 대한 설명으로 옳지 않은 것은? (18 교정 9급)

① 보호관찰의 기간은 3년으로 한다.
② 피치료감호자에 대한 치료감호가 가종료되었을 때 보호관찰이 시작된다.
③ 피치료감호자가 치료감호시설 외에서 치료받도록 법정대리인 등에게 위탁되었을 때 보호관찰이 시작된다.
④ 치료감호심의위원회의 치료감호 종료결정이 있어도 보호관찰기간이 남아 있다면 보호관찰은 계속된다.

해설

① 치료감호법 제32조 제2항
② 치료감호법 제32조 제1항 제1호
③ 치료감호법 제32조 제1항 제2호
④ 보호관찰기간이 끝나기 전이라도 치료감호심의위원회의 치료감호의 종료결정이 있을 때에는 보호관찰이 종료된다(치료감호법 제32조 제3항 제2호).

정답 ④

치료감호법 제32조(보호관찰)

① 피치료감호자가 다음 각 호의 어느 하나에 해당하게 되면 「보호관찰 등에 관한 법률」에 따른 보호관찰(이하 "보호관찰"이라 한다)이 시작된다.
1. 피치료감호자에 대한 치료감호가 가종료되었을 때
2. 피치료감호자가 치료감호시설 외에서 치료받도록 법정대리인등에게 위탁되었을 때
3. 제16조제2항 각 호에 따른 기간 또는 같은 조 제3항에 따라 연장된 기간(이하 "치료감호기간"이라 한다)이 만료되는 피치료감호자에 대하여 제37조에 따른 치료감호심의위원회가 심사하여 보호관찰이 필요하다고 결정

한 경우에는 치료감호기간이 만료되었을 때

② 보호관찰의 기간은 3년으로 한다.

③ 보호관찰을 받기 시작한 자(이하 "피보호관찰자"라 한다)가 다음 각 호의 어느 하나에 해당하게 되면 보호관찰이 종료된다.

1. 보호관찰기간이 끝났을 때
2. 보호관찰기간이 끝나기 전이라도 제37조에 따른 치료감호심의위원회의 치료감호의 종료결정이 있을 때
3. 보호관찰기간이 끝나기 전이라도 피보호관찰자가 다시 치료감호 집행을 받게 되어 재수용되었을 때

④ 피보호관찰자가 보호관찰기간 중 새로운 범죄로 금고 이상의 형의 집행을 받게 된 때에는 보호관찰은 종료되지 아니하며, / 해당 형의 집행기간 동안 피보호관찰자에 대한 보호관찰기간은 계속 진행된다.

⑤ 피보호관찰자에 대하여 제4항에 따른 금고 이상의 형의 집행이 종료·면제되는 때 또는 피보호관찰자가 가석방되는 때에 보호관찰기간이 아직 남아있으면 그 잔여기간 동안 보호관찰을 집행한다.

055 「치료감호 등에 관한 법률」상 치료감호제도에 대한 설명으로 옳지 않은 것은? (24 보호직 7급)

① 금고 이상의 형에 해당하는 죄를 저지른 마약중독자라도 재범 위험성이 없는 경우라면 치료감호대상자에 해당하지 않는다.

② 검사는 성적가학증(性的加虐症) 등 성적 성벽이 있는 정신성적 장애인에 대해 정신건강의학과 등의 전문의의 진단이나 감정 결과에 따라 치료감호를 청구하여야 한다.

③ 치료감호와 형이 병과된 경우 치료감호를 먼저 집행하고, 이 경우 치료감호의 집행기간은 형 집행기간에 포함된다.

④ 피치료감호자에 대한 치료감호가 가종료되면 그 기간이 3년인 보호관찰 등에 관한 법률에 따른 보호관찰이 시작된다.

해설

① 치료감호법 제2조 제1항

② (검사가) 치료감호대상자에 대한 치료감호를 청구할 때에는 정신건강의학과 등의 전문의의 진단이나 감정(鑑定)을 참고하여야 한다. / 다만, 제2조 제1항 제3호(정신성적 장애인)에 따른 치료감호대상자에 대하여는 정신건강의학과 등의 전문의의 진단이나 감정을 받은 후 치료감호를 청구하여야 한다(치료감호법 제4조 제2항).

TIP 전문의의 감정 결과에 반하여 치료감호청구를 할 수 있는지 의문이다. 문제 완성도가 떨어지는 출제이다.

③ 치료감호법 제18조

④ 치료감호법 제32조 제1항 제1호, 제2항

정답 ②

056 「치료감호 등에 관한 법률」상 피치료감호자의 보호관찰에 대한 설명으로 옳지 않은 것은? (22 교정 7급)

① 피치료감호자에 대한 치료감호가 가종료되면 보호관찰이 시작된다.

② 피치료감호자가 치료감호시설 외에서 치료받도록 법정대리인 등에게 위탁되었을 때 보호관찰이 시작된다.

③ 보호관찰의 기간은 3년으로 한다.

④ 피보호관찰자가 새로운 범죄로 금고 이상의 형의 집행을 받게 되었을지라도 보호관찰은 종료되지 아니하고 해당 형의 집행기간 동안 보호관찰기간은 정지된다.

해설

① 치료감호법 제32조 제1항 제1호
② 치료감호법 제32조 제1항 제2호
③ 치료감호법 제32조 제2항
④ 피보호관찰자가 보호관찰기간 중 새로운 범죄로 금고 이상의 형의 집행을 받게 된 때에는 보호관찰은 종료되지 아니하며, / 해당 형의 집행기간 동안 피보호관찰자에 대한 보호관찰기간은 계속 진행된다(치료감호법 제32조 제4항).

정답 ④

057 치료감호법 상 치료감호에 대한 설명으로 옳지 않은 것은? (16 교정 9급)

① 피치료감호자에 대한 치료감호가 가종료되었을 때 시작되는 보호관찰의 기간은 3년으로 한다.

② 치료감호심의위원회는 피치료감호자에 대하여 치료감호 집행을 시작한 후 매 6개월마다 치료감호의 종료 또는 가종료 여부를 심사·결정한다.

③ 소아성기호증, 성적가학증 등 성적 성벽(性癖)이 있는 정신성적장애인으로서 금고 이상의 형에 해당하는 성폭력범죄를 지은 자는 치료감호대상자가 될 수 있다.

④ 치료감호의 내용과 실태는 대통령령으로 정하는 바에 따라 공개하여야 한다. 이 경우 피치료감호자나 그의 보호자가 동의한 경우라도 피치료감호자의 개인신상에 관한 것은 공개할 수 없다.

해설

① 치료감호법 제32조 제2항
② 치료감호법 제22조
③ 치료감호법 제2조 제3호
④ 치료감호의 내용과 실태는 대통령령으로 정하는 바에 따라 공개하여야 한다. / 이 경우 피치료감호자나 그의 보호자가 동의한 경우 외에는 피치료감호자의 개인신상에 관한 것은 공개하지 아니한다(치료감호법 제20조).

정답 ④

치료감호법 제22조(가종료 등의 심사·결정)

제37조에 따른 치료감호심의위원회는 피치료감호자에 대하여 치료감호 집행을 시작한 후 매 6개월마다 치료감호의 종료 또는 가종료(假終了) 여부를 심사·결정하고, / 가종료 또는 치료위탁된 피치료감호자에 대하여는 가종료 또는 치료위탁 후 매 6개월마다 종료 여부를 심사·결정한다.

058 「치료감호법」상 치료감호에 대한 설명으로 옳지 않은 것은? (15 교정 9급)

① 「형법」상의 강간죄, 강제추행죄, 준강간죄, 준강제추행죄 등은 치료감호 대상 성폭력범죄의 범위에 해당한다.
② 피치료감호자가 70세 이상인 때에는 검사는 치료감호의 집행을 정지할 수 있다.
③ 법원은 공소제기된 사건의 심리결과 치료감호를 할 필요가 있다고 인정할 때에는 검사에게 치료감호 청구를 요구할 수 있다.
④ 치료감호와 형이 병과된 경우에는 형을 먼저 집행한다.

해 설

① 치료감호법 제2조의2 제1호
② 피치료감호자에 대하여 「형사소송법」 제471조 제1항 각 호의 어느 하나에 해당하는 사유가 있을 때에는 같은 조에 따라 검사는 치료감호의 집행을 정지할 수 있다(치료감호법 제24조 제2호).
③ 치료감호법 제4조 제7항
④ 치료감호와 형(刑)이 병과(倂科)된 경우에는 치료감호를 먼저 집행한다. / 이 경우 치료감호의 집행기간은 형 집행기간에 포함한다(치료감호법 제18조).

정답 ④

형사소송법 제471조(자유형집행의 정지)

① 징역, 금고 또는 구류의 선고를 받은 자에 대하여 다음 각 호의 1에 해당한 사유가 있는 때에는 형을 선고한 법원에 대응한 검찰청검사 또는 형의 선고를 받은 자의 현재지를 관할하는 검찰청검사의 지휘에 의하여 형의 집행을 정지할 수 있다. 〈개정 2007.12.21〉
1. 형의 집행으로 인하여 현저히 건강을 해하거나 생명을 보전할 수 없을 염려가 있는 때
2. 연령 70세 이상인 때
3. 잉태 후 6월 이상인 때
4. 출산 후 60일을 경과하지 아니한 때
5. 직계존속이 연령 70세 이상 또는 중병이나 장애인으로 보호할 다른 친족이 없는 때
6. 직계비속이 유년으로 보호할 다른 친족이 없는 때
7. 기타 중대한 사유가 있는 때

② 검사가 전항의 지휘를 함에는 소속 고등검찰청검사장 또는 지방검찰청검사장의 허가를 얻어야 한다.

059 「치료감호 등에 관한 법률」상 치료감호에 대한 설명으로 옳지 않은 것은? (16 교정 7급)

① 구속영장에 의하여 구속된 피의자에 대하여 검사가 공소를 제기하지 아니하는 결정을 하고 치료감호 청구만을 하는 때에는 구속영장의 효력은 상실되므로 별도로 치료감호영장을 청구하여야 한다.
② 피치료감호자의 텔레비전 시청, 라디오 청취, 신문·도서의 열람은 일과시간이나 취침시간 등을 제외하고는 자유롭게 보장된다.
③ 치료감호와 형이 병과된 경우에는 치료감호를 먼저 집행하며, 이 경우 치료감호의 집행기간은 형 집행기간에 포함한다.
④ 피치료감호자에 대한 치료감호가 가종료되었을 때 보호관찰이 시작되며, 이때 보호관찰의 기간은 3년으로 한다.

해설

① 구속영장에 의하여 구속된 피의자에 대하여 검사가 공소를 제기하지 아니하는 결정을 하고 치료감호 청구만을 하는 때에는 구속영장은 치료감호영장으로 보며 그 효력을 잃지 아니한다(치료감호법 제8조).
② 치료감호법 제27조
③ 치료감호법 제18조
④ 치료감호법 제32조 제1항 제1호, 제2항

정답 ①

060 치료감호와 치료명령제도에 대한 설명으로 옳은 것은? (다툼이 있는 경우 판례에 의함) (25 보호직 9급)

① 「형법」 제10조 제2항의 심신미약의 피치료감호자를 치료감호시설에 수용하는 때 그 수용기간은 2년을 초과할 수 없다.
② 치료감호와 형이 병과된 경우에는 형을 먼저 집행하며, 이 경우 형의 집행기간은 치료감호 집행기간에 포함한다.
③ 검사는 친고죄에서 고소가 취소된 경우 또는 「형사소송법」 제247조(기소편의주의)에 따라 공소를 제기하지 아니하는 결정을 한 경우 공소제기 없이 치료감호만을 청구할 수 있다.
④ 성폭력범죄를 저지른 정신성적 장애인은 「성충동약물치료법」에 의한 약물치료명령의 대상자가 아니고, 치료감호와 약물치료명령이 함께 청구될 수 없으므로 이에 대하여 치료감호와 함께 약물치료명령을 선고하는 것은 부적법하다.

해설

① 심신장애인으로서 금고 이상의 형에 해당하는 죄를 지은 자에 대한 치료감호는 15년을 초과할 수 없다(치료감호법 제16조 제2항 제1호).
② 치료감호와 형(刑)이 병과(倂科)된 경우에는 치료감호를 먼저 집행한다. / 이 경우 치료감호의 집행기간은 형 집행기간에 포함한다(치료감호법 제18조).
③ 치료감호법 제7조 제2호·제3호
④ 치료감호법 제2조 제1항 제3호는 성폭력범죄를 저지른 성적 성벽이 있는 정신성적 장애자를 치료감호대상자로 규정하고 있는데, 성폭력범죄자의 성충동 약물치료에 관한 법률(이하 '성충동약물치료법'이라고 한다) 제2조 제1호, 제4조 제1항은 치료감호법 제2조 제1항 제3호의 정신성적 장애자를 약물치료명령(이하 '치료명령'이라고 한다)의 대상이 되는 성도착증 환자의 한 유형으로 규정하고 있다. / 따라서 성폭력범죄를 저지른 정신성적 장애자에 대하여는 치료감호와 치료명령이 함께 청구될 수도 있는데, / 피청구자의 동의 없이 강제적으로 이루어지는 치료명령 자체가 피청구자의 신체의 자유와 자기결정권에 대한 중대한 제한이 되는 점, 치료감호는 치료감호법에 규정된 수용기간을 한도로 피치료감호자가 치유되어 치료감호를 받을 필요가 없을 때 종료되는 것이 원칙인 점, 치료감호와 치료명령이 함께 선고된 경우에는 성충동약물치료법 제14조에 따라 치료감호의 종료·가종료 또는 치료위탁으로 석방되기 전 2개월 이내에 치료명령이 집행되는 점 등을 감안하면, / 치료감호와 치료명령이 함께 청구된 경우에는, 치료감호를 통한 치료에도 불구하고 치료명령의 집행시점에도 여전히 약물치료가 필요할 만큼 피청구자에게 성폭력범죄를 다시 범할 위험성이 있고 피청구자의 동의를 대체할 수 있을 정도의 상당한 필요성이 인정되는 경우에 한하여 치료감호와 함께 치료명령을 선고할 수 있다고 보아야 한다(대판 2014.12.11. 2014도6930, 2014감도25, 2014전도126, 2014치도3).

정답 ③

061 「치료감호 등에 관한 법률」상 치료감호와 치료명령에 대한 설명으로 옳은 것은? (20 보호직 7급)

① 치료감호와 형이 병과된 경우 형 집행 완료 후 치료감호를 집행한다.
② 피의자가 심신장애로 의사결정능력이 없기 때문에 벌할 수 없는 경우 검사는 공소제기 없이 치료감호만을 청구할 수 있다.
③ 소아성기호증 등 성적 성벽이 있는 장애인으로서 금고 이상의 형에 해당하는 성폭력범죄를 지은 자에 대한 치료감호의 기간은 2년을 초과할 수 없다.
④ 법원은 치료명령대상자에 대하여 형의 선고를 유예하는 경우 치료기간을 정하여 치료를 받을 것을 명할 수 있으며, 이때 보호관찰을 병과할 수 있다.

해설

① 치료감호와 형(刑)이 병과(倂科)된 경우에는 치료감호를 먼저 집행한다. 이 경우 치료감호의 집행기간은 형 집행기간에 포함한다(치료감호법 제18조).
② 치료감호법 제7조 제1호
③ 소아성기호증 등 성적 성벽이 있는 장애인으로서 금고 이상의 형에 해당하는 성폭력범죄를 지은 자에 대한 치료감호의 기간은 15년을 초과할 수 없다(치료감호법 제16조 제2항 제1호).

TIP 마약·알코올 중독자의 치료감호 기간은 2년을 초과할 수 없다(치료감호법 제16조 제2항 제2호).

④ 법원은 치료명령대상자에 대하여 형의 선고 또는 집행을 유예하는 경우에는 치료기간을 정하여 치료를 받을 것을 명할 수 있다. / 치료를 명하는 경우 보호관찰을 병과하여야 한다(제44조의2 제1항, 제2항).

정답 ②

062 치료감호에 대한 설명으로 옳지 않은 것은? (다툼이 있는 경우 판례에 의함) (25 보호 7급)

① 단독판사 관할 피고사건의 항소사건이 지방법원 합의부나 지방법원지원 합의부에 계속 중일 때 그 변론종결 시까지 청구된 치료감호사건의 관할법원은 고등법원이고, 피고사건의 관할법원도 치료감호사건의 관할을 따라 고등법원이 된다.
② 하급심법원의 재판이 피치료감호청구인에게 불이익하지 아니하면 이에 대하여 피치료감호청구인은 상소권을 가질 수 없다.
③ 치료감호법제4조제7항은 법원은 공소제기된 사건의 심리결과 치료감호에 처함이 상당하다고 인정할 때에는 검사에게 치료감호청구를 요구할 수 있다고 규정하지만, 이를 법원에 대하여 치료감호청구 요구에 관한 의무를 부과한 것으로 볼 수 없다.
④ 피고인이 피고사건과 치료감호사건 모두에 대하여 항소하였다가 치료감호사건에 대하여만 항소를 취하하였더라도 법원은 피고사건만이 아닌 치료감호사건에 대하여도 판결을 하여야 한다.

해설

① 대판 2009.11.12. 2009도6946·2009감도24

TIP ① 피고사건(본안)과 치료감호사건(합의부사건)은 사물관할의 병합심리와 구조가 동일하다.

② 대판 2007.7.27. 2007감도11

TIP 상소이익이 없는 경우 상소가 부적법하다.

③ 대판 2024.12.26. 2024도9537

TIP 공소장변경요구가 원칙적으로 재량이고, 예외적으로 의무가 되는 경우와 동일한 구조이다.

④ 피고인이 징역 10년을 선고한 피고사건의 판결 및 이와 함께 치료감호를 선고한 치료감호사건의 판결에 대하여 모두 항소하였다가 원심 제1차 공판기일에 이르러 치료감호사건에 대한 항소를 취하함으로써 치료감호사건의 제1심판결은 확정되었으므로, / 원심이 피고사건에 대하여만 판결을 선고하고 치료감호사건에 대하여는 판결을 선고하지 않은 데에 아무런 위법이 없다(대원 2009.12.10. 2009도10558).

TIP 일부상소에서 분리확정되는 구조와 동일하다.

정답 ④

제5장 성충동약물치료법

063 「성폭력범죄자의 성충동 약물치료에 관한 법률」에 대한 설명으로 옳지 않은 것은? (13 교정 9급)

① '성충동 약물치료'란 비정상적인 성적 충동이나 욕구를 억제하기 위한 조치로서 성도착증 환자에게 약물투여 및 심리치료 등의 방법으로 도착적인 성기능을 일정기간 동안 약화 또는 무력화하는 치료를 말한다.

② 검사는 성도착증 환자로서 재범의 우려가 있다고 인정되는 19세 이상의 사람에 대하여 약물치료명령을 법원에 청구할 수 있다.

③ 검사는 치료명령 청구대상자에 대하여 정신과 전문의의 진단이나 감정을 받은 후 치료명령을 청구하여야 한다.

④ 치료명령은 검사의 지휘를 받아 보호관찰관이 집행한다.

해설

① "성충동 약물치료"(이하 "약물치료"라 한다)란 비정상적인 성적 충동이나 욕구를 억제하기 위한 조치로서 성도착증 환자에게 약물 투여 및 심리치료 등의 방법으로 도착적인 성기능을 일정기간 동안 약화 또는 정상화하는 치료를 말한다(성충동약물치료법 제2조 제3호).

TIP ① 성기능 약화 또는 정상화 / ② 무력화 ×

② 성충동약물치료법 제4조 제1항.
③ 성충동약물치료법 제4조 제2항.
④ 성충동약물치료법 제13조 제1항

정답 ①

성충동약물치료법 제1조(목적)

이 법은 사람에 대하여 성폭력범죄를 저지른 성도착증 환자로서 성폭력범죄를 다시 범할 위험성이 있다고 인정되는 사람에 대하여 성충동 약물치료를 실시하여 성폭력범죄의 재범을 방지하고 사회복귀를 촉진하는 것을 목적으로 한다.

성충동약물치료법 제2조(정의)

이 법에서 사용하는 용어의 뜻은 다음과 같다.

1. "성도착증 환자"란 「치료감호 등에 관한 법률」 제2조제1항제3호에 해당하는 사람 및 정신건강의학과 전문의의 감정에 의하여 성적 이상 습벽으로 인하여 자신의 행위를 스스로 통제할 수 없다고 판명된 사람을 말한다.
3. "성충동 약물치료"(이하 "약물치료"라 한다)란 비정상적인 성적 충동이나 욕구를 억제하기 위한 조치로서 성도착증 환자에게 약물 투여 및 심리치료 등의 방법으로 도착적인 성기능을 일정기간 동안 약화 또는 정상화하는 치료를 말한다.

TIP 무력화 ×

064 「성폭력범죄자의 성충동 약물치료에 관한 법률」상 성폭력 수형자의 치료명령 청구 및 가석방에 대한 설명으로 옳지 않은 것은? (22 교정 7급)

① 교도소·구치소의 장은 가석방 요건을 갖춘 성폭력 수형자에 대하여 약물치료의 내용, 방법, 절차, 효과, 부작용, 비용부담 등에 관하여 충분히 설명하고 동의 여부를 확인하여야 한다.

② 가석방 요건을 갖춘 성폭력 수형자가 약물치료에 동의한 경우 수용시설의 장은 지체 없이 수용시설의 소재지를 관할하는 지방검찰청의 검사에게 인적사항과 교정성적 등 필요한 사항을 통보하여야 한다.

③ 수용시설의 장은 법원의 치료명령 결정이 확정된 성폭력 수형자에 대하여 가석방심사위원회에 가석방 적격심사를 신청하여야 한다.

④ 검사는 성폭력 수형자의 주거지 또는 소속 검찰청 소재지를 관할하는 교도소·구치소의 장에게 범죄의 동기 등 성폭력 수형자에 관하여 필요한 사항의 조사를 요청할 수 있다.

해설

① 성충동약물치료법 제22조 제2항 제1호
② 성충동약물치료법 제22조 제2항 제2호
③ 성충동약물치료법 제23조 제1항
④ 검사는 치료명령을 청구하기 위하여 필요하다고 인정하는 때에는 치료명령 피청구자의 주거지 또는 소속 검찰청(지청을 포함한다) 소재지를 관할하는 보호관찰소(지소를 포함한다)의 장에게 범죄의 동기, 피해자와의 관계, 심리상태, 재범의 위험성 등 치료명령 피청구자에 관하여 필요한 사항의 조사를 요청할 수 있다(성충동약물치료법 제5조 제1항).

정답 ④

성충동약물치료법 제4조(치료명령의 청구)

① 검사는 사람에 대하여 성폭력범죄를 저지른 성도착증 환자로서 성폭력범죄를 다시 범할 위험성이 있다고 인정되는 19세 이상의 사람에 대하여 약물치료명령(이하 "치료명령"이라고 한다)을 법원에 청구할 수 있다.

② 검사는 치료명령 청구대상자(이하 "치료명령 피청구자"라 한다)에 대하여 정신건강의학과 전문의의 진단이나 감정을 받은 후 치료명령을 청구하여야 한다.

③ 제1항에 따른 치료명령의 청구는 공소가 제기되거나 치료감호가 독립청구된 성폭력범죄사건(이하 "피고사건"이라 한다)의 항소심 변론종결 시까지 하여야 한다.

④ 법원은 피고사건의 심리결과 치료명령을 할 필요가 있다고 인정하는 때에는 검사에게 치료명령의 청구를 요구할 수 있다.

⑤ 피고사건에 대하여 판결의 확정 없이 공소가 제기되거나 치료감호가 독립청구된 때부터 15년이 지나면 치료명령을 청구할 수 없다.

065 「성폭력범죄자의 성충동 약물치료에 관한 법률」상 치료명령에 대한 설명으로 옳은 것은? (24 교정 7급)

① 치료감호심의위원회는 징역형과 함께 치료명령을 받은 자로 형기가 남아 있지 아니하거나 12개월 미만인 피치료감호자에 대하여 치료감호의 종료, 가종료, 치료위탁 결정을 하는 경우, 치료명령의 집행이 필요하지 아니하다고 인정되면 치료명령의 집행 면제를 결정할 수 있다.

② 교도소, 소년교도소, 구치소 및 치료감호시설의 장은 치료명령을 받은 사람이 석방되기 2개월 전까지 치료명령을 받은 사람의 주거지를 관할하는 보호관찰소의 장에게 그 사실을 통보하여야 한다.

③ 법원은 피고사건에 대하여 선고를 유예하거나 집행유예를 선고하는 때라도 치료명령을 선고할 수 있다.

④ 성폭력 수형자에게 고지된 법원의 치료명령 결정에 대한 항고와 그 항고법원의 결정에 대한 재항고는 치료명령 결정의 집행을 정지하는 효력이 없다.

해설

① 「치료감호 등에 관한 법률」 제37조에 따른 치료감호심의위원회는 같은 법 제16조 제1항에 따른 피치료감호자 중 치료명령을 받은 사람(피치료감호자 중 징역형과 함께 치료명령을 받은 사람의 경우 형기가 남아 있지 아니하거나 9개월 미만의 기간이 남아 있는 사람에 한정한다)에 대하여 / 같은 법 제22조 또는 제23조에 따른 치료감호의 종료·가종료 또는 치료위탁 결정을 하는 경우에 / 치료명령의 집행이 필요하지 아니하다고 인정되면 치료명령의 집행을 면제하는 결정을 하여야 한다(성충동약물치료법 제8조의3 제1항).

② 교도소, 소년교도소, 구치소 및 치료감호시설의 장은 치료명령을 받은 사람이 석방되기 3개월 전까지 치료명령을 받은 사람의 주거지를 관할하는 보호관찰소의 장에게 그 사실을 통보하여야 한다(성충동약물치료법 제11조 제2항).

③ 법원은 피고사건에 대하여 선고를 유예하거나 집행유예를 선고하는 때에는 판결로 치료명령 청구를 기각하여야 한다(성충동약물치료법 제8조 제3항 제4호).

④ (치료명령의 결정에 대한) 항고와 재항고는 결정의 집행을 정지하는 효력이 없다(성충동약물치료법 제22조 제11항).

정답 ④

성충동약물치료법 제8조(치료명령의 판결 등)

① 법원은 치료명령 청구가 이유 있다고 인정하는 때에는 15년의 범위에서 치료기간을 정하여 판결로 치료명령을 선고하여야 한다.

② 치료명령을 선고받은 사람(이하 "치료명령을 받은 사람"이라 한다)은 치료기간 동안 「보호관찰 등에 관한 법률」에 따른 보호관찰을 받는다.

③ 법원은 다음 각 호의 어느 하나에 해당하는 때에는 판결로 치료명령 청구를 기각하여야 한다.

1. 치료명령 청구가 이유 없다고 인정하는 때
2. 피고사건에 대하여 무죄(심신상실을 이유로 치료감호가 선고된 경우는 제외한다)·면소·공소기각의 판결 또는 결정을 선고하는 때
3. 피고사건에 대하여 벌금형을 선고하는 때
4. 피고사건에 대하여 선고를 유예하거나 집행유예를 선고하는 때

④ 치료명령 청구사건의 판결은 피고사건의 판결과 동시에 선고하여야 한다.

⑤ 치료명령 선고의 판결 이유에는 요건으로 되는 사실, 증거의 요지 및 적용 법조를 명시하여야 한다.

⑥ 치료명령의 선고는 피고사건의 양형에 유리하게 참작되어서는 아니 된다.

066 「성폭력범죄자의 성충동 약물치료에 관한 법률」상 성충동 약물치료에 대한 설명으로 옳지 않은 것은?

22 보호직 7급

① 법원은 성충동 약물치료명령 청구가 이유 있다고 인정하는 때에는 15년의 범위에서 치료기간을 정하여 판결로 치료명령을 선고하여야 한다.

② 성충동 약물치료명령의 대상은 사람에 대하여 성폭력범죄를 저지른 성도착증 환자로서, 성폭력범죄를 다시 범할 위험성이 있다고 인정되는 19세 이상의 사람이다.

③ 성충동 약물치료명령 청구는 검사가 하며, 성충동 약물치료명령 청구대상자에 대하여 정신건강의학과 전문의의 진단이나 감정을 받은 후 치료명령을 청구하여야 한다.

④ 징역형과 함께 성충동 약물치료명령을 받은 사람이 치료감호의 집행 중인 경우, 치료명령 대상자 및 그 법정대리인은 치료명령이 집행될 필요가 없을 정도로 개선되어 성폭력범죄를 다시 범할 위험성이 없음을 이유로, 주거지 또는 현재지를 관할하는 지방법원에 치료명령의 집행 면제를 신청할 수 있다.

해설

① 성충동약물치료법 제8조 제1항
② 검사는 사람에 대하여 성폭력범죄를 저지른 성도착증 환자로서 성폭력범죄를 다시 범할 위험성이 있다고 인정되는 19세 이상의 사람에 대하여 약물치료명령을 법원에 청구할 수 있다(성충동약물치료법 제4조 제1항).
③ 성충동약물치료법 제4조 제1항·제2항
④ 징역형과 함께 치료명령을 받은 사람 및 그 법정대리인은 주거지 또는 현재지를 관할하는 지방법원(지원을 포함한다. 이하 같다)에 치료명령이 집행될 필요가 없을 정도로 개선되어 성폭력범죄를 다시 범할 위험성이 없음을 이유로 치료명령의 집행 면제를 신청할 수 있다. / 다만, 징역형과 함께 치료명령을 받은 사람이 치료감호의 집행 중인 경우에는 치료명령의 집행 면제를 신청할 수 없다(성충동약물치료법 제8조의2 제1항).

TIP 치료명령 ↔ 치료감호

정답 ④

성충동약물치료법 제8조의2(치료명령의 집행 면제 신청 등)

① 징역형과 함께 치료명령을 받은 사람 및 그 법정대리인은 주거지 또는 현재지를 관할하는 지방법원(지원을 포함한다. 이하 같다)에 치료명령이 집행될 필요가 없을 정도로 개선되어 성폭력범죄를 다시 범할 위험성이 없음을 이유로 치료명령의 집행 면제를 신청할 수 있다. / 다만, 징역형과 함께 치료명령을 받은 사람이 치료감호의 집행 중인 경우에는 치료명령의 집행 면제를 신청할 수 없다.
② 제1항 본문에 따른 신청은 치료명령의 원인이 된 범죄에 대한 징역형의 집행이 종료되기 전 12개월부터 9개월까지의 기간에 하여야 한다. / 다만, 치료명령의 원인이 된 범죄가 아닌 다른 범죄를 범하여 징역형의 집행이 종료되지 아니한 경우에는 그 징역형의 집행이 종료되기 전 12개월부터 9개월까지의 기간에 하여야 한다.
④ 법원은 제1항 본문의 신청을 받은 경우 징역형의 집행이 종료되기 3개월 전까지 치료명령의 집행 면제 여부를 결정하여야 한다.

성충동약물치료법 제8조의3(치료감호심의위원회의 치료명령 집행 면제 등)

① 「치료감호 등에 관한 법률」 제37조에 따른 치료감호심의위원회(이하 "치료감호심의위원회"라 한다)는 같은 법 제16조제1항에 따른 피치료감호자 중 치료명령을 받은 사람(피치료감호자 중 징역형과 함께 치료명령을 받은 사람의 경우 형기가 남아 있지 아니하거나 9개월 미만의 기간이 남아 있는 사람에 한정한다)에 대하여 같은 법 제22조 또는 제23조에 따른 치료감호의 종료·가종료 또는 치료위탁 결정을 하는 경우에 치료명령의 집행이 필요하지 아니하다고 인정되면 치료명령의 집행을 면제하는 결정을 하여야 한다.
② 치료감호심의위원회는 제1항의 결정을 하기 위하여 필요한 경우에는 치료명령을 받은 사람에 대하여 정신건강의

학과 전문의의 진단이나 감정을 받게 할 수 있다.
[2017.12.19. 법률 제15254호에 의하여 2015.12.23. 헌법재판소의 헌법불합치 결정과 관련하여 제8조의2부터 제8조의4까지 신설함.]

067 「성폭력범죄자의 성충동 약물치료에 관한 법률」에 대한 내용으로 옳지 않은 것은? (21 교정 9급)

① 치료명령은 검사의 지휘를 받아 보호관찰관이 집행한다.
② 치료명령을 받은 사람은 형의 집행이 종료되거나 면제·가석방 또는 치료감호의 집행이 종료·가종료 또는 치료위탁되는 날부터 7일 이내에 주거지를 관할하는 보호관찰소에 출석하여 서면으로 신고하여야 한다.
③ 치료명령의 집행 중 구속영장의 집행을 받아 구금된 때에는 치료명령의 집행이 정지된다.
④ 치료기간은 연장될 수 있지만, 종전의 치료기간을 합산하여 15년을 초과할 수 없다.

해 설

① 성충동약물치료법 제13조 제1항
② 치료명령을 받은 사람은 형의 집행이 종료되거나 면제·가석방 또는 치료감호의 집행이 종료·가종료 또는 치료위탁되는 날부터 10일 이내에 주거지를 관할하는 보호관찰소에 출석하여 서면으로 신고하여야 한다(성충동약물치료법 제15조 제2항).
③ 성충동약물치료법 제14조 제4항 제1호
④ 성충동약물치료법 제16조 제1항

정답 ②

성충동약물치료법 제13조(집행지휘)

① 치료명령은 검사의 지휘를 받아 보호관찰관이 집행한다.
② 제1항에 따른 지휘는 판결문 등본을 첨부한 서면으로 한다.

성충동약물치료법 제14조(치료명령의 집행)

① 치료명령은 「의료법」에 따른 의사의 진단과 처방에 의한 약물 투여, 「정신건강증진 및 정신질환자 복지서비스 지원에 관한 법률」에 따른 정신보건전문요원 등 전문가에 의한 인지행동 치료 등 심리치료 프로그램의 실시 등의 방법으로 집행한다. 〈개정 2016.5.29〉
② 보호관찰관은 치료명령을 받은 사람에게 치료명령을 집행하기 전에 약물치료의 효과, 부작용 및 약물치료의 방법·주기·절차 등에 관하여 충분히 설명하여야 한다.
③ 치료명령을 받은 사람이 형의 집행이 종료되거나 면제·가석방 또는 치료감호의 집행이 종료·가종료 또는 치료위탁으로 석방되는 경우 보호관찰관은 석방되기 전 2개월 이내에 치료명령을 받은 사람에게 치료명령을 집행하여야 한다.
④ 다음 각 호의 어느 하나에 해당하는 때에는 치료명령의 집행이 정지된다.
1. 치료명령의 집행 중 구속영장의 집행을 받아 구금된 때
2. 치료명령의 집행 중 금고 이상의 형의 집행을 받게 된 때
3. 가석방 또는 가종료·가출소된 자에 대하여 치료기간 동안 가석방 또는 가종료·가출소가 취소되거나 실효된 때
⑥ 그 밖에 치료명령의 집행 및 정지에 관하여 필요한 사항은 대통령령으로 정한다.

068 「성폭력범죄자의 성충동 약물치료에 관한 법률」상 치료명령의 집행에 대한 설명으로 옳지 않은 것은?

24 보호직 7급

① 치료명령은 범죄예방정책국장의 지휘를 받아 보호관찰관이 집행한다.
② 치료명령을 받은 사람은 주거 이전 또는 7일 이상 국내여행을 하거나 출국할 때에는 미리 보호관찰관의 허가를 받아야 한다.
③ 치료명령을 받은 사람이 형의 집행이 종료되거나 면제·가석방 또는 치료감호의 집행이 종료·가종료 또는 치료위탁으로 석방되는 경우, 보호관찰관은 석방되기 전 2개월 이내에 치료명령을 받은 사람에게 치료명령을 집행하여야 한다.
④ 치료명령의 집행 중 구속영장의 집행을 받아 구금된 때에는 치료명령의 집행이 정지되며, 이 경우 구금이 해제되거나 금고 이상의 형의 집행을 받지 아니하는 것으로 확정된 때부터 그 잔여기간을 집행한다.

해설

① 치료명령은 검사의 지휘를 받아 보호관찰관이 집행한다(성충동약물치료법 제13조 제1항).
② 성충동약물치료법 제15조 제3항
③ 성충동약물치료법 제14조 제3항
④ 성충동약물치료법 제14조 제4항 제1호, 제5항 제1호

정답 ①

성충동약물치료법 제15조(치료명령을 받은 사람의 의무)

① 치료명령을 받은 사람은 치료기간 중 상쇄약물의 투약 등의 방법으로 치료의 효과를 해하여서는 아니 된다.
② 치료명령을 받은 사람은 형의 집행이 종료되거나 면제·가석방 또는 치료감호의 집행이 종료·가종료 또는 치료위탁되는 날부터 10일 이내에 주거지를 관할하는 보호관찰소에 출석하여 서면으로 신고하여야 한다.
③ 치료명령을 받은 사람은 주거 이전 또는 7일 이상의 국내여행을 하거나 출국할 때에는 미리 보호관찰관의 허가를 받아야 한다.

069 「성폭력범죄자의 성충동 약물치료에 관한 법률」상 치료명령의 집행에 대한 설명으로 옳지 않은 것은?

14 교정 9급 수정

① 치료명령은 검사의 지휘를 받아 보호관찰관이 집행한다.
② 치료명령의 시효는 치료명령을 받은 사람을 체포함으로써 중단된다.
③ 치료명령의 임시해제 신청은 치료명령의 집행이 개시된 날부터 1년이 지난 후에 하여야 한다.
④ 치료명령을 받은 사람은 7일 이상의 국내여행을 할 때에는 미리 보호관찰관의 허가를 받아야 한다.

해설

① 성충동약물치료법 제13조 제1항
② 성충동약물치료법 제21조 제2항
③ 치료명령의 임시해제 신청은 치료명령의 집행이 개시된 날부터 6개월이 지난 후에 하여야 한다. / 신청이 기각된 경우에는 기각된 날부터 6개월이 지난 후에 다시 신청할 수 있다(성충동약물치료법 제17조 제2항).
④ 성충동약물치료법 제15조 제3항

정답 ③

성충동약물치료법 제17조(치료명령의 임시해제 신청 등)

① 보호관찰소의 장 또는 치료명령을 받은 사람 및 그 법정대리인은 해당 보호관찰소를 관할하는 「보호관찰 등에 관한 법률」 제5조에 따른 보호관찰 심사위원회(이하 "심사위원회"라 한다)에 치료명령의 임시해제를 신청할 수 있다. 〈개정 2020.2.4〉
② 제1항의 신청은 치료명령의 집행이 개시된 날부터 6개월이 지난 후에 하여야 한다. / 신청이 기각된 경우에는 기각된 날부터 6개월이 지난 후에 다시 신청할 수 있다.
③ 임시해제의 신청을 할 때에는 신청서에 임시해제의 심사에 참고가 될 자료를 첨부하여 제출하여야 한다. 〈개정 2020.2.4〉

070 「성폭력범죄자의 성충동 약물치료에 관한 법률」상 약물치료에 대한 설명으로 옳지 않은 것은?

(14 교정 7급)

① 법원은 정신건강의학과 전문의의 진단 또는 감정의견만으로 치료명령 피청구자의 성도착증 여부를 판단하기 어려울 때에는 다른 정신건강의학과 전문의에게 다시 진단 또는 감정을 명할 수 있다.
② 치료명령을 선고받은 사람은 치료기간 동안 보호관찰 등에 관한 법률 에 따른 보호관찰을 받는다.
③ 치료명령을 받은 사람은 치료기간 중 상쇄약물의 투약 등의 방법으로 치료의 효과를 해하여서는 아니 된다.
④ 국가는 치료명령의 결정을 받은 모든 사람의 치료기간 동안 치료비용을 부담하여야 한다.

해설

① 성충동약물치료법 제9조
② 성충동약물치료법 제8조 제2항
③ 성충동약물치료법 제15조 제1항
④ 치료명령의 결정을 받은 사람은 치료기간 동안 치료비용을 부담하여야 한다. / 다만, 치료비용을 부담할 경제력이 없는 사람의 경우에는 국가가 비용을 부담할 수 있다(성충동약물치료법 제24조 제1항).

정답 ④

071 「성폭력범죄자의 성충동 약물치료에 관한 법률」상 '성폭력 수형자 중 검사가 치료명령을 청구할 수 있는 대상자'에 대한 치료명령에 관한 설명으로 옳지 않은 것은? (18 교정 7급)

① 법원의 치료명령 결정에 따른 치료기간은 10년을 초과할 수 없다.
② 치료비용은 법원의 치료명령 결정을 받은 사람이 부담하는 것이 원칙이다.
③ 가석방심사위원회는 성폭력 수형자의 가석방 적격심사를 할 때 치료명령이 결정된 사실을 고려하여야 한다.
④ 법원의 치료명령 결정이 확정된 후 집행을 받지 아니하고 10년이 경과하면 시효가 완성되어 집행이 면제된다.

해 설

① 법원은 치료명령 청구가 이유 있다고 인정하는 때에는 15년의 범위에서 치료기간을 정하여 판결로 치료명령을 선고하여야 한다(성충동약물치료법 제8조 제1항).
② 치료명령의 결정을 받은 사람은 치료기간 동안 치료비용을 부담하여야 한다. / 다만, 치료비용을 부담할 경제력이 없는 사람의 경우에는 국가가 비용을 부담할 수 있다(성충동약물치료법 제24조 제1항).
③ 성충동약물치료법 제23조 제2항
④ 성충동약물치료법 제22조 제14항

정답 ①

제6장 전자장치부착법

072 「전자장치 부착 등에 관한 법률」상 검사가 위치추적 전자장치 부착명령을 법원에 반드시 청구하여야 하는 경우는? (20 교정 9급)

① 미성년자 대상 유괴범죄로 징역형의 실형 이상의 형을 선고받아 그 집행이 종료 또는 면제된 후 다시 미성년자 대상 유괴범죄를 저지른 경우

② 강도범죄를 2회 이상 범하여 그 습벽이 인정된 경우

③ 성폭력범죄로 징역형의 실형을 선고받은 사람이 그 집행을 종료한 후 또는 집행이 면제된 후 10년 이내에 성폭력범죄를 저지른 경우

④ 신체적 또는 정신적 장애가 있는 사람에 대하여 성폭력범죄를 저지른 경우

해설

① 검사는 미성년자 대상 유괴범죄를 저지른 사람으로서 미성년자 대상 유괴범죄를 다시 범할 위험성이 있다고 인정되는 사람에 대하여 부착명령을 법원에 청구할 수 있다. / 다만, 유괴범죄로 징역형의 실형 이상의 형을 선고받아 그 집행이 종료 또는 면제된 후 다시 유괴범죄를 저지른 경우에는 부착명령을 청구하여야 한다(전자장치부착법 제5조 제2항).

② 전자장치부착법 제5조 제4항 제3호(임의적 청구)

③ 전자장치부착법 제5조 제1항 제3호(임의적 청구)

④ 전자장치부착법 제5조 제1항 제5호(임의적 청구)

정답 ①

TIP Tip 특정 범죄자에 대한 보호관찰 및 전자장치 부착 등에 관한 법률 → 전자장치 부착 등에 관한 법률 〈개정 2020.2.4.〉

[2020.2.4. 개정이유]

(특정범죄자에 대한 보호관찰 및 전자장치 부착 등에 관한 법률 → 전자장치 부착 등에 관한 법률)

최근 가석방의 확대로 범죄에 대한 국민의 불안이 가중되고 있는바, 현행법상 특정 범죄자로 한정하고 있는 전자장치의 부착 제도를 특정범죄 이외의 범죄로 가석방되는 사람에 대해서도 적용되도록 함으로써 출소자 관리감독의 사각지대를 해소하고, 보석허가자의 도주 방지와 출석 담보를 위하여 주거제한 등의 조치와 함께 전자장치 부착을 보석조건으로 부과할 수 있도록 하는 한편, "가해제"를 보다 이해하기 쉬운 "임시해제"로 개정하는 등 현행 제도의 운영상 나타난 일부 미비점을 개선·보완하려는 것임

전자장치부착법 제1조(목적)

이 법은 수사·재판·집행 등 형사사법 절차에서 전자장치를 효율적으로 활용하여 불구속재판을 확대하고, 범죄인의 사회복귀를 촉진하며, 범죄로부터 국민을 보호함을 목적으로 한다.

전자장치부착법 제5조(전자장치 부착명령의 청구)

① 검사는 다음 각 호의 어느 하나에 해당하고, 성폭력범죄를 다시 범할 위험성이 있다고 인정되는 사람에 대하여 전자장치를 부착하도록 하는 명령(이하 "부착명령"이라 한다)을 법원에 청구할 수 있다. 〈개정 2008.6.13, 2010.4.15, 2012.12.18〉

1. 성폭력범죄로 징역형의 실형을 선고받은 사람이 그 집행을 종료한 후 또는 집행이 면제된 후 10년 이내에 성폭력범죄를 저지른 때
2. 성폭력범죄로 이 법에 따른 전자장치를 부착받은 전력이 있는 사람이 다시 성폭력범죄를 저지른 때
3. 성폭력범죄를 2회 이상 범하여(유죄의 확정판결을 받은 경우를 포함한다) 그 습벽이 인정된 때
4. 19세 미만의 사람에 대하여 성폭력범죄를 저지른 때

5. 신체적 또는 정신적 장애가 있는 사람에 대하여 성폭력범죄를 저지른 때

② 검사는 미성년자 대상 유괴범죄를 저지른 사람으로서 미성년자 대상 유괴범죄를 다시 범할 위험성이 있다고 인정되는 사람에 대하여 부착명령을 법원에 청구할 수 있다. / 다만, 유괴범죄로 징역형의 실형 이상의 형을 선고받아 그 집행이 종료 또는 면제된 후 다시 유괴범죄를 저지른 경우에는 부착명령을 청구하여야 한다. 〈신설 2009.5.8, 2010.4.15〉

③ 검사는 살인범죄를 저지른 사람으로서 살인범죄를 다시 범할 위험성이 있다고 인정되는 사람에 대하여 부착명령을 법원에 청구할 수 있다. / 다만, 살인범죄로 징역형의 실형 이상의 형을 선고받아 그 집행이 종료 또는 면제된 후 다시 살인범죄를 저지른 경우에는 부착명령을 청구하여야 한다.

④ 검사는 다음 각 호의 어느 하나에 해당하고 강도범죄를 다시 범할 위험성이 있다고 인정되는 사람에 대하여 부착명령을 법원에 청구할 수 있다.

1. 강도범죄로 징역형의 실형을 선고받은 사람이 그 집행을 종료한 후 또는 집행이 면제된 후 10년 이내에 다시 강도범죄를 저지른 때
2. 강도범죄로 이 법에 따른 전자장치를 부착하였던 전력이 있는 사람이 다시 강도범죄를 저지른 때
3. 강도범죄를 2회 이상 범하여(유죄의 확정판결을 받은 경우를 포함한다) 그 습벽이 인정된 때

⑤ 검사는 다음 각 호의 어느 하나에 해당하고 스토킹범죄를 다시 범할 위험성이 있다고 인정되는 사람에 대하여 부착명령을 법원에 청구할 수 있다. 〈신설 2023.7.11〉

1. 스토킹범죄로 징역형의 실형을 선고받은 사람이 그 집행을 종료한 후 또는 집행이 면제된 후 10년 이내에 다시 스토킹범죄를 저지른 때
2. 스토킹범죄로 이 법에 따른 전자장치를 부착하였던 전력이 있는 사람이 다시 스토킹범죄를 저지른 때
3. 스토킹범죄를 2회 이상 범하여(유죄의 확정판결을 받은 경우를 포함한다) 그 습벽이 인정된 때

⑥ 제1항부터 제5항까지의 규정에 따른 부착명령의 청구는 공소가 제기된 특정범죄사건의 항소심 변론종결 시까지 하여야 한다. 〈개정 2023.7.11〉

⑦ 법원은 공소가 제기된 특정범죄사건을 심리한 결과 부착명령을 선고할 필요가 있다고 인정하는 때에는 검사에게 부착명령의 청구를 요구할 수 있다. 〈개정 2023.7.11〉

⑧ 제1항부터 제5항까지의 규정에 따른 특정범죄사건에 대하여 판결의 확정 없이 공소가 제기된 때부터 15년이 경과한 경우에는 부착명령을 청구할 수 없다.

073 검사가 전자장치 부착명령을 반드시 청구하여야 하는 경우는?

(12 교정 9급)

① 성폭력범죄로 징역형의 실형을 선고받은 사람이 그 집행을 종료한 후 또는 집행이 면제된 후 10년 이내에 성폭력범죄를 저지른 때

② 성폭력범죄를 2회 이상 범하여(유죄의 확정판결을 받은 경우를 포함) 그 습벽이 인정된 때

③ 유괴범죄로 징역형의 실형 이상의 형을 선고받아 그 집행 종료 후 다시 유괴범죄를 행한 때

④ 살인범죄를 저지른 사람으로서 살인범죄를 다시 범할 위험성이 있다고 인정되는 경우

해설

① 전자장치부착법 제5조 제1항 제1호(임의적 청구)

② 전자장치부착법 제5조 제1항 제3호(임의적 청구)

③ 검사는 미성년자 대상 유괴범죄를 저지른 사람으로서 미성년자 대상 유괴범죄를 다시 범할 위험성이 있다고 인정되는 사람에 대하여 부착명령을 법원에 청구할 수 있다. / 다만, 유괴범죄로 징역형의 실형 이상의 형을 선고받아 그 집행이 종료 또는 면제된 후 다시 유괴범죄를 저지른 경우에는 부착명령을 청구하여야 한다(전자장치부착법 제5조 제2항).

④ 전자장치부착법 제5조 제3항(임의적 청구)

정답 ③

074 「전자장치 부착 등에 관한 법률」상 검사가 성폭력범죄를 다시 범할 위험성이 있다고 인정되는 사람에 대하여 전자장치 부착명령을 청구할 수 있는 사유로 명시되지 않은 것은? (22 교정 7급)

① 성폭력범죄로 징역형의 실형을 선고받은 사람이 그 집행을 종료한 후 또는 집행이 면제된 후 10년 이내에 성폭력범죄를 저지른 때
② 성폭력범죄를 2회 이상 범하여(유죄의 확정판결을 받은 경우를 포함한다) 그 습벽이 인정된 때
③ 신체적 또는 정신적 장애가 있는 사람이 성폭력범죄를 저지른 때
④ 19세 미만의 사람에 대하여 성폭력범죄를 저지른 때

해설

③ '신체적 또는 정신적 장애가 있는 사람에 대하여 성폭력범죄를 저지른 때'이다(전자장치부착법 제5조 제1항 제4호).

정답 ③

075 「전자장치 부착 등에 관한 법률」상 '특정범죄'에 관한 형 집행 종료 후의 전자장치 부착에 대한 설명으로 옳지 않은 것은? (24 보호직 7급)

① 검사는, 19세 미만의 사람에 대하여 성폭력범죄를 저지른 때에 성폭력범죄를 다시 범할 위험성이 있다고 인정되는 사람에 대하여 전자장치를 부착하도록 하는 명령을 법원에 청구할 수 있다.
② 검사는, 스토킹범죄를 2회 이상 범하여(유죄의 확정판결을 받은 경우를 제외한다) 그 습벽이 인정된 때에 스토킹범죄를 다시 범할 위험성이 있다고 인정되는 사람에 대하여 전자장치를 부착하도록 하는 명령을 법원에 청구할 수 있다.
③ 검사는, 미성년자 대상 유괴범죄를 저지른 사람으로서 미성년자 대상 유괴범죄를 다시 범할 위험성이 있다고 인정되는 사람에 대하여 전자장치를 부착하도록 하는 명령을 법원에 청구할 수 있다. 다만, 유괴범죄로 징역형의 실형 이상의 형을 선고받아 그 집행이 종료 또는 면제된 후 다시 유괴범죄를 저지른 경우에는 전자장치를 부착하도록 하는 명령을 청구하여야 한다.
④ 검사는, 강도범죄로 전자장치 부착 등에 관한 법률 에 따른 전자장치를 부착하였던 전력이 있는 사람이 다시 강도범죄를 저지른 때에 강도범죄를 다시 범할 위험성이 있다고 인정되는 경우 전자장치를 부착하도록 하는 명령을 법원에 청구할 수 있다.

해설

① 전자장치부착법 제5조 제1항 제4호
② 검사는 스토킹범죄를 2회 이상 범하여(유죄의 확정판결을 받은 경우를 포함한다) 그 습벽이 인정되고, 스토킹범죄를 다시 범할 위험성이 있다고 인정되는 사람에 대하여 부착명령을 법원에 청구할 수 있다(전자장치부착법 제5조 제5항).
③ 전자장치부착법 제5조 제2항
④ 전자장치부착법 제5조 제4항 제2호

정답 ②

전자장치부착법 제5조(전자장치 부착명령의 청구)

⑤ 검사는 다음 각 호의 어느 하나에 해당하고 스토킹범죄를 다시 범할 위험성이 있다고 인정되는 사람에 대하여 부착명령을 법원에 청구할 수 있다. 〈신설 2023.7.11〉
  1. 스토킹범죄로 징역형의 실형을 선고받은 사람이 그 집행을 종료한 후 또는 집행이 면제된 후 10년 이내에 다시 스토킹범죄를 저지른 때
  2. 스토킹범죄로 이 법에 따른 전자장치를 부착하였던 전력이 있는 사람이 다시 스토킹범죄를 저지른 때
  3. 스토킹범죄를 2회 이상 범하여(유죄의 확정판결을 받은 경우를 포함한다) 그 습벽이 인정된 때

⑥ 제1항부터 제5항까지의 규정에 따른 부착명령의 청구는 공소가 제기된 특정범죄사건의 항소심 변론종결 시까지 하여야 한다. 〈개정 2023.7.11〉

076 「전자장치 부착 등에 관한 법률」상 전자장치 부착에 대한 설명으로 옳지 않은 것은? (19 교정 9급)

① 검사는 강도범죄로 징역형의 실형을 선고받은 사람이 그 집행을 종료한 후 8년 뒤 다시 강도범죄를 저지른 경우, 강도범죄를 다시 범할 위험성이 있다고 인정되는 때에는 부착명령을 법원에 청구할 수 있다.
② 전자장치 피부착자가 9일 간 국내여행을 하거나 출국할 때에는 미리 보호관찰관의 허가를 받아야 한다.
③ 보호관찰소의 장 또는 피부착자 및 그 법정대리인은 해당 보호관찰소를 관할하는 심사위원회에 부착명령의 가해제를 신청할 수 있으며, 이 신청은 부착명령의 집행이 개시된 날부터 3개월이 경과한 후에 하여야 한다.
④ 만 19세 미만의 자에 대해서는 부착명령을 선고할 수 없다.

해설

① 전자장치부착법 제5조 제4항 제1호
② 피부착자는 주거를 이전하거나 7일 이상의 국내여행을 하거나 출국할 때에는 미리 보호관찰관의 허가를 받아야 한다(전자장치부착 제14조 제3항).
③ 전자장치부착법 제17조 제1항·제2항
④ 만 19세 미만의 자에 대하여 부착명령을 선고한 때에는 19세에 이르기까지 이 법에 따른 전자장치를 부착할 수 없다(전자장치부착법 제4조).

TIP 만 19세 미만의 자 : ① 부착명령 선고 可 / ② 19세에 이르기까지 부착 不可(집행 不可)

정답 ④

077 「전자장치 부착 등에 관한 법률」상 전자장치 부착에 대한 설명으로 옳은 것은? (25 보호직 9급)

① 만 19세 미만의 자에 대해서는 전자장치 부착명령을 선고할 수 없다.
② 검사의 전자장치 부착명령 청구는 공소가 제기된 특정범죄사건의 제1심 판결 선고 시까지 하여야 한다.
③ 성폭력범죄, 미성년자 대상 유괴범죄, 살인범죄, 강·절도범죄 및 스토킹범죄가 전자장치 부착대상 특정범죄이다.
④ 보호관찰이 부과된 사람의 전자장치 부착기간은 보호관찰 기간을 초과할 수 없으며, 보호관찰이 임시해제된 경우에는 전자장치 부착이 임시해제된 것으로 본다.

해설

① 만 19세 미만의 자에 대하여 부착명령을 선고한 때에는 19세에 이르기까지 이 법에 따른 전자장치를 부착할 수 없다(전자장치부착법 제4조).
② 부착명령의 청구는 공소가 제기된 특정범죄사건의 항소심 변론종결 시까지 하여야 한다(전자장치부착법 제5조 제6항).
③ "특정범죄"란 성폭력범죄, 미성년자 대상 유괴범죄, 살인범죄, 강도범죄 및 스토킹범죄를 말한다(전자장치부착법 제2조 제1호).

TIP 절도범죄 ×

④ 전자장치부착법 제32조 제2항 단서, 제33조

정답 ④

078 「전자장치 부착 등에 관한 법률」상 전자장치 부착 등에 대한 설명으로 옳은 것은? (16 교정 7급 수정)

① 전자장치 피부착자는 주거를 이전하거나 3일 이상의 국내여행 또는 출국할 때에는 미리 보호관찰관의 허가를 받아야 한다.
② 19세 미만의 사람에 대하여 성폭력범죄를 저지른 경우에는 전자장치 부착기간의 상한과 하한은 법률에서 정한 부착기간의 2배로 한다.
③ 검사는 성폭력범죄로 징역형의 실형을 선고받은 사람이 그 집행을 종료한 후 또는 집행이 면제된 후 15년 이내에 성폭력범죄를 저지르고, 성폭력범죄를 다시 범할 위험성이 있다고 인정되는 때에는 전자장치를 부착하도록 하는 명령을 법원에 청구할 수 있다.
④ 여러 개의 특정범죄에 대하여 동시에 전자장치 부착명령을 선고할 때에는 법정형이 가장 중한 죄의 부착기간 상한의 2분의 1까지 가중하되, 각 죄의 부착기간의 상한을 합산한 기간을 초과할 수 없다. 다만, 하나의 행위가 여러 특정범죄에 해당하는 경우에는 가장 중한 죄의 부착기간을 부착기간으로 한다.

해설

① 전자장치 피부착자는 주거를 이전하거나 7일 이상의 국내여행을 하거나 출국할 때에는 미리 보호관찰관의 허가를 받아야 한다(전자장치부착법 제14조 제3항).
② 19세 미만의 사람에 대하여 특정범죄를 저지른 경우에는 부착기간 하한을 법률에서 정한 부착기간 하한의 2배로 한다(전자장치부착법 제9조 제1항 단서).
③ 검사는 성폭력범죄로 징역형의 실형을 선고받은 사람이 그 집행을 종료한 후 또는 집행이 면제된 후 10년 이내에 성폭력범죄를 저지르고, 성폭력범죄를 다시 범할 위험성이 있다고 인정되는 때에는 전자장치를 부착하도록 하는 명령을 법원에 청구할 수 있다(전자장치부착법 제5조 제1항 제1호).
④ 전자장치부착법 제9조 제2항

정답 ④

전자장치부착법 제9조(부착명령의 판결 등)

① 법원은 부착명령 청구가 이유 있다고 인정하는 때에는 다음 각 호에 따른 기간의 범위 내에서 부착기간을 정하여 판결로 부착명령을 선고하여야 한다. 다만, 19세 미만의 사람에 대하여 특정범죄를 저지른 경우에는 부착기간 하한을 다음 각 호에 따른 부착기간 하한의 2배로 한다.
1. 법정형의 상한이 사형 또는 무기징역인 특정범죄 : 10년 이상 30년 이하

2. 법정형 중 징역형의 하한이 3년 이상의 유기징역인 특정범죄(제1호에 해당하는 특정범죄는 제외한다) : 3년 이상 20년 이하
3. 법정형 중 징역형의 하한이 3년 미만의 유기징역인 특정범죄(제1호 또는 제2호에 해당하는 특정범죄는 제외한다) : 1년 이상 10년 이하

② 여러 개의 특정범죄에 대하여 동시에 부착명령을 선고할 때에는 법정형이 가장 중한 죄의 부착기간 상한의 2분의 1까지 가중하되, 각 죄의 부착기간의 상한을 합산한 기간을 초과할 수 없다. / 다만, 하나의 행위가 여러 특정범죄에 해당하는 경우에는 가장 중한 죄의 부착기간을 부착기간으로 한다.

③ 부착명령을 선고받은 사람은 부착기간 동안 「보호관찰 등에 관한 법률」에 따른 보호관찰을 받는다.

④ 법원은 다음 각 호의 어느 하나에 해당하는 때에는 판결로 부착명령 청구를 기각하여야 한다.
1. 부착명령 청구가 이유 없다고 인정하는 때
2. 특정범죄사건에 대하여 무죄(심신상실을 이유로 치료감호가 선고된 경우는 제외한다)·면소·공소기각의 판결 또는 결정을 선고하는 때
3. 특정범죄사건에 대하여 벌금형을 선고하는 때
4. 특정범죄사건에 대하여 선고유예 또는 집행유예를 선고하는 때(제28조제1항에 따라 전자장치 부착을 명하는 때를 제외한다)

⑤ 부착명령 청구사건의 판결은 특정범죄사건의 판결과 동시에 선고하여야 한다.

⑦ 부착명령의 선고는 특정범죄사건의 양형에 유리하게 참작되어서는 아니 된다.

079 「전자장치 부착 등에 관한 법률」상 법원이 19세 미만의 사람에 대해서 성폭력범죄를 저지른 사람에 대해서 전자장치 부착명령을 선고하는 경우, 반드시 포함하여 부과해야 하는 준수사항으로 옳은 것은?

(21 교정 9급)

① 어린이 보호구역 등 특정지역·장소에의 출입금지
② 주거지역의 제한
③ 피해자 등 특정인에의 접근금지
④ 특정범죄 치료 프로그램의 이수

해설

③ 법원은 19세 미만의 사람에 대해서 성폭력범죄를 저지른 사람에 대해서 부착명령을 선고하는 경우에는 제1항 제1호(야간, 아동·청소년의 통학시간 등 특정 시간대의 외출제한) 및 제3호(피해자 등 특정인에의 접근금지)를 포함하여 준수사항을 부과하여야 한다(전자장치부착법 제9조의2 제2항).

정답 ③

전자장치부착법 제9조의2(준수사항)

① 법원은 제9조제1항에 따라 부착명령을 선고하는 경우 부착기간의 범위에서 준수기간을 정하여 다음 각 호의 준수사항 중 하나 이상을 부과할 수 있다. / 다만, 제4호의 준수사항은 500시간의 범위에서 그 기간을 정하여야 한다. 〈개정 2010.4.15, 2020.12.15〉
1. 야간, 아동·청소년의 통학시간 등 특정 시간대의 외출제한
2. 어린이 보호구역 등 특정지역·장소에의 출입금지 및 접근금지
2의 2. 주거지역의 제한

3. 피해자 등 특정인에의 접근금지
4. 특정범죄 치료 프로그램의 이수
5. 마약 등 중독성 있는 물질의 사용금지
6. 그 밖에 부착명령을 선고받는 사람의 재범방지와 성행교정을 위하여 필요한 사항

② 삭제 〈2010.4.15〉

③ 제1항에도 불구하고 법원은 성폭력범죄를 저지른 사람(19세 미만의 사람을 대상으로 성폭력범죄를 저지른 사람으로 한정한다) 또는 스토킹범죄를 저지른 사람에 대해서 제9조제1항에 따라 부착명령을 선고하는 경우에는 다음 각 호의 구분에 따라 제1항의 준수사항을 부과하여야 한다. 〈개정 2023.7.11〉

1. 19세 미만의 사람을 대상으로 성폭력범죄를 저지른 사람 : 제1항제1호(특정 시간대의 외출제한) 및 제3호(피해자 등 특정인 접근금지)의 준수사항을 포함할 것. / 다만, 제1항제1호의 준수사항을 부과하여서는 아니 될 특별한 사정이 있다고 판단하는 경우에는 해당 준수사항을 포함하지 아니할 수 있다.
2. 스토킹범죄를 저지른 사람 : 제1항제3호(피해자 등 특정인 접근금지)의 준수사항을 포함할 것

080 「전자장치 부착 등에 관한 법률」상 전자장치 부착에 대한 설명으로 옳은 것은? (23 교정 7급)

① 19세 미만의 사람에 대하여 성폭력범죄를 저지른 경우에는 부착기간 상한을 법이 정한 부착기간 상한의 2배로 한다.

② 19세 미만의 사람에 대하여 성폭력범죄를 저지른 사람에게 부착명령을 선고하는 경우, 법원은 어린이 보호구역 등 특정지역·장소에의 출입금지 및 접근금지를 준수사항으로 부과하여야 한다.

③ 피부착자는 주거를 이전하거나 7일 이상 국내여행을 하거나 출국할 때에는 미리 보호관찰관에게 신고하여야 한다.

④ 살인범죄로 징역형의 실형 이상의 형을 선고받아 그 집행이 면제된 후 다시 살인범죄를 저지른 사람에 대해서 검사는 부착명령을 청구하여야 한다.

해설

① 19세 미만의 사람에 대하여 특정범죄를 저지른 경우에는 부착기간 하한을 법이 정한 부착기간 하한의 2배로 한다(전자장치부착법 제9조 제1항 단서).

② 19세 미만의 사람을 대상으로 성폭력범죄를 저지른 사람에 대해서 부착명령을 선고하는 경우에는 제1항 제1호(야간, 아동·청소년의 통학시간 등 특정 시간대의 외출제한) 및 제3호(피해자 등 특정인에의 접근금지)의 준수사항을 포함하여 부과하여야 한다. / 다만, 제1항 제1호(야간, 아동·청소년의 통학시간 등 특정 시간대의 외출제한)의 준수사항을 부과하여서는 아니 될 특별한 사정이 있다고 판단하는 경우에는 해당 준수사항을 포함하지 아니할 수 있다(전자장치부착법 제9조의2 제3항).

TIP 제2호(어린이 보호구역 등 특정지역·장소에의 출입금지 및 접근금지)는 반드시 부과하여야 할 준수사항이 아니다.

③ 피부착자는 주거를 이전하거나 7일 이상의 국내여행을 하거나 출국할 때에는 미리 보호관찰관의 허가를 받아야 한다(전자장치부착법 제14조 제3항).

④ 검사는 살인범죄를 저지른 사람으로서 살인범죄를 다시 범할 위험성이 있다고 인정되는 사람에 대하여 부착명령을 법원에 청구할 수 있다. / 다만, 살인범죄로 징역형의 실형 이상의 형을 선고받아 그 집행이 종료 또는 면제된 후 다시 살인범죄를 저지른 경우에는 부착명령을 청구하여야 한다(전자장치부착법 제5조 제3항).

정답 ④

081 「전자장치 부착 등에 관한 법률」에 대한 설명으로 옳지 않은 것은?

15 교정 9급 수정

① 법원은 특정범죄를 범한 자에 대하여 형의 집행을 유예하면서 보호관찰을 받을 것을 명할 때에는 전자장치를 부착할 것을 명할 수는 없다.

② 전자장치 부착집행 중 보호관찰 준수사항 위반으로 유치허가장의 집행을 받아 유치된 때에는 부착집행이 정지된다.

③ 만 19세 미만의 자에 대하여 부착명령을 선고한 때에는 19세에 이르기까지 이 법에 따른 전자장치를 부착할 수 없다.

④ 법원은 공소가 제기된 특정범죄사건을 심리한 결과 부착명령을 선고할 필요가 있다고 인정하는 때에는 검사에게 부착명령의 청구를 요구할 수 있다.

해설

① 법원은 특정범죄를 범한 자에 대하여 형의 집행을 유예하면서 보호관찰을 받을 것을 명할 때에는 보호관찰 기간의 범위 내에서 기간을 정하여 준수사항의 이행여부 확인 등을 위하여 전자장치를 부착할 것을 명할 수 있다(전자장치부착법 제28조 제1항). 〈개정 2009.5.8, 2023.7.11〉

② 전자장치 부착집행 중 보호관찰 준수사항 위반으로 유치허가장의 집행을 받아 유치된 때에는 부착집행이 정지된다. / 이 경우 심사위원회가 보호관찰소의 장의 가석방 취소신청을 기각한 날 또는 법무부장관이 심사위원회의 허가신청을 불허한 날부터 그 잔여기간을 집행한다(전자장치부착법 제24조 제3항).

③ 전자장치부착법 제4조

④ 전자장치부착법 제5조 제7항

정답 ①

082 「전자장치 부착 등에 관한 법률」에 대한 설명으로 옳지 않은 것은?

14 교정 9급 수정

① 특정범죄는 성폭력범죄, 미성년자 대상 유괴범죄, 살인범죄, 강도범죄 및 스토킹범죄를 말한다.

② 만 19세 미만의 자에 대하여 전자장치의 부착명령을 선고할 수 없다.

③ 전자장치 부착명령의 선고는 특정범죄사건의 양형에 유리하게 참작되어서는 아니 된다.

④ 부착명령 판결을 선고받지 아니한 특정범죄자로서 형의 집행 중 가석방되어 보호관찰을 받게 되는 자는 준수사항 이행 여부 확인 등을 위하여 가석방기간 동안 전자장치를 부착하여야 한다. 다만, 심사위원회가 전자장치 부착이 필요하지 아니하다고 결정한 경우에는 그러하지 아니하다.

해설

① 전자장치부착법 제2조 제1호

② 만 19세 미만의 자에 대하여 부착명령을 선고한 때에는 / 19세에 이르기까지 이 법에 따른 전자장치를 부착할 수 없다(전자장치부착법 제4조).

③ 전자장치부착법 제9조 제7항

④ 전자장치부착법 제22조 제1항

정답 ②

083 「전자장치 부착 등에 관한 법률」상 전자장치 부착명령에 대한 설명으로 옳은 것은? (13 교정 9급 수정)

① 전자장치 부착명령 대상자는 성폭력범죄자, 미성년자 대상 유괴범죄자, 살인범죄에만 국한된다.

② 검사는 부착명령을 청구하기 위하여 필요하다고 인정하는 때에는 소속 검찰청 소재지를 관할하는 보호관찰소의 장에게 피의자와의 관계, 심리상태 등 피해자에 관하여 필요한 사항의 조사를 요청할 수 있다.

③ 부착명령 청구사건의 제1심 재판은 지방법원 합의부의 관할로 한다.

④ 법원은 부착명령 청구가 있는 때에는 부착명령 청구서의 부본을 피부착명령 청구자 또는 그의 변호인에게 송부하여야 하며, 공판기일 7일전까지 송부하여야 한다.

해설

① (전자장치부착의 대상이 되는) "특정범죄"란 성폭력범죄, 미성년자 대상 유괴범죄, 살인범죄, 강도범죄 및 스토킹범죄를 말한다(전자장치부착법 제2조).

② 검사는 부착명령을 청구하기 위하여 필요하다고 인정하는 때에는 피의자의 주거지 또는 소속 검찰청(지청을 포함한다. 이하 같다) 소재지를 관할하는 보호관찰소(지소를 포함한다. 이하 같다)의 장에게 범죄의 동기, 피해자와의 관계, 심리상태, 재범의 위험성 등 피의자에 관하여 필요한 사항의 조사를 요청할 수 있다(전자장치부착법 제6조 제1항).

TIP 피해자에 관하여 필요한 사항 조사 ×

③ 장치부착법 제7조 제2항.

④ 법원은 부착명령 청구가 있는 때에는 지체 없이 부착명령 청구서의 부본을 피부착명령청구자 또는 그의 변호인에게 송부하여야 한다. / 이 경우 특정범죄사건에 대한 공소제기와 동시에 부착명령 청구가 있는 때에는 제1회 공판기일 5일 전까지, / 특정범죄사건의 심리 중에 부착명령 청구가 있는 때에는 다음 공판기일 5일 전까지 송부하여야 한다(전자장치부착법 제8조).

정답 ③

084 「전자장치 부착 등에 관한 법률」에 대한 설명으로 옳은 것은? (20 교정 7급)

① 만 18세 미만의 자에 대하여 부착명령을 선고한 때에는 18세에 이르기까지 이 법에 따른 전자장치를 부착할 수 없다.

② 전자장치 부착기간은 이를 집행한 날부터 기산하되, 초일은 산입하지 아니한다.

③ 전자장치 부착명령의 청구는 공소제기와 동시에 하여야 한다.

④ 법원이 특정범죄를 범한 자에 대하여 형의 집행을 유예하고 보호관찰을 받을 것을 명하면서 전자장치를 부착할 것을 명한 경우 이 부착명령은 집행유예가 실효되면 그 집행이 종료된다.

해설

① 만 19세 미만의 자에 대하여 부착명령을 선고한 때에는 19세에 이르기까지 이 법에 따른 전자장치를 부착할 수 없다(전자장치부착법 제4조).

② 전전자장치 부착기간은 이를 집행한 날부터 기산하되, 초일은 시간을 계산함이 없이 1일로 산정한다(전자장치부착법 제32조 제1항).

③ 전자장치 부착명령의 청구는 공소가 제기된 특정범죄사건의 항소심 변론종결 시까지 하여야 한다(전자장치부착법 제5조 제5항).

④ 전자장치부착법 제30조 제2호

정답 ④

전자장치부착법 제30조(부착명령 집행의 종료)

제28조의 부착명령은 다음 각 호의 어느 하나에 해당하는 때에 그 집행이 종료된다.

1. 부착명령기간이 경과한 때
2. 집행유예가 실효 또는 취소된 때
3. 집행유예된 형이 사면되어 형의 선고의 효력을 상실하게 된 때

085 「전자장치 부착 등에 관한 법률」상 스토킹행위자 전자장치 부착에 대한 설명으로 옳은 것은?

25 보호직 9급

① 보호관찰소의 장은 잠정조치 집행을 종료한 날부터 5년이 경과한 때에는 스토킹행위자 수신자료를 폐기하여야 한다.

② 전자장치 부착 결정을 받은 스토킹행위자는 결정일부터 30일 이내에 보호관찰소에 출석하여 보호관찰관의 지시에 따라 전자장치를 부착하여야 한다.

③ 스토킹행위자에 대한 전자장치 부착은 잠정조치의 기간이 경과하거나 그 효력을 상실한 때 그 집행이 종료되며, 잠정조치가 변경 또는 취소된 때에는 그 집행이 종료되지 않는다.

④ 법원은 「스토킹범죄의 처벌 등에 관한 법률」상 긴급응급조치 또는 잠정조치로 전자장치의 부착을 결정한 경우 그 결정문의 등본을 스토킹행위자의 주거지를 관할하는 보호관찰소의 장에게 지체 없이 송부하여야 한다.

해설

① 전자장치부착법 제16조 제6항 제3호

② 전자장치부착의 잠정조치 결정을 받은 스토킹행위자는 법원이 지정한 일시까지 보호관찰소에 출석하여 대통령령으로 정하는 신상정보 등을 서면으로 신고한 후 보호관찰관의 지시에 따라 전자장치를 부착하여야 한다(전자장치부착법 제31조의6 제2항).

③ 스토킹행위자에 대한 전자장치 부착은 ⅰ) 잠정조치의 기간이 경과한 때, ⅱ) 잠정조치가 변경 또는 취소된 때, ⅲ) 잠정조치가 효력을 상실한 때의 어느 하나에 해당하는 때에 그 집행이 종료된다(전자장치부착법 제31조의7).

④ 법원은 스토킹처벌법 제9조 제1항 제3호의2에 따른 잠정조치로 전자장치의 부착을 결정한 경우 그 결정문의 등본을 스토킹행위자의 사건 수사를 관할하는 경찰관서의 장과 스토킹행위자의 주거지를 관할하는 보호관찰소의 장에게 지체 없이 송부하여야 한다(전자장치부착법 제31조의6 제1항). // 스토킹처벌법 '긴급응급조치'의 내용에 전자장치의 부착은 포함되지 않는다(스토킹처벌법 제4조). 따라서 긴급응급조치의 경우에는 경찰관서장 등에게 결정문을 송부할 필요가 없다.

정답 ①

스토킹처벌법 제4조(긴급응급조치)

① 사법경찰관은 스토킹행위 신고와 관련하여 스토킹행위가 지속적 또는 반복적으로 행하여질 우려가 있고 스토킹범죄의 예방을 위하여 긴급을 요하는 경우 스토킹행위자에게 직권으로 또는 스토킹행위의 상대방이나 그 법정대리인 또는 스토킹행위를 신고한 사람의 요청에 의하여 다음 각 호에 따른 조치를 할 수 있다. 〈개정 2023.7.11〉

1. 스토킹행위의 상대방등이나 그 주거등으로부터 100미터 이내의 접근 금지
2. 스토킹행위의 상대방등에 대한 「전기통신기본법」 제2조제1호의 전기통신을 이용한 접근 금지

② 사법경찰관은 제1항에 따른 조치(이하 "긴급응급조치"라 한다)를 하였을 때에는 즉시 스토킹행위의 요지, 긴급응

급조치가 필요한 사유, 긴급응급조치의 내용 등이 포함된 긴급응급조치결정서를 작성하여야 한다.

스토킹처벌법 제9조(스토킹행위자에 대한 잠정조치)

① 법원은 스토킹범죄의 원활한 조사·심리 또는 피해자 보호를 위하여 필요하다고 인정하는 경우에는 결정으로 스토킹행위자에게 다음 각 호의 어느 하나에 해당하는 조치(이하 "잠정조치"라 한다)를 할 수 있다. 〈개정 2023.7.11〉

1. 피해자에 대한 스토킹범죄 중단에 관한 서면 경고
2. 피해자 또는 그의 동거인, 가족이나 그 주거등으로부터 100미터 이내의 접근 금지
3. 피해자 또는 그의 동거인, 가족에 대한 「전기통신기본법」 제2조제1호의 전기통신을 이용한 접근 금지

3의 2. 「전자장치 부착 등에 관한 법률」 제2조제4호의 위치추적 전자장치(이하 "전자장치"라 한다)의 부착

4. 국가경찰관서의 유치장 또는 구치소에의 유치

② 제1항 각 호의 잠정조치는 병과(倂科)할 수 있다.

⑤ 법원은 잠정조치를 결정한 경우에는 검사와 피해자 또는 그의 동거인, 가족, 그 법정대리인에게 통지하여야 한다. 〈개정 2023.7.11〉

086 **「전자장치 부착 등에 관한 법률」상 전자장치 부착명령에 대한 설명으로 옳지 않은 것은?** (24 보호직 7급)

① 부착명령의 집행 중 다른 죄를 범하여 구속영장의 집행을 받아 구금되거나 금고 이상의 형의 집행을 받게 된 때에는 부착명령의 집행이 정지된다.

② 법원은 스토킹범죄를 저지른 사람에 대해서 부착명령을 선고하는 경우에는 피해자 등 특정인에의 접근금지를 준수사항으로 반드시 부과하여야 한다.

③ 법원은 특정범죄사건에 대하여 벌금형을 선고하는 때에는 특정범죄사건의 판결과 동시에 부착명령을 선고하여야 한다.

④ 법원은 「형사소송법」에 따른 보석조건으로 전자장치 부착을 명하기 위하여 필요하다고 인정하면 그 법원의 소재지 또는 피고인의 주거지를 관할하는 보호관찰소의 장에게 피고인의 직업, 경제력, 가족상황, 주거상태, 생활환경 및 피해회복 여부 등 피고인에 관한 사항의 조사를 의뢰할 수 있다.

해 설

① 전자장치부착법 제13조 제6항 제1호·제2호
② 전자장치부착법 제9조의2 제3항 제2호
③ 법원은 특정범죄사건에 대하여 벌금형을 선고하는 때에는 판결로 부착명령 청구를 기각하여야 한다(전자장치법 제9조 제4항 제3호).
④ 전자장치부착법 제31조의2 제2항

정답 ③

전자장치부착법 제12조(집행지휘)

① 부착명령은 검사의 지휘를 받아 보호관찰관이 집행한다.

② 제1항에 따른 지휘는 판결문 등본을 첨부한 서면으로 한다.

전자장치부착법 제13조(부착명령의 집행)

① 부착명령은 특정범죄사건에 대한 형의 집행이 종료되거나 면제·가석방되는 날 또는 치료감호의 집행이 종료·가종

료되는 날 석방 직전에 피부착명령자의 신체에 전자장치를 부착함으로써 집행한다. 다만, 다음의 경우에는 각 호의 구분에 따라 집행한다.

1. 부착명령의 원인이 된 특정범죄사건이 아닌 다른 범죄사건으로 형이나 치료감호의 집행이 계속될 경우에는 부착명령의 원인이 된 특정범죄사건이 아닌 다른 범죄사건에 대한 형의 집행이 종료되거나 면제·가석방 되는 날 또는 치료감호의 집행이 종료·가종료 되는 날부터 집행한다.
2. 피부착명령자가 부착명령 판결 확정 시 석방된 상태이고 미결구금일수 산입 등의 사유로 이미 형의 집행이 종료된 경우에는 부착명령 판결 확정일부터 부착명령을 집행한다.

② 제1항제2호에 따라 부착명령을 집행하는 경우 보호관찰소의 장은 피부착명령자를 소환할 수 있으며, 피부착명령자가 소환에 따르지 아니하는 때에는 관할 지방검찰청의 검사에게 신청하여 부착명령 집행장을 발부받아 구인할 수 있다.

③ 보호관찰소의 장은 제2항에 따라 피부착명령자를 구인한 경우에는 부착명령의 집행을 마친 즉시 석방하여야 한다.

④ 부착명령의 집행은 신체의 완전성을 해하지 아니하는 범위 내에서 이루어져야 한다.

⑤ 부착명령이 여러 개인 경우 확정된 순서에 따라 집행한다.

⑥ 다음 각 호의 어느 하나에 해당하는 때에는 부착명령의 집행이 정지된다.

1. 부착명령의 집행 중 다른 죄를 범하여 구속영장의 집행을 받아 구금된 때
2. 부착명령의 집행 중 다른 죄를 범하여 금고 이상의 형의 집행을 받게 된 때
3. 가석방 또는 가종료된 자에 대하여 전자장치 부착기간 동안 가석방 또는 가종료가 취소되거나 실효된 때

087 「전자장치 부착 등에 관한 법률」상 형기종료 후 보호관찰명령의 대상자가 아닌 것은? (22 보호직 7급 수정)

① 성폭력범죄를 저지른 사람으로서 성폭력범죄를 다시 범할 위험성이 있다고 인정되는 사람

② 미성년자 대상 유괴범죄를 저지른 사람으로서 미성년자 대상 유괴범죄를 다시 범할 위험성이 있다고 인정되는 사람

③ 살인범죄를 저지른 사람으로서 살인범죄를 다시 범할 위험성이 있다고 인정되는 사람

④ 절도범죄를 저지른 사람으로서 절도범죄를 다시 범할 위험성이 있다고 인정되는 사람

해 설

④ '스토킹범죄를 저지른 사람으로서 스토킹범죄를 다시 범할 위험성이 있다고 인정되는 사람'을 추가하는 것으로 개정되었다(전자장치부착법 제21조의2 제4호 참조). 〈개정 2023.7.11.〉

TIP ④ 스토킹범죄를 절도범죄로 지문 수정하였다.

정답 ④

전자장치부착법 제21조의2(보호관찰명령의 청구)

검사는 다음 각 호의 어느 하나에 해당하는 사람에 대하여 형의 집행이 종료된 때부터 「보호관찰 등에 관한 법률」에 따른 보호관찰을 받도록 하는 명령(이하 "보호관찰명령"이라 한다)을 법원에 청구할 수 있다. 〈개정 2023.7.11〉

1. 성폭력범죄를 저지른 사람으로서 성폭력범죄를 다시 범할 위험성이 있다고 인정되는 사람
2. 미성년자 대상 유괴범죄를 저지른 사람으로서 미성년자 대상 유괴범죄를 다시 범할 위험성이 있다고 인정되는 사람
3. 살인범죄를 저지른 사람으로서 살인범죄를 다시 범할 위험성이 있다고 인정되는 사람
4. 강도범죄를 저지른 사람으로서 강도범죄를 다시 범할 위험성이 있다고 인정되는 사람
5. 스토킹범죄를 저지른 사람으로서 스토킹범죄를 다시 범할 위험성이 있다고 인정되는 사람

088 「전자장치 부착 등에 관한 법률」상 전자장치 부착명령에 대한 설명으로 옳지 않은 것은? (21 보호직 7급)

① 만 19세 미만의 자에 대하여 부착명령을 선고한 때에는 19세에 이르기까지 전자장치를 부착할 수 없다.
② 검사는 미성년자 대상 모든 유괴범죄자에 대하여 전자장치 부착명령을 법원에 청구하여야 한다.
③ 전자장치 부착명령은 검사의 지휘를 받아 보호관찰관이 집행한다.
④ 전자장치 부착명령의 임시해제 신청은 부착명령의 집행이 개시된 날로부터 3개월이 경과한 후에 하여야 한다.

해설

① 전자장치부착법 제4조
② 검사는 미성년자 대상 유괴범죄를 저지른 사람으로서 미성년자 대상 유괴범죄를 다시 범할 위험성이 있다고 인정되는 사람에 대하여 부착명령을 법원에 청구할 수 있다. / 다만, 유괴범죄로 징역형의 실형 이상의 형을 선고받아 그 집행이 종료 또는 면제된 후 다시 유괴범죄를 저지른 경우에는 부착명령을 청구하여야 한다(전자장치부착법 제5조 제2항).
③ 전자장치부착법 제12조 제1항
④ 전자장치부착법 제17조 제2항

정답 ②

089 「전자장치 부착 등에 관한 법률」상 전자장치 부착명령에 대한 설명으로 옳은 것은? (20 보호직 7급)

① 19세 미만의 자에 대하여 전자장치 부착명령을 선고한 때에는 19세에 이르기 전이라도 전자장치를 부착할 수 있다.
② 전자장치가 부착된 자는 주거를 이전하거나 7일 이상의 국내여행을 하거나 출국할 때에는 미리 보호관찰관의 허가를 받아야 한다.
③ 성폭력범죄, 미성년자 대상 유괴범죄, 살인범죄, 강도·절도범죄 및 방화범죄가 전자장치 부착 대상범죄이다.
④ 전자장치 부착명령의 집행 중 다른 죄를 범하여 벌금 이상의 형이 확정된 때에는 전자장치 부착명령의 집행이 정지된다.

해설

① 만 19세 미만의 자에 대하여 부착명령을 선고한 때에는 19세에 이르기까지 이 법에 따른 전자장치를 부착할 수 없다(전자장치부착법 제4조).
② 전자장치부착법 제14조 제3항
③ 전자장치부착 대상인 "특정범죄"란 성폭력범죄, 미성년자 대상 유괴범죄, 살인범죄, 강도범죄 및 스토킹범죄를 말한다(전자장치부착법 제2조 제1호).
④ 부착명령의 집행 중 다른 죄를 범하여 금고 이상의 형의 집행을 받게 된 때에는 전자장치 부착명령의 집행이 정지된다(전자장치부착법 제13조 제6항 제2호).

정답 ②

전자장치부착법 제13조(부착명령의 집행)

⑥ 다음 각 호의 어느 하나에 해당하는 때에는 부착명령의 집행이 정지된다.

1. 부착명령의 집행 중 다른 죄를 범하여 구속영장의 집행을 받아 구금된 때
2. 부착명령의 집행 중 다른 죄를 범하여 금고 이상의 형의 집행을 받게 된 때
3. 가석방 또는 가종료된 자에 대하여 전자장치 부착기간 동안 가석방 또는 가종료가 취소되거나 실효된 때

제7장 신상공개 및 스토킹처벌법 등

090 **성범죄자의 신상정보 등록·공개·고지에 대한 설명으로 옳지 않은 것은?** (24 보호직 7급)

① 신상정보 등록의 원인이 된 성범죄로 형의 선고를 유예받은 사람이 선고유예를 받은 날부터 2년이 경과하여 면소된 것으로 간주되면 신상정보 등록을 면제한다.

② 성범죄자의 신상정보 등록·공개·고지에 관한 제도는 성범죄자의 교화·개선에 중점을 두기보다는 성범죄자의 정보를 제공하여 지역사회의 안전을 강화하고자 하는 것이다.

③ 신상정보의 등록은 여성가족부장관이 집행하고, 신상정보의 공개·고지는 법무부장관이 집행한다.

④ 판례에 따르면, 공개명령 및 고지명령 제도는 범죄행위를 한 자에 대한 응보 등을 목적으로 그 책임을 추궁하는 사후적 처분인 형벌과 구별되어 그 본질을 달리한다.

해 설

① 성폭력처벌법 제45조의2

② 성폭력범죄자의 신상정보를 공개하는 것은 이를 통하여 성폭력범죄행위에 대하여 일반 국민에게 경각심을 주어 유사한 범죄를 예방하고, 성폭력범죄자로부터 잠재적인 피해자와 지역사회를 보호하기 위해 정보를 제공하며, 궁극적으로 피해자의 성을 보호하고 사회방위를 도모하기 위한 것이다(헌재 2016.5.26. 2015헌바212).

③ 법무부장관이 신상정보를 등록하고, / 여성가족부장관이 등록정보의 공개를 집행한다(성폭력처벌법 제44조 제1항, 제47조 제2항) 참조).

TIP ① 법무부장관 정보 등록 → ② 여성가족부장관이 등록정보의 공개 집행

④ 공개명령 및 고지명령 제도는 아동·청소년대상 성폭력범죄 등을 효과적으로 예방하고 그 범죄로부터 아동·청소년을 보호함을 목적으로 하는 일종의 보안처분으로서, / 그 목적과 성격, 운영에 관한 법률의 규정 내용 및 취지 등을 종합해 보면, / 공개명령 및 고지명령 제도는 범죄행위를 한 자에 대한 응보 등을 목적으로 그 책임을 추궁하는 사후적 처분인 형벌과 구별되어 그 본질을 달리한다(대판 2012.5.24. 2012도2763).

정답 ③

성폭력처벌법 제44조(등록대상자의 신상정보 등록 등)

① 법무부장관은 제43조제5항, 제6항 및 제43조의2제3항에 따라 송달받은 정보와 다음 각 호의 등록대상자 정보를 등록하여야 한다. 〈개정 2016.12.20, 2020.2.4〉

1. 등록대상 성범죄 경력정보
2. 성범죄 전과사실(죄명, 횟수)
3. 「전자장치 부착 등에 관한 법률」에 따른 전자장치 부착 여부

성폭력처벌법 제47조(등록정보의 공개)

② 등록정보의 공개는 여성가족부장관이 집행한다.

③ 법무부장관은 등록정보의 공개에 필요한 정보를 여성가족부장관에게 송부하여야 한다.

091 신상공개제도에 대한 설명으로 옳지 않은 것은?

25 보호직 9급

① 「성폭력범죄의 처벌 등에 관한 특례법」에 따라 공개되는 등록정보 중 성범죄 전과사실은 죄명과 횟수가 포함된다.

② 「특정중대범죄 피의자 등 신상정보 공개에 관한 법률」상 신상정보공개심의위원회는 신상정보 공개 여부에 관한 사항을 심의할 때 피의자에게 의견을 진술할 기회를 주어야 한다.

③ 「성폭력범죄의 처벌 등에 관한 특례법」에 따른 범죄자의 신상 공개는 보안처분으로 평가될 수 있다.

④ 검사는 공소제기 시까지 특정중대범죄사건이 아니었으나 재판 과정에서 특정중대범죄사건으로 공소사실이 변경된 사건의 성년인 피고인에 대하여 신상정보의 공개를 청구할 수 없다.

해설

① 성폭력처벌법 제44조 제1항 제2호

② 중대범죄신상공개법 제8조 제3항

③ 「성폭력범죄의 처벌 등에 관한 특례법」에 따른 신상정보 공개·고지명령의 근본적인 목적은 재범방지와 사회방위이고, 법원은 '신상정보를 공개하여서는 아니 될 특별한 사정'이 있는지 여부에 관하여 재범의 위험성을 고려하여 공개·고지명령을 선고하고 있으므로, 신상정보 공개·고지명령의 법적 성격은 형벌이 아니라 보안처분이다. 신상정보 공개·고지명령은 형벌과는 구분되는 비형벌적 보안처분으로서 어떠한 형벌적 효과나 신체의 자유를 박탈하는 효과를 가져오지 아니하므로 소급처벌금지원칙이 적용되지 아니한다(헌재 2016.12.29. 2015헌바196).

④ 검사는 공소제기 시까지 특정중대범죄사건이 아니었으나 재판 과정에서 특정중대범죄사건으로 공소사실이 변경된 사건의 피고인으로서 제4조 제1항 각 호(피의자의 신상정보 공개)의 요건을 모두 갖춘 피고인에 대하여 피고인의 현재지 또는 최후 거주지를 관할하는 법원에 신상정보의 공개를 청구할 수 있다. / 다만, 피고인이 미성년자인 경우는 제외한다(중대범죄신상공개법 제5조 제1항).

정답 ④

중대범죄신상공개법 제1조(목적)

이 법은 국가, 사회, 개인에게 중대한 해악을 끼치는 특정중대범죄 사건에 대하여 수사 및 재판 단계에서 피의자 또는 피고인의 신상정보 공개에 대한 대상과 절차 등을 규정함으로써 국민의 알권리를 보장하고 범죄를 예방하여 안전한 사회를 구현하는 것을 목적으로 한다.

중대범죄신상공개법 제4조(피의자의 신상정보 공개)

① 검사와 사법경찰관은 다음 각 호의 요건을 모두 갖춘 특정중대범죄사건의 피의자의 얼굴, 성명 및 나이(이하 "신상정보"라 한다)를 공개할 수 있다. / 다만, 피의자가 미성년자인 경우에는 공개하지 아니한다.
   1. 범행수단이 잔인하고 중대한 피해가 발생하였을 것(제2조제3호부터 제6호까지의 죄에 한정한다)
   2. 피의자가 그 죄를 범하였다고 믿을 만한 충분한 증거가 있을 것
   3. 국민의 알권리 보장, 피의자의 재범 방지 및 범죄예방 등 오로지 공공의 이익을 위하여 필요할 것

② 검사와 사법경찰관은 제1항에 따라 신상정보 공개를 결정할 때에는 범죄의 중대성, 범행 후 정황, 피해자 보호 필요성, 피해자(피해자가 사망한 경우 피해자의 유족을 포함한다)의 의사 등을 종합적으로 고려하여야 한다.

④ 제1항에 따라 공개하는 피의자의 얼굴은 특별한 사정이 없으면 공개 결정일 전후 30일 이내의 모습으로 한다. 이 경우 검사와 사법경찰관은 다른 법령에 따라 적법하게 수집·보관하고 있는 사진, 영상물 등이 있는 때에는 이를 활용하여 공개할 수 있다.

⑥ 검사와 사법경찰관은 제1항에 따라 피의자의 신상정보 공개를 결정하기 전에 피의자에게 의견을 진술할 기회를 주어야 한다. / 다만, 신상정보공개심의위원회에서 피의자의 의견을 청취한 경우에는 이를 생략할 수 있다.

⑦ 검사와 사법경찰관은 피의자에게 신상정보 공개를 통지한 날부터 5일 이상의 유예기간을 두고 신상정보를 공개하여야 한다. 다만, 피의자가 신상정보 공개 결정에 대하여 서면으로 이의 없음을 표시한 때에는 유예기간을 두지 아니할 수 있다.

⑧ 검사와 사법경찰관은 정보통신망을 이용하여 그 신상정보를 30일간 공개한다.

중대범죄신상공개법 제5조(피고인의 신상정보 공개)

① 검사는 공소제기 시까지 특정중대범죄사건이 아니었으나 재판 과정에서 특정중대범죄사건으로 공소사실이 변경된 사건의 피고인으로서 제4조제1항 각 호의 요건을 모두 갖춘 피고인에 대하여 피고인의 현재지 또는 최후 거주지를 관할하는 법원에 신상정보의 공개를 청구할 수 있다. / 다만, 피고인이 미성년자인 경우는 제외한다.
② 제1항에 따른 청구는 해당 특정중대범죄 피고사건의 항소심 변론종결 시까지 하여야 한다.
③ 제1항에 따른 청구에 관하여는 해당 특정중대범죄 피고사건을 심리하는 재판부가 아닌 별도의 재판부에서 결정한다.
④ 법원은 피고인의 신상정보 공개 여부를 결정하기 위하여 필요하다고 인정하는 때에는 검사, 피고인, 그 밖의 참고인으로부터 의견을 들을 수 있다.
⑤ 제1항에 따른 청구를 받은 법원은 청구의 허부에 관한 결정을 하여야 한다.
⑥ 제5항의 결정에 대하여는 즉시항고를 할 수 있다.
⑦ 법원의 신상정보 공개 결정은 검사가 집행하고, 이에 대하여는 제4조제4항·제5항·제8항·제9항을 준용한다.

092 **「특정중대범죄 피의자 등 신상정보 공개에 관한 법률」상 신상정보 공개에 대한 설명으로 옳지 않은 것은?**

24 보호직 7급

① 수사 및 재판 단계에서 신상정보의 공개에 대하여는 다른 법률의 규정에도 불구하고 「특정중대범죄 피의자 등 신상정보 공개에 관한 법률」을 우선 적용한다.
② 특정중대범죄사건의 피의자가 미성년자인 경우에는 신상정보를 공개하지 아니한다.
③ 검사와 사법경찰관은 피의자의 얼굴을 공개하기 위하여 필요한 경우 피의자를 식별할 수 있도록 피의자의 얼굴을 촬영할 수 있고, 이 경우 피의자는 이에 따라야 한다.
④ 검찰총장 및 경찰청장은 신상정보 공개 여부에 관한 사항을 심의하기 위하여 신상정보공개심의위원회를 두어야 한다.

해 설

① 중대범죄신상공개법 제3조
② 중대범죄신상공개법 제4조 제1항 단서
③ 중대범죄신상공개법 제4조 제5항
④ 검찰총장 및 경찰청장은 신상정보 공개 여부에 관한 사항을 심의하기 위하여 신상정보공개심의위원회를 둘 수 있다 (중대범죄신상공개법 제8조 제1항).

정답 ④

중대범죄신상공개법 제8조(신상정보공개심의위원회)

① 검찰총장 및 경찰청장은 제4조에 따른 신상정보 공개 여부에 관한 사항을 심의하기 위하여 신상정보공개심의위원회를 둘 수 있다.
② 신상정보공개심의위원회는 위원장을 포함하여 10인 이내의 위원으로 구성한다.
③ 신상정보공개심의위원회는 신상정보 공개 여부에 관한 사항을 심의할 때 피의자에게 의견을 진술할 기회를 주어야 한다.

④ 신상정보공개심의위원회 위원 또는 위원이었던 사람은 심의 과정에서 알게 된 비밀을 외부에 공개하거나 누설하여서는 아니 된다.
⑤ 신상정보공개심의위원회의 구성 및 운영 등에 관한 구체적인 사항은 검찰총장 및 경찰청장이 정한다.

093 「스토킹범죄의 처벌 등에 관한 법률」의 내용에 대한 설명으로 옳지 않은 것은? (23 보호직 7급)

① 스토킹행위가 지속적 또는 반복적으로 이루어진 경우가 아니라면 스토킹범죄에 해당하지 않는다.
② 법원이 스토킹범죄를 저지른 사람에 대하여 형의 선고를 유예하는 경우에는 200시간의 범위에서 재범 예방에 필요한 수강명령을 병과할 수 있다.
③ 상대방의 의사에 반하여 정당한 이유 없이 상대방 또는 그의 동거인, 가족을 따라다님으로써 상대방에게 불안감을 일으켰다면 스토킹행위에 해당한다.
④ 법원이 스토킹범죄를 저지른 사람에 대하여 벌금형의 선고와 함께 120시간의 스토킹 치료프로그램의 이수를 명한 경우 그 이수명령은 형 확정일부터 6개월 이내에 집행한다.

해설

① "스토킹범죄"란 지속적 또는 반복적으로 스토킹행위를 하는 것을 말한다(스토킹처벌법 제2조 제2호).
② 법원은 스토킹범죄를 저지른 사람에 대하여 유죄판결(선고유예는 제외한다)을 선고하거나 약식명령을 고지하는 경우에는 200시간의 범위에서 재범 예방에 필요한 수강명령 또는 스토킹 치료프로그램의 이수명령을 병과할 수 있다(스토킹처벌법 제19조 제1항).
③ 스토킹처벌법 제2조 제1호 가목
④ 스토킹처벌법 제19조 제4항 제2호

정답 ②

스토킹처벌법 제2조(정의)

이 법에서 사용하는 용어의 뜻은 다음과 같다. 〈개정 2023.7.11〉

1. "스토킹행위"란 상대방의 의사에 반(反)하여 정당한 이유 없이 다음 각 목의 어느 하나에 해당하는 행위를 하여 상대방에게 불안감 또는 공포심을 일으키는 것을 말한다.
   가. 상대방 또는 그의 동거인, 가족(이하 "상대방등"이라 한다)에게 접근하거나 따라다니거나 진로를 막아서는 행위
   나. 상대방등의 주거, 직장, 학교, 그 밖에 일상적으로 생활하는 장소(이하 "주거등"이라 한다) 또는 그 부근에서 기다리거나 지켜보는 행위
   다. 상대방등에게 우편·전화·팩스 또는「정보통신망 이용촉진 및 정보보호 등에 관한 법률」 제2조제1항제1호의 정보통신망(이하 "정보통신망"이라 한다)을 이용하여 물건이나 글·말·부호·음향·그림·영상·화상(이하 "물건등"이라 한다)을 도달하게 하거나 / 정보통신망을 이용하는 프로그램 또는 전화의 기능에 의하여 글·말·부호·음향·그림·영상·화상이 상대방등에게 나타나게 하는 행위
   라. 상대방등에게 직접 또는 제3자를 통하여 물건등을 도달하게 하거나 주거등 또는 그 부근에 물건등을 두는 행위
   마. 상대방등의 주거등 또는 그 부근에 놓여져 있는 물건등을 훼손하는 행위
   바. 다음의 어느 하나에 해당하는 상대방등의 정보를 정보통신망을 이용하여 제3자에게 제공하거나 배포 또는 게시하는 행위 1) 「개인정보 보호법」 제2조제1호의 개인정보 2) 「위치정보의 보호 및 이용 등에 관한 법률」 제2조제2호의 개인위치정보 3) 1) 또는 2)의 정보를 편집·합성 또는 가공한 정보(해당 정보주체를 식별할 수 있는 경우로 한정한다)

사. 정보통신망을 통하여 상대방등의 이름, 명칭, 사진, 영상 또는 신분에 관한 정보를 이용하여 자신이 상대방등인 것처럼 가장하는 행위
2. "스토킹범죄"란 지속적 또는 반복적으로 스토킹행위를 하는 것을 말한다.
3. "피해자"란 스토킹범죄로 직접적인 피해를 입은 사람을 말한다.
4. "피해자등"이란 피해자 및 스토킹행위의 상대방을 말한다.

094 「스토킹범죄의 처벌 등에 관한 법률」상 조치에 대한 설명으로 옳지 않은 것은? (24 보호직 7급)

① 사법경찰관리는 진행 중인 스토킹행위에 대하여 신고를 받은 경우, 즉시 현장에 나가 '스토킹행위자와 스토킹행위의 상대방의 분리 및 범죄수사' 조치를 하여야 한다.
② 사법경찰관은, 스토킹행위 신고와 관련하여 스토킹행위가 지속적 또는 반복적으로 행하여질 우려가 있고 스토킹범죄의 예방을 위하여 긴급을 요하는 경우, 직권으로 스토킹행위자에게 '스토킹행위의 상대방으로부터 100미터 이내의 접근 금지' 조치를 할 수 있다.
③ 법원은 스토킹범죄의 피해자 보호를 위하여 필요하다고 인정하는 경우, 결정으로 스토킹행위자에게 '피해자의 주거로부터 100미터 이내의 접근 금지' 조치를 할 수 있다.
④ 사법경찰관은 스토킹범죄의 원활한 조사·심리를 위하여 필요하다고 인정하는 경우, 직권으로 스토킹행위자에게 '국가경찰관서의 유치장 또는 구치소에의 유치' 조치를 할 수 있다.

해설

① 스토킹처벌법 제3조 제2호
② 스토킹처벌법 제4조 제1항 제2호
③ 스토킹처벌법 제9조 제1항 제2호
④ 검사는 스토킹범죄가 재발될 우려가 있다고 인정하면 직권 또는 사법경찰관의 신청에 따라 법원에 제9조 제1항 각 호의 조치(잠정조치)를 청구할 수 있다(스토킹처벌법 제8조 제1항). / 법원은 스토킹범죄의 원활한 조사·심리 또는 피해자 보호를 위하여 필요하다고 인정하는 경우에는 결정으로 스토킹행위자에게 "잠정조치"를 할 수 있다. 여기서 잠정조치에는 '국가경찰관서의 유치장 또는 구치소에의 유치'가 포함된다(스토킹처벌법 제9조 제1항).

정답 ④

스토킹처벌법 제3조(스토킹행위 신고 등에 대한 응급조치)

사법경찰관리는 진행 중인 스토킹행위에 대하여 신고를 받은 경우 즉시 현장에 나가 다음 각 호의 조치를 하여야 한다. 〈개정 2023.7.11〉
1. 스토킹행위의 제지, 향후 스토킹행위의 중단 통보 및 스토킹행위를 지속적 또는 반복적으로 할 경우 처벌 서면경고
2. 스토킹행위자와 피해자등의 분리 및 범죄수사
3. 피해자등에 대한 긴급응급조치 및 잠정조치 요청의 절차 등 안내
4. 스토킹 피해 관련 상담소 또는 보호시설로의 피해자등 인도(피해자등이 동의한 경우만 해당한다)

스토킹처벌법 제4조(긴급응급조치)

① 사법경찰관은 스토킹행위 신고와 관련하여 스토킹행위가 지속적 또는 반복적으로 행하여질 우려가 있고 스토킹범죄의 예방을 위하여 긴급을 요하는 경우 스토킹행위자에게 직권으로 또는 스토킹행위의 상대방이나 그 법정대리인 또는 스토킹행위를 신고한 사람의 요청에 의하여 다음 각 호에 따른 조치를 할 수 있다. 〈개정 2023.7.11〉

1. 스토킹행위의 상대방등이나 그 주거등으로부터 100미터 이내의 접근 금지
2. 스토킹행위의 상대방등에 대한 「전기통신기본법」 제2조제1호의 전기통신을 이용한 접근 금지

② 사법경찰관은 제1항에 따른 조치(이하 "긴급응급조치"라 한다)를 하였을 때에는 즉시 스토킹행위의 요지, 긴급응급조치가 필요한 사유, 긴급응급조치의 내용 등이 포함된 긴급응급조치결정서를 작성하여야 한다.

095 「스토킹범죄의 처벌 등에 관한 법률」에 대한 설명으로 옳지 않은 것은? (다툼이 있는 경우 판례에 의함)

(24 보호직 7급 수정)

① 검사는 기간이 만료된 접근금지 잠정조치를 청구했을 때와 동일한 스토킹범죄사실과 스토킹범죄 재발 우려를 이유로 다시 새로운 잠정조치를 청구할 수 있다.
② 법원이 기존에 내려진 잠정조치 결정 당시 스토킹범죄사실과 동일한 스토킹범죄사실만을 이유로 한 새로운 접근금지 잠정조치 결정을 하는 경우 각 3개월의 범위에서 두 차례에 한정해서만 추가로 가능하다.
③ 행위자가 전화를 걸어 피해자의 휴대전화에 벨소리가 울리게 하거나 부재중 전화 문구 등이 표시되도록 하여 피해자에게 불안감이나 공포심을 일으키는 행위는 스토킹행위에 해당한다.
④ 상대방을 따라다니는 행위가 객관적·일반적으로 볼 때 이를 인식한 상대방에게 불안감 또는 공포심을 일으키기에 충분한 정도라고 평가되더라도 현실적으로 상대방이 불안감 내지 공포심을 갖게 되지 않는 경우에는 스토킹행위에 해당하지 않는다.

해설

① 대결 2023.2.23. 2022모2092
② [1] 기간이 정하여져 있으나 연장이 가능한 접근금지 잠정조치(스토킹처벌법 제9조 제1항 제2호의 100m 이내 접근금지, 제3호의 전기통신을 이용한 접근금지) 결정은 특별한 사정이 없는 한 그 기간의 연장결정 없이 기간이 만료되면 효력을 상실하고, 그 이후에는 해당 잠정조치 기간을 연장하는 결정을 할 수 없다. // [2] 그러나 검사는 기간이 만료된 접근금지 잠정조치를 청구했을 때와 동일한 스토킹범죄사실과 스토킹범죄 재발 우려를 이유로 제8조 제1항에 의하여 다시 새로운 잠정조치를 청구할 수 있고, 법원도 제9조 제1항에 의하여 피해자 보호 등을 위하여 필요하다고 인정하면 다시 새로운 접근금지 잠정조치 결정을 할 수 있다. / 다만 접근금지 잠정조치 기간 연장과의 균형을 위해 기존에 내려진 잠정조치 결정 당시 스토킹범죄사실과 동일한 스토킹범죄사실만을 이유로 한 새로운 접근금지 잠정조치 결정은 각 3개월의 범위에서 두 차례에 한정해서만 추가로 가능하다. 법원은 스토킹범죄가 재발할 우려가 있고, 피해자 보호를 위하여 새로운 잠정조치를 명할 필요가 있는지 구체적으로 심리·판단하여야 한다(대법원 2023.2.23. 2022모2092).

TIP 제2호, 제3호, 제3호의2 잠정조치 : ① 두 차례 한정하여 각 2개월 범위에서 연장 → ② 두 차례 한정하여 각 3개월 범위에서 연장〈개정 2023.7.11.〉

③ 피고인이 전화를 걸어 피해자의 휴대전화에 벨소리가 울리게 하거나 부재중 전화 문구 등이 표시되도록 하여 상대방에게 불안감이나 공포심을 일으키는 행위는 / 실제 전화통화가 이루어졌는지와 상관없이 / 스토킹처벌법 제2조 제1호 (다)목에서 정한 스토킹행위에 해당한다(대판 2023.5.18. 2022도12037).
④ 구 스토킹처벌법 제2조 제1호 각 목의 행위가 객관적·일반적으로 볼 때 이를 인식한 상대방에게 불안감 또는 공포심을 일으키기에 충분한 정도라고 평가될 수 있다면 현실적으로 상대방이 불안감 내지 공포심을 갖게 되었는지와 관계없이 '스토킹행위'에 해당하고, / 나아가 그와 같은 일련의 스토킹행위가 지속되거나 반복되면 '스토킹범죄'가 성립한다(대판 2023.12.14. 2023도10313).

정답 ④

스토킹처벌법 제8조(잠정조치의 청구)

① 검사는 스토킹범죄가 재발될 우려가 있다고 인정하면 직권 또는 사법경찰관의 신청에 따라 법원에 제9조제1항 각 호의 조치를 청구할 수 있다.

② 피해자 또는 그 법정대리인은 검사 또는 사법경찰관에게 제1항에 따른 조치의 청구 또는 그 신청을 요청하거나, 이에 관하여 의견을 진술할 수 있다.

③ 사법경찰관은 제2항에 따른 신청 요청을 받고도 제1항에 따른 신청을 하지 아니하는 경우에는 검사에게 그 사유를 보고하여야 하고, 피해자 또는 그 법정대리인에게 그 사실을 지체 없이 알려야 한다. 〈개정 2023.7.11〉

④ 검사는 제2항에 따른 청구 요청을 받고도 제1항에 따른 청구를 하지 아니하는 경우에는 피해자 또는 그 법정대리인에게 그 사실을 지체 없이 알려야 한다. 〈신설 2023.7.11.〉

스토킹처벌법 제9조(스토킹행위자에 대한 잠정조치)

① 법원은 스토킹범죄의 원활한 조사·심리 또는 피해자 보호를 위하여 필요하다고 인정하는 경우에는 결정으로 스토킹행위자에게 다음 각 호의 어느 하나에 해당하는 조치(이하 "잠정조치"라 한다)를 할 수 있다. 〈개정 2023.7.11〉

1. 피해자에 대한 스토킹범죄 중단에 관한 서면 경고
2. 피해자 또는 그의 동거인, 가족이나 그 주거등으로부터 100미터 이내의 접근 금지
3. 피해자 또는 그의 동거인, 가족에 대한 「전기통신기본법」 제2조제1호의 전기통신을 이용한 접근 금지

3의 2. 「전자장치 부착 등에 관한 법률」 제2조제4호의 위치추적 전자장치(이하 "전자장치"라 한다)의 부착

4. 국가경찰관서의 유치장 또는 구치소에의 유치

② 제1항 각 호의 잠정조치는 병과(併科)할 수 있다.

③ 법원은 제1항제3호의2 또는 제4호의 조치에 관한 결정을 하기 전 잠정조치의 사유를 판단하기 위하여 필요하다고 인정하는 때에는 검사, 스토킹행위자, 피해자, 기타 참고인으로부터 의견을 들을 수 있다. 의견을 듣는 방법과 절차, 그 밖에 필요한 사항은 대법원규칙으로 정한다. 〈신설 2023.7.11〉

⑦ 제1항제2호·제3호 및 제3호의2에 따른 잠정조치기간은 3개월, 같은 항 제4호에 따른 잠정조치기간은 1개월을 초과할 수 없다. / 다만, 법원은 피해자의 보호를 위하여 그 기간을 연장할 필요가 있다고 인정하는 경우에는 결정으로 제1항제2호·제3호 및 제3호의2에 따른 잠정조치에 대하여 두 차례에 한정하여 각 3개월의 범위에서 연장할 수 있다. 〈개정 2023.7.11〉

제8장 보호관찰법

제1절 보호관찰

096 보호관찰 대상자와 그 보호관찰기간이 바르게 연결되지 않은 것은? (15 교정 9급)

① 「형법」상 보호관찰을 조건으로 형의 집행유예를 받은 자 - 집행을 유예한 기간이나 다만, 법원이 유예기간의 범위내에서 보호관찰기간을 따로 정하는 경우에는 그 기간
② 「전자장치 부착 등에 관한 법률」상 강도범죄를 저지른 자로 강도범죄를 다시 범할 위험성이 있으며 금고 이상의 선고형에 해당하고 보호관찰명령의 청구가 이유 있다고 인정되는 자 - 2년 이상 5년 이하
③ 「형법」상 형의 선고를 유예하는 경우에 재범방지를 위하여 지도 및 원호가 필요한 자 - 1년
④ 「소년법」상 단기보호관찰 처분을 받은 자 - 2년

해 설

① 보호관찰법 제30조 제2호
② 보호관찰법 제30조 제6호, 전자장치부착법 제21조의3
③ 보호관찰법 제30조 제1호, 형법 제59조의2 제1항
④ 단기 보호관찰기간은 1년으로 한다(소년법 제33조 제2항).

정답 ④

보호관찰법 제30조(보호관찰의 기간)

보호관찰 대상자는 다음 각 호의 구분에 따른 기간에 보호관찰을 받는다.

1. 보호관찰을 조건으로 형의 선고유예를 받은 사람 : 1년
2. 보호관찰을 조건으로 형의 집행유예를 선고받은 사람 : 그 유예기간. 다만, 법원이 보호관찰 기간을 따로 정한 경우에는 그 기간
3. 가석방자 : 「형법」 제73조의2 또는 「소년법」 제66조에 규정된 기간
4. 임시퇴원자 : 퇴원일부터 6개월 이상 2년 이하의 범위에서 심사위원회가 정한 기간
5. 「소년법」 제32조제1항제4호 및 제5호의 보호처분을 받은 사람 : 그 법률에서 정한 기간
6. 다른 법률에 따라 이 법에서 정한 보호관찰을 받는 사람 : 그 법률에서 정한 기간

전자장치부착법 제21조의3(보호관찰명령의 판결)

① 법원은 제21조의2 각 호의 어느 하나(성·미·살·강·스 → 형기종료 후의 보호관찰)에 해당하는 사람이 금고 이상의 선고형에 해당하고 보호관찰명령의 청구가 이유 있다고 인정하는 때에는 2년 이상 5년 이하의 범위에서 기간을 정하여 보호관찰명령을 선고하여야 한다.

097 보호관찰에 대한 설명으로 옳지 않은 것은?

(25 보호 7급)

① 보호관찰을 조건으로 형의 선고유예를 받은 사람은 1년을 초과하지 않는 범위에서 법원이 정한 기간 동안 보호관찰을 받는다.

② 소년법상의 보호처분으로서 보호관찰관의 단기 보호관찰의 기간은 1년으로 하고 소년부 판사는 보호관찰관의 신청에 따른 결정으로 그 기간을 연장할 수 없다.

③ 피치료감호자가 치료감호시설 외에서 치료받도록 법정대리인 등에게 위탁되었을 때 보호관찰이 시작되고 다시 치료감호 집행을 받게 되어 재수용되거나 피보호관찰자의 관찰성적 및 치료경과가 양호하여 치료감호심의위원회가 보호관찰의 종료를 결정하지 않는 한 그 기간은 3년으로 한다.

④ 법원은 피고인이 미성년자 대상 유괴범죄를 저지른 자로 다시 동일한 범죄를 저지를 위험성이 있고 금고 이상의 선고형에 해당하여 검사의 보호관찰명령의 청구가 이유 있다고 인정하는 때에는 2년 이상 5년 이하의 범위에서 기간을 정하여 보호관찰명령을 선고하여야 한다.

해설

① 보호관찰을 조건으로 형의 선고유예를 받은 사람은 1년 동안 보호관찰을 받는다(보호관찰법 제30조 제1호).

TIP ① 선고유예 (1년) ↔ ② 집행유예 (유예기간 → 법원이 정한 기간)

② 제32조 제1항 제4호의 단기 보호관찰기간은 1년으로 한다(소년법 제33조 제2항).

TIP ① 단기 보호관찰 (1년) ↔ ② 장기 보호관찰 (2년 → 1년의 범위에서 한 번에 한하여 연장 可)

③ 치료감호법 제32조 제1항, 제2항

④ 전자장치부착법 제21조의3 제1항

정답 ①

098 보호관찰이 가능한 기간으로 옳지 않은 것은?

(24 교정 7급)

① 형의 선고를 유예하면서 보호관찰을 명받은 자는 1년

② 소년부 판사로부터 장기 보호관찰을 명받은 소년으로 보호관찰관의 신청에 따른 결정으로 그 기간이 연장된 자는 최대 4년

③ 「가정폭력범죄의 처벌 등에 관한 특례법」상 보호처분으로 보호관찰을 명받은 후 법원의 결정으로 보호처분의 기간이 변경된 자는 종전의 처분기간을 합산하여 최대 1년

④ 「성매매알선 등 행위의 처벌에 관한 법률」상 보호처분으로 보호관찰을 명받은 후 법원의 결정으로 보호처분의 기간이 변경된 자는 종전의 처분기간을 합산하여 최대 1년

해설

① 보호관찰법 제30조 제1호

② 보호관찰관의 장기 보호관찰기간은 2년으로 한다. / 다만, 소년부 판사는 보호관찰관의 신청에 따라 결정으로써 1년의 범위에서 한 번에 한하여 그 기간을 연장할 수 있다(소년법 제33조 제3항). / 소년법상 장기 보호관찰기간은 최대 3년까지만 가능하다.

③ 보호처분의 종류와 기간을 변경하는 경우 종전의 처분기간을 합산하여 보호처분의 기간은 1년을, 사회봉사·수강명령의 시간은 400시간을 각각 초과할 수 없다(가정폭력처벌법 제45조 제2항).

④ 보호처분의 종류와 기간을 변경할 때에는 종전의 처분기간을 합산하여 보호처분 기간은 1년을, 사회봉사·수강명령은 200시간을 각각 초과할 수 없다(성매매처벌법 제16조 제2항).

정답 ②

099 보호관찰 대상자의 보호관찰 기간으로 옳지 않은 것은? (21 교정 7급)

① 「치료감호 등에 관한 법률」상 치료감호 가종료자 : 3년
② 「소년법」상 단기 보호관찰처분을 받은 자 : 1년
③ 「형법」상 보호관찰을 조건으로 형의 선고유예를 받은 자 : 1년
④ 「가정폭력범죄의 처벌 등에 관한 특례법」상 보호관찰처분을 받은 자 : 1년

해설

① 치료감호 가종료자에 대하여는 가종료되었을 때에는 보호관찰이 시작되며, 보호관찰의 기간은 3년으로 한다(치료감호법 제32조 제1항·제2항).
② 보호관찰법 제30조 제5호, 소년법 제33조 제2항
③ 보호관찰법 제30조 제1호
④ 보호관찰처분을 받은 자의 보호관찰 기간은 6개월을 초과할 수 없다(가정폭력처벌법 제41조).

정답 ④

가정폭력처벌법 제41조(보호처분의 기간)

제40조제1항제1호부터 제3호(접근제한·통신제한·친권제한)까지 및 제5호부터 제8호(보호관찰·감호위탁·치료위탁·상담위탁)까지의 보호처분의 기간은 6개월을 초과할 수 없으며, / 같은 항 제4호의 사회봉사·수강명령의 시간은 200시간을 각각 초과할 수 없다.

가정폭력처벌법 제45조(보호처분의 변경)

① 법원은 보호처분이 진행되는 동안 필요하다고 인정하는 경우에는 직권으로 또는 검사, 보호관찰관 또는 수탁기관의 장의 청구에 의하여 결정으로 한 차례만 보호처분의 종류와 기간을 변경할 수 있다.
② 제1항에 따라 보호처분의 종류와 기간을 변경하는 경우 종전의 처분기간을 합산하여 제40조제1항제1호부터 제3호까지 및 제5호부터 제8호까지의 보호처분의 기간은 1년을, 같은 항 제4호의 사회봉사·수강명령의 시간은 400시간을 각각 초과할 수 없다.

100 보안처분에 대한 설명으로 옳지 않은 것은? (25 보호 7급)

① 법원은 가정폭력행위자에 대하여 징역형의 실형 또는 벌금형을 선고하는 경우에 가정폭력 치료프로그램의 이수명령을 병과할 수 있지만 약식명령을 고지할 경우에는 이를 병과할 수 없다.
② 임시퇴원된 보호소년이 있는 곳을 알 수 없어 보호관찰을 계속할 수 없는 때라도 보호관찰심사위원회에 의한 보호관찰을 정지하는 결정이 없다면 보호관찰기간은 계속 진행된다.
③ 전자장치 부착이 종료된 자가 자격정지 이상의 형 또는 전자장치 부착 등에 관한 법률에 따른 전자장치 부착을 받음이 없이 부착을 종료한 날부터 5년이 경과하면 보호관찰소의 장은 피부착자의 전자장치로부터 발신된 전자파를 수신한 자료를 폐기하여야 한다.
④ 치료감호가 가종료되어 보호관찰 중인 자가 그 보호관찰기간 중에 새로운 범죄로 금고 이상의 형의 집행을 받게 된 때에는 보호관찰은 종료되지 아니하며 해당 형의 집행기간 동안 피보호관찰자에 대한 보호관찰기간은 계속 진행된다.

해설

① 법원은 가정폭력행위자에 대하여 유죄판결(선고유예는 제외한다)을 선고하거나 약식명령을 고지하는 경우에는 200시간의 범위에서 재범예방에 필요한 수강명령(「보호관찰 등에 관한 법률」에 따른 수강명령을 말한다) 또는 가정폭력 치료프로그램의 이수명령을 병과할 수 있다(가정폭력처벌법 제3조의2 제1항).

② 심사위원회는 가석방 또는 임시퇴원된 사람이 있는 곳을 알 수 없어 보호관찰을 계속할 수 없을 때에는 보호관찰소의 장의 신청을 받거나 직권으로 보호관찰을 정지하는 결정을 할 수 있다(보호관찰법 제53조 제1항). / 형기 또는 보호관찰 기간은 정지결정을 한 날부터 그 진행이 정지되고, 정지해제결정을 한 날부터 다시 진행된다(제4항)

TIP 정지결정이 없으면 보호관찰기간은 계속 진행

③ 전자장치부착법 제16조 제6항).

④ 치료감호법 제32조 제4항, 제5항

정답 ①

101 (가) ~ (라)의 보호관찰 기간을 모두 더하면?

21 보호직 7급

(가) 「형법」상 선고유예를 받은 자의 보호관찰 기간

(나) 「형법」상 실형 5년을 선고받고 3년을 복역한 후 가석방된 자의 보호관찰 기간(허가행정관청이 필요가 없다고 인정한 경우 제외)

(다) 「소년법」상 단기 보호관찰을 받은 소년의 보호관찰 기간

(라) 「치료감호 등에 관한 법률」상 피치료감호자에 대한 치료감호가 가종료된 자의 보호관찰 기간

① 6년　　② 7년

③ 8년　　④ 9년

해설

② '(가) 1년, (나) 2년, (다) 1년, (라) 3년'으로 모두 더하면 7년이 된다.

(가) 「형법」상 선고유예를 받은 자의 보호관찰 기간은 1년으로 한다(형법 제59조의2 제2항).

(나) 가석방된 자는 가석방기간 중 보호관찰을 받으며, / 가석방의 기간은 무기형에 있어서는 10년으로 하고, / 유기형에 있어서는 남은 형기로 하되, 그 기간은 10년을 초과할 수 없다(형법 제73조의2 제1항·제2항). // 「형법」상 실형 5년을 선고받고 3년을 복역한 후 가석방된 자의 보호관찰 기간은 남은 형기인 2년이다.

(다) 「소년법」상 단기 보호관찰을 받은 소년의 보호관찰 기간은 1년으로 한다(소년법 제33조 제2항).

(라) 피치료감호자에 대한 치료감호가 가종료되었을 때에 보호관찰이 시작되며(치료감호법 제32조 제1항 제 1호), 보호관찰의 기간은 3년으로 한다(치료감호법 제32조 제2항).

정답 ②

102 「보호관찰 등에 관한 법률」상 보호관찰 기간에 대한 설명으로 옳지 않은 것은?

24 보호직 7급

① 보호관찰을 조건으로 형의 선고유예를 받은 사람의 경우, 보호관찰 기간은 1년이다.

② 보호관찰을 조건으로 형의 집행유예를 선고받은 사람의 경우, 집행유예 기간이 보호관찰 기간이 되지만, 법원이 보호관찰 기간을 따로 정한 때에는 그 기간이 보호관찰 기간이 된다.

③ 소년 가석방자의 경우, 6개월 이상 2년 이하의 범위에서 가석방 심사위원회가 정한 기간이 보호관찰 기간이 된다.

④ 소년원 임시퇴원자의 경우, 퇴원일로부터 6개월 이상 2년 이하의 범위에서 보호관찰 심사위원회가 정한 기간이 보호관찰 기간이 된다.

해설

① 보호관찰법 제30조 제1호
② 보호관찰법 제30조 제2호
③ 가석방자는 가석방기간동안 보호관찰을 받으며, / 소년 가석방자의 가석방기간은 '소년이 가석방된 후 그 처분이 취소되지 아니하고 가석방 전에 집행을 받은 기간과 같은 기간'이다(소년법 제66조). // 소년 가석방자의 경우는 형의 집행을 받은 기간이 보호관찰 기간이 된다(보호관찰법 제30조 제3호).
④ 보호관찰법 제30조 제4호

정답 ③

103 보호관찰이 가능한 기간으로 옳지 않은 것은?

24 보호직 7급

① 형의 선고를 유예하면서 보호관찰을 명받은 자는 1년

② 소년부 판사로부터 장기 보호관찰을 명받은 소년으로 보호관찰관의 신청에 따른 결정으로 그 기간이 연장된 자는 최대 4년

③ 「가정폭력범죄의 처벌 등에 관한 특례법」상 보호처분으로 보호관찰을 명받은 후 법원의 결정으로 보호처분의 기간이 변경된 자는 종전의 처분기간을 합산하여 최대 1년

④ 「성매매알선 등 행위의 처벌에 관한 법률」상 보호처분으로 보호관찰을 명받은 후 법원의 결정으로 보호처분의 기간이 변경된 자는 종전의 처분기간을 합산하여 최대 1년

해설

① 보호관찰법 제30조 제1호
② 보호관찰관의 장기 보호관찰기간은 2년으로 한다. 다만, 소년부 판사는 보호관찰관의 신청에 따라 결정으로써 1년의 범위에서 한 번에 한하여 그 기간을 연장할 수 있다(소년법 제33조 제3항). // 소년에 대한 장기보호관찰기간은 최대 3년까지만 가능하다.
③ 보호처분의 종류와 기간을 변경하는 경우 종전의 처분기간을 합산하여 보호처분의 기간은 1년을, / 사회봉사·수강명령의 시간은 400시간을 각각 초과할 수 없다(가정폭력처벌법 제45조 제2항).
④ 보호처분의 종류와 기간을 변경할 때에는 종전의 처분기간을 합산하여 보호처분 기간은 1년을, 사회봉사·수강명령은 200시간을 각각 초과할 수 없다(성매매처벌법 제16조 제2항).

정답 ②

104 「보호관찰 등에 관한 법률」상 보호관찰 대상자의 준수사항에 해당하지 않는 것은? (23 교정 9급)

① 주거지에 상주하고 생업에 종사할 것
② 보호관찰관의 지도·감독에 따르고 방문하면 응대할 것
③ 주거를 이전하거나 10일 이상 국내외 여행을 할 때에는 미리 보호관찰관에게 신고할 것
④ 범죄로 이어지기 쉬운 나쁜 습관을 버리고 선행을 하며 범죄를 저지를 염려가 있는 사람들과 교제하거나 어울리지 말 것

해 설

③ '주거를 이전(移轉)하거나 1개월 이상 국내외 여행을 할 때에는 미리 보호관찰관에게 신고할 것'이다(보호관찰법 제32조 제2항 제4호).

정답 ③

보호관찰법 제32조(보호관찰 대상자의 준수사항)

① 보호관찰 대상자는 보호관찰관의 지도·감독을 받으며 준수사항을 지키고 스스로 건전한 사회인이 되도록 노력하여야 한다.
② 보호관찰 대상자는 다음 각 호의 사항을 지켜야 한다(일반적 준수사항).
  1. 주거지에 상주(常住)하고 생업에 종사할 것
  2. 범죄로 이어지기 쉬운 나쁜 습관을 버리고 선행(善行)을 하며 범죄를 저지를 염려가 있는 사람들과 교제하거나 어울리지 말 것
  3. 보호관찰관의 지도·감독에 따르고 방문하면 응대할 것
  4. 주거를 이전(移轉)하거나 1개월 이상 국내외 여행을 할 때에는 미리 보호관찰관에게 신고할 것
⑤ 제2항부터 제4항까지의 준수사항은 서면으로 고지하여야 한다.

동법 시행령 제18조(주거이전등의 신고)

① 보호관찰대상자는 법 제32조제2항제4호의 규정에 의한 신고를 할 때에는 법무부령이 정하는 바에 의하여 본인의 성명, 주거, 주거이전예정지 또는 여행지, 주거이전이유 또는 여행목적, 주거이전일자 또는 여행기간 등을 신고하여야 한다.
② 보호관찰대상자가 다른 보호관찰소의 관할구역안으로 주거를 이전한 때에는 10일이내에 신주거지를 관할하는 보호관찰소에 출석하여 서면으로 주거이전의 사실을 신고하여야 한다.

105 「보호관찰 등에 관한 법률」상 보호관찰 대상자의 일반적인 준수사항에 해당하는 것만을 모두 고른 것은? (17 교정 9급)

ㄱ. 주거지에 상주(常住)하고 생업에 종사할 것
ㄴ. 범죄행위로 인한 손해를 회복하기 위하여 노력할 것
ㄷ. 범죄로 이어지기 쉬운 나쁜 습관을 버리고 선행(善行)을 하며 범죄를 저지를 염려가 있는 사람들과 교제하거나 어울리지 말 것
ㄹ. 보호관찰관의 지도·감독에 따르고 방문하면 응대할 것
ㅁ. 주거를 이전(移轉)하거나 1개월 이상 국내외 여행을 할 때에는 미리 보호관찰관에게 신고할 것
ㅂ. 일정량 이상의 음주를 하지 말 것

① ㄱ, ㄴ, ㄷ, ㄹ
② ㄱ, ㄷ, ㄹ, ㅁ
③ ㄴ, ㄷ, ㄹ, ㅁ, ㅂ
④ ㄱ, ㄴ, ㄷ, ㄹ, ㅁ, ㅂ

해설

② 일반준수사항 ㄱ, ㄷ, ㄹ, ㅁ / 특별순수사항 ㄴ, ㅂ

정답 ②

보호관찰법 제32조(보호관찰 대상자의 준수사항)

③ 법원 및 심사위원회는 판결의 선고 또는 결정의 고지를 할 때에는 제2항의 준수사항 외에 범죄의 내용과 종류 및 본인의 특성 등을 고려하여 필요하면 보호관찰 기간의 범위에서 기간을 정하여 다음 각 호의 사항을 특별히 지켜야 할 사항으로 따로 과(科)할 수 있다.

1. 야간 등 재범의 기회나 충동을 줄 수 있는 특정 시간대의 외출 제한
2. 재범의 기회나 충동을 줄 수 있는 특정 지역·장소의 출입 금지
3. 피해자 등 재범의 대상이 될 우려가 있는 특정인에 대한 접근 금지
4. 범죄행위로 인한 손해를 회복하기 위하여 노력할 것
5. 일정한 주거가 없는 자에 대한 거주장소 제한
6. 사행행위에 빠지지 아니할 것
7. 일정량 이상의 음주를 하지 말 것
8. 마약 등 중독성 있는 물질을 사용하지 아니할 것
9. 「마약류관리에 관한 법률」상의 마약류 투약, 흡연, 섭취 여부에 관한 검사에 따를 것
10. 그 밖에 보호관찰 대상자의 재범 방지를 위하여 필요하다고 인정되어 대통령령으로 정하는 사항

④ 보호관찰 대상자가 제2항 또는 제3항의 준수사항을 위반하거나 사정변경의 상당한 이유가 있는 경우에는 법원은 보호관찰소의 장의 신청 또는 검사의 청구에 따라, 심사위원회는 보호관찰소의 장의 신청에 따라 각각 준수사항의 전부 또는 일부를 추가, 변경하거나 삭제할 수 있다.

⑤ 제2항부터 제4항까지의 준수사항은 서면으로 고지하여야 한다.

보호관찰법 시행령 제19조(특별준수사항)

법 제32조제3항제10호에서 "대통령령으로 정하는 사항"이란 다음 각 호의 사항을 말한다.

1. 운전면허를 취득할 때까지 자동차(원동기장치자전거를 포함한다) 운전을 하지 않을 것
2. 직업훈련, 검정고시 등 학과교육 또는 성행(性行 : 성품과 행실)개선을 위한 교육, 치료 및 처우 프로그램에 관한 보호관찰관의 지시에 따를 것
3. 범죄와 관련이 있는 특정 업무에 관여하지 않을 것
4. 성실하게 학교수업에 참석할 것
5. 정당한 수입원에 의하여 생활하고 있음을 입증할 수 있는 자료를 정기적으로 보호관찰관에게 제출할 것
6. 흉기나 그 밖의 위험한 물건을 소지 또는 보관하거나 사용하지 아니할 것
7. 가족의 부양 등 가정생활에 있어서 책임을 성실히 이행할 것
8. 그 밖에 보호관찰 대상자의 생활상태, 심신의 상태, 범죄 또는 비행의 동기, 거주지의 환경 등으로 보아 보호관찰 대상자가 준수할 수 있고 자유를 부당하게 제한하지 아니하는 범위에서 개선·자립에 도움이 된다고 인정되는 구체적인 사항

106 **보호관찰 등에 관한 법령상 대상자의 특별준수사항을 포함한 준수사항으로 옳지 않은 것은?** (23 교정 7급)

① 사행행위에 빠지지 아니할 것
② 피해자 등 재범의 대상이 될 우려가 있는 특정인에 대한 접근금지
③ 주거를 이전할 때에는 미리 보호관찰관의 허가를 받을 것
④ 일정량 이상의 음주를 하지 말 것

해설

① 보호관찰법 제32조 제3항 제6호
② 보호관찰법 제32조 제3항 제3호
③ '주거를 이전하거나 1개월 이상 국내외 여행을 할 때에는 미리 보호관찰관에게 신고할 것'이다(보호관찰법 제32조 제2항 제4호, 제62조 제2항 제2호).
④ 보호관찰법 제32조 제3항 제7호

정답 ③

107 **보호관찰 등에 관한 법률 상 범죄의 내용과 종류 및 본인의 특성 등을 고려하여 특별준수사항으로 따로 부과할 수 있는 것은?** (15 교정 7급)

① 주거지에 상주하고 생업에 종사할 것
② 재범의 기회나 충동을 줄 수 있는 특정 지역·장소의 출입을 하지 말 것
③ 주거를 이전하거나 1개월 이상 국내외 여행을 할 때에는 미리 보호관찰관에게 신고할 것
④ 범죄로 이어지기 쉬운 나쁜 습관을 버리고 선행을 하며 범죄를 저지를 염려가 있는 사람들과 교제하거나 어울리지 말 것

해설

② 특별준수사항 / ①③④ 일반준수사항

정답 ②

108 **「보호관찰 등에 관한 법률」상 별도의 부과절차 없이도 보호관찰대상자가 지켜야 할 준수사항(일반준수사항)에 해당하지 않는 것은?** (18 보호직 7급)

① 범죄로 이어지기 쉬운 나쁜 습관을 버리고 선행을 하며 범죄를 저지를 염려가 있는 사람들과 교제하거나 어울리지 말 것
② 보호관찰관의 지도·감독에 따르고 보호관찰관이 방문하게 되면 응대할 것
③ 1개월 이상 국내외 여행을 할 때에는 미리 보호관찰관에게 신고할 것
④ 범죄행위로 발생한 손해를 회복하기 위해 노력할 것

해 설

① 보호관찰법 제32조 제2항 제2호
② 보호관찰법 제32조 제2항 제3호
③ 보호관찰법 제32조 제2항 제4호
④ "범죄행위로 발생한 손해를 회복하기 위해 노력할 것"은 특별준수사항이다(보호관찰법 제32조 제3항 제4호).

정답 ④

109 「보호관찰 등에 관한 법률」상 보호관찰 심사위원회가 심사·결정하는 사항으로 옳지 않은 것은?

20 교정 9급

① 가석방과 그 취소에 관한 사항
② 임시퇴원, 임시퇴원의 취소 및 보호소년 등의 처우에 관한 법률 제43조제3항에 따른 보호소년의 퇴원에 관한 사항
③ 보호관찰의 임시해제와 그 취소에 관한 사항
④ 보호관찰을 조건으로 한 형의 선고유예의 실효

해 설

① 보호관찰법 제6조 제1호
② 보호관찰법 제6조 제2호
③ 보호관찰법 제6조 제3호
④ '보호관찰을 조건으로 한 형의 선고유예의 실효'는 검사가 보호관찰소의 장의 신청을 받아 법원에 청구하고 법원이 결정한다(보호관찰법 제47조 제1항, 형법 제61조 제2항).

정답 ④

보호관찰법 제5조(설치)

① 보호관찰에 관한 사항을 심사·결정하기 위하여 법무부장관 소속으로 보호관찰 심사위원회(이하 "심사위원회"라 한다)를 둔다.
② 심사위원회는 고등검찰청 소재지 등 대통령령으로 정하는 지역에 설치한다.

보호관찰법 제6조(관장 사무)

(보호관찰) 심사위원회는 이 법에 따른 다음 각 호의 사항을 심사·결정한다.

1. 가석방과 그 취소에 관한 사항
2. 임시퇴원, 임시퇴원의 취소 및 「보호소년 등의 처우에 관한 법률」 제43조제3항에 따른 보호소년의 퇴원(이하 "퇴원"이라 한다)에 관한 사항
3. 보호관찰의 임시해제와 그 취소에 관한 사항
4. 보호관찰의 정지와 그 취소에 관한 사항
5. 가석방 중인 사람의 부정기형의 종료에 관한 사항
6. 이 법 또는 다른 법령에서 심사위원회의 관장 사무로 규정된 사항
7. 제1호부터 제6호까지의 사항과 관련된 사항으로서 위원장이 회의에 부치는 사항

110 **보호관찰 심사위원회의 심사·결정 사항으로 옳지 않은 것은?** (24 교정 7급)

① 소년수형자에 대한 가석방과 그 취소
② 성충동 약물치료의 치료명령을 받아 보호관찰 중인 자의 보호관찰 준수사항 위반 정도와 치료기간 연장
③ 가석방되는 성인수형자에 대한 보호관찰의 필요성과 보호관찰이 부과된 가석방의 취소
④ 가석방 또는 임시퇴원된 사람이 있는 곳을 알 수 없어 보호관찰을 계속할 수 없는 때의 보호관찰 정지 및 그 해제

해설

① 보호관찰법 제6조 제1호
② 성충동 약물치료의 치료명령을 받아 보호관찰 중인 자에 대한 치료기간 연장은 법원의 결정으로 한다. / 법원은 보호관찰소의 장의 신청에 따른 검사의 청구로 치료기간을 결정으로 연장할 수 있다. 다만, 종전의 치료기간을 합산하여 15년을 초과할 수 없다(성충동약물치료법 제16조 제1항).
③ 보호관찰법 제24조 제1항, 보호관찰법 제6조 제1호
④ 보호관찰법 제6조 제3호·제4호

정답 ②

111 **「보호관찰 등에 관한 법률」상 보호관찰 심사위원회에 대한 설명으로 옳은 것만을 모두 고르면?** (24 보호직 7급)

ㄱ. 「보호관찰 등에 관한 법률」에 따른 가석방과 그 취소에 관한 사항을 심사·결정한다.
ㄴ. 검사가 보호관찰관의 선도를 조건으로 공소제기를 유예하고 위탁한 선도 업무를 관장한다.
ㄷ. 위원은 판사, 검사, 변호사, 교도소장, 소년원장, 경찰서장 및 보호관찰에 관한 지식과 경험이 풍부한 사람 중에서 보호관찰소장이 임명하거나 위촉한다.
ㄹ. 위원 중 공무원이 아닌 사람은 「형법」 제127조(공무상 비밀의 누설) 및 제129조(수뢰, 사전수뢰)부터 제132조(알선수뢰)까지의 규정을 적용할 때 공무원으로 본다.

① ㄱ, ㄴ　　② ㄱ, ㄹ
③ ㄴ, ㄷ　　④ ㄷ, ㄹ

해설

② 옳은 것은 'ㄱ, ㄹ'이다.
ㄱ. (○) 보호관찰법 제6조 제1호
ㄴ. (×) 보호관찰소의 관장사무이다(보호관찰법 제15조 제3호).
ㄷ. (×) 심사위원회의 위원은 판사, 검사, 변호사, 보호관찰소장, 지방교정청장, 교도소장, 소년원장 및 보호관찰에 관한 지식과 경험이 풍부한 사람 중에서 법무부장관이 임명하거나 위촉한다(보호관찰법 제7조 제3항).
TIP 경찰서장 × / 보호관찰소장이 임명·위촉 ×
ㄹ. (○) 보호관찰법 제12조의2

정답 ②

보호관찰법 제15조(보호관찰소의 관장 사무)

보호관찰소(보호관찰지소를 포함한다. 이하 같다)는 다음 각 호의 사무를 관장한다.

1. 보호관찰, 사회봉사명령 및 수강명령의 집행
2. 갱생보호
3. 검사가 보호관찰관이 선도(善導)함을 조건으로 공소제기를 유예하고 위탁한 선도 업무
4. 제18조에 따른 범죄예방 자원봉사위원에 대한 교육훈련 및 업무지도
5. 범죄예방활동
6. 이 법 또는 다른 법령에서 보호관찰소의 관장 사무로 규정된 사항

112 **보호관찰심사위원회의 관장사무에 해당하지 않는 것은?** (20 보호직 7급)

① 징역 또는 금고의 집행 중에 있는 성인수형자에 대한 가석방 적격 심사
② 소년원에 수용된 보호소년에 대한 임시퇴원 심사
③ 가석방 중인 사람의 부정기형의 종료에 관한 사항
④ 보호관찰대상자에 대한 보호관찰의 임시해제 취소 심사

해설

① 징역 또는 금고의 집행 중에 있는 성인수형자에 대한 가석방 적격 심사는 법무부장관 소속의 가석방심사위원회가 관장한다(형집행법 제119조).
② 보호관찰법 제6조 제2호
③ 보호관찰법 제6조 제5호
④ 보호관찰법법 제6조 제3호

정답 ①

113 **「보호관찰 등에 관한 법률」상 조사제도에 대한 설명으로 옳지 않은 것은?** (23 교정 9급)

① 법원은 판결 전 조사 요구를 받은 보호관찰소의 장에게 조사진행상황에 관한 보고를 요구할수 있다.
② 판결 전 조사 요구를 받은 보호관찰소의 장은 지체 없이 이를 조사하여 서면 또는 구두로 해당 법원에 알려야 한다.
③ 법원은 피고인에 대하여 형법 제59조의2 및 제62조의2에 따른 보호관찰을 명하기 위하여 필요하다고 인정하면 그 법원의 소재지 또는 피고인의 주거지를 관할하는 보호관찰소의 장에게 피고인에 관한 사항의 조사를 요구할 수 있다.
④ 법원은 소년법 제12조에 따라 소년 보호사건에 대한 조사 또는 심리를 위하여 필요하다고 인정하면 그 법원의 소재지 또는 소년의 주거지를 관할하는 보호관찰소의 장에게 소년의 품행, 경력, 가정상황, 그 밖의 환경 등 필요한 사항에 관한 조사를 의뢰할 수 있다.

해설

① 보호관찰법 제19조 제3항
② 판결 전 조사 요구를 받은 보호관찰소의 장은 지체 없이 이를 조사하여 서면으로 해당 법원에 알려야 한다(보호관찰법 제19조 제2항).
③ 보호관찰법 제19조 제1항
④ 보호관찰법 제19조의2 제1항

정답 ②

114 보호관찰소의 조사제도에 대한 설명으로 옳지 않은 것은?

20 보호직 7급

① 「보호관찰 등에 관한 법률」 제19조에 따른 판결 전 조사는 법원이 「형법」 제59조의2 및 제62조의2에 따른 보호관찰, 사회봉사 또는 수강을 명하기 위하여 필요하다고 인정되는 경우에 조사를 요구할 수 있는 것을 말한다.
② 「보호관찰 등에 관한 법률」 제19조의2에 따른 결정 전 조사는 법원이 「소년법」 제12조에 따라 소년 보호사건뿐만 아니라 소년 형사사건에 대한 조사 또는 심리를 위하여 필요하다고 인정되는 경우에 조사를 의뢰하는 것을 말한다.
③ 「소년법」 제49조의2에 따른 검사의 결정 전 조사는 검사가 소년 피의사건에 대하여 소년부 송치, 공소제기, 기소유예 등의 처분을 결정하기 위하여 필요하다고 인정되는 경우에 조사를 요구할 수 있는 것을 말한다.
④ 「전자장치 부착 등에 관한 법률」 제6조에 따른 청구 전 조사는 검사가 전자장치 부착명령을 청구하기 위하여 필요하다고 인정하는 경우에 조사를 요청할 수 있는 것을 말한다.

해설

① 보호관찰법 제19조 제1항
② 「보호관찰 등에 관한 법률」 제19조의2에 따른 결정 전 조사는 법원이 「소년법」 제12조에 따라 소년 보호사건에서 '보호처분의 결정'을 위하여 필요한 경우에 실시하는 것을 말한다.

TIP ① 판결 전 조사는 성인·소년 형사사건에 대한 조사이고, / ② 결정 전 조사는 소년 보호사건에 대한 조사이다.

③ 소년법 제49조의2 제1항
④ 전자장치부착법 제6조 제1항

정답 ②

보호관찰법 제19조(판결 전 조사)

① 법원은 피고인에 대하여 「형법」 제59조의2 및 제62조의2에 따른 보호관찰, 사회봉사 또는 수강을 명하기 위하여 필요하다고 인정하면 그 법원의 소재지(所在地) 또는 피고인의 주거지를 관할하는 보호관찰소의 장에게 범행 동기, 직업, 생활환경, 교우관계, 가족상황, 피해회복 여부 등 피고인에 관한 사항의 조사를 요구할 수 있다.
② 제1항의 요구를 받은 보호관찰소의 장은 지체 없이 이를 조사하여 서면으로 해당 법원에 알려야 한다. 이 경우 필요하다고 인정하면 피고인이나 그 밖의 관계인을 소환하여 심문하거나 소속 보호관찰관에게 필요한 사항을 조사하게 할 수 있다.

보호관찰법 제19조의2(결정 전 조사)

① 법원은 「소년법」 제12조에 따라 소년 보호사건에 대한 조사 또는 심리를 위하여 필요하다고 인정하면 그 법원의 소재지 또는 소년의 주거지를 관할하는 보호관찰소의 장에게 소년의 품행, 경력, 가정상황, 그 밖의 환경 등 필요한 사항에 관한 조사를 의뢰할 수 있다.

② 제1항의 의뢰를 받은 보호관찰소의 장은 지체 없이 조사하여 서면으로 법원에 통보하여야 하며, 조사를 위하여 필요한 경우에는 소년 또는 관계인을 소환하여 심문하거나 소속 보호관찰관으로 하여금 필요한 사항을 조사하게 할 수 있다.

115 「보호관찰 등에 관한 법률」상 구인에 대한 설명으로 옳지 않은 것은? (14 교정 7급)

① 보호관찰소의 장은 구인사유가 있는 경우 관할 지방검찰청의 검사에게 신청하여 검사의 청구로 관할 지방법원 판사의 구인장을 발부받아 보호관찰 대상자를 구인할 수 있다.

② 보호관찰소의 장은 구인사유가 있는 경우로서 긴급하여 구인장을 발부받을 수 없는 경우에는 그 사유를 알리고 구인장 없이 보호관찰 대상자를 구인할 수 있다.

③ 보호관찰소의 장은 보호관찰 대상자를 긴급구인한 경우에는 긴급구인서를 작성하여 48시간 내에 관할 지방검찰청 검사의 승인을 받아야 한다.

④ 보호관찰소의 장은 긴급구인에 대하여 관할 지방검찰청 검사의 승인을 받지 못하면 즉시 보호관찰 대상자를 석방하여야 한다.

해설

① 보호관찰법 제39조 제1항
② 보호관찰법 제40조 제1항
③ 보호관찰소의 장은 보호관찰 대상자를 긴급구인한 경우에는 긴급구인서를 작성하여 즉시 관할 지방검찰청 검사의 승인을 받아야 한다(보호관찰법 제40조 제2항).
④ 보호관찰법 제40조 제3항

정답 ③

보호관찰법 제39조(구인)

① 보호관찰소의 장은 보호관찰 대상자가 제32조의 준수사항을 위반하였거나 위반하였다고 의심할 상당한 이유가 있고, 다음 각 호의 어느 하나에 해당하는 사유가 있는 경우에는 관할 지방검찰청의 검사에게 신청하여 검사의 청구로 관할 지방법원 판사의 구인장을 발부받아 보호관찰 대상자를 구인(拘引)할 수 있다.
1. 일정한 주거가 없는 경우
2. 제37조제1항에 따른 소환에 따르지 아니한 경우
3. 도주한 경우 또는 도주할 염려가 있는 경우

② 제1항의 구인장은 검사의 지휘에 따라 보호관찰관이 집행한다. / 다만, 보호관찰관이 집행하기 곤란한 경우에는 사법경찰관리에게 집행하게 할 수 있다.

보호관찰법 제40조(긴급구인)

① 보호관찰소의 장은 제32조의 준수사항을 위반한 보호관찰 대상자가 제39조제1항 각 호의 어느 하나에 해당하는 사유가 있는 경우로서 긴급하여 제39조에 따른 구인장을 발부받을 수 없는 경우에는 그 사유를 알리고 구인장 없이

그 보호관찰 대상자를 구인할 수 있다. 이 경우 긴급하다 함은 해당 보호관찰 대상자를 우연히 발견한 경우 등과 같이 구인장을 발부받을 시간적 여유가 없는 경우를 말한다.

② 보호관찰소의 장은 제1항에 따라 보호관찰 대상자를 구인한 경우에는 긴급구인서를 작성하여 즉시 관할 지방검찰청 검사의 승인을 받아야 한다.

③ 보호관찰소의 장은 제2항에 따른 승인을 받지 못하면 즉시 보호관찰 대상자를 석방하여야 한다.

보호관찰법 제41조(구인 기간)

보호관찰소의 장은 제39조 또는 제40조에 따라 보호관찰 대상자를 구인하였을 때에는 제42조에 따라 유치(留置) 허가를 청구한 경우를 제외하고는 구인한 때부터 48시간 이내에 석방하여야 한다. 다만, 제42조제2항에 따른 유치 허가를 받지 못하면 즉시 보호관찰 대상자를 석방하여야 한다.

116 「보호관찰 등에 관한 법률」상 구인(제39조 또는 제40조)한 보호관찰 대상자의 유치에 대한 설명으로 옳지 않은 것은? (19 교정 7급)

① 보호관찰소의 장은 가석방 및 임시퇴원의 취소 신청이 필요하다고 인정되면 보호관찰 대상자를 수용기관 또는 소년분류심사원에 유치할 수 있다.

② 보호관찰 대상자를 유치하려는 경우에는 보호관찰소의 장이 검사에게 신청하여 검사의 청구로 관할 지방법원 판사의 허가를 받아야 하며, 이 경우 검사는 보호관찰 대상자가 구인된 때부터 48시간 이내에 유치 허가를 청구하여야 한다.

③ 유치된 사람에 대하여 보호관찰을 조건으로 한 형의 선고유예가 실효되거나 집행유예가 취소된 경우 또는 가석방이 취소된 경우에는 그 유치기간을 형기에 산입한다.

④ 유치의 기간은 구인한 날부터 20일로 한다. 다만, 보호처분의 변경 신청을 위한 유치에 있어서는 심사위원회의 심사에 필요하면 10일의 범위에서 한 차례만 유치기간을 연장할 수 있다.

해 설

① 보호관찰법 제42조 제1항 제2호
② 보호관찰법 제42조 제2항
③ 보호관찰법 제45조
④ 유치의 기간은 구인한 날부터 20일로 한다. / 다만, 보호처분의 변경 신청이 있는 경우에 심리를 위하여 필요하다고 인정되면 심급마다 20일의 범위에서 한 차례만 유치기간을 연장할 수 있다(보호관찰법 제43조 제2항).

정답 ④

보호관찰법 제42조(유치)

① 보호관찰소의 장은 다음 각 호의 신청이 필요하다고 인정되면 제39조 또는 제40조에 따라 구인한 보호관찰 대상자를 수용기관 또는 소년분류심사원에 유치할 수 있다. 〈개정 2019.4.16〉

1. 제47조에 따른 보호관찰을 조건으로 한 형(벌금형을 제외한다)의 선고유예의 실효(失效) 및 집행유예의 취소 청구의 신청
2. 제48조에 따른 가석방 및 임시퇴원의 취소 신청
3. 제49조에 따른 보호처분의 변경 신청

② 제1항에 따른 유치를 하려는 경우에는 보호관찰소의 장이 검사에게 신청하여 검사의 청구로 관할 지방법원 판사의 허가를 받아야 한다. / 이 경우 검사는 보호관찰 대상자가 구인된 때부터 48시간 이내에 유치 허가를 청구하여야 한다.
③ 보호관찰소의 장은 유치 허가를 받은 때부터 24시간 이내에 제1항 각 호의 신청을 하여야 한다.
④ 검사는 보호관찰소의 장으로부터 제1항제1호의 신청을 받고 그 이유가 타당하다고 인정되면 48시간 이내에 관할 지방법원에 보호관찰을 조건으로 한 형의 선고유예의 실효 또는 집행유예의 취소를 청구하여야 한다.

보호관찰법 제43조(유치기간)

① 제42조에 따른 유치의 기간은 제39조제1항 또는 제40조제1항에 따라 구인한 날부터 20일로 한다.
② 법원은 제42조제1항제1호(선고유예의 실효 및 집행유예의 취소) 또는 제3호(보호처분의 변경)에 따른 신청이 있는 경우에 심리(審理)를 위하여 필요하다고 인정되면 심급마다 20일의 범위에서 한 차례만 유치기간을 연장할 수 있다.
③ 보호관찰소의 장은 제42조제1항제2호(가석방 및 임시퇴원의 취소)에 따른 신청이 있는 경우에 심사위원회의 심사에 필요하면 검사에게 신청하여 검사의 청구로 지방법원 판사의 허가를 받아 10일의 범위에서 한 차례만 유치기간을 연장할 수 있다.

117 **「보호관찰 등에 관한 법률」상 보호관찰 대상자의 구인 및 유치에 대한 설명으로 옳은 것은?**

24 보호직 7급

① 보호관찰관은, 보호관찰 대상자가 준수사항을 위반하였다고 의심할 상당한 이유가 있고 조사에 따른 소환에 불응하는 경우, 관할 지방검찰청의 검사에게 구인장을 신청할 수 있다.
② 유치된 보호관찰 대상자에 대하여 보호관찰을 조건으로 한 형의 선고유예가 실효된 경우에 그 유치기간은 형기에 산입되지 않는다.
③ 구인한 대상자를 유치하기 위한 신청이 있는 경우, 검사는 보호관찰 대상자가 구인된 때부터 48시간 이내에 관할 지방법원 판사에게 유치 허가를 청구하여야 한다.
④ 보호관찰부 집행유예의 취소 청구를 하려는 경우, 보호관찰소의 장은 유치 허가를 받은 때부터 48시간 이내에 관할 지방검찰청의 검사에게 그 신청을 하여야 한다.

해설

① 보호관찰소의 장은 관할 지방검찰청의 검사에게 신청하여 검사의 청구로 관할 지방법원 판사의 구인장을 발부받아 보호관찰 대상자를 구인(拘引)할 수 있다(보호관찰법 제39조 제1항).
② 유치된 사람에 대하여 보호관찰을 조건으로 한 형의 선고유예가 실효되거나 집행유예가 취소된 경우 또는 가석방이 취소된 경우에는 그 유치기간을 형기에 산입한다(보호관찰법 제45조).
③ 보호관찰법 제42조 제2항
④ 보호관찰소의 장은 유치 허가를 받은 때부터 24시간 이내에 [1. 보호관찰을 조건으로 한 형(벌금형을 제외한다)의 선고유예의 실효(失效) 및 집행유예의 취소 청구의 신청, 2. 가석방 및 임시퇴원의 취소 신청, 3. 보호처분의 변경 신청]의 신청을 하여야 한다(보호관찰법 제42조 제3항).

정답 ③

118 보호관찰 등에 관한 법령상 보호관찰 대상자의 구인, 유치에 대한 설명으로 옳지 않은 것은? (25 보호 7급)

① 보호관찰 대상자에 대한 유치기간은 관할 지방법원 판사로부터 유치허가를 받은 날로부터 20일로 한다.

② 보호관찰소의 장은 보호관찰 대상자를 긴급구인한 때에는 긴급구인서를 작성하여 구인한 때로부터 12시간 이내에 관할 지방검찰청 검사에게 긴급구인 승인신청을 하여야 한다.

③ 유치된 보호관찰 대상자에 대하여 보호관찰을 조건으로 한 형의 선고유예가 실효되거나 집행유예가 취소된 경우 또는 가석방이 취소된 경우에는 그 유치기간을 형기에 산입한다.

④ 보호관찰소의 장은 유치를 허가받지 못하면 구인한 보호관찰 대상자를 즉시 석방하여야 한다.

해설

① 유치의 기간은 제39조 제1항(구인) 또는 제40조 제1항(긴급구인)에 따라 구인한 날부터 20일로 한다(보호관찰법 제43조 제2항).
② 보호관찰법 제40조 제2항, 동법 시행령 제26조 제1항
③ 보호관찰법 제45조
④ 보호관찰소의 장은 보호관찰 대상자를 구인하였을 때에는 유치(留置) 허가를 청구한 경우를 제외하고는 구인한 때부터 48시간 이내에 석방하여야 한다. / 다만, 유치 허가를 받지 못하면 즉시 보호관찰 대상자를 석방하여야 한다(보호관찰법 제41조).

정답 ①

119 「보호관찰 등에 관한 법률」에 대한 설명으로 옳지 않은 것은? (16 보호직 7급)

① 보호관찰은 법원의 판결이나 결정이 확정된 때 또는 가석방·임시퇴원된 때부터 시작된다.

② 보호관찰은 보호관찰 대상자의 행위지, 거주지 또는 현재지를 관할하는 보호관찰소 소속 보호관찰관이 담당한다.

③ 보호관찰소의 장은 범행 내용, 재범위험성 등 보호관찰 대상자의 개별적 특성을 고려하여 그에 알맞은 지도·감독의 방법과 수준에 따라 분류처우를 하여야 한다.

④ 보호관찰소 소속 공무원은 보호관찰 대상자에 대한 정당한 직무집행 과정에서 도주 방지, 항거 억제 등을 위하여 필요하다고 인정되는 상당한 이유가 있으면 보호장구인 수갑, 포승, 전자충격기, 가스총을 사용할 수 있다.

해설

① 보호관찰법 제29조 제1항
② 보호관찰은 보호관찰 대상자의 주거지를 관할하는 보호관찰소 소속 보호관찰관이 담당한다(보호관찰법 제31조).

TIP 보호관찰은 장래의 위험성 때문에 부과하므로, 행위지나 현재지는 문제되지 않는다.

③ 보호관찰법 제33조의2 제1항
④ 보호관찰법 제45조의2 제1항

정답 ②

120 「보호관찰 등에 관한 법률」의 내용으로 옳지 않은 것은?

25 보호직 9급

① 검사가 보호관찰관이 선도함을 조건으로 공소제기를 유예하고 위탁한 선도 업무는 보호관찰소의 관장 사무에 해당한다.

② 보호관찰을 조건으로 형의 집행유예를 선고받은 사람의 보호관찰 기간을 법원이 따로 정한 경우 보호관찰 기간은 그 유예기간이 아니라 법원이 정한 기간으로 한다.

③ 보호관찰소 소속 공무원은 구인 또는 긴급구인한 보호관찰 대상자를 보호관찰소에 인치하는 정당한 직무집행 과정에서 필요하다고 인정되는 상당한 이유가 있으면 보호장구 중 전자충격기를 사용할 수 있다.

④ 보호관찰 대상자가 보호관찰 기간 중 금고 이상의 형의 집행을 받게 된 때에는 해당 형의 집행기간 동안 보호관찰 대상자에 대한 보호관찰 기간은 계속 진행되고, 해당 형의 집행이 종료·면제되거나 보호관찰 대상자가 가석방된 경우 보호관찰 기간이 남아있는 때에는 그 잔여기간 동안 보호관찰을 집행한다.

해설

① 보호관찰법 제15조 제3호
② 보호관찰법 제30조 제2호
③ '구인 또는 긴급구인한 보호관찰 대상자를 보호관찰소에 인치하거나 수용기관 등에 유치하기 위해 호송하는 때' 보호관찰소 소속 공무원이 사용할 수 있는 보호장구는 수갑·포승·보호대(帶)이다.

TIP 인치하거나 호송하는 경우 가스총이나 전자충격기는 사용할 수 없다(보호관찰법 제46조의3 제2항).

④ 보호관찰법 제51조 제2항

정답 ③

121 「보호관찰 등에 관한 법률」상 보호관찰에 대한 설명으로 옳지 않은 것은? (다툼이 있는 경우 판례에 의함)

25 보호직 9급

① 보호관찰은 법원의 판결이나 결정이 확정된 때 또는 가석방·임시퇴원된 때부터 시작된다.

② 「보호관찰 등에 관한 법률」 제42조에 따라 유치된 사람에 대하여 보호관찰을 조건으로 한 형의 선고유예가 실효된 경우에는 그 유치기간을 형기에 산입한다.

③ 「근로기준법」을 위반한 피고인에 대하여 형의 집행을 유예함과 동시에 집행유예기간 동안 보호관찰을 받을 것을 명하면서 "보호관찰기간 중 노조지부장 선거에 후보로 출마하는 등 선거에 개입하지 말 것"이라는 내용의 특별준수사항을 부과한 것은 피고인의 자유를 부당하게 제한한 것으로 위법하다.

④ 보호관찰소의 장은 보호관찰 등에 관한 법률 제39조(구인) 또는 제40조(긴급구인)에 따라 보호관찰 대상자를 구인하였을 때에는 제42조에 따라 유치 허가를 청구한 경우를 제외하고는 구인한 때부터 48시간 이내에 석방하여야 한다.

해설

① 보호관찰법 제29조 제1항
② 보호관찰법 제45조
③ 버스회사 노동조합 지부장인 피고인이 운전기사 신규 채용 내지 정년 도과 후 촉탁직 근로계약의 체결과 관련하여 취업을 원하거나, 정년 후 계속 근로를 원하는 운전기사들로부터 청탁의 대가로 돈을 받아 이익을 취득한 근로기준법 위반죄의 성립을 인정하고, / 피고인에 대하여 형의 집행을 유예함과 동시에 집행유예기간 동안 보호관찰을 받을 것

을 명하면서 "보호관찰기간 중 노조지부장 선거에 후보로 출마하거나 피고인을 지지하는 다른 조합원의 출마를 후원하거나 하는 등의 방법으로 선거에 개입하지 말 것"이라는 내용의 특별준수사항을 부과한 것은 피고인의 재범을 방지하고 개선·자립에 도움이 된다고 판단하여 위와 같은 특별준수사항을 부과한 것으로 정당하다(대판 2010.9.30. 2010도6403).

④ 보호관찰법 제41조 본문

정답 ③

122 **「보호관찰 등에 관한 법률」상 보호관찰의 종료와 임시해제에 대한 설명으로 옳은 것은?** 23 보호직 7급

① 보호관찰을 조건으로 한 형의 선고유예가 실효되더라도 보호관찰은 종료되지 않는다.
② 보호관찰의 임시해제 결정이 취소된 경우 그 임시해제 기간을 보호관찰 기간에 포함한다.
③ 보호관찰 대상자는 보호관찰이 임시해제된 기간 중에는 그 준수사항을 계속하여 지키지 않아도 된다.
④ 임시퇴원된 보호소년이 보호관찰이 정지된 상태에서 21세가 된 때에는 보호관찰이 종료된다.

해 설

① 「형법」 제61조에 따라 보호관찰을 조건으로 한 형의 선고유예가 실효되거나 같은 법 제63조 또는 제64조에 따라 보호관찰을 조건으로 한 집행유예가 실효되거나 취소된 때에는 보호관찰은 종료한다(보호관찰법 제51조 제1항 제2호).
② 보호관찰법 제52조 제4항
③ 임시해제 중에는 보호관찰을 하지 아니한다. / 다만, 보호관찰 대상자는 준수사항을 계속하여 지켜야 한다(보호관찰법 제52조 제2항).
④ '보호관찰이 정지된 임시퇴원자가 「보호소년 등의 처우에 관한 법률」제43조 제1항의 나이(22세)가 된 때'에는 보호관찰은 종료한다(보호관찰법 제51조 제1항 제6호).

정답 ②

보호관찰법 제51조(보호관찰의 종료)

① 보호관찰은 보호관찰 대상자가 다음 각 호의 어느 하나에 해당하는 때에 종료한다.
1. 보호관찰 기간이 지난 때
2. 「형법」 제61조에 따라 보호관찰을 조건으로 한 형의 선고유예가 실효되거나 같은 법 제63조 또는 제64조에 따라 보호관찰을 조건으로 한 집행유예가 실효되거나 취소된 때
3. 제48조 또는 다른 법률에 따라 가석방 또는 임시퇴원이 실효되거나 취소된 때
4. 제49조에 따라 보호처분이 변경된 때
5. 제50조에 따른 부정기형 종료 결정이 있는 때
6. 제53조에 따라 보호관찰이 정지된 임시퇴원자가 「보호소년 등의 처우에 관한 법률」 제43조제1항의 나이(22세)가 된 때
7. 다른 법률에 따라 보호관찰이 변경되거나 취소·종료된 때

② 보호관찰 대상자가 보호관찰 기간 중 금고 이상의 형의 집행을 받게 된 때에는 해당 형의 집행기간 동안 보호관찰 대상자에 대한 보호관찰 기간은 계속 진행되고, / 해당 형의 집행이 종료·면제되거나 보호관찰 대상자가 가석방된 경우 보호관찰 기간이 남아있는 때에는 그 잔여기간 동안 보호관찰을 집행한다.

123 보호관찰제도에 관한 법령과 판례에 대한 설명으로 옳은 것은?

13 교정 7급

① 현역 군인 등 군법 적용 대상자에 대해서도 보호관찰, 사회봉사명령, 수강명령을 명할 수 있다.
② 성폭력범죄를 범한 피고인에게 형의 집행을 유예하면서 보호관찰을 받을 것을 명하지 않은 채 위치추적 전자장치 부착을 명하는 것은 적법하다.
③ 가정폭력범죄의 처벌 등에 관한 특례법상 사회봉사명령을 부과하면서, 행위시법상 사회봉사명령 부과시간의 상한인 100시간을 초과하여 상한을 200시간으로 올린 신법을 적용한 것은 적법하다.
④ 보호관찰명령 없이 사회봉사·수강명령만 선고하는 경우, 보호관찰대상자에 대한 특별준수사항을 사회봉사·수강명령 대상자에게 그대로 적용하는 것은 적합하지 않다.

해설

①② 군사법원법 제2조제1항 각 호(군사법원의 신분적 재판적)의 어느 하나에 해당하는 사람에게는 이 법을 적용하지 아니한다(보호관찰법 제56조, 제64조). // 보호관찰법 제56조 특례 조항은 군법 적용 대상자에 대하여는 보호관찰법이 정하고 있는 보호관찰, 사회봉사, 수강명령의 실시 내지 집행에 관한 규정을 적용할 수 없음은 물론 보호관찰, 사회봉사, 수강명령 자체를 명할 수 없다는 의미로 해석된다. / 현역 군인인 성폭력범죄 피고인에게 집행유예를 선고하는 경우 보호관찰 등에 관한 법률 제56조가 정한 군법 적용 대상자에 대한 특례 규정상 보호관찰을 받을 것을 명할 수 없어 보호관찰의 부과를 전제로 한 위치추적 전자장치의 부착명령 역시 명할 수 없는데도, 원심이 피고인에 대하여 전자장치의 부착을 명한 것은 위법하다(대판 2012.2.23. 2011도8124, 2011전도141).
③ [1] 가정폭력범죄의 처벌 등에 관한 특례법이 정한 보호처분 중의 하나인 사회봉사명령은 가정폭력범죄를 범한 자에 대하여 환경의 조정과 성행의 교정을 목적으로 하는 것으로서 형벌 그 자체가 아니라 보안처분의 성격을 가지는 것이 사실이다. / 그러나 한편으로 이는 가정폭력범죄행위에 대하여 형사처벌 대신 부과되는 것으로서, 가정폭력범죄를 범한 자에게 의무적 노동을 부과하고 여가시간을 박탈하여 실질적으로는 신체적 자유를 제한하게 되므로, 이에 대하여는 원칙적으로 형벌불소급의 원칙에 따라 행위시법을 적용함이 상당하다. // [2] 가정폭력범죄의 처벌 등에 관한 특례법상 사회봉사명령을 부과하면서, 행위시법상 사회봉사명령 부과시간의 상한인 100시간을 초과하여 상한을 200시간으로 올린 신법을 적용한 것은 위법하다고 한 사례(대결 2008.7.24. 2008어4).
④ 대결 2009330. 2008모1116

정답 ④

124 보안처분에 대한 설명으로 옳지 않은 것은? (다툼이 있는 경우 판례에 의함)

22 보호직 7급

① 성범죄 전력만으로 재범의 위험성이 있다고 간주하고 일률적으로 장애인복지시설에 10년간 취업제한을 하는 것은 헌법에 위반된다.
② 구 「특정 성폭력범죄자에 대한 위치추적 전자장치 부착에 관한 법률」상 전자감시제도는 일종의 보안처분으로서, 범죄행위를 한 자에 대한 응보를 주된 목적으로 그 책임을 추궁하는 사후적 처분인 형벌과 구별되어 그 본질을 달리하는 것이다.
③ 취업제한명령은 범죄인에 대한 사회 내 처우의 한 유형으로 형벌 그 자체가 아니라 보안처분의 성격을 가지는 것이다.
④ 「성폭력범죄자의 성충동 약물치료에 관한 법률」상 약물치료명령은 헌법이 보장하고 있는 신체의 자유와 자기결정권에 대한 침익적인 처분에 해당하지 않는다.

해설

① 헌재 2016.7.28. 2015헌마915
② 대판 2011.7.28. 2011도5813, 2011전도99
③ 대판 2019.10.17. 2019도11540
④ '성폭력범죄자의 성충동 약물치료에 관한 법률'에 의한 약물치료명령은 성폭력범죄의 재범을 방지하고 사회복귀의 촉진 및 국민의 보호 등을 목적으로 한다는 점에서 특정 범죄자에 대한 보호관찰 및 전자장치 부착 등에 관한 법률과 치료감호법이 각 규정한 전자장치 부착명령 및 치료감호처분과 취지를 같이 하지만, / 원칙적으로 형 집행 종료 이후 신체에 영구적인 변화를 초래할 수도 있는 약물의 투여를 피청구자의 동의 없이 강제적으로 상당 기간 실시하게 된다는 점에서 헌법이 보장하고 있는 신체의 자유와 자기결정권에 대한 가장 직접적이고 침익적인 처분에 해당한다고 볼 수 있다(대판 2014.2.27. 2013도12301).

정답 ④

제2절 사회봉사, 수강명령

125 「보호관찰 등에 관한 법률」상 사회봉사명령에 대한 설명으로 옳지 않은 것은? (16 교정 9급)

① 보호관찰관은 국공립기관이나 그 밖의 단체에 사회봉사명령 집행의 전부 또는 일부를 위탁할 수 있다.
② 법원은 「형법」상 사회봉사를 명할 경우에 대상자가 사회봉사를 할 분야와 장소 등을 지정하여야 한다.
③ 사회봉사명령 대상자는 주거를 이전하거나 1개월 이상 국내외 여행을 할 때에는 미리 보호관찰관에게 신고하여야 한다.
④ 「형법」상 형의 집행유예 시 사회봉사를 명할 때에는 다른 법률에 특별한 규정이 없으면 500시간의 범위에서 그 기간을 정하여야 한다.

해설

① 보호관찰법 제61조 제1항 단서
② 법원은 사회봉사·수강명령 대상자가 사회봉사를 하거나 수강할 분야와 장소 등을 지정할 수 있다(보호관찰법 제59조 제2항). / 사회봉사명령 또는 수강명령은 보호관찰관이 집행한다. 다만, 보호관찰관은 국공립기관이나 그 밖의 단체에 그 집행의 전부 또는 일부를 위탁할 수 있다(보호관찰법 제61조).
③ 보호관찰법 제62조 제2항 제2호
④ 보호관찰법 제59조 제1항 본문

정답 ②

126 「보호관찰 등에 관한 법률」상 사회봉사명령에 대한 설명으로 옳지 않은 것은? (22 교정 7급)

① 사회봉사명령 대상자가 그 집행 중 금고 이상의 형의 집행을 받게 된 때에는 해당 형의 집행이 종료·면제되거나 가석방된 경우 잔여 사회봉사명령을 집행하지 않는다.
② 보호관찰관은 사회봉사명령 집행의 전부 또는 일부를 국공립기관이나 그 밖의 단체에 위탁할 수 있다.
③ 법원은 형의 집행을 유예하는 경우, 500시간의 범위에서 기간을 정하여 사회봉사를 명할 수 있다.
④ 형의 집행유예 기간이 지난 때에는 사회봉사는 잔여 집행기간에도 불구하고 종료한다.

해설

① 사회봉사·수강명령 대상자가 사회봉사·수강명령 집행 중 금고 이상의 형의 집행을 받게 된 때에는 해당 형의 집행이 종료·면제되거나 사회봉사·수강명령 대상자가 가석방된 경우 잔여 사회봉사·수강명령을 집행한다(보호관찰법 제63조 제2항).
② 보호관찰법 제61조 제1항 단서
③ 법원은 「형법」 제62조의2(형의 집행을 유예하는 경우의 보호관찰, 사회봉사, 수강명령)에 따른 사회봉사를 명할 때에는 500시간, 수강을 명할 때에는 200시간의 범위에서 그 기간을 정하여야 한다. / 다만, 다른 법률에 특별한 규정이 있는 경우에는 그 법률에서 정하는 바에 따른다(보호관찰법 제59조 제1항).
④ 보호관찰법 제63조 제1항 제2호

정답 ①

보호관찰법 제59조(사회봉사명령·수강명령의 범위)

① 법원은 「형법」 제62조의2에 따른 사회봉사를 명할 때에는 500시간, 수강을 명할 때에는 200시간의 범위에서 그 기간을 정하여야 한다. / 다만, 다른 법률에 특별한 규정이 있는 경우에는 그 법률에서 정하는 바에 따른다.
② 법원은 제1항의 경우에 사회봉사·수강명령 대상자가 사회봉사를 하거나 수강할 분야와 장소 등을 지정할 수 있다.

소년법 제33조(보호처분의 기간)

② 제32조제1항제4호의 단기 보호관찰기간은 1년으로 한다.
③ 제32조제1항제5호의 장기 보호관찰기간은 2년으로 한다. / 다만, 소년부 판사는 보호관찰관의 신청에 따라 결정으로써 1년의 범위에서 한 번에 한하여 그 기간을 연장할 수 있다.
④ 제32조제1항제2호의 수강명령은 100시간을, 제32조제1항제3호의 사회봉사명령은 200시간을 초과할 수 없으며, / 보호관찰관이 그 명령을 집행할 때에는 사건 본인의 정상적인 생활을 방해하지 아니하도록 하여야 한다.

127 사회봉사명령제도에 대한 설명으로 옳은 것은? (다툼이 있는 경우 판례에 의함) (12 교정 7급)

① 「형법」상 사회봉사명령은 집행유예기간 내에 이를 집행한다.
② 「소년법」상 사회봉사명령은 12세 이상의 소년에게만 할 수 있다.
③ 보호관찰과 사회봉사명령 또는 수강명령은 동시에 명할 수 없다.
④ 「형법」상 사회봉사명령은 집행유예 또는 선고유예를 선고받은 사람에게 부과할 수 있다.

해 설

① 형법 제62조의2 제3항
② 소년법상 사회봉사명령은 14세 이상의 소년에게만 할 수 있다(소년법 제32조 제3항).
③ 형법 제62조에 의하여 집행유예를 선고할 경우에는 같은 법 제62조의2 제1항에 규정된 보호관찰과 사회봉사 또는 수강을 동시에 명할 수 있다(대판 1998.4.24. 98도98).
④ 사회봉사명령은 집행유예를 선고받은 사람에게 부과할 수 있다. / 선고유예 시 사회봉사명령이나 수강명령을 할 수 없다(형법 제59조의2).

정답 ①

128 사회봉사명령에 대한 설명으로 옳지 않은 것은? (다툼이 있는 경우 판례에 의함) (21 보호직 7급)

① 법원이 형의 집행을 유예하는 경우 명할 수 있는 사회봉사는 500시간 내에서 시간 단위로 부과될 수 있는 일 또는 근로활동을 의미하는 것으로 해석된다.
② 보호관찰관은 사회봉사명령의 집행을 국공립기관이나 그 밖의 단체에 위탁한 때에는 이를 법원 또는 법원의 장에게 통보하여야 한다.
③ 사회봉사의 도움을 필요로 하는 일반 국민들에게 직접 지원분야를 신청받아 관할 보호관찰소에서 적절성을 심사한 후, 사회봉사명령대상자를 투입하여 무상으로 사회봉사명령을 집행할 수 있다.
④ 500만 원 이하의 벌금형이 확정된 벌금 미납자는 검사의 납부명령일로부터 30일 이내에 주거지를 관할하는 보호관찰관에게 사회봉사를 신청할 수 있다.

해설

① 법원이 현행법에 의하여 형의 집행을 유예하는 경우 명할 수 있는 사회봉사는 500시간 내에서 시간 단위로 부과될 수 있는 일 또는 근로활동을 의미하는 것으로 해석된다. / 따라서 법원이 형법 제62조의2의 규정에 의한 사회봉사명령으로 피고인에게 일정한 금원을 출연할 것을 명하는 것은 현행법상 허용될 수 없다(대판 2008.4.24. 2007도8116).
② 보호관찰법 제61조 제2항).
③ 2013년 5월 이후, 법무부는 도움이 필요한 일반 국민들에게 직접 지원분야를 신청받아 관할 보호관찰소에서 적절성을 심사한 후 사회봉사명령대상자를 투입하여 무상으로 지원하는 사회봉사명령제도인 '사회봉사 국민공모제'를 시행하고 있다.
④ 500만원 이하의 벌금형이 확정된 벌금 미납자는 검사의 납부명령일부터 30일 이내에 주거지를 관할하는 지방검찰청(지방검찰청지청을 포함한다)의 검사에게 사회봉사를 신청할 수 있다(벌금미납자법 제4조 제1항).

TIP ① 500만원 이하 벌금미납자 신청 → ② 검사가 청구 → ③ 법원이 허가 결정

정답 ④

129 사회봉사 명령 또는 허가의 대상이 될 수 없는 자를 모두 고른 것은? (16 보호직 7급)

ㄱ. 「가정폭력범죄의 처벌 등에 관한 특례법」의 가정폭력행위자 중 보호처분이 필요하다고 인정되는 자
ㄴ. 「성매매 알선 등 행위의 처벌에 관한 법률」의 성매매를 한 자 중 보호처분이 필요하다고 인정되는 자
ㄷ. 「소년법」에 따라 보호처분을 할 필요가 있다고 인정되는 만 12세의 소년
ㄹ. 「벌금 미납자의 사회봉사 집행에 관한 특례법」상 징역과 동시에 벌금을 선고받아 확정되었음에도 불구하고 벌금을 미납한 자
ㅁ. 「아동·청소년의 성보호에 관한 법률」상 집행유예를 선고받은 성범죄자

① ㄱ, ㄴ
② ㄷ, ㄹ
③ ㄱ, ㄹ, ㅁ
④ ㄴ, ㄷ, ㅁ

해설

② 사회봉사 명령 또는 허가의 대상이 될 수 없는 자 ㄷ, ㄹ
ㄷ(×) 사회봉사명령은 14세 이상의 소년에게만 할 수 있다. / 수강명령과 장기소년원송치는 12세 이상의 소년에게만 할 수 있다(소년법 제 32조 제3항).
ㄹ(×) 징역과 동시에 벌금을 선고받아 확정된 자는 사회봉사명령을 신청할 수 없다(벌금미납자법 제4조 제2항 제1호).

정답 ②

130 다음 중 수강명령의 부과 대상이 될 수 없는 자는? (13 교정 9급)

① 「경범죄처벌법」상 과다노출이나 지속적 괴롭힘 행위를 한 자
② 「성매매 알선 등 행위의 처벌에 관한 법률」상 성매매를 한 자
③ 「가정폭력범죄의 처벌 등에 관한 특례법」상 가정폭력사범
④ 「성폭력범죄의 처벌 등에 관한 특례법」상 집행유예선고를 받은 성폭력범죄자

해 설

① 경범죄처벌법 위반행위는 수강명령의 부과 대상이 아니다(보호관찰법 제3조 제2항 참조).

정답 ①

보호관찰법 제3조(대상자)

② 사회봉사 또는 수강을 하여야 할 사람(이하 "사회봉사·수강명령 대상자"라 한다)은 다음 각 호와 같다.
1. 「형법」 제62조의2에 따라 사회봉사 또는 수강을 조건으로 형의 집행유예를 선고받은 사람
2. 「소년법」 제32조에 따라 사회봉사명령 또는 수강명령을 받은 사람
3. 다른 법률에서 이 법에 따른 사회봉사 또는 수강을 받도록 규정된 사람
[다른 법률 : 가정폭력처벌법, 청소년성보호법, 성매매처벌법, 성폭력처벌법 등]

131 보호관찰, 사회봉사명령, 수강명령에 대한 설명으로 옳지 않은 것으로만 묶인 것은? (13 보호직 7급)

ㄱ. 형의 집행을 유예하는 경우, 보호관찰을 받을 것을 명하거나 사회봉사 또는 수강을 명할 수 있다. 이 경우 보호관찰, 사회봉사·수강명령은 모두 동시에 명할 수 없다.
ㄴ. 집행유예시 보호관찰기간은 형의 집행을 유예한 기간으로 한다. 다만, 법원은 유예기간의 범위내에서 보호관찰기간을 정할 수 있다.
ㄷ. 사회봉사명령은 500시간 범위 내에서 일정시간동안 무보수로 근로에 종사하도록 하는 제도이다. 다만, 소년의 경우 사회봉사명령은 200시간 이내이다. 사회봉사명령은 집행유예기간에 상관없이 이를 집행할 수 있다.
ㄹ. 수강명령은 200시간 이내에서 일정시간동안 지정된 장소에 출석하여 강의, 훈련 또는 상담을 받게 하는 제도이다. 소년의 경우 만 12세 이상의 소년에게만 부과할 수 있고 시간은 100시간 이내이다.
ㅁ. 사회봉사명령이나 수강명령은 원상회복과 함께 자유형에 대한 대체수단으로 우리나라에서는 형법에 먼저 도입되었고 소년법에 확대 적용되었다.

① ㄱ, ㄴ, ㄷ, ㄹ
② ㄱ, ㄷ, ㅁ
③ ㄴ, ㄹ, ㅁ
④ ㄷ, ㄹ

해 설

② 옳지 않은 것 ㄱ, ㄷ, ㅁ

ㄱ (×) 소년법 제32조 제3항, 성폭력처벌법 제16조 제2항, 가정폭력처벌법 제40조 제2항 등에는 보호관찰과 사회봉사를 동시에 명할 수 있다고 명시적으로 규정하고 있는바, / 형법 제62조에 의하여 집행유예를 선고할 경우에는 형법 제62조의2 제1항에 규정된 보호관찰과 사회봉사 또는 수강을 동시에 명할 수 있다(대판 1998.4.24. 98도98).

ㄴ (○) 형법 제62조의2 제2항

ㄷ (×) 법원은 「형법」 제62조의2에 따른 사회봉사를 명할 때에는 500시간, 수강을 명할 때에는 200시간의 범위에서 그 기간을 정하여야 한다. 다만, 다른 법률에 특별한 규정이 있는 경우에는 그 법률에서 정하는 바에 따른다(보호관찰법 제59조 제1항). / 소년에 대한 보호처분으로 수강명령은 100시간을, 사회봉사명령은 200시간을 초과할 수 없다(소년법 제33조 제4항).

ㄹ (○) 소년법 제32조

ㅁ (×) 우리나라에서 사회봉사명령과 수강명령은 1987년 소년법 및 보호관찰법에 따라 먼저 비행소년을 대상으로 도입되었으며, 1995년 형법에 도입되어 모든 범죄자에게 확대시행하게 되었다.

정답 ②

132 사회봉사명령과 수강명령에 대한 설명으로 옳지 않은 것은? (25 보호 7급)

① 소년법상의 보호처분으로서 수강명령은 100시간을 초과할 수 없다.
② 보호관찰소의 장은 사회봉사·수강명령 대상자가 준수사항을 위반하거나 위반할 위험이 있다고 인정할 상당한 이유가 있는 경우에도 준수사항의 이행을 촉구하고 불리한 처분을 받을 수 있음을 경고할 수 없다.
③ 사회봉사·수강명령 대상자가 사회봉사·수강명령 집행 중 금고 이상의 형을 집행받게 된 때에는 해당 형의 집행이 종료·면제되거나 가석방된 경우 잔여 사회봉사·수강명령을 집행한다.
④ 법원은 형법제62조의2에 따른 사회봉사·수강명령을 명하는 때에 사회봉사·수강명령 대상자가 사회봉사를 하거나 수강할 분야와 장소 등을 지정할 수 있다.

해설

① 소년법 제33조 제4항
② 보호관찰소의 장은 / 보호관찰 대상자가 준수사항을 위반하거나 위반할 위험성이 있다고 인정할 상당한 이유가 있는 경우에는 / 준수사항의 이행을 촉구하고 형의 집행 등 불리한 처분을 받을 수 있음을 경고할 수 있다(보호관찰법 제38조).
③ 보호관찰법 제63조 제2항
④ 보호관찰법 제59조 제2항

정답 ②

133 「보호관찰 등에 관한 법률」상 사회봉사명령과 수강명령에 대한 설명으로 옳지 않은 것은? (20 교정 9급)

① 법원은 형법 제62조의2에 따른 사회봉사를 명할 때에는 500시간, 수강을 명할 때에는 200시간의 범위에서 그 기간을 정하여야 한다. 다만, 다른 법률에 특별한 규정이 있는 경우에는 그 법률에서 정하는 바에 따른다.
② 법원은 형법 제62조의2에 따른 사회봉사 또는 수강을 명하는 판결이 확정된 때부터 3일 이내에 판결문 등본 및 준수사항을 적은 서면을 피고인의 주거지를 관할하는 보호관찰소의 장에게 보내야 한다.
③ 사회봉사·수강명령 대상자는 주거를 이전하거나 10일 이상의 국외여행을 할 때에는 미리 보호관찰관에게 신고하여야 한다.
④ 사회봉사·수강명령 대상자가 사회봉사·수강명령 집행 중 금고 이상의 형의 집행을 받게 된 때에는 해당 형의 집행이 종료·면제되거나 사회봉사·수강명령 대상자가 가석방된 경우 잔여 사회봉사·수강명령을 집행한다.

해설

① 보호관찰법 제59조 제1항
② 보호관찰법 제60조 제1항
③ 사회봉사·수강명령 대상자는 주거를 이전하거나 1개월 이상 국내외여행을 할 때에는 미리 보호관찰관에게 신고하여야 한다(보호관찰법 제62조 제2항 제2호).
④ 보호관찰법 제63조 제2항

정답 ③

보호관찰법 제62조(사회봉사·수강명령 대상자의 준수사항)

① 사회봉사·수강명령 대상자는 대통령령으로 정하는 바에 따라 주거, 직업, 그 밖에 필요한 사항을 관할 보호관찰소의 장에게 신고하여야 한다.

② 사회봉사·수강명령 대상자는 다음 각 호의 사항을 준수하여야 한다.

1. 보호관찰관의 집행에 관한 지시에 따를 것
2. 주거를 이전하거나 1개월 이상 국내외여행을 할 때에는 미리 보호관찰관에게 신고할 것

③ 법원은 판결의 선고를 할 때 제2항의 준수사항 외에 대통령령으로 정하는 범위에서 본인의 특성 등을 고려하여 특별히 지켜야 할 사항을 따로 과(科)할 수 있다.

④ 제2항과 제3항의 준수사항은 서면으로 고지하여야 한다.

134 보호관찰 등에 관한 법령상 사회봉사명령 및 수강명령에 대한 설명으로 옳지 않은 것은? (24 교정 7급)

① 보호관찰관이 사회봉사명령 또는 수강명령 집행을 국공립기관이나 그 밖의 단체에 위탁한 때에는 이를 법원 또는 법원의 장에게 서면으로 통보하여야 한다.

② 법원은 사회봉사명령 또는 수강명령 대상자가 지켜야 할 준수사항을 서면으로 고지하여야 한다.

③ 「소년법」상 사회봉사명령은 200시간, 수강명령은 100시간을 초과할 수 없다.

④ 사회봉사명령 또는 수강명령 대상자가 주거를 이전하거나 7일 이상 국내외여행을 할 때에는 미리 보호관찰소의 장에게 신고하여야 한다.

해설

① 보호관찰법 제61조 제2항
② 보호관찰법 제61조 제4항
③ 보호관찰법 제3조 제2항, 소년법 제33조 제4항
④ 사회봉사명령 또는 수강명령 대상자가 주거를 이전하거나 1개월 이상 국내외여행을 할 때에는 미리 보호관찰관에게 신고하여야 한다(보호관찰법 제62조 제2항 제2호).

정답 ④

135 〈보기〉에서 보호관찰과 수강명령을 병과할 수 있는 대상자를 모두 고른 것은? (16 교정 7급)

• 보기 •

ㄱ. 「형법」상 선고유예를 받은 자
ㄴ. 「형법」상 가석방된 자
ㄷ. 「소년법」상 보호관찰관의 장기·단기보호관찰 처분을 받은 소년 중 12세 이상인 자
ㄹ. 「성폭력범죄의 처벌 등에 관한 특례법」상 성폭력범죄를 범한 사람으로서 형의 집행을 유예 받은 자

① ㄴ, ㄹ　　② ㄷ, ㄹ
③ ㄱ, ㄴ, ㄷ　　④ ㄱ, ㄷ, ㄹ

해설

② 옳은 것 ㄷ, ㄹ

ㄱ. (×) 「형법」상 선고유예를 받은 자에게는 보호관찰은 부과할 수 있으나, / 사회봉사나 수강명령은 부과할 수 없다(형법 제59조2 제1항).

ㄴ. (×) 「형법」상 가석방된 자에게는 원칙적으로 보호관찰은 부과한다. / 수강명령은 부과할 수 없다(형법 제73조의2 제2항).

ㄷ. (○) 「소년법」상 보호관찰관의 장기·단기보호관찰 처분을 받은 소년 중 12세 이상인 자에게는 수강명령을 병과할 수 있다(소년법 제32조 제2항 제1호·제2호, 동법 동조 제4항).

ㄹ. (○) 법원이 성폭력범죄를 범한 사람에 대하여 형의 집행을 유예하는 경우에는 수강명령 외에 그 집행유예기간 내에서 보호관찰 또는 사회봉사 중 하나 이상의 처분을 병과할 수 있다(성폭력처벌법 제16조 제4항).

정답 ②

136 보호관찰, 사회봉사, 수강(受講)에 대한 설명으로 옳지 않은 것은? (24 보호직 7급)

① 「보호관찰 등에 관한 법률」상 보호관찰은 법원의 판결이나 결정이 확정된 때 또는 가석방·임시퇴원된 때부터 시작된다.

② 사회봉사명령 대상자가 사회봉사명령 집행 중 금고 이상의 형의 집행을 받게 된 때에는 해당 형의 집행이 종료·면제되거나 사회봉사명령 대상자가 가석방된 경우 잔여 사회봉사명령을 집행한다.

③ 판례에 따르면, 형의 집행을 유예하는 경우에 명해지는 보호관찰은 장래의 위험성으로부터 행위자를 보호하고 사회를 방위하기 위한 조치이다.

④ 판례에 따르면, 「보호관찰 등에 관한 법률」 제32조 제3항이 보호관찰 대상자에게 과할 수 있는 특별준수사항으로 정한 '범죄행위로 인한 손해를 회복하기 위하여 노력할 것(제4호)'은 수강명령 대상자에 대해서도 부과할 수 있다.

해설

① 보호관찰법 제29조 제1항

② 보호관찰법 제63조 제2항).

③ 개정 형법 제62조의2 제1항에 의하면 형의 집행을 유예를 하는 경우에는 보호관찰은 형벌이 아니라 보안처분의 성격을 갖는 것으로서, 과거의 불법에 대한 책임에 기초하고 있는 제재가 아니라 장래의 위험성으로부터 행위자를 보호하고 사회를 방위하기 위한 합목적적인 조치이므로, / 그에 관하여 반드시 행위 이전에 규정되어 있어야 하는 것은 아니며, 재판시의 규정에 의하여 보호관찰을 받을 것을 명할 수 있다고 보아야 할 것이고, 이와 같은 해석이 형벌불소급의 원칙 내지 죄형법정주의에 위배되는 것이라고 볼 수 없다(대판 1997.6.13. 97도703).

④ 사회봉사명령·수강명령 대상자에 대한 특별준수사항은 보호관찰 대상자에 대한 것과 같을 수 없고, 따라서 보호관찰 대상자에 대한 특별준수사항을 사회봉사명령·수강명령 대상자에게 그대로 적용하는 것은 적합하지 않다. / 보호관찰법 제32조 제3항이 보호관찰 대상자에게 과할 수 있는 특별준수사항으로 정한 "범죄행위로 인한 손해를 회복하기 위하여 노력할 것(제4호)" 등 같은 항 제1호부터 제9호까지의 사항은 보호관찰 대상자에 한해 부과할 수 있을 뿐, 사회봉사명령·수강명령 대상자에 대해서는 부과할 수 없다(대판 2020.11.5. 2017도18291).

정답 ④

137 「성폭력범죄의 처벌 등에 관한 특례법」상 보호관찰, 수강명령 및 이수명령에 대한 설명으로 옳지 않은 것은? (25 보호 7급)

① 법원은 성폭력범죄를 범한 19세 미만의 자에 대하여 형의 선고를 유예하는 경우에는 반드시 보호관찰을 명하여야 한다.
② 법원은 성폭력범죄를 범한 자에 대하여 형의 집행을 유예하는 경우라도 그가 아동·청소년의 성보호에 관한 법률제21조에 따른 수강명령 또는 이수명령을 부과받았다면 수강명령을 병과할 수 없다.
③ 벌금형의 선고나 약식명령을 고지받은 성폭력범죄를 범한 사람에 대한 법원의 이수명령은 형 확정일로부터 6개월 이내에 집행한다.
④ 성폭력범죄를 범한 사람으로서 형의 집행 중에 가석방된 사람은 가석방기간 동안 반드시 보호관찰을 받는다.

해설

① 법원이 성폭력범죄를 범한 사람에 대하여 형의 선고를 유예하는 경우에는 1년 동안 보호관 찰을 받을 것을 명할 수 있다. / 다만, 성폭력범죄를 범한 「소년법」 제2조(19세 미만인 소년)에 따른 소년에 대하여 형의 선고를 유예하는 경우에는 반드시 보호관찰을 명하여야 한다(성폭력처벌법 제16조 제1항).
② 수강명령 또는 이수명령은 형의 집행을 유예할 경우에는 그 집행유예기간 내에, 벌금형을 선고하거나 약식명령을 고지할 경우에는 형 확정일부터 6개월 이내에, 징역형 이상의 실형(實刑)을 선고할 경우에는 형기 내에 각각 집행한다. / 다만, 수강명령 또는 이수명령은 성폭력범죄를 범한 사람이 「아동·청소년의 성보호에 관한 법률」 제21조에 따른 수강명령 또는 이수명령을 부과받은 경우에는 병과하지 아니한다(성폭력처벌법 제16조 제5항).
③ 성폭력처벌법 제16조 제5항 본문
④ 성폭력범죄를 범한 사람으로서 형의 집행 중에 가석방된 사람은 가석방기간 동안 보호관찰을 받는다. / 다만, 가석방을 허가한 행정관청이 보호관찰을 할 필요가 없다고 인정한 경우에는 그러하지 아니하다(성폭력처벌법 제16조 제8항).

정답 ④

138 「아동학대범죄의 처벌 등에 관한 특례법」상 보호처분에 대한 설명으로 옳지 않은 것은? (25 보호 7급)

① 판사는 심리의 결과 보호처분이 필요하다고 인정하는 경우에는 결정으로 아동학대행위자에게 보호관찰 등에 관한 법률에 따른 사회봉사·수강명령과 보호관찰을 병과할 수 있다.
② 검사가 송치한 아동보호사건에 대하여 보호처분이 확정된 경우에는 그 보호처분이 취소되지 아니하는 한 당해 아동학대행위자에 대하여 같은 범죄사실로 다시 공소제기 할 수 없다.
③ 판사는 심리의 결과 보호처분이 필요하다고 인정하는 경우에는 아동학대행위자에 대하여 1년을 초과하지 않는 기간으로 의료기관에의 치료위탁을 보호처분으로 결정할 수 있다.
④ 법원은 보호처분이 진행되는 동안 필요하다고 인정하는 경우에는 직권 또는 검사, 시·도지사, 시장·군수·구청장, 보호관찰관, 사법경찰관 또는 수탁기관의 장의 청구에 의하여 결정으로 보호처분의 종류와 기간을 변경할 수 있다.

해설

① 아동학대처벌법 제36조 제1항, 제2항
② 아동학대처벌법 제33조
③ 아동학대처벌법 제36조 제1항, 제37조
④ 법원은 보호처분이 진행되는 동안 필요하다고 인정하는 경우에는 직권 또는 검사, 시·도지사, 시장·군수·구청장, 보호관찰관 또는 수탁기관의 장의 청구에 의하여 결정으로 보호처분의 종류와 기간을 변경할 수 있다(아동학대처벌법 제40조 제1항).

TIP 사법경찰관 ×

정답 ④

제3절 갱생보호

139 **「보호관찰 등에 관한 법률」상 갱생보호제도에 대한 설명으로 옳은 것은?** (15 교정 7급)

① 형사처분 또는 보호처분을 받은 자, 형 집행정지 중인 자 등이 갱생보호의 대상자이다.
② 갱생보호 대상자는 보호관찰소의 장에게만 갱생보호 신청을 할 수 있다.
③ 갱생보호사업을 하려는 자는 대통령령으로 정하는 바에 따라 지방교정청장의 허가를 받아야 한다.
④ 갱생보호의 방법에는 주거 지원, 출소예정자 사전상담, 갱생보호 대상자의 가족에 대한 지원이 포함된다.

해설

① 갱생보호를 받을 사람(이하 "갱생보호 대상자"라 한다)은 형사처분 또는 보호처분을 받은 사람으로서 자립갱생을 위한 숙식 제공, 주거 지원, 창업 지원, 직업훈련 및 취업 지원 등 보호의 필요성이 인정되는 사람으로 한다(보호관찰법 제3조 제3항).

TIP 형집행 정지 중인 자 ×

② 갱생보호 대상자와 관계 기관은 보호관찰소의 장, 갱생보호사업 허가를 받은 자 또는 한국법무보호복지공단에 갱생보호 신청을 할 수 있다(보호관찰법 제66조 제1항).
③ 갱생보호사업을 하려는 자는 법무부령으로 정하는 바에 따라 법무부장관의 허가를 받아야 한다(보호관찰법 제67조 제1항).
④ 보호관찰법 제65조 제1항

정답 ④

보호관찰법 제3조(대상자)

③ 갱생보호를 받을 사람(이하 "갱생보호 대상자"라 한다)은 형사처분 또는 보호처분을 받은 사람으로서 자립갱생을 위한 숙식 제공, 주거 지원, 창업 지원, 직업훈련 및 취업 지원 등 보호의 필요성이 인정되는 사람으로 한다.

140 **보호관찰 등에 관한 법령상 갱생보호제도에 대한 설명으로 옳지 않은 것은?** (25 교정 9급)

① 보호관찰소는 갱생보호 사무를 관장한다.
② 갱생보호 대상자는 형사처분 또는 보호처분을 받은 사람으로서 자립갱생을 위한 숙식 제공, 주거 지원, 직업훈련 및 취업 지원 등 보호의 필요성이 인정되는 사람이다.
③ 법무부장관은 한국법무보호복지공단을 지휘·감독하고, 감독상 필요한 경우에는 그 업무에 관한 사항을 보고하게 하거나 자료의 제출이나 그 밖에 필요한 명령을 할 수 있다.
④ 한국법무보호복지공단은 갱생보호 대상자의 적절한 보호를 위하여 필요한 경우 수용기관의 장에게 수용기간, 가족 관계 및 보호자 관계 등의 사항을 통보하여 줄 것을 요청할 수 있고, 이 경우 갱생보호 대상자의 동의는 필요하지 아니하다.

해설

① 보호관찰법 제15조 제2호
② 보호관찰법 제3조 제3항
③ 보호관찰법 제97조 제2항
④ 갱생보호사업의 허가를 받은 자 또는 공단은 갱생보호 대상자의 적절한 보호를 위하여 필요한 경우 / 갱생보호 대상자의 동의를 받아 / 수용기관의 장에게 수용기간, 가족 관계 및 보호자 관계, 직업경력 및 학력, 생활환경, 성장과정, 심리적 특성, 범행내용 및 범죄횟수를 통보하여 줄 것을 요청할 수 있다(시행령 제46조의2 제1항).

정답 ④

141 **「보호관찰 등에 관한 법률」상 갱생보호제도에 대한 설명으로 옳지 않은 것은?** (14 교정 9급)

① 갱생보호는 숙식 제공, 주거 지원, 창업 지원, 직업훈련 및 취업 지원, 출소예정자 사전상담 등의 방법으로 한다.
② 갱생보호사업을 하려는 자는 대통령령으로 정하는 바에 따라 법무부장관의 허가를 받아야 한다.
③ 법무부장관은 갱생보호사업자의 허가를 취소하려면 청문을 하여야 한다.
④ 갱생보호사업을 효율적으로 추진하기 위하여 한국법무보호복지공단을 설립한다.

해설

① 보호관찰법 제65조 제1항
② 갱생보호사업을 하려는 자는 법무부령으로 정하는 바에 따라 법무부장관의 허가를 받아야 한다. 허가받은 사항을 변경하려는 경우에도 또한 같다(보호관찰법 제67조 제1항).
③ 보호관찰법 제70조의2
④ 보호관찰법 제71조

정답 ②

보호관찰법 제65조(갱생보호의 방법)

① 갱생보호는 다음 각 호의 방법으로 한다. 〈개정 2014.5.20〉
1. 숙식 제공
2. 주거 지원
3. 창업 지원
4. 직업훈련 및 취업 지원
5. 출소예정자 사전상담
6. 갱생보호 대상자의 가족에 대한 지원
7. 심리상담 및 심리치료
8. 사후관리
9. 그 밖에 갱생보호 대상자에 대한 자립 지원

개정 전 65조(갱생보호의 방법)

1. 숙식 제공
2. 여비 지급
3. 생업도구, 생업조성금품의 지급 또는 대여
4. 직업훈련 및 취업 알선
5. 갱생보호 대상자에 대한 자립 지원
6. 제1호부터 제5호까지의 보호에 딸린 선행지도

142 「보호관찰 등에 관한 법률 시행령」상 갱생보호의 개시와 방법에 대한 설명으로 옳지 않은 것은?

(23 교정 7급)

① 숙식제공은 6월을 초과할 수 없으나, 필요하다고 인정하는 때에는 매회 6월의 범위 내에서 3회에 한하여 그 기간을 연장할 수 있다.

② 주거 지원은 갱생보호 대상자에게 주택의 임차에 필요한 지원을 하는 것이다.

③ 갱생보호는 갱생보호 대상자가 친족 또는 연고자 등으로부터 도움을 받을 수 없는 경우에 한정하여 행한다.

④ 취업 지원은 갱생보호 대상자에게 직장을 알선하고 필요한 경우 신원을 보증하는 것이다.

해 설

① 보호관찰법 시행령 제41조 제2항
② 보호관찰법 시행령 제41조의2
③ 갱생보호는 갱생보호를 받을 사람("갱생보호 대상자")이 친족 또는 연고자 등으로부터 도움을 받을 수 없거나 / 이들의 도움만으로는 충분하지 아니한 경우에 한하여 행한다(보호관찰법 시행령 제40조 제1항).
④ 보호관찰법 시행령 제45조

정답 ③

143 보호관찰 등에 관한 법령상 '갱생보호 대상자에 대한 숙식 제공'에 관한 설명으로 옳지 않은 것은?

(18 교정 7급)

① 숙식 제공은 갱생보호시설에서 갱생보호 대상자에게 숙소·음식물 및 의복 등을 제공하고 정신교육을 하는 것으로 한다.

② 숙식을 제공한 경우에는 법무부장관이 정하는 바에 의하여 소요된 최소한의 비용을 징수할 수 있다.

③ 숙식 제공 기간의 연장이 필요하다고 인정되는 때에는 매회 6월의 범위 내에서 3회에 한하여 그 기간을 연장할 수 있다.

④ 숙식 제공 기간을 연장하고자 할 때에는 해당 갱생보호시설의 장의 신청이 있어야 한다.

해 설

① 보호관찰법 시행령 제41조 제1항
② 보호관찰법 시행령 제41조 제3항
③ 숙식제공은 6월을 초과할 수 없다. 다만, 필요하다고 인정하는 때에는 매회 6월의 범위내에서 3회에 한하여 그 기간을 연장할 수 있다(보호관찰법 시행령 제41조 제2항).
④ 사업자 또는 공단은 갱생보호대상자에 대한 숙식제공의 기간을 연장하고자 할 때에는 본인의 신청에 의하되, / 자립의 정도, 계속보호의 필요성 기타 사항을 고려하여 이를 결정하여야 한다(보호관찰법 시행규칙 제60조).

정답 ④

144 **보호관찰 등에 관한 법령상 갱생보호제도에 대한 설명으로 옳지 않은 것은?** (24 보호직 7급)

① 갱생보호의 방법 중 숙식 제공은 연장 기간을 포함하여 18개월을 초과할 수 없다.

② 갱생보호 신청은 갱생보호사업 허가를 받은 자 또는 한국법무보호복지공단 외에 보호관찰소의 장에게도 할 수 있다.

③ 갱생보호사업 허가를 받은 자가 정당한 이유 없이 허가를 받은 후 6개월 이내에 갱생보호사업을 시작하지 아니하거나 1년 이상 그 실적이 없는 경우, 법무부장관은 그 허가를 취소하여야 한다.

④ 갱생보호는 그 대상자가 자신의 친족 또는 연고자 등으로부터 도움을 받을 수 없거나 그 도움만으로는 충분하지 아니한 경우에 한하여 행한다.

해설

① 숙식제공은 6월을 초과할 수 없다. / 다만, 필요하다고 인정하는 때에는 매회 6월의 범위 내에서 3회에 한하여 그 기간을 연장할 수 있다(보호관찰법 시행령 제41조 제2항). / 숙식 제공은 연장 기간을 포함하여 최장 24개월(6개월 + 3×6개월)을 초과할 수 없다.
② 보호관찰법 제66조 제1항
③ 보호관찰법 제70조 단서
④ 보호관찰법 시행령 제40조 제1항

정답 ①

보호관찰법 제70조(갱생보호사업의 허가 취소 등)

법무부장관은 사업자가 다음 각 호의 어느 하나에 해당할 때에는 그 허가를 취소하거나 6개월 이내의 기간을 정하여 그 사업의 전부 또는 일부의 정지를 명할 수 있다. / 다만, 제1호 또는 제4호에 해당하는 때에는 그 허가를 취소하여야 한다.

1. 부정한 방법으로 갱생보호사업의 허가를 받은 경우
2. 갱생보호사업의 허가 조건을 위반한 경우
3. 목적사업 외의 사업을 한 경우
4. 정당한 이유 없이 갱생보호사업의 허가를 받은 후 6개월 이내에 갱생보호사업을 시작하지 아니하거나 1년 이상 갱생보호사업의 실적이 없는 경우
5. 제69조에 따른 보고를 거짓으로 한 경우
6. 이 법 또는 이 법에 따른 명령을 위반한 경우

보호관찰법 제70조의2(청문)

법무부장관은 제70조에 따라 갱생보호사업의 허가를 취소하거나 정지하려는 경우에는 청문을 하여야 한다.

145 보호관찰 등에 관한 법령상 갱생보호제도에 대한 설명으로 옳지 않은 것은? (24 교정 7급)

① 갱생보호의 방법 중 숙식 제공은 연장 기간을 포함하여 18개월을 초과할 수 없다.
② 갱생보호 신청은 갱생보호사업 허가를 받은 자 또는 한국법무보호복지공단 외에 보호관찰소의 장에게도 할 수 있다.
③ 갱생보호사업 허가를 받은 자가 정당한 이유 없이 허가를 받은 후 6개월 이내에 갱생보호사업을 시작하지 아니하거나 1년 이상 그 실적이 없는 경우, 법무부장관은 그 허가를 취소하여야 한다.
④ 갱생보호는 그 대상자가 자신의 친족 또는 연고자 등으로부터 도움을 받을 수 없거나 그 도움만으로는 충분하지 아니한 경우에 한하여 행한다.

해 설

① 숙식제공은 6월을 초과할 수 없다. / 다만, 필요하다고 인정하는 때에는 매회 6월의 범위 내에서 3회에 한하여 그 기간을 연장할 수 있다(보호관찰법 시행령 제41조 제2항). / 숙식 제공은 연장 기간을 포함하여 최대 24개월(6개월 + 3×6개월)을 초과할 수 없다.
② 갱생보호 대상자와 관계 기관은 보호관찰소의 장, 갱생보호사업 허가를 받은 자 또는 한국법무보호복지공단에 갱생보호 신청을 할 수 있다(보호관찰법 제66조 제1항).
③ 보호관찰법 제70조 단서
④ 보호관찰법 시행령 제40조 제1항

정답 ①

보호관찰법 시행령 제40조(갱생보호)

① 법 제65조제1항에 따른 갱생보호는 갱생보호를 받을 사람(이하 "갱생보호 대상자"라 한다)이 친족 또는 연고자 등으로부터 도움을 받을 수 없거나 / 이들의 도움만으로는 충분하지 아니한 경우에 한하여 행한다.
② 갱생보호를 하는 경우에는 미리 갱생보호 대상자로 하여금 자립계획을 수립하게 할 수 있다.

보호관찰법 시행령 제41조(숙식 제공)

① 법 제65조제1항제1호에 따른 숙식 제공은 생활관 등 갱생보호시설에서 갱생보호 대상자에게 숙소·음식물 및 의복 등을 제공하고 정신교육을 하는 것으로 한다.
② 제1항의 규정에 의한 숙식제공은 6월을 초과할 수 없다. / 다만, 필요하다고 인정하는 때에는 매회 6월의 범위내에서 3회에 한하여 그 기간을 연장할 수 있다.
③ 제1항의 규정에 의하여 숙식을 제공한 경우에는 법무부장관이 정하는 바에 의하여 소요된 최소한의 비용을 징수할 수 있다.

146 「보호관찰 등에 관한 법률」상 갱생보호제도에 대한 설명으로 옳지 않은 것은? (21 교정 9급)

① 법무부장관은 갱생보호사업의 허가를 취소하거나 정지하려는 경우에는 청문을 하여야 한다.
② 법무부장관은 갱생보호사업자가 정당한 이유 없이 갱생보호사업의 허가를 받은 후 6개월 이내에 갱생보호사업을 시작하지 아니하거나 1년 이상 갱생보호사업의 실적이 없는 경우, 그 허가를 취소하여야 한다.
③ 갱생보호는 갱생보호 대상자의 신청에 의한 갱생보호와 법원의 직권에 의한 갱생보호로 규정되어 있다.
④ 갱생보호사업을 효율적으로 추진하기 위하여 한국법무보호복지공단을 설립한다.

해설

① 보호관찰법 제70조의2
② 보호관찰법 제70조 단서
③ 갱생보호 대상자와 관계 기관은 보호관찰소의 장, 갱생보호사업 허가를 받은 자 또는 한국법무보호복지공단에 갱생보호 신청을 할 수 있다(보호관찰법 제66조 제1항).

TIP 직권에 의한 갱생보호 ×

④ 보호관찰법 제71조

정답 ③

제9장 소년 형사정책

제1절 소년법 – 소년 보호처분

147 법률상 소년 등의 연령 기준으로 옳지 않은 것은? 23 보호직 7급

① 「형법」상 형사미성년자는 14세가 되지 아니한 자이다.
② 「소년법」상 소년은 19세 미만인 자를 말한다.
③ 「청소년 기본법」상 청소년은 8세 이상 24세 이하인 사람을 말한다. 다만, 다른 법률에서 청소년에 대한 적용을 다르게 할 필요가 있는 경우에는 따로 정할 수 있다.
④ 「아동·청소년의 성보호에 관한 법률」상 아동·청소년은 19세 미만의 자를 말한다. 다만, 19세에 도달하는 연도의 1월 1일을 맞이한 자는 제외한다.

해설

① 14세 되지 아니한 자(형사미성년자)의 행위는 벌하지 아니한다(형법 제9조).
② 소년법 제2조
③ "청소년"이란 9세 이상 24세 이하인 사람을 말한다. / 다만, 다른 법률에서 청소년에 대한 적용을 다르게 할 필요가 있는 경우에는 따로 정할 수 있다(청소년 기본법 제3조 제1호).
④ 청소년성보호법 제2조 제1호

정답 ③

소년법 제1조(목적)

이 법은 반사회성(反社會性)이 있는 소년의 환경 조정과 품행 교정(矯正)을 위한 보호처분 등의 필요한 조치를 하고, 형사처분에 관한 특별조치를 함으로써 소년이 건전하게 성장하도록 돕는 것을 목적으로 한다.

소년법 제2조(소년 및 보호자)

이 법에서 "소년"이란 19세 미만인 자를 말하며, / "보호자"란 법률상 감호교육(監護教育)을 할 의무가 있는 자 또는 현재 감호하는 자를 말한다.

148 소년 보호사건의 송치 및 통고에 대한 설명으로 옳은 것은? (25 보호 7급)

① 경찰서장은 형벌 법령에 저촉되는 행위를 한 12세 소년이 있을 때에는 직접 관할 소년부에 송치할 수 있다.
② 죄를 범한 소년을 발견한 학교의 장은 구술로 관할 소년부에 통고할 수 없다.
③ 검사가 죄를 범한 소년에 해당하는 소년 보호사건을 관할 소년부에 송치하는 경우에는 송치서에 범죄사실과 적용법조를 명시하여야 한다.
④ 검사는 소년에 대한 피의사건을 수사한 결과 보호처분에 해당하는 사유가 있다고 인정한 경우에도 사건을 관할 소년부에 송치하지 않을 수 있다.

해설

① 촉법소년과 우범소년에 해당하는 소년이 있을 때에는 경찰서장은 직접 관할 소년부에 송치하여야 한다(소년법 제4조 제2항).
② 범죄소년·촉법소년·우범소년의 어느 하나에 해당하는 소년을 발견한 보호자 또는 학교·사회복리시설·보호관찰소(보호관찰지소를 포함한다)의 장은 이를 관할 소년부에 통고할 수 있다(소년법 제4조 제3항). / 소년법 제4조 제3항에 따른 통고는 서면 또는 구술로 할 수 있다(소년심판규칙 제6조 제1항).
③ 소년심판규칙 제7조 제1항
④ 검사는 소년에 대한 피의사건을 수사한 결과 보호처분에 해당하는 사유가 있다고 인정한 경우에는 사건을 관할 소년부에 송치하여야 한다(소년법 제49조 제1항).

정답 ③

149 「소년법」상 사건의 송치 및 통고 등에 대한 설명으로 옳지 않은 것은? (23 보호직 7급)

① 형벌 법령에 저촉되는 행위를 한 10세 이상 14세 미만인 소년이 있을 때에는 경찰서장은 직접 관할 소년부에 송치하여야 한다.
② 법원이 소년에 대한 피고사건을 심리한 결과 보호처분에 해당할 사유가 있다고 인정하여 결정으로써 사건을 관할 소년부에 송치한 경우, 해당 소년부는 조사 또는 심리한 결과 사건의 본인이 19세 이상인 것으로 밝혀지면 결정으로써 송치한 법원에 사건을 다시 이송하여야 한다.
③ 소년부는 송치받은 보호사건이 그 관할에 속하지 아니한다고 인정하더라도 보호의 적정을 기하기 위하여 필요하다고 인정하면 그 사건을 관할 소년부에 이송하지 않을 수 있다.
④ 정당한 이유 없이 가출하고 그의 성격이나 환경에 비추어 앞으로 형벌 법령에 저촉되는 행위를 할 우려가 있는 10세의 소년을 발견한 보호자는 이를 관할 소년부에 통고할 수 있다.

해설

① 소년법 제4조 제2항
② 소년법 제51조
③ 소년부는 사건이 그 관할에 속하지 아니한다고 인정하면 결정으로써 그 사건을 관할 소년부에 이송하여야 한다(소년법 제6조 제2항).
④ 소년법 제4조 제3항

정답 ③

소년법 제3조(관할 및 직능)

① 소년 보호사건의 관할은 소년의 행위지, 거주지 또는 현재지로 한다.
② 소년 보호사건은 가정법원소년부 또는 지방법원소년부[이하 "소년부(少年部)"라 한다]에 속한다.
③ 소년 보호사건의 심리(審理)와 처분 결정은 소년부 단독판사가 한다.

소년법 제4조(보호의 대상과 송치 및 통고)

① 다음 각 호의 어느 하나에 해당하는 소년은 소년부의 보호사건으로 심리한다.
  1. 죄를 범한 소년 (→ 범죄소년)
  2. 형벌 법령에 저촉되는 행위를 한 10세 이상 14세 미만인 소년 (→ 촉법소년)
  3. 다음 각 목에 해당하는 사유가 있고 그의 성격이나 환경에 비추어 앞으로 형벌 법령에 저촉되는 행위를 할 우려가 있는 10세 이상인 소년 (→ 우범소년)
    가. 집단적으로 몰려다니며 주위 사람들에게 불안감을 조성하는 성벽(性癖)이 있는 것
    나. 정당한 이유 없이 가출하는 것
    다. 술을 마시고 소란을 피우거나 유해환경에 접하는 성벽이 있는 것
② 제1항제2호(촉법소년) 및 제3호(우범소년)에 해당하는 소년이 있을 때에는 경찰서장은 직접 관할 소년부에 송치(送致)하여야 한다.
③ 제1항 각 호의 어느 하나에 해당하는 소년을 발견한 보호자 또는 학교·사회복리시설·보호관찰소(보호관찰지소를 포함한다. 이하 같다)의 장은 이를 관할 소년부에 통고할 수 있다.

150 소년보호사건에 대한 설명으로 옳지 않은 것만을 모두 고른 것은? (13 교정 9급)

ㄱ. 형벌 법령에 저촉되는 행위를 한 12세 소년이 있을 때에 경찰서장은 직접 관할 소년부에 소년을 송치하여야 한다.
ㄴ. 법으로 정한 사유가 있고 소년의 성격이나 환경에 비추어 향후 형벌 법령에 저촉되는 행위를 할 우려가 있더라도 10세 우범소년은 소년부에 송치할 수 없다.
ㄷ. 「소년법」상 14세의 촉법소년은 소년부 보호사건의 대상이 되고, 정당한 이유없이 가출하는 9세 소년은 소년부 보호사건의 대상에서 제외된다.
ㄹ. 죄를 범한 소년을 발견한 보호자 또는 학교·사회복리시설·보호관찰소(보호관찰지소 포함)의 장은 이를 관할 소년부에 통고할 수 있다.

① ㄱ, ㄴ ② ㄱ, ㄷ
③ ㄴ, ㄷ ④ ㄷ, ㄹ

해설

ㄱ. (○) 소년법 제4조 제2항
ㄴ. (×) 촉법소년이나 우범소년이 있을 때에는 경찰서장은 직접 관할 소년부에 송치하여야 한다(소년법 제4조 제1항, 제2항).
ㄷ. (×) 촉법소년은 형벌 법령에 저촉되는 행위를 한 10세 이상 14세 미만인 소년을 말한다(동법 제4조 제1항 제2호). / 14세의 죄를 범한 소년은 범죄소년이다(소년법 제4조 제1항 제1호).
ㄹ. (○) 소년법법 제4조 제3항.

정답 ③

151 「소년법」상 보호사건에 대한 설명으로 옳지 않은 것은?

16 보호직 7급

① 소년보호사건은 소년의 행위지, 거주지 또는 현재지의 가정법원소년부 또는 지방법원소년부의 관할에 속한다.

② 소년부는 조사 또는 심리한 결과 금고 이상의 형에 해당하는 범죄사실이 발견된 경우 그 동기와 죄질이 형사처분을 할 필요가 있다고 인정하면 결정으로써 사건을 관할 지방법원에 송치하여야 한다.

③ 소년부 판사는 송치서와 조사관의 조사보고에 따라 사건의 심리를 개시할 수 없거나 개시할 필요가 없다고 인정하면 심리를 개시하지 아니한다는 결정을 하여야 한다.

④ 단기로 소년원에 송치된 소년의 보호기간은 6개월을 초과하지 못하며, 장기로 소년원에 송치된 소년의 보호기간은 2년을 초과하지 못한다.

해 설

① 소년법 제3조 제1항
② 소년부는 조사 또는 심리한 결과 금고 이상의 형에 해당하는 범죄사실이 발견된 경우 그 동기와 죄질이 형사처분을 할 필요가 있다고 인정하면 결정으로써 사건을 관할 지방법원에 대응한 검찰청 검사에게 송치하여야 한다(소년법 제7조 제1항).
③ 소년법 제19조 제1항
④ 소년법 제33조 제5항·제6항

정답 ②

소년법 제6조(이송)

① 보호사건을 송치받은 소년부는 보호의 적정을 기하기 위하여 필요하다고 인정하면 결정(決定)으로써 사건을 다른 관할 소년부에 이송할 수 있다.
② 소년부는 사건이 그 관할에 속하지 아니한다고 인정하면 결정으로써 그 사건을 관할 소년부에 이송하여야 한다.

소년법 제7조(형사처분 등을 위한 관할 검찰청으로의 송치)

① 소년부는 조사 또는 심리한 결과 금고 이상의 형에 해당하는 범죄 사실이 발견된 경우 그 동기와 죄질이 형사처분을 할 필요가 있다고 인정하면 결정으로써 사건을 관할 지방법원에 대응한 검찰청 검사에게 송치하여야 한다.
② 소년부는 조사 또는 심리한 결과 사건의 본인이 19세 이상인 것으로 밝혀진 경우에는 결정으로써 사건을 관할 지방법원에 대응하는 검찰청 검사에게 송치하여야 한다. / 다만, 제51조에 따라 (수소)법원에 이송하여야 할 경우에는 그러하지 아니하다.

TIP 단서 : ① 수소법원에서 소년부 송치 → ② 19세 이상 판명 → ③ 소년부에서 수소법원 송치

152 「소년법」상 소년사건 처리절차에 대한 설명으로 옳지 않은 것은?

21 교정 9급

① 형벌법령에 저촉되는 행위를 한 10세 이상 14세 미만의 소년에 대하여 경찰서장은 직접 관할 소년부에 송치할 수 없다.

② 보호사건을 송치받은 소년부는 보호의 적정을 기하기 위하여 필요하다고 인정하면 결정으로써 사건을 다른 관할 소년부에 이송할 수 있다.

③ 소년부 판사는 사건의 조사 또는 심리에 필요하다고 인정하면 기일을 지정하여 사건 본인이나 보호자 또는 참고인을 소환할 수 있다.

④ 소년부 판사는 심리 결과 보호처분을 할 수 없거나 할 필요가 없다고 인정하면 그 취지의 결정을 하고, 이를 사건 본인과 보호자에게 알려야 한다.

해설

① 촉법소년 및 우범소년에 해당하는 소년이 있을 때에는 경찰서장은 직접 관할 소년부에 송치(送致)하여야 한다(소년법 제4조 제2항).
② 소년법 제6조 제1항
③ 소년법 제13조 제1항
④ 소년법 제29조 제1항

정답 ①

153 「소년법」에 대한 설명 중 옳은 것만을 모두 고르면?

20 보호직 7급

ㄱ. 소년보호사건에 있어서 보호자는 소년부 판사의 허가 없이 변호사를 보조인으로 선임할 수 있다.
ㄴ. 보호자는 형벌 법령에 저촉되는 행위를 한 10세 이상 14세 미만인 소년을 발견한 경우 이를 관할 소년부에 통고할 수 있다.
ㄷ. 소년이 법정형으로 장기 2년 이상의 유기형에 해당하는 죄를 범한 경우에는 그 형의 범위에서 장기와 단기를 정하여 선고한다. 다만, 장기는 5년, 단기는 3년을 초과하지 못한다.
ㄹ. 소년부 판사는 사안이 가볍다는 이유로 심리를 개시하지 아니한다는 결정을 할 때에는 소년에게 훈계하거나 보호자에게 소년을 엄격히 관리하거나 교육하도록 고지할 수 있다.

① ㄱ, ㄴ　　② ㄱ, ㄷ
③ ㄱ, ㄴ, ㄹ　　④ ㄴ, ㄷ, ㄹ

해설

ㄱ. (○) 소년법 제17조 제1항·제2항
ㄴ. (○) 소년법 제4조 제3항
ㄷ. (×) 소년이 법정형으로 장기 2년 이상의 유기형(有期刑)에 해당하는 죄를 범한 경우에는 그 형의 범위에서 장기와 단기를 정하여 선고한다. / 다만, 장기는 10년, 단기는 5년을 초과하지 못한다(소년법 제60조 제1항).

TIP 소년형사사건의 특례이다.

ㄹ. (○) 소년법 제19조 제2항

정답 ③

154 「소년법」상 보호사건의 조사와 심리에 대한 설명으로 옳지 않은 것은?

23 교정 9급

① 소년부 판사는 조사관에게 사건 본인, 보호자 또는 참고인의 심문이나 그 밖에 필요한 사항을 조사하도록 명할 수 있다.

② 소년이 소년분류심사원에 위탁된 경우 보조인이 없을 때에는 법원은 변호사 등 적정한 자를 보조인으로 선정하여야 한다.

③ 소년부 판사는 소년부 법원서기관·법원사무관·법원주사·법원주사보나 보호관찰관 또는 사법경찰관리에게 동행영장을 집행하게 할 수 있다.

④ 소년부는 조사 또는 심리를 할 때에 정신건강의학과의사·심리학자·사회사업가·교육자나 그밖의 전문가의 진단, 소년분류심사원의 분류심사 결과와 의견, 소년교도소의 조사결과와 의견을 고려하여야 한다.

해설

① 소년법 제11조 제1항 ② 소년법 제17조의2 제1항
③ 소년법 제16조 제2항
④ 소년부는 조사 또는 심리를 할 때에 정신건강의학과의사·심리학자·사회사업가·교육자나 그 밖의 전문가의 진단, 소년분류심사원의 분류심사 결과와 의견, 보호관찰소의 조사결과와 의견 등을 고려하여야 한다(소년법 제12조). / '소년교도소'의 조사결과와 의견은 고려사항이 아니다.

TIP 소년분류심사원(보호처분) ↔ 소년교도소(형사처벌)

정답 ④

155 소년 보호사건의 조사와 심리에 대한 설명으로 옳지 않은 것은?

25 보호 7급

① 소년부 판사는 조사관에게 사건 본인, 보호자 또는 참고인의 심문이나 그 밖에 필요한 사항의 조사를 명할 수 있고, 조사관은 조사의 결과를 의견을 붙인 서면으로 보고하여야 한다.

② 소년부 판사는 사건의 조사 또는 심리에 필요하다고 인정하면 기일을 지정하여 사건 본인이나 보호자 또는 참고인을 소환할 수 있다.

③ 소년부 판사는 피해자를 보호하기 위하여 긴급조치가 필요하다고 인정하면 소환 없이 사건 본인, 보호자에 대하여 동행영장을 발부할 수 있다.

④ 동행영장은 소년부 판사의 지휘에 의하여 집행하되 그 지휘는 조사관, 소년부 법원서기관·법원사무관·법원주사·법원주사보나 보호관찰관 또는 사법경찰관리에게 이를 교부함으로써 한다.

해설

① 소년법 제11조 제1항, 소년심판규칙 제12조 제1항
② 소년법 제13조 제1항
③ 소년부 판사는 사건 본인을 보호하기 위하여 긴급조치가 필요하다고 인정하면 소환 없이 동행영장을 발부할 수 있다(소년법 제14조).

TIP ① 사건 본인을 보호하기 위한 동행영장 ↔ ② 피해자 보호 ×

④ 소년심판규칙 제17조 제1항. 제2항

정답 ③

156 「소년법」상 조사와 소년분류심사에 대한 설명으로 옳지 않은 것은? (24 보호직 7급)

① 조사관은 소년부 판사의 명을 받아 사건 본인이나 보호자를 심문할 수 있지만, 참고인에 대한 심문은 허용되지 않는다.

② 소년부 판사는 사건의 조사에 필요한 경우 기일을 정하여 보호자 또는 참고인을 소환할 수 있고, 보호자가 정당한 이유 없이 이에 응하지 아니하면 동행영장을 발부할 수 있다.

③ 조사관이 범죄 사실에 관하여 소년을 조사할 때에는 미리 소년에게 불리한 진술을 거부할 수 있음을 알려야 한다.

④ 소년부 판사가 소년을 소년분류심사원에 위탁하는 조치를 하는 경우 위탁기간은 1개월을 초과하지 못하지만, 특별히 필요한 경우에는 결정으로 1회 연장할 수 있다.

해설

① 소년부 판사는 조사관에게 사건 본인, 보호자 또는 참고인의 심문이나 그 밖에 필요한 사항을 조사하도록 명할 수 있다(소년법 제11조 제1항).

TIP 참고인은 피해자나 목격자인 경우이므로, 참고인에 대한 심문이 없으면 조사의 실익이 없다.

② 소년법 제13조 제1항·제2항
③ 소년법 제10조
④ 소년법 제18조 제3항

정답 ①

157 「소년법」상 소년보호사건의 조사와 심리에 대한 설명으로 옳지 않은 것은? (18 보호직 7급)

① 소년부 판사는 사건 본인이나 보호자가 정당한 이유 없이 소환에 응하지 아니하면 동행영장을 발부할 수 있다.

② 소년부 판사는 사건 본인을 보호하기 위하여 긴급조치가 필요하다고 인정하더라도 소환 없이는 동행영장을 발부할 수 없다.

③ 사건 본인이나 보호자는 소년부 판사의 허가를 받아 보조인을 선임할 수 있다. 다만, 보호자나 변호사를 보조인으로 선임하는 경우에는 소년부 판사의 허가를 받지 아니하여도 된다.

④ 소년부 판사는 조사관에게 사건 본인, 보호자 또는 참고인의 심문이나 그 밖에 필요한 사항을 조사하도록 명할 수 있다.

해설

① 소년법 제13조 제2항
② 소년부 판사는 사건 본인을 보호하기 위하여 긴급조치가 필요하다고 인정하면 제13조 제1항에 따른 소환 없이 동행영장을 발부할 수 있다(소년법 제14조).
③ 소년법 제17조 제1항·제2항
④ 소년법 제11조 제1항

정답 ②

소년법 제13조(소환 및 동행영장)

① 소년부 판사는 사건의 조사 또는 심리에 필요하다고 인정하면 기일을 지정하여 사건 본인이나 보호자 또는 참고인을 소환할 수 있다.

② 사건 본인이나 보호자가 정당한 이유 없이 소환에 응하지 아니하면 소년부 판사는 동행영장을 발부할 수 있다.

소년법 제14조(긴급동행영장)

소년부 판사는 사건 본인을 보호하기 위하여 긴급조치가 필요하다고 인정하면 제13조제1항에 따른 소환 없이 동행영장을 발부할 수 있다.

소년법 제16조(동행영장의 집행)

① 동행영장은 조사관이 집행한다.

② 소년부 판사는 소년부 법원서기관·법원사무관·법원주사·법원주사보나 보호관찰관 또는 사법경찰관리에게 동행영장을 집행하게 할 수 있다.

③ 동행영장을 집행하면 지체 없이 보호자나 보조인에게 알려야 한다.

158 소년사건에 대한 조사제도를 설명한 것으로 옳지 않은 것은? (16 보호직 7급)

① 검사는 소년피의사건에 대해 소년부송치, 공소제기 등의 처분을 결정하기 위하여 필요하다고 인정하면 피의자의 주거지 또는 검찰청 소재지를 관할하는 보호관찰소의 장 등에게 피의자의 품행, 생활환경 등에 관한 조사를 요구할 수 있다.

② 소년분류심사관은 사건의 조사에 필요하다고 인정한 때에는 기일을 정하여 보호자 또는 참고인을 소환할 수 있고, 정당한 이유 없이 이에 응하지 않을 경우 동행영장을 발부할 수 있다.

③ 법원은 소년형사범에 대해 집행유예에 따른 보호관찰, 사회봉사 또는 수강을 명하기 위해 필요하다고 인정하면 그 법원의 소재지 등의 보호관찰소의 장에게 범행동기, 생활환경 등의 조사를 요구할 수 있다.

④ 수용기관의 장은 단기 소년원송치 처분 등을 받은 소년을 수용한 경우에는 지체 없이 거주예정지를 관할하는 보호관찰소의 장에게 신상조사서를 보내 환경조사를 의뢰하여야 한다.

해설

① 소년법 제49조의2 제1항

② 소년부 판사는 사건의 조사 또는 심리에 필요하다고 인정하면 기일을 지정하여 사건 본인이나 보호자 또는 참고인을 소환할 수 있고, / 사건 본인이나 보호자가 정당한 이유 없이 소환에 응하지 아니하면 소년부 판사는 동행영장을 발부할 수 있다(소년법 제13조 제1항·제2항).

③ 보호관찰법 제19조 제1항

④ 소년법 제26조 제1항

정답 ②

159 「소년법」상 보조인 제도에 대한 설명으로 옳지 않은 것은?

22 보호직 7급

① 소년이 소년분류심사원에 위탁된 경우 보조인이 없을 때에는 법원은 변호사 등 적정한 자를 보조인으로 선정하여야 한다.

② 소년이 소년분류심사원에 위탁되지 아니하였을 때에도 소년에게 신체적·정신적 장애가 의심되는 경우에는 법원은 직권으로 보조인을 선정하여야 한다.

③ 소년이 보호자나 변호사를 보조인으로 선임하는 경우에 소년부 판사의 허가 없이 보조인을 선임할 수 있다.

④ 보조인의 선임은 심급마다 하여야 한다.

해설

① 소년법 제17조의2 제1항

② 소년이 소년분류심사원에 위탁되지 아니하였을 때에도 소년에게 신체적·정신적 장애가 의심되는 경우, 법원은 직권에 의하거나 소년 또는 보호자의 신청에 따라 보조인을 선정할 수 있다(소년법 제17조의2 제2항).

③ 소년법 제17조 제1항·제2항

④ 소년법 제17조 제5항

정답 ②

소년법 제17조(보조인 선임)

① 사건 본인이나 보호자는 소년부 판사의 허가를 받아 보조인을 선임할 수 있다.

② 보호자나 변호사를 보조인으로 선임하는 경우에는 제1항의 허가를 받지 아니하여도 된다.

③ 보조인을 선임함에 있어서는 보조인과 연명날인한 서면을 제출하여야 한다. / 이 경우 변호사가 아닌 사람을 보조인으로 선임할 경우에는 위 서면에 소년과 보조인과의 관계를 기재하여야 한다.

④ 소년부 판사는 보조인이 심리절차를 고의로 지연시키는 등 심리진행을 방해하거나 소년의 이익에 반하는 행위를 할 우려가 있다고 판단하는 경우에는 보조인 선임의 허가를 취소할 수 있다.

⑤ 보조인의 선임은 심급마다 하여야 한다.

⑥ 「형사소송법」 중 변호인의 권리의무에 관한 규정은 소년 보호사건의 성질에 위배되지 아니하는 한 보조인에 대하여 준용한다.

소년법 제17조의2(국선보조인)

① 소년이 소년분류심사원에 위탁된 경우 보조인이 없을 때에는 법원은 변호사 등 적정한 자를 보조인으로 선정하여야 한다.

② 소년이 소년분류심사원에 위탁되지 아니하였을 때에도 다음의 경우 법원은 직권에 의하거나 소년 또는 보호자의 신청에 따라 보조인을 선정할 수 있다.

1. 소년에게 신체적·정신적 장애가 의심되는 경우
2. 빈곤이나 그 밖의 사유로 보조인을 선임할 수 없는 경우
3. 그 밖에 소년부 판사가 보조인이 필요하다고 인정하는 경우

③ 제1항과 제2항에 따라 선정된 보조인에게 지급하는 비용에 대하여는 「형사소송비용 등에 관한 법률」을 준용한다.

160 「소년법」상 보조인 선임과 국선보조인에 대한 설명으로 옳은 것만을 모두 고르면? (24 보호직 7급)

ㄱ. 사건 본인이나 보호자가 변호사를 보조인으로 선임하려면 소년부 판사의 허가를 받아야 한다.
ㄴ. 소년이 소년분류심사원에 위탁되지 아니하였을 때에도 빈곤이나 그 밖의 사유로 보조인을 선임할 수 없는 경우에는 법원은 직권에 의하거나 소년 또는 보호자의 신청에 따라 보조인을 선정할 수 있다.
ㄷ. 소년부 판사는 보호자인 보조인이 소년의 이익에 반하는 행위를 할 우려가 있다고 판단되는 경우 보조인 선임의 허가를 취소할 수 있다.
ㄹ. 소년이 소년분류심사원에 위탁된 경우 보조인이 없을 때에는 법원은 변호사 등 적정한 자를 보조인으로 선정하여야 한다.

① ㄴ, ㄹ
② ㄷ, ㄹ
③ ㄱ, ㄴ, ㄷ
④ ㄴ, ㄷ, ㄹ

해설

① 옳은 것은 'ㄴ, ㄹ'이다.
ㄱ. (×) 보호자나 변호사를 보조인으로 선임하는 경우에는 소년부 판사의 허가를 받지 아니하여도 된다(소년법 제17조 제2항).
ㄴ. (○) 소년법 제17조의2 제2항 제2호
ㄷ. (×) 소년부 판사는 보조인이 심리절차를 고의로 지연시키는 등 심리진행을 방해하거나 소년의 이익에 반하는 행위를 할 우려가 있다고 판단하는 경우에는 보조인 선임의 허가를 취소할 수 있다(소년법 제17조 제4항).

TIP 〈선해〉 보호자인 보조인에 제한되지 않는다. / 옳지 않은 지문이라 하기에는 의문의 여지가 있어 문제 완성도가 떨어진다.

ㄹ. (○) 소년법 제17조의2 제1항

정답 ①

161 「소년법」상 보호사건의 심리와 조사에 대한 설명으로 옳지 않은 것은? (24 교정 9급)

① 소년이 소년분류심사원에 위탁되지 아니하였을 때에도 소년에게 신체적·정신적 장애가 의심되는 경우 법원은 직권에 의하거나 소년 또는 보호자의 신청에 따라 보조인을 선정할 수 있다.
② 소년부 판사는 보조인이 심리절차를 고의로 지연시키는 등 심리진행을 방해하거나 소년의 이익에 반하는 행위를 할 우려가 있다고 판단하는 경우에는 보조인 선임의 허가를 취소하여야 한다.
③ 소년부 판사는 사안이 가볍다는 이유로 심리를 개시하지 아니한다는 결정을 할 때에는 소년에게 훈계하거나 보호자에게 소년을 엄격히 관리하거나 교육하도록 고지할 수 있다.
④ 소년부 판사는 심리 기일을 지정하고 본인과 보호자를 소환하여야 한다. 다만, 필요가 없다고 인정한 경우에는 보호자는 소환하지 아니할 수 있다.

해설

① 소년법 제17조의2 제2항 제1호
② 소년부 판사는 보조인이 심리절차를 고의로 지연시키는 등 심리진행을 방해하거나 소년의 이익에 반하는 행위를 할 우려가 있다고 판단하는 경우에는 보조인 선임의 허가를 취소할 수 있다(소년법 제17조 제4항).
③ 소년법 제19조 제2항
④ 소년법 제21조 제1항

정답 ②

162 「소년법」상 보호사건의 조사와 심리에 대한 설명으로 옳지 않은 것은?

25 보호직 9급

① 사건 본인이 보호자나 변호사를 보조인으로 선임하는 경우에는 소년부 판사의 허가를 받지 아니하여도 된다.
② 소년부 판사는 사건의 조사 또는 심리에 필요하다고 인정하면 기일을 지정하여 사건 본인이나 보호자 또는 참고인을 소환할 수 있다.
③ 소년부 판사는 사안이 가볍다는 이유로 심리를 개시하지 아니한다는 결정을 할 때에는 소년에게 훈계하거나 조사관에게 소년을 엄격히 관리하거나 교육하도록 고지할 수 있다.
④ 소년부 또는 조사관이 범죄 사실에 관하여 소년을 조사할 때에는 미리 소년에게 불리한 진술을 거부할 수 있음을 알려야 한다.

해 설

① 소년법 제17조 제2항
② 소년법 제13조 제1항
③ 사안이 가볍다는 이유로 심리를 개시하지 아니한다는 결정을 할 때에는 소년에게 훈계하거나 보호자에게 소년을 엄격히 관리하거나 교육하도록 고지할 수 있다(소년법 제19조 제2항).
④ 소년법 제10조

정답 ③

163 「소년법」상 보호사건의 조사와 심리에 대한 설명으로 옳지 않은 것은?

23 교정 7급

① 소년부 또는 조사관이 범죄 사실에 관하여 소년을 조사할 때에는 미리 소년에게 불리한 진술을 거부할 수 있음을 알려야 한다.
② 소년부는 조사 또는 심리를 할 때에 정신건강의학과의사 등 전문가의 진단, 소년분류심사원의 분류심사 결과와 의견, 보호관찰소의 조사결과와 의견 등을 고려하여야 한다.
③ 소년부 판사는 조사 또는 심리에 필요하다고 인정하여 기일을 지정해서 소환한 사건 본인의 보호자가 정당한 이유 없이 소환에 응하지 아니하면 동행영장을 발부할 수 있다.
④ 소년부 판사가 사건을 조사 또는 심리하는 데에 필요하다고 인정하여 소년의 감호에 관한 결정으로써 병원이나 그 밖의 요양소에 위탁하는 조치를 하는 경우 그 위탁의 최장기간은 2개월이다.

해 설

① 소년법 제10조
② 소년법 제12조
③ 소년법 제13조 제2항
④ 병원이나 그 밖의 요양소에 위탁기간은 3개월을 초과하지 못한다. / 다만, 특별히 계속 조치할 필요가 있을 때에는 한 번에 한하여 결정으로써 연장할 수 있다(소년법 제18조 제3항). / 병원이나 그 밖의 요양소에 위탁하는 조치를 하는 경우 그 위탁의 최장기간은 3개월 + 3개월 = 6개월이다.

정답 ①

소년법 제18조(임시조치)

① 소년부 판사는 사건을 조사 또는 심리하는 데에 필요하다고 인정하면 소년의 감호에 관하여 결정으로써 다음 각 호의 어느 하나에 해당하는 조치를 할 수 있다.
  1. 보호자, 소년을 보호할 수 있는 적당한 자 또는 시설에 위탁 [3월 + 3월]
  2. 병원이나 그 밖의 요양소에 위탁 [3월 + 3월]
  3. 소년분류심사원에 위탁 [1월 + 1월]

② 동행된 소년 또는 제52조제1항에 따라 인도된 소년에 대하여는 도착한 때로부터 24시간 이내에 제1항의 조치를 하여야 한다.

③ 제1항제1호 및 제2호의 위탁기간은 3개월을, 제1항제3호의 위탁기간은 1개월을 초과하지 못한다. / 다만, 특별히 계속 조치할 필요가 있을 때에는 한 번에 한하여 결정으로써 연장할 수 있다.

④ 제1항제1호 및 제2호의 조치를 할 때에는 보호자 또는 위탁받은 자에게 소년의 감호에 관한 필요 사항을 지시할 수 있다.

⑤ 소년부 판사는 제1항의 결정을 하였을 때에는 소년부 법원서기관·법원사무관·법원주사·법원주사보, 소년분류심사원 소속 공무원, 교도소 또는 구치소 소속 공무원, 보호관찰관 또는 사법경찰관리에게 그 결정을 집행하게 할 수 있다.

⑥ 제1항의 조치는 언제든지 결정으로써 취소하거나 변경할 수 있다.

164 「소년법」상 소년부 판사가 취할 수 있는 임시조치로 옳지 않은 것은? (18 교정 9급)

① 보호자에게 1개월간 감호 위탁
② 요양소에 3개월간 감호 위탁
③ 소년분류심사원에 3개월간 감호 위탁
④ 소년을 보호할 수 있는 적당한 자에게 1개월간 감호 위탁

해설

③ 소년분류심사원에의 위탁기간은 1개월을 초과하지 못한다. 다만, 특별히 계속 조치할 필요가 있을 때에는 한 번에 한하여 결정으로써 연장할 수 있다(소년법 제18조 제3항). / 소년분류심사원에 위탁하는 조치는 최대 2개월까지만 가능하다.

정답 ③

165 「소년법」상 보호사건의 조사와 심리에 대한 설명으로 옳지 않은 것은? (23 보호직 7급)

① 소년부 또는 조사관이 범죄 사실에 관하여 소년을 조사할 때에는 미리 소년에게 불리한 진술을 거부할 수 있음을 알려야 한다.
② 소년부는 조사 또는 심리를 할 때에 정신건강의학과의사 등 전문가의 진단, 소년분류심사원의 분류심사 결과와 의견, 보호관찰소의 조사결과와 의견 등을 고려하여야 한다.
③ 소년부 판사는 조사 또는 심리에 필요하다고 인정하여 기일을 지정해서 소환한 사건 본인의 보호자가 정당한 이유 없이 소환에 응하지 아니하면 동행영장을 발부할 수 있다.
④ 소년부 판사가 사건을 조사 또는 심리하는 데에 필요하다고 인정하여 소년의 감호에 관한 결정으로써 병원이나 그 밖의 요양소에 위탁하는 조치를 하는 경우 그 위탁의 최장기간은 2개월이다.

해 설

① 소년법 제10조
② 소년법 제12조
③ 소년법 제13조 제2항
④ 제1항 제1호(보호자 위탁) 및 제2호(병원·요양소에 위탁)의 위탁기간은 3개월을, 제1항 제3호(소년분류심사원에 위탁)의 위탁기간은 1개월을 초과하지 못한다. 다만, 특별히 계속 조치할 필요가 있을 때에는 한 번에 한하여 결정으로써 연장할 수 있다(소년법 제18조 제3항). // 병원이나 그 밖의 요양소에 위탁하는 조치를 하는 경우 그 위탁의 최장기간은 3개월 + 3개월 = 6개월이다.

정답 ④

166 「소년법」에 대한 설명으로 옳은 것은? (15 교정 9급)

① 소년이 소년분류심사원에 위탁되었는지 여부를 불문하고 보조인이 없을 때에는 법원은 국선보조인을 선정하여야 한다.
② 검사가 소년피의자에 대하여 선도조건부 기소유예를 하는 경우, 소년의 법정대리인의 동의를 받으면 족하고 당사자인 소년의 동의는 요하지 아니한다.
③ 소년부 판사는 피해자 또는 그 법정대리인이 의견진술을 신청할 때에는 피해자나 그 법정대리인의 진술로 심리절차가 현저하게 지연될 우려가 있는 경우에도 심리 기일에 의견을 진술할 기회를 주어야 한다.
④ 법원이 소년에 대한 피고사건을 심리한 결과 보호처분에 해당할 사유를 인정하여 사건을 관할 소년부에 송치하였으나, 소년부가 사건을 심리한 결과 사건의 본인이 19세 이상인 것으로 밝혀지면 결정으로써 송치한 법원에 사건을 다시 이송해야 한다.

해 설

① 소년이 소년분류심사원에 위탁된 경우는 필요적 국선보조인 선정사유이고, / 위탁되지 않은 경우 일정한 사유가 있을 때에는 임의적 국선보조인 선정사유이다(소년법 제17조의2 제1항·제2항).
② 검사는 피의자에 대하여 선도(善導) 등을 받게 하고, 피의사건에 대한 공소를 제기하지 아니할 수 있다. 이 경우 소년과 소년의 친권자·후견인 등 법정대리인의 동의를 받아야 한다(소년법 제49조의3).

TIP 소년과 법정대리인 모두의 동의를 받아야 한다.

③ 소년부 판사는 신청인의 진술로 심리절차가 현저하게 지연될 우려가 있는 경우에는 심리기일에 의견을 진술할 기회를 제한 할 수 있다(소년법 제25조의2).
④ 소년법 제50조, 소년법 제51조

정답 ④

소년법 제25조의2(피해자 등의 진술권)

소년부 판사는 피해자 또는 그 법정대리인·변호인·배우자·직계친족·형제자매(이하 이 조에서 "대리인등"이라 한다)가 의견진술을 신청할 때에는 피해자나 그 대리인등에게 심리 기일에 의견을 진술할 기회를 주어야 한다. / 다만, 다음 각 호의 어느 하나에 해당하는 경우에는 그러하지 아니하다.
1. 신청인이 이미 심리절차에서 충분히 진술하여 다시 진술할 필요가 없다고 인정되는 경우
2. 신청인의 진술로 심리절차가 현저하게 지연될 우려가 있는 경우

167 「소년법」상 소년보호사건의 조사·심리절차에서 피해자 참여에 대한 설명으로 옳지 않은 것은?

24 보호직 7급

① 피해자의 조부모는 피해자에게 법정대리인이나 변호인이 없는 경우에 한하여 의견진술의 기회를 가질 수 있다.

② 피해자의 변호인이 의견진술을 신청하였으나 신청인이 이미 심리절차에서 충분히 진술하여 다시 진술할 필요가 없다고 인정되는 경우에는 의견진술의 기회가 주어지지 않을 수 있다.

③ 소년부 판사는 피해자를 보호하고 소년의 품행을 교정하기 위하여 필요한 경우 피해자와의 화해를 권고할 수 있다.

④ 소년부 판사의 화해권고에 따라 소년이 피해자와 화해하였을 경우에 소년부 판사는 그 소년에 대한 보호처분의 결정에 이를 고려할 수 있다.

해설

① 소년부 판사는 피해자 또는 그 법정대리인·변호인·배우자·직계친족·형제자매가 의견진술을 신청할 때에는 피해자나 그 대리인등에게 심리 기일에 의견을 진술할 기회를 주어야 한다(소년법 제25조의2 본문).

TIP 피해자의 조부모는 피해자의 직계친족이다. 법정대리인이나 변호인의 유무에 관계없이 의견진술의 기회를 가질 수 있다.

② 소년법 제25조의2 제2호
③ 소년법 제25조의3 제1항
④ 소년법 제25조의3 제3항

정답 ①

168 소년법령상 화해권고제도에 대한 설명으로 옳지 않은 것은?

21 보호직 7급

① 소년부 판사는 소년의 품행을 교정하고 피해자를 보호하기 위하여 필요하다고 인정하면 소년에게 피해 변상 등 피해자와의 화해를 권고할 수 있다.

② 소년부 판사는 피해자와의 화해를 위하여 필요하다고 인정하면 기일을 지정하여 소년, 보호자 또는 참고인을 소환할 수 있다.

③ 소년부 판사는 소년이 화해권고에 따라 피해자와 화해하였을 경우에는 보호처분을 결정할 때 이를 고려할 수 있다.

④ 소년부 판사는 심리를 시작하기 전까지 화해를 권고할 수 있고, 화해권고기일까지 소년, 보호자 및 피해자의 서면동의를 받아야 한다.

해설

① 소년법 제25조의3 제1항
② 소년법 제25조의3 제2항
③ 소년법 제25조의3 제3항
④ 소년부 판사는 보호처분을 하기 전까지 화해를 권고할 수 있다. 이 경우 화해를 권고하기 위한 기일("화해권고기일")까지 소년, 보호자 및 피해자(피해자가 미성년자인 경우 그 보호자도 포함한다)의 서면에 의한 동의를 받아야 한다(소년심판규칙 제26조의2 제1항).

정답 ④

소년법 제25조의3(화해권고)

① 소년부 판사는 소년의 품행을 교정하고 피해자를 보호하기 위하여 필요하다고 인정하면 소년에게 피해 변상 등 피해자와의 화해를 권고할 수 있다.
② 소년부 판사는 제1항의 화해를 위하여 필요하다고 인정하면 기일을 지정하여 소년, 보호자 또는 참고인을 소환할 수 있다.
③ 소년부 판사는 소년이 제1항의 권고에 따라 피해자와 화해하였을 경우에는 보호처분을 결정할 때 이를 고려할 수 있다.

소년심판규칙 제26조의2(화해권고절차의 회부)

① 소년부 판사는 보호처분을 하기 전까지 법 제25조의3제1항에 따른 화해를 권고할 수 있다. / 이 경우 화해를 권고하기 위한 기일(이하 "화해권고기일"이라 한다)까지 소년, 보호자 및 피해자(피해자가 미성년자인 경우 그 보호자도 포함한다. 이하 같다)의 서면에 의한 동의를 받아야 한다.
② 소년, 보호자 및 피해자는 화해권고절차가 종료할 때까지 제1항에 따른 동의를 서면에 의하여 철회할 수 있다.

169 「소년법」상 보호처분에 대한 설명으로 옳지 않은 것은? 18 보호직 7급

① 수강명령은 10세 이상 12세 미만의 소년에 대하여 부과할 수 없다.
② 수강명령은 100시간을, 사회봉사명령은 200시간을 초과할 수 없다.
③ 단기 보호관찰기간은 6개월로 하고, 장기 보호관찰기간은 2년으로 한다.
④ 단기로 소년원에 송치된 소년의 보호기간은 6개월을, 장기로 소년원에 송치된 소년의 보호기간은 2년을 초과하지 못한다.

해 설

① 수강명령 및 장기 소년원 송치의 처분은 12세 이상의 소년에게만 할 수 있다(소년법 제32조 제4항).
② 소년법 제33조 제4항
③ 단기 보호관찰기간은 1년으로 한다(소년법 제33조 제2항). / 장기 보호관찰기간은 2년으로 한다. 다만, 소년부 판사는 보호관찰관의 신청에 따라 결정으로써 1년의 범위에서 한 번에 한하여 그 기간을 연장할 수 있다(소년법 제33조 제3항).
④ 소년법 제33조 제5항·제6항

정답 ③

170 「소년법」상 보호처분 및 그 부가처분에 대한 설명으로 옳은 것은? 20 보호직 7급

① 수강명령과 사회봉사명령은 14세 이상의 소년에게만 할 수 있다.
② 최대 200시간을 초과하지 않는 범위 내에서 수강명령처분을 결정할 수 있다.
③ 「아동복지법」에 따른 아동복지시설이나 그 밖의 소년보호시설에 감호 위탁 기간은 6개월로 하되, 그 기간을 연장할 수 없다.

④ 소년부 판사는 가정상황 등을 고려하여 필요하다고 판단되면 보호자에게 보호관찰소 등에서 실시하는 소년의 보호를 위한 특별교육을 받을 것을 명할 수 있다.

해설

① 사회봉사명령은 14세 이상의 소년에게만 할 수 있으나(동법 제32조 제3항), / 수강명령은 12세 이상의 소년에게만 할 수 있다(소년법 제32조 제4항).
② 수강명령은 100시간을 초과할 수 없으며, 사회봉사명령은 200시간을 초과할 수 없다(소년법 제33조 제4항).
③ 보호자위탁, 소년보호시설 감호위탁, 병원·의료재활소년원 위탁기간은 6개월로 하되, / 소년부 판사는 결정으로써 6개월의 범위에서 한 번에 한하여 그 기간을 연장할 수 있다(소년법 제33조 제1항).
④ 소년법 제32조의2 제3항

정답 ④

171 **「소년법」상 보호처분에 대한 설명으로 옳지 않은 것은?** (18 교정 9급)

① 사회봉사명령은 200시간을, 수강명령은 100시간을 초과할 수 없으며, 보호관찰관이 그 명령을 집행할 때에는 사건 본인의 정상적인 생활을 방해하지 아니하도록 하여야 한다.
② 보호처분이 계속 중일 때에 사건 본인이 처분 당시 19세 이상인 것으로 밝혀진 경우에는 소년부 판사는 결정으로써 그 보호처분을 취소하여야 한다.
③ 장기 보호관찰처분을 할 때에는 해당 보호관찰기간 동안 야간 등 특정 시간대의 외출을 제한하는 명령을 보호관찰대상자의 준수 사항으로 부과할 수 있다.
④ 사회봉사명령은 14세 이상의 소년에게만 할 수 있으며, 수강명령은 12세 이상의 소년에게만 할 수 있다.

해설

① 소년법 제33조 제4항
② 소년법 제38조 제1항
③ 단기보호관찰 또는 장기보호관찰의 처분을 할 때에 1년 이내의 기간을 정하여 야간 등 특정 시간대의 외출을 제한하는 명령을 보호관찰대상자의 준수사항으로 부과할 수 있다(소년법 제32조의2 제2항).
④ 소년법 제32조 제3항·제4항

정답 ③

소년법 제32조(보호처분의 결정)

① 소년부 판사는 심리 결과 보호처분을 할 필요가 있다고 인정하면 결정으로써 다음 각 호의 어느 하나에 해당하는 처분을 하여야 한다. 〈개정 2020.10.20〉
1. 보호자 또는 보호자를 대신하여 소년을 보호할 수 있는 자에게 감호 위탁 [6월 + 6월]
2. 수강명령 [100시간]
3. 사회봉사명령 [200시간]
4. 보호관찰관의 단기(短期) 보호관찰 [1년]
5. 보호관찰관의 장기(長期) 보호관찰 [2년 + 1년]
6. 「아동복지법」에 따른 아동복지시설이나 그 밖의 소년보호시설에 감호 위탁 [6월 + 6월]
7. 병원, 요양소 또는 「보호소년 등의 처우에 관한 법률」에 따른 의료재활소년원에 위탁 [6+6]

8. 1개월 이내의 소년원 송치
9. 단기 소년원 송치 [6월]
10. 장기 소년원 송치 [2년]

③ 제1항제3호(사회봉사명령)의 처분은 14세 이상의 소년에게만 할 수 있다.
④ 제1항제2호(수강명령) 및 제10호(장기 소년원 송치)의 처분은 12세 이상의 소년에게만 할 수 있다.
⑤ 제1항 각 호의 어느 하나에 해당하는 처분을 한 경우 소년부는 소년을 인도하면서 소년의 교정에 필요한 참고자료를 위탁받는 자나 처분을 집행하는 자에게 넘겨야 한다.
⑥ 소년의 보호처분은 그 소년의 장래 신상에 어떠한 영향도 미치지 아니한다.

소년법 제33조(보호처분의 기간)

① 제32조제1항제1호(보호자 감호위탁)·제6호(소년보호시설 감호위탁)·제7호(의료재활소년원 위탁)의 위탁기간은 6개월로 하되, 소년부 판사는 결정으로써 6개월의 범위에서 한 번에 한하여 그 기간을 연장할 수 있다. / 다만, 소년부 판사는 필요한 경우에는 언제든지 결정으로써 그 위탁을 종료시킬 수 있다.
② 제32조제1항제4호의 단기 보호관찰기간은 1년으로 한다.
③ 제32조제1항제5호의 장기 보호관찰기간은 2년으로 한다. / 다만, 소년부 판사는 보호관찰관의 신청에 따라 결정으로써 1년의 범위에서 한 번에 한하여 그 기간을 연장할 수 있다.
④ 제32조제1항제2호의 수강명령은 100시간을, 제32조제1항제3호의 사회봉사명령은 200시간을 초과할 수 없으며, / 보호관찰관이 그 명령을 집행할 때에는 사건 본인의 정상적인 생활을 방해하지 아니하도록 하여야 한다.
⑤ 제32조제1항제9호에 따라 단기로 소년원에 송치된 소년의 보호기간은 6개월을 초과하지 못한다.
⑥ 제32조제1항제10호에 따라 장기로 소년원에 송치된 소년의 보호기간은 2년을 초과하지 못한다.
⑦ 제32조제1항제6호부터 제10호까지의 어느 하나에 해당하는 처분을 받은 소년이 시설위탁이나 수용 이후 그 시설을 이탈하였을 때에는 위 처분기간은 진행이 정지되고, 재위탁 또는 재수용된 때로부터 다시 진행한다.

172 「소년법」상 보호처분에 대한 설명으로 옳은 것은? (21 교정 9급)

① 사회봉사명령은 14세 이상의 소년에게만 할 수 있다.
② 수강명령과 장기 소년원 송치는 14세 이상의 소년에게만 할 수 있다.
③ 보호관찰관의 단기 보호관찰과 장기 보호관찰 처분 시에는 2년 이내의 기간을 정하여 야간 등 특정 시간대의 외출을 제한하는 명령을 보호관찰대상자의 준수 사항으로 부과할 수 있다.
④ 수강명령은 200시간을, 사회봉사명령은 100시간을 초과할 수 없으며, 보호관찰관이 그 명령을 집행할 때에는 사건 본인의 정상적인 생활을 방해하지 아니하도록 하여야 한다.

해설

① 소년법 제32조 제3항
② 수강명령과 장기 소년원 송치의 처분은 12세 이상의 소년에게만 할 수 있다(소년법 제32조 제4항).
③ 보호관찰관의 단기 보호관찰과 장기 보호관찰의 처분을 할 때에 1년 이내의 기간을 정하여 야간 등 특정 시간대의 외출을 제한하는 명령을 보호관찰대상자의 준수사항으로 부과할 수 있다(소년법 제32조의2 제2항).
④ 수강명령은 100시간을, 사회봉사명령은 200시간을 초과할 수 없으며, / 보호관찰관이 그 명령을 집행할 때에는 사건 본인의 정상적인 생활을 방해하지 아니하도록 하여야 한다(소년법 제33조 제4항).

정답 ①

173 「소년법」상 보호처분에 대한 설명으로 옳지 않은 것은? (다툼이 있는 경우 판례에 의함)

25 보호직 9급

① 장기로 소년원에 송치된 소년의 보호기간은 2년으로 하되, 보호관찰관의 신청에 따라 결정으로써 1년의 범위에서 한 번에 한하여 그 기간을 연장할 수 있다.

② 소년보호사건의 보조인에 대한 심리기일의 통지를 하지 아니하여 보조인이 출석하지 아니한 채 심리를 종결하고 보호처분의 결정을 한 경우 그 보호처분결정은 취소되어야 한다.

③ 소년보호시설에 감호위탁(제6호) 처분을 받은 소년이 시설 위탁 후 그 시설을 이탈하였을 때 그 처분기간은 진행이 정지되고 재위탁된 때로부터 다시 진행한다.

④ 보호관찰관의 단기 보호관찰(제4호) 처분을 할 때에 3개월 이내의 기간을 정하여 「보호소년 등의 처우에 관한 법률」에 따른 대안교육을 받을 것을 동시에 명할 수 있다.

해설

① 제32조 제1항 제10호에 따라 장기로 소년원에 송치된 소년의 보호기간은 2년을 초과하지 못한다(소년법 제34조 제6항).

TIP ① 장기 소년원 송치 (2년 초과 ×) ↔ ② 장기 보호관찰 (2년으로 한다 → 1년 이내 한번 연장 可)

② 소년보호사건의 보조인도 형사소송의 변호인과 마찬가지로 보호소년이 가지는 권리를 행사하는 외에 독자적인 입장에서 보호소년의 이익을 옹호하는 고유의 권리를 가진다고 할 것인데, / 보조인에 대한 심리기일의 통지를 하지 아니하여 보조인이 출석하지 아니한 채 심리를 종결하고 보호처분의 결정을 하였다면 그러한 절차상의 위법은 위와 같은 보조인의 고유의 권리를 부당하게 제한하는 것이 되므로, / 가사 보호소년이나 그 보호인이 심리기일에 이의를 제기하지 아니하였다 하더라도 그 하자가 치유되어 보호처분의 결정에 영향을 미치지 아니한다고 볼 수는 없어, 그 보호처분결정은 취소되어야 마땅하다(대결 1994.11.5. 94트10).

③ 소년법 제33조 제7항

④ 소년법 제32조의2 제1항

정답 ①

174 「소년법」상 보호처분에 대한 내용으로 옳은 것만을 모두 고르면?

20 교정 9급

ㄱ. 보호관찰관의 단기 보호관찰기간은 1년으로 한다.

ㄴ. 보호관찰관의 장기 보호관찰기간은 2년으로 한다. 다만, 소년부 판사는 보호관찰관의 신청에 따라 결정으로써 1년의 범위에서 한 번에 한하여 그 기간을 연장할 수 있다.

ㄷ. 보호자 또는 보호자를 대신하여 소년을 보호할 수 있는 자에게 감호 위탁하는 기간은 3개월로 하되, 소년부 판사는 결정으로써 3개월의 범위에서 한 번에 한하여 그 기간을 연장할 수 있다. 다만, 소년부 판사는 필요한 경우에는 언제든지 결정으로써 그 위탁을 종료시킬 수 있다.

ㄹ. 단기로 소년원에 송치된 소년의 보호기간은 3개월을 초과할 수 없다.

ㅁ. 장기로 소년원에 송치된 소년의 보호기간은 2년을 초과할 수 없다.

① ㄱ, ㄴ, ㄷ
② ㄱ, ㄴ, ㄹ
③ ㄱ, ㄴ, ㅁ
④ ㄷ, ㄹ, ㅁ

해설

③ 옳은 것 ㄱ, ㄴ, ㅁ
ㄱ. (○) 소년법 제33조 제2항
ㄴ. (○) 소년법 제33조 제3항
ㄷ. (×) 보호자감호위탁, 소년보호시설감호위탁, 병원· 의료재활소년원에 위탁의 위탁기간은 6개월로 하되, / 소년부 판사는 결정으로써 6개월의 범위에서 한 번에 한하여 그 기간을 연장할 수 있다. / 다만, 소년부 판사는 필요한 경우에는 언제든지 결정으로써 그 위탁을 종료시킬 수 있다(소년법 제33조 제1항).
ㄹ. (×) 단기로 소년원에 송치된 소년의 보호기간은 6개월을 초과하지 못한다(소년법 제33조 제5항).
ㅁ. (○) 동법 제33조 제6항

정답 ③

175 「소년법」상 보호처분 중 기간의 연장이 허용되지 않는 것은? (17 교정 9급)

① 보호자에게 감호위탁
② 소년보호시설에 감호위탁
③ 보호관찰관의 단기 보호관찰
④ 보호관찰관의 장기 보호관찰

해설

③ 단기 보호관찰기간은 1년으로 한다(소년법 제33조 제2항).

TIP 단기 보호관찰은 연장규정이 없다.

④ 장기 보호관찰기간은 2년으로 한다. / 다만, 소년부 판사는 보호관찰관의 신청에 따라 결정으로써 1년의 범위에서 한 번에 한하여 그 기간을 연장할 수 있다(소년법 제33조 제3항).

정답 ③

1. 연장가능한 보호처분

① 보호자 감호위탁·소년보호시설 감호위탁·의료재활소년원 위탁 : 위탁기간 6개월 → 6개월 한번에 한하여 연장
② 장기보호관찰 : 2년으로 한다. → 1년의 범위에서 한번에 한하여 연장

2. 연장이 안되는 보호처분

① 단기 보호관찰 : 1년으로 한다.
② 장기 소년원 송치 : 2년을 초과하지 못한다.
③ 단기 소년원 송치 : 6개월을 초과하지 못한다.

176 「소년법」상 보호관찰관의 장기보호관찰 처분을 받은 자의 보호처분 기간 연장에 대한 설명으로 옳은 것은?

15 교정 9급

① 소년부 판사는 소년에 대한 보호관찰 기간을 연장할 수 없다.
② 소년부 판사는 소년의 신청에 따라 결정으로써 2년의 범위에서 한 번에 한하여 그 기간을 연장할 수 있다.
③ 소년부 판사는 보호관찰관의 신청에 따라 결정으로써 1년의 범위에서 한 번에 한하여 그 기간을 연장할 수 있다.
④ 소년부 판사는 보호관찰관의 신청에 따라 결정으로써 2년의 범위에서 한 번에 한하여 그 기간을 연장할 수 있다.

해설

③ 제32조 제1항 제5호의 장기 보호관찰기간은 2년으로 한다. / 다만, 소년부 판사는 보호관찰관의 신청에 따라 결정으로써 1년의 범위에서 한 번에 한하여 그 기간을 연장할 수 있다(소년법 제33조 제3항).

정답 ③

177 소년부 판사가 결정으로 그 기간을 연장할 수 있는 보호처분만을 모두 고르면?

21 교정·보호직 7급

ㄱ. 보호관찰관의 단기 보호관찰
ㄴ. 병원, 요양소 또는 보호소년 등의 처우에 관한 법률 에 따른 의료재활소년원에 위탁
ㄷ. 장기 소년원 송치
ㄹ. 보호자 또는 보호자를 대신하여 소년을 보호할 수 있는 자에게 감호 위탁

① ㄱ, ㄷ
② ㄴ, ㄷ
③ ㄴ, ㄹ
④ ㄷ, ㄹ

해설

③ 연장가능한 처분 ㄴ, ㄹ / 연장할 수 없는 처분 ㄱ, ㄷ

정답 ③

178 「소년법」상 보호처분 중 병합할 수 없는 것으로 짝지은 것은?

25 보호 7급

① 수강명령 - 보호관찰관의 장기 보호관찰
② 보호관찰관의 단기 보호관찰 - 아동복지법에 따른 아동복지시설이나 그 밖의 소년보호시설에 감호 위탁
③ 보호관찰관의 장기 보호관찰 - 단기 소년원 송치
④ 보호자 또는 보호자를 대신하여 소년을 보호할 수 있는 자에게 감호 위탁 - 보호관찰관의 단기 보호관찰

해설

① 소년법 제32조 제2항 제2호
② 소년법 제32조 제2항 제3호
③ 보호관찰관의 장기 보호관찰과 단기 소년원 송치는 병합할 수 없다(소년법 제32조 제2항). 참고로 10가지 보호처분 중 제7호 병원, 요양소 또는 「보호소년 등의 처우에 관한 법률」에 따른 의료재활소년원에 위탁, 제9호 단기 소년원 송치, 제10호 장기 소년원 송치는 각각 어느 처분과도 병합할 수 없다.
④ 소년법 제32조 제2항 제1호

정답 ③

179 **「소년법」상 보호관찰 처분에 대한 설명으로 옳은 것은?** (24 보호직 7급)

① 1개월 이내의 소년원 송치 처분을 하는 경우 이 처분과 장기보호관찰을 병합할 수 없다.
② 단기보호관찰을 받은 보호관찰 대상자가 준수사항을 위반하는 경우, 1년의 범위에서 보호관찰 기간을 연장할 수 있다.
③ 장기보호관찰의 기간은 2년 이내로 한다.
④ 보호관찰 처분을 할 때는 1년 이내의 기간을 정하여 야간 등 특정 시간대의 외출을 제한하는 명령을 보호관찰 대상자의 준수사항으로 부과할 수 있다.

해설

① 장기보호관찰과 1개월 이내의 소년원 송치 처분은 병합할 수 있다(소년법 제32조 제2항 제5호).
② 단기보호관찰기간은 1년으로 한다(소년법 제33조 제2항).

TIP 단기보호관찰 : 1년 / 연장 不可

③ 장기보호관찰기간은 2년으로 한다. / 다만, 소년부 판사는 보호관찰관의 신청에 따라 결정으로써 1년의 범위에서 한 번에 한하여 그 기간을 연장할 수 있다(소년법 제33조 제3항).
④ 소년법 제32조의2 제2항

정답 ④

소년법 제32조(보호처분의 결정)

② 다음 각 호 안의 처분 상호 간에는 그 전부 또는 일부를 병합할 수 있다.
1. 제1항제1호(보호자 감호위탁)·제2호(수강명령)·제3호(사회봉사명령)·제4호(단기 보호관찰) 처분
2. 제1항제1호(보호자 감호위탁)·제2호(수강명령)·제3호(사회봉사명령)·제5호(장기보호관찰) 처분
3. 제1항제4호(단기보호관찰)·제6호(소년보호시설 감호위탁) 처분
4. 제1항제5호(장기보호관찰)·제6호(소년보호시설 감호위탁) 처분
5. 제1항제5호(장기보호관찰)·제8호(1개월 이내의 소년원 송치) 처분 [← 단기보호관찰 병합 ×]

③ 제1항제3호(사회봉사명령)의 처분은 14세 이상의 소년에게만 할 수 있다.
④ 제1항제2호(수강명령) 및 제10호(장기 소년원 송치)의 처분은 12세 이상의 소년에게만 할 수 있다.
⑤ 제1항 각 호의 어느 하나에 해당하는 처분을 한 경우 소년부는 소년을 인도하면서 소년의 교정에 필요한 참고자료를 위탁받는 자나 처분을 집행하는 자에게 넘겨야 한다.
⑥ 소년의 보호처분은 그 소년의 장래 신상에 어떠한 영향도 미치지 아니한다.

소년법 제32조의2(보호관찰처분에 따른 부가처분 등)

① 제32조제1항제4호(단기 보호관찰) 또는 제5호(장기 보호관찰)의 처분을 할 때에 3개월 이내의 기간을 정하여 「보호소년 등의 처우에 관한 법률」에 따른 대안교육 또는 소년의 상담·선도·교화와 관련된 단체나 시설에서의 상담·교육을 받을 것을 동시에 명할 수 있다.

② 제32조제1항제4호(단기보호관찰) 또는 제5호(장기보호관찰)의 처분을 할 때에 1년 이내의 기간을 정하여 야간 등 특정 시간대의 외출을 제한하는 명령을 보호관찰대상자의 준수 사항으로 부과할 수 있다.

③ 소년부 판사는 가정상황 등을 고려하여 필요하다고 판단되면 보호자에게 소년원·소년분류심사원 또는 보호관찰소 등에서 실시하는 소년의 보호를 위한 특별교육을 받을 것을 명할 수 있다.

180 **「소년법」상 보호처분들 간의 병합이 가능하지 않은 경우는?** (16 보호직 7급)

① 소년보호시설에 감호위탁과 보호관찰관의 단기보호관찰
② 소년보호시설에 감호위탁과 보호관찰관의 장기보호관찰
③ 1개월 이내의 소년원 송치와 보호관찰관의 단기보호관찰
④ 보호자에게 감호위탁과 수강명령과 사회봉사명령과 보호관찰관의 장기보호관찰

해설

① 소년법 제32조 제2항 제3호
② 소년법 제32조 제2항 제4호
③ 1개월 이내의 소년원 송치와 보호관찰관의 단기보호관찰은 병합할 수 없다(소년법 제32조 제2항).
④ 소년법 제32조 제2항 제2호

정답 ③

181 **중학생 甲(15세)은 동네 편의점에서 물건을 훔치다가 적발되어 관할 법원 소년부에서 심리를 받고 있다. 「소년법」 상 甲에 대한 심리 결과 소년부 판사가 결정으로써 할 수 있는 보호처분의 내용에 해당하지 않는 것은?** (17 교정 7급)

① 50시간의 수강명령
② 250시간의 사회봉사명령
③ 1년의 단기보호관찰
④ 1개월의 소년원 송치

해설

①② 수강명령은 100시간을, 사회봉사명령은 200시간을 초과할 수 없다(소년법 제33조 제4항).
③ 단기 보호관찰기간은 1년으로 한다(소년법 제33조 제2항).
③ 소년법 제33조 제2항
④ 소년법 제32조 제1항 제8호

정답 ②

182 미성년자의 교정보호시설에의 수용에 대한 설명으로 옳지 않은 것은?

12 교정 7급

① 무기징역형을 받은 소년수형자는 5년이 경과하면 가석방될 수 있다.

② 보호처분을 받아 소년원에 수용 중인 소년에 대하여 징역형의 유죄판결이 확정되면 보호처분을 집행한 후 소년교도소로 이송한다.

③ 소년교도소에 수용 중인 미성년 수형자가 특히 필요하다고 인정되면 만 23세가 되기 전까지는 계속하여 수용할 수 있다.

④ 장기 6년, 단기 3년의 부정기형을 선고받은 소년수형자의 경우 최소 1년이 지나야 가석방대상자가 될 수 있다.

해설

① 징역 또는 금고를 선고받은 소년에 대하여는 무기형의 경우에는 5년, 15년의 유기형의 경우에는 3년, 부정기형의 경우에는 단기의 3분의 1이 지나면 가석방을 허가할 수 있다(소년법 제65조).
② 보호처분 계속 중일 때에 징역, 금고 또는 구류를 선고받은 소년에 대하여는 먼저 그 형을 집행한다(소년법 제64조).
③ 소년법 제63조 단서
④ 소년법 제65조 제3호 / 단기의 3분의 1(1년)이 지나면 가석방대상자가 될 수 있다.

정답 ②

183 다음 사례에서 甲에 대한 「소년법」상 처리절차로 옳지 않은 것은?

22 보호직 7급

13세 甲은 정당한 이유 없이 가출한 후 집단적으로 몰려다니며 술을 마시고 소란을 피움으로써 주위 사람들에게 불안감을 조성하였고, 그의 성격이나 환경에 비추어 앞으로 형벌 법령에 저촉되는 행위를 할 우려가 있다.

① 경찰서장은 직접 관할 소년부에 송치하여야 하며, 송치서에 甲의 주거·성명·생년월일 및 행위의 개요와 가정 상황을 적고, 그 밖의 참고자료를 첨부하여야 한다.

② 보호자 또는 학교·사회복리시설·보호관찰소의 장은 甲을 관할 소년부에 통고할 수 있다.

③ 소년부 판사는 사건의 조사 또는 심리에 필요하다고 인정하면 기일을 지정하여 甲이나 그 보호자를 소환할 수 있으며, 정당한 이유 없이 소환에 응하지 아니하면 소년부 판사는 동행영장을 발부할 수 있다.

④ 소년부 판사는 심리 결과 보호처분의 필요성이 인정되더라도 甲에게 수강명령과 사회봉사명령은 부과할 수 없다.

해설

① 촉법소년 및 우범소년에 해당하는 소년이 있을 때에는 경찰서장은 직접 관할 소년부에 송치(送致)하여야 한다(소년법 제4조 제2항). / 소년 보호사건을 송치하는 경우에는 송치서에 사건 본인의 주거·성명·생년월일 및 행위의 개요와 가정상황을 적고, 그 밖의 참고자료를 첨부하여야 한다(소년법 제5조).
② 범죄소년, 촉법소년 또는 우범소년을 발견한 보호자 또는 학교·사회복리시설·보호관찰소(보호관찰지소를 포함한다)의 장은 이를 관할 소년부에 통고할 수 있다(소년법 제4조 제3항).
③ 소년법 제13조
④ 13세 甲은 보호처분의 대상인 우범소년에 해당한다(소년법 제4조 제3호). / 사회봉사명령은 14세 이상의 소년에게만 할 수 있고, 수강명령은 12 이상의 소년에게만 할 수 있다(소년법 제32조 제3항, 제4항). / 13세 甲에게 수강명령은 부과할 수 있으나, 사회봉사명령은 할 수 없다.

정답 ④

184 「소년법」 제32조에 따른 소년보호처분에 대한 설명으로 옳지 않은 것은? (22 보호직 7급)

① 제1호 처분은 보호자 또는 보호자를 대신하여 소년을 보호할 수 있는 자에게 감호 위탁하는 것이다.
② 제6호 처분은 「아동복지법」에 따른 아동복지시설이나 그 밖의 소년보호시설에 감호 위탁하는 것이다.
③ 제4호 처분을 할 때 6개월의 기간을 정하여 야간 등 특정 시간대의 외출을 제한하는 명령을 보호관찰대상자의 준수 사항으로 부과할 수 있다.
④ 제5호 처분을 할 때 6개월의 기간을 정하여 「보호소년 등의 처우에 관한 법률」에 따른 대안교육 또는 소년의 상담·선도·교화와 관련된 단체나 시설에서의 상담·교육을 받을 것을 동시에 명할 수 있다.

해설

① 소년법 제32조 제1항 제1호
② 소년법 제32조 제1항 제6호
③ 제32조 제1항 제4호(단기 보호관찰) 또는 제5호(장기 보호관찰)의 처분을 할 때에 1년 이내의 기간을 정하여 야간 등 특정 시간대의 외출을 제한하는 명령을 보호관찰대상자의 준수사항으로 부과할 수 있다(소년법 제32조의2 제2항).
④ 제32조 제1항 제4호(단기 보호관찰) 또는 제5호(장기 보호관찰)의 처분을 할 때에 3개월 이내의 기간을 정하여 「보호소년 등의 처우에 관한 법률」에 따른 대안교육 또는 소년의 상담·선도·교화와 관련된 단체나 시설에서의 상담·교육을 받을 것을 동시에 명할 수 있다(소년법 제32조의2 제1항).

정답 ④

185 중학교 3학년인 만 15세의 甲은 정당한 이유 없이 가출하였다. 가출 이후 생활비를 마련하기 위해 유흥주점에서 심부름을 하는 일을 하다가, 술에 취한 손님 乙과 실랑이를 벌이다가 乙을 떠밀어 바닥에 넘어지게 하였다. 甲에 대하여 검사가 취한 조치 중 옳지 않은 것은? (13 보호직 7급)

① 공소제기여부를 결정하기 위하여 소년의 주거지 보호관찰 소장에게 소년의 품행·경력·생활환경 등에 대한 조사를 요구하였다.
② 보호처분이 필요하다고 판단하고 지방법원 소년부로 송치하였다.
③ 행위가 경미하다고 판단하여 즉결심판을 청구하였다.
④ 형사소추의 필요성이 인정된다고 판단하고 공소를 제기하였다.

해설

① 소년법 제49조의2 제1항
② 소년법 제49조 제1항
③ 만 15세의 중학생 甲은 손님 乙을 떠밀어 바닥에 넘어지게 하는 폭행 범죄를 저지른 범죄소년에 해당한다. / 검사는 「형법」 제51조의 사항을 참작하여 공소를 제기하지 아니할 수 있다(형사소송법 제247조, 기소유예처분). // "즉결심판"은 20만원 이하의 벌금, 구류 또는 과료에 처할 경미한 사건에 대하여 관할 경찰서장의 청구로 관할 지방법원, 지원 또는 시·군법원의 판사가 심판하여 처리하는 재판절차이다. 즉결심판 청구는 경찰서장에게 청구권이 있다(기소독점주의의 예외).
④ 검사는 형사소추의 필요성이 인정된다고 판단하는 경우에는 공소제기를 하여야 한다.

정답 ③

186 다음은 「소년법」상 소년보호처분에 대한 설명이다. 옳은 지문의 개수는? (14 교정 9급)

- 보호처분이 계속 중일 때에 사건 본인에 대하여 유죄판결이 확정된 경우에 보호처분을 한 소년부 판사는 그 처분을 존속할 필요가 없다고 인정하면 결정으로써 보호처분을 취소할 수 있다.
- 소년부 판사는 가정상황 등을 고려하여 필요하다고 판단되면 보호자에게 소년원·소년분류심사원 또는 보호관찰소 등에서 실시하는 소년의 보호를 위한 특별교육을 받을 것을 명할 수 있다.
- 증인·감정인·통역인·번역인에게 지급하는 비용, 숙박료, 그 밖의 비용에 대하여는 형사소송법 중 비용에 관한 규정을 준용한다.
- 사회봉사명령 처분은 12세 이상의 소년에게만 할 수 있다.
- 보호처분이 계속 중일 때에 사건 본인에 대하여 새로운 보호처분이 있었을 때에는 그 처분을 한 소년부 판사는 이전의 보호처분을 한 소년부에 조회하여 어느 하나의 보호처분을 취소하여야 한다.

① 2개 ② 3개
③ 4개 ④ 5개

해설

- (○) : 소년법 제39조
- (○) : 소년법 제32조의2 제3항
- (○) : 소년법 제42조 제1항
- (×) : 사회봉사명령 처분은 14세 이상의 소년에게만 할 수 있다(소년법 제32조 제3항).
- (○) : 소년법 제40조

정답 ③

187 「소년법」상 보호처분과 그 변경 등에 대한 설명으로 옳지 않은 것은? (23 보호직 7급)

① 수강명령 및 장기 소년원 송치의 처분은 12세 이상의 소년에게만 할 수 있다.
② 소년부 판사는 보호관찰관의 장기 보호관찰의 처분을 할 때에 1년 이내의 기간을 정하여 야간 등 특정 시간대의 외출을 제한하는 명령을 보호관찰대상자의 준수 사항으로 부과할 수 있다.
③ 소년부 판사는 보호관찰관의 단기 보호관찰의 처분을 할 때에 3개월 이내의 기간을 정하여 보호소년 등의 처우에 관한 법률 에 따른 대안교육을 받을 것을 동시에 명할 수 있다.
④ 보호처분을 집행하는 자의 신청이 없더라도 소년부 판사는 직권으로 1개월 이내의 소년원 송치의 처분을 변경할 수 있다.

해설

① 소년법 제32조 제4항
② 소년법 제32조의2 제2항
③ 소년법 제32조의2 제1항
④ 1개월 이내의 소년원 송치처분(제8호 처분)은 신청에 의하여 변경한다(소년법 제37조 제1항).

정답 ④

소년법 제37조(처분의 변경)

① 소년부 판사는 위탁받은 자나 보호처분을 집행하는 자의 신청에 따라 결정으로써 제32조의 보호처분과 제32조의 2의 부가처분을 변경할 수 있다. / 다만, 제32조제1항제1호(보호자 감호위탁)·제6호(소년보호시설 감호위탁)·제7호(의료재활소년원 위탁)의 보호처분과 제32조의2제1항의 부가처분(장·단기 보호관찰시 3개월 이내 대안교육 또는 상담·교육명령)은 직권으로 변경할 수 있다.

③ 제1항의 결정은 지체 없이 사건 본인과 보호자에게 알리고 그 취지를 위탁받은 자나 보호처분을 집행하는 자에게 알려야 한다.

188 「소년법」상 보호처분의 취소에 대한 설명으로 옳지 않은 것은? (24 보호직 7급)

① 보호처분이 계속 중일 때에 당해 보호사건 본인에 대하여 새로운 보호처분이 있었을 때에는 그 처분을 한 소년부 판사는 이전의 보호처분을 한 소년부에 조회하여 이전의 보호처분을 취소하여야 한다.
② 보호처분이 계속 중일 때에 당해 보호사건 본인이 처분 당시 19세 이상인 것으로 밝혀진 경우, 법원이 소년에 대한 피고사건을 심리한 결과 보호처분에 해당할 사유가 있다고 인정하여 결정으로써 관할 소년부에 송치한 사건에 대해서는 소년부 판사는 결정으로써 그 보호처분을 취소하고 송치한 법원에 이송한다.
③ 보호처분이 계속 중일 때에 당해 보호사건 본인에 대하여 유죄판결이 확정된 경우에 보호처분을 한 소년부 판사는 그 처분을 존속할 필요가 없다고 인정하면 결정으로써 보호처분을 취소할 수 있다.
④ 보호처분이 계속 중일 때에 당해 보호사건 본인이 처분 당시 19세 이상인 것으로 밝혀진 경우, 검사·경찰서장의 송치에 의한 사건에 대해서는 소년부 판사는 결정으로써 그 보호처분을 취소하고 관할 지방법원에 대응하는 검찰청 검사에게 송치한다.

해설

① 보호처분이 계속 중일 때에 사건 본인에 대하여 새로운 보호처분이 있었을 때에는 그 처분을 한 소년부 판사는 이전의 보호처분을 한 소년부에 조회하여 어느 하나의 보호처분을 취소하여야 한다(소년법 제40조).
② 소년법 제38조 제1항 제2호
③ 소년법 제39조
④ 소년법 제38조 제1항 제1호

정답 ①

소년법 제38조(보호처분의 취소)

① 보호처분이 계속 중일 때에 사건 본인이 처분 당시 19세 이상인 것으로 밝혀진 경우에는 소년부 판사는 결정으로써 그 보호처분을 취소하고 다음의 구분에 따라 처리하여야 한다.
  1. 검사·경찰서장의 송치 또는 제4조제3항의 통고에 의한 사건인 경우에는 관할 지방법원에 대응하는 검찰청 검사에게 송치한다.
  2. 제50조에 따라 법원이 송치한 사건인 경우에는 송치한 법원에 이송한다.

② 제4조제1항제1호·제2호의 소년에 대한 보호처분이 계속 중일 때에 사건 본인이 행위 당시 10세 미만으로 밝혀진 경우 또는 제4조제1항제3호의 소년에 대한 보호처분이 계속 중일 때에 사건 본인이 처분 당시 10세 미만으로 밝혀

진 경우에는 소년부 판사는 결정으로써 그 보호처분을 취소하여야 한다.

소년법 제39조(보호처분과 유죄판결)

보호처분이 계속 중일 때에 사건 본인에 대하여 유죄판결이 확정된 경우에 보호처분을 한 소년부 판사는 그 처분을 존속할 필요가 없다고 인정하면 결정으로써 보호처분을 취소할 수 있다.

소년법 제40조(보호처분의 경합)

보호처분이 계속 중일 때에 사건 본인에 대하여 새로운 보호처분이 있었을 때에는 그 처분을 한 소년부 판사는 이전의 보호처분을 한 소년부에 조회하여 어느 하나의 보호처분을 취소하여야 한다.

189 「소년법」상 항고에 대한 설명으로 옳지 않은 것은?

18 교정 7급

① 항고를 제기할 수 있는 기간은 7일로 한다.
② 항고는 결정의 집행을 정지시키는 효력이 없다.
③ 보호처분의 변경 결정에 대해서는 항고할 수 없다.
④ 항고를 할 때에는 항고장을 원심 소년부에 제출하여야 한다.

해설

① 소년법 제43조 제2항
② 소년법 제46조
③ 보호처분의 결정, 부가처분의 결정뿐만 아니라, 보호처분·부가처분의 변경 결정에 대하여도 항고할 수 있다(소년법 제43조 제1항).
④ 소년법 제44조 제1항

정답 ③

소년법 제43조(항고)

① 제32조에 따른 보호처분의 결정 및 제32조의2에 따른 부가처분 등의 결정 또는 제37조의 보호처분·부가처분 변경 결정이 다음 각 호의 어느 하나에 해당하면 사건 본인·보호자·보조인 또는 그 법정대리인은 관할 가정법원 또는 지방법원 본원 합의부에 항고할 수 있다.

TIP 검사 ×

1. 해당 결정에 영향을 미칠 법령 위반이 있거나 중대한 사실 오인(誤認)이 있는 경우
2. 처분이 현저히 부당한 경우

② 항고를 제기할 수 있는 기간은 7일로 한다.

소년법 제44조(항고장의 제출)

① 항고를 할 때에는 항고장을 원심(原審) 소년부에 제출하여야 한다.
② 항고장을 받은 소년부는 3일 이내에 의견서를 첨부하여 항고법원에 송부하여야 한다.

190 소년 보호사건에 있어서 항고에 대한 설명으로 옳지 않은 것은? (25 보호 7급)

① 항고법원으로부터 사건을 환송 또는 이송받은 소년부 판사는 환송 또는 이송받은 사건에 관하여 다시 심리하여야 하고 이 경우 원결정을 한 소년부 판사는 심리에 관여할 수 없다.
② 항고장을 제출받은 소년원 또는 소년분류심사원의 장 또는 그 대리자는 항고장에 접수연월일을 기재하여 즉시 보호처분 결정을 한 소년부에 보내야 한다.
③ 항고가 이유가 있다고 인정되어 보호관찰관의 장기 보호관찰을 명하는 보호처분의 결정을 다시 하는 경우에 원결정에 따른 보호처분의 집행 기간은 그 전부를 항고에 따른 보호처분의 집행 기간에 산입한다.
④ 항고를 기각하는 결정에 대하여는 그 결정이 법령에 위반되는 경우에만 대법원에 재항고를 할 수 있다.

해설

① 소년심판규칙 제51조 제1항, 제2항
② 소년심판규칙 제46조 제2항
③ 항고가 이유가 있다고 인정되어 보호처분의 결정을 다시 하는 경우에는 원결정에 따른 보호처분의 집행 기간은 그 전부를 항고에 따른 보호처분의 집행 기간에 산입(제32조 제1항 제8호(1개월 이내의 소년원 송치)·제9호(단기 소년원 송치)·제10호(장기 소년원 송치) 처분 상호 간에만 해당한다)한다(소년법 제45조 제3항).

TIP 장기 보호관찰은 산입대상이 아니다.

④ 소년법 제47조 제1항

정답 ③

191 「소년법」상 보호처분의 결정에 대한 항고와 관련한 설명으로 옳지 않은 것은? (21 보호직 7급)

① 항고를 제기할 수 있는 기간은 7일이며, 항고장은 원심 소년부에 제출하여야 한다.
② 항고는 보호처분의 결정의 집행을 정지시키는 효력이 있다.
③ 보호처분의 결정에 영향을 미칠 법령위반이 있거나 중대한 사실오인이 있는 경우뿐 아니라 처분이 현저히 부당한 경우에도 항고할 수 있다.
④ 사건 본인, 보호자 및 보조인 또는 그 법정대리인은 항고할 수 있다.

해설

① 소년법 제43조 제2항, 제44조 제1항
② 항고는 결정의 집행을 정지시키는 효력이 없다(소년법 제46조).
③④ 소년법 제43조 제1항

정답 ②

소년법 제45조(항고의 재판)

① 항고법원은 항고 절차가 법률에 위반되거나 항고가 이유 없다고 인정한 경우에는 결정으로써 항고를 기각하여야 한다.
② 항고법원은 항고가 이유가 있다고 인정한 경우에는 원결정(原決定)을 취소하고 사건을 원소년부에 환송(還送)하

거나 다른 소년부에 이송하여야 한다. / 다만, 환송 또는 이송할 여유가 없이 급하거나 그 밖에 필요하다고 인정한 경우에는 원결정을 파기하고 불처분 또는 보호처분의 결정을 할 수 있다.

③ 제2항에 따라 항고가 이유가 있다고 인정되어 보호처분의 결정을 다시 하는 경우에는 원결정에 따른 보호처분의 집행 기간은 그 전부를 항고에 따른 보호처분의 집행 기간에 산입(제32조제1항제8호·제9호·제10호 처분 상호 간에만 해당한다)한다.

소년법 제46조(집행 정지)

항고는 결정의 집행을 정지시키는 효력이 없다.

소년법 제47조(재항고)

① 항고를 기각하는 결정에 대하여는 그 결정이 법령에 위반되는 경우에만 대법원에 재항고를 할 수 있다.
② 제1항의 재항고에 관하여는 제43조제2항(7일) 및 제45조제3항(기간산입)을 준용한다.

192 「소년법」상 보호처분 불복에 대한 설명으로 옳은 것은? (20 보호직 7급)

① 항고를 제기할 수 있는 기간은 10일로 한다.
② 보호처분이 현저히 부당한 경우에는 사건 본인이나 보호자는 고등법원에 항고할 수 있다.
③ 항고를 기각하는 결정에 대하여는 그 결정이 법령에 위반되는 경우에만 대법원에 재항고를 할 수 있다.
④ 항고법원은 항고가 이유가 있다고 인정한 경우에는 원결정을 파기하고 직접 불처분 또는 보호처분의 결정을 하는 것이 원칙이다.

해 설

① 항고를 제기할 수 있는 기간은 7일로 한다(소년법 제43조 제2항).
② 보호처분이 현저히 부당한 경우에 사건 본인·보호자·보조인 또는 그 법정대리인은 관할 가정법원 또는 지방법원 본원 합의부에 항고할 수 있다(소년법 제43조 제1항).

TIP ① 고등법원에 항고 × / ② 항고장은 원심 소년부에 제출

③ 소년법 제47조 제1항
④ 항고법원은 항고가 이유가 있다고 인정한 경우에는 원결정(原決定)을 취소하고 사건을 원소년부에 환송(還送)하거나 다른 소년부에 이송하는 것이 원칙이다. / 다만, 환송 또는 이송할 여유가 없이 급하거나 그 밖에 필요하다고 인정한 경우에는 원결정을 파기하고 불처분 또는 보호처분의 결정을 할 수 있다(소년법 제45조 제2항).

정답 ③

193 「소년법」상 보호사건 및 형사사건에 대한 설명으로 옳은 것은? (25 보호 7급)

① 소년 보호사건 또는 소년 형사사건과 관계있는 기관은 그 사건 내용에 관하여 재판, 수사 또는 군사상 필요한 경우 외의 어떠한 조회에도 응하여서는 아니 된다.

② 성인이 고의로 나이를 거짓으로 진술하여 보호처분이나 소년 형사처분을 받은 경우에는 형사처벌 대상이 된다.

③ 사건의 조사 또는 심리에 필요하다고 인정하여 소년부 판사가 지정한 기일의 소환에 정당한 이유 없이 응하지 아니한 참고인에게는 과태료를 부과할 수 없다.

④ 조사 또는 심리 중인 보호사건이나 형사사건에 대하여는 성명·연령·직업·용모 등으로 비추어 볼 때 그 자가 당해 사건의 당사자 또는 기타 관계있는 자로 미루어 짐작할 수 있는 정도의 사실이나 사진을 신문이나 그 밖의 출판물에 싣거나 방송할 수 없다.

해설

① 소년 보호사건과 관계있는 기관은 그 사건 내용에 관하여 재판, 수사 또는 군사상 필요한 경우 외의 어떠한 조회에도 응하여서는 아니 된다(소년법 제70조 제1항).

TIP ▸ 소년형사사건 ×

② 성인(成人)이 고의로 나이를 거짓으로 진술하여 보호처분이나 소년 형사처분을 받은 경우에는 1년 이하의 징역에 처한다(소년법 제69조).

TIP ▸ 벌금형이 없다.

③ 사건 본인이나 보호자 또는 참고인이 소환에 정당한 이유 없이 응하지 아니한 자에게는 300만원 이하의 과태료를 부과한다(소년법 제71조 제1호).

④ 이 법에 따라 조사 또는 심리 중에 있는 보호사건이나 형사사건에 대하여는 성명·연령·직업·용모 등으로 비추어 볼 때 그 자가 당해 사건의 당사자라고 미루어 짐작할 수 있는 정도의 사실이나 사진을 신문이나 그 밖의 출판물에 싣거나 방송할 수 없다(소년법 제68조 제1항).

TIP ▸ 기타 관계있는 자 ×

정답 ②

제2절 소년법 - 소년 형사절차

194 「소년법」상 형사사건 처리 절차에 대한 설명으로 옳지 않은 것은? (22 교정 9급)

① 소년에 대한 구속영장은 부득이한 경우가 아니면 발부하지 못한다.
② 부정기형을 선고받은 소년에 대하여는 단기의 3분의 1이 지나면 가석방을 허가할 수 있다.
③ 소년이 법정형으로 장기 2년 이상의 유기형에 해당하는 죄를 범한 경우에는 그 형의 범위에서 장기와 단기를 정하여 선고한다.
④ 검사가 소년부에 송치한 사건을 소년부는 다시 해당 검찰청 검사에게 송치할 수 없다.

해설

① 소년법 제55조 제1항
② 소년법 제65조 제3호
③ 소년법 제60조 제1항
④ 소년부는 검사에 의하여 송치된 사건을 조사 또는 심리한 결과 그 동기와 죄질이 금고 이상의 형사처분을 할 필요가 있다고 인정할 때에는 결정으로써 해당 검찰청 검사에게 송치할 수 있다(소년법 제49조 제2항).

정답 ④

소년법 제49조(검사의 송치)

① 검사는 소년에 대한 피의사건을 수사한 결과 보호처분에 해당하는 사유가 있다고 인정한 경우에는 사건을 관할 소년부에 송치하여야 한다.
② 소년부는 제1항에 따라 송치된 사건을 조사 또는 심리한 결과 그 동기와 죄질이 금고 이상의 형사처분을 할 필요가 있다고 인정할 때에는 결정으로써 해당 검찰청 검사에게 송치할 수 있다.
③ 제2항에 따라 송치한 사건은 다시 소년부에 송치할 수 없다.

195 「소년법」상 형사사건의 처리에 대한 설명으로 옳은 것은? (19 교정 9급)

① 검사가 소년피의사건에 대하여 소년부 송치결정을 한 경우에는 소년을 구금하고 있는 시설의 장은 검사의 이송 지휘를 받은 때로부터 법원 소년부가 있는 시·군에서는 12시간 이내에 소년을 소년부에 인도하여야 한다.
② 소년보호사건에서 소년부 판사는 사건의 조사 또는 심리에 필요하다고 인정하면 기일을 지정하여 사건 본인이나 보호자 또는 참고인을 소환할 수 있으며, 사건 본인이나 보호자가 정당한 이유 없이 소환에 응하지 아니하면 소년부 판사는 동행영장을 발부할 수 있다.
③ 보호처분이 계속 중일 때에 사건 본인에 대하여 유죄판결이 확정된 경우에 보호처분을 한 소년부 판사는 결정으로써 보호처분을 취소하여야 한다.
④ 죄를 범할 당시 19세 미만인 소년에 대하여 사형 또는 무기형으로 처할 경우에는 15년의 유기징역으로 한다.

해설

① 제49조 제1항(검사의 송치)이나 제50조(법원의 송치)에 따른 소년부 송치결정이 있는 경우에는 소년을 구금하고 있는 시설의 장은 검사의 이송 지휘를 받은 때로부터 법원 소년부가 있는 시·군에서는 24시간 이내에, 그 밖의 시·군에서는 48시간 이내에 소년을 소년부에 인도하여야 한다(소년법 제52조 제1항).
② 소년법 제13조 제1항·제2항
③ 보호처분이 계속 중일 때에 사건 본인에 대하여 유죄판결이 확정된 경우에 보호처분을 한 소년부 판사는 그 처분을 존속할 필요가 없다고 인정하면 결정으로써 보호처분을 취소할 수 있다(소년법 제39조).
④ 죄를 범할 당시 18세 미만인 소년에 대하여 사형 또는 무기형(無期刑)으로 처할 경우에는 15년의 유기징역으로 한다(소년법 제59조).

정답 ②

196 소년의 형사사건에 대한 설명으로 옳은 것은? (21 보호직 7급)

① 협의의 불기소처분 사건은 조건부 기소유예의 대상에서 제외된다.
② 법원은 판결만을 선고하는 경우라도 피고인인 소년에 대하여 변호인이 없거나 출석하지 아니한 때에는 국선변호인을 선정하여야 한다.
③ 소년에 대해 형의 선고유예 시에는 부정기형을 선고하지 못하나, 집행유예 시에는 부정기형을 선고할 수 있다.
④ 소년에 대한 부정기형을 집행하는 기관의 장은 교정 목적이 달성되었다고 인정되는 경우에는 법원의 결정에 따라 그 형의 집행을 종료할 수 있다.

해설

① 선도조건부 기소유예제도는 범죄를 저지른 소년을 검사가 선도보호를 받을 것을 조건으로 기소유예를 하는 제도를 말한다(소년법 제49조의3). // 선도조건부 기소유예는 범죄혐의가 인정되어 기소가 가능한 소년에 대한 조치이므로 협의의 불기소처분을 해야 할 소년사건은 그 대상에서 제외된다.
② 형사소송법 제33조 제1항 각 호의 어느 하나에 해당하는 사건(국선변호인 선임대상사건) 및 같은 조 제2항·제3항의 규정에 따라 변호인이 선정된 사건에 관하여는 변호인 없이 개정하지 못한다. / 단, 판결만을 선고할 경우에는 예외로 한다(형사소송법 제282조).
③ 소년에 대하여 형의 집행유예나 선고유예를 선고할 때에는 부정기형을 선고하지 못한다(소년법 제60조 제3항).
④ 소년에 대한 부정기형을 집행하는 기관의 장은 형의 단기가 지난 소년범의 행형(行刑) 성적이 양호하고 교정의 목적을 달성하였다고 인정되는 경우에는 관할 검찰청 검사의 지휘에 따라 그 형의 집행을 종료시킬 수 있다(소년법 제60조 제4항).

정답 ①

소년법 제49조의3(조건부 기소유예)

검사는 피의자에 대하여 다음 각 호에 해당하는 선도(善導) 등을 받게 하고, 피의사건에 대한 공소를 제기하지 아니할 수 있다. / 이 경우 소년과 소년의 친권자·후견인 등 법정대리인의 동의를 받아야 한다.
1. 범죄예방자원봉사위원의 선도
2. 소년의 선도·교육과 관련된 단체·시설에서의 상담·교육·활동 등

197 「소년법」상 소년 형사절차에 대한 설명으로 옳지 않은 것은?

(18 교정 9급)

① 소년에 대한 구속영장은 부득이한 경우가 아니면 발부할 수 없다.
② 형의 집행유예를 선고하면서 부정기형을 선고할 수 있다.
③ 소년에 대한 형사사건은 다른 피의사건과 관련된 경우에도 분리하여 심리하는 것이 원칙이다.
④ 18세 미만인 소년에게는 노역장유치를 선고할 수 없다.

해 설

① 소년법 제55조 제1항
② 소년에 대하여 형의 집행유예나 선고유예를 선고할 때에는 부정기형을 선고하지 못한다(소년법 제60조 제3항).
③ 소년법 제57조
④ 소년법 제62조

정답 ②

소년법 제55조(구속영장의 제한)

① 소년에 대한 구속영장은 부득이한 경우가 아니면 발부하지 못한다.
② 소년을 구속하는 경우에는 특별한 사정이 없으면 다른 피의자나 피고인과 분리하여 수용하여야 한다.

소년법 제57조(심리의 분리)

소년에 대한 형사사건의 심리는 다른 피의사건과 관련된 경우에도 심리에 지장이 없으면 그 절차를 분리하여야 한다.

소년법 제58조(심리의 방침)

① 소년에 대한 형사사건의 심리는 친절하고 온화하게 하여야 한다.
② 제1항의 심리에는 소년의 심신상태, 품행, 경력, 가정상황, 그 밖의 환경 등에 대하여 정확한 사실을 밝힐 수 있도록 특별히 유의하여야 한다.

198 소년범의 형사처분에 대한 설명 중 옳은 것만을 모두 고르면?

(20 보호직 7급)

ㄱ. 존속살해죄를 범한 당시 16세인 소년 甲에 대하여 무기형에 처하여야 할 때에는 15년의 유기징역으로 한다.
ㄴ. 17세인 소년 乙에게 벌금형이 선고된 경우 노역장유치 선고로 환형처분할 수 없다.
ㄷ. 소년교도소에서 형 집행 중이던 소년 丙이 23세가 되면 일반 교도소에서 형을 집행할 수 있다.
ㄹ. 15년의 유기징역을 선고받은 소년 丁의 경우 성인범죄자의 경우와 같이 5년이 지나야 가석방을 허가할 수 있다.

① ㄱ, ㄴ　　② ㄱ, ㄷ
③ ㄴ, ㄷ　　④ ㄴ, ㄹ

해설

ㄱ. (×)「소년법」은 죄를 범할 당시 18세 미만인 소년에 대하여 사형 또는 무기형(無期刑)으로 처할 경우에는 15년의 유기징역으로 한다고 규정하고 있으나(소년법 제59조),「특정강력범죄의 처벌에 관한 특례법」에서는 살인죄 등 일정한 범죄를 특정강력범죄로 규정하고, 특정강력범죄를 범한 당시 18세 미만인 소년을 사형 또는 무기형에 처하여야 할 때에는「소년법」제59조에도 불구하고 그 형을 20년의 유기징역으로 한다고 하고 있으며(특정강력범죄의 처벌에 관한 특례법 제4조),「형법」에서 살인의 죄 중 제250조[살인·존속살해(尊屬殺害)], 제253조[위계(僞計) 등에 의한 촉탁살인(囑託殺人) 등] 및 제254조(그 미수범)의 죄 등을 특정강력범죄로 규정하고 있다. 따라서 16세 소년이 '존속살해죄'를 범하였고 무기형에 처하여야 할 경우라면 20년의 유기징역이 된다.
ㄴ. (○) 18세 미만인 소년에게는「형법」제70조(노역장유치명령)에 따른 유치선고를 하지 못한다(소년법 제62조).
ㄷ. (○) 징역 또는 금고를 선고받은 소년에 대하여는 특별히 설치된 교도소 또는 일반 교도소 안에 특별히 분리된 장소에서 그 형을 집행한다. 다만, 소년이 형의 집행 중에 23세가 되면 일반 교도소에서 집행할 수 있다(소년법 제63조).
ㄹ. (×) 15년 유기형을 선고받은 소년에 대하여는 3년이 지나면 가석방(假釋放)을 허가할 수 있다(소년법 제65조 제2호). // 15년의 유기징역을 선고받은 소년 丁의 경우 성인범죄자와 달리 3년이 지나면 가석방을 허가할 수 있다.

정답 ③

소년법 제59조(사형 및 무기형의 완화)

죄를 범할 당시 18세 미만인 소년에 대하여 사형 또는 무기형(無期刑)으로 처할 경우에는 15년의 유기징역으로 한다.

특정강력범죄의 처벌에 관한 특례법 제4조(소년에 대한 형)

① 특정강력범죄를 범한 당시 18세 미만인 소년을 사형 또는 무기형에 처하여야 할 때에는「소년법」제59조에도 불구하고 그 형을 20년의 유기징역으로 한다.
② 특정강력범죄를 범한 소년에 대하여 부정기형(不定期刑)을 선고할 때에는「소년법」제60조제1항 단서에도 불구하고 장기는 15년, 단기는 7년을 초과하지 못한다.)

199 **「소년법」상 형의 선고에 대한 설명으로 옳지 않은 것은? (다툼이 있는 경우 판례에 의함)** 25 보호직 9급

① 「소년법」상 '소년'인지의 여부는 사실심 판결 선고 시를 기준으로 판단한다.
② 죄를 범할 당시 18세 미만인 소년에 대하여 사형 또는 무기형으로 처할 경우에는 15년의 유기징역으로 한다.
③ 소년이 법정형으로 장기 3년 이상의 유기형에 해당하는 죄를 범한 경우에는 그 형의 범위에서 장기와 단기를 정하여 선고한다. 다만, 장기는 10년, 단기는 3년을 초과하지 못한다.
④ 소년에 대한 부정기형을 집행하는 기관의 장은 형의 단기가 지난 소년범의 행형 성적이 양호하고 교정의 목적을 달성하였다고 인정되는 경우에는 관할 검찰청 검사의 지휘에 따라 그 형의 집행을 종료시킬 수 있다.

해설

① 소년법 제60조 제2항(부정기형 감경)에서 소년이라 함은 특별한 정함이 없는 한 소년법 제2조에서 말하는 소년을 의미한다고 할 것이고, 소년법 제2조에서의 소년이라 함은 20세 미만자(현행 19세 미만자)로서 그것이 심판의 조건이므로 범행시뿐만 아니라 심판시까지 계속되어야 하는바, / 소년법 제60조 제2항을 소년법 제59조, 형법 제9조와 같이 형사책임의 문제로서 파악하여야 하는 것은 아니다. / 따라서 소년법 제60조 제2항의 소년인지 여부의 판단은 원칙으로 심판시 즉 사실심 판결 선고시를 기준으로 한다(대판 1997.2.14. 96도1241).
② 소년법 제59조

③ 소년이 법정형으로 장기 2년 이상의 유기형(有期刑)에 해당하는 죄를 범한 경우에는 그 형의 범위에서 장기와 단기를 정하여 선고한다. / 다만, 장기는 10년, 단기는 5년을 초과하지 못한다(소년법 제60조 제1항).
④ 소년법 제60조 제4항

정답 ③

200 소년범죄의 형사처분에 대한 설명으로 옳지 않은 것은?

24 보호직 7급

① 검사가 보호처분에 해당한다고 인정하여 소년부에 송치하였으나 소년부가 금고 이상의 형사처분을 할 필요가 있다고 인정하여 담당 검사에게 다시 송치한 사건은 검사가 이를 다시 소년부에 송치할 수는 없다.
② 소년형사사건에 있어 소년에 대한 구속영장은 부득이한 경우가 아니면 발부할 수 없고, 모든 사건은 필요적 변호사건에 해당한다.
③ 소년이 법정형으로 장기 2년 이상 유기형에 해당하는 죄를 범한 경우에 그 소년에게 선고할 수 있는 장기형의 상한은 10년이지만, 소년에 대하여 무기형으로 처할 경우에는 장기형의 상한이 15년이 된다.
④ 판결선고 전에 소년분류심사원에 위탁되었을 때에는 그 위탁기간 전부를 유기징역, 유기금고, 벌금이나 과료에 관한 유치 또는 구류에 산입한다.

해설

① 소년법 제49조 제3항
② 소년법 제55조 제1항, 형사소송법 제33조 제1항 제2호
③ 소년이 법정형으로 장기 2년 이상의 유기형(有期刑)에 해당하는 죄를 범한 경우에는 그 형의 범위에서 장기와 단기를 정하여 선고한다. 다만, 장기는 10년, 단기는 5년을 초과하지 못한다(소년법 제60조 제1항). / 죄를 범할 당시 18세 미만인 소년에 대하여 사형 또는 무기형(無期刑)으로 처할 경우에는 15년의 유기징역으로 한다(소년법 제59조).
④ 형법 제57조 제1항, 소년법 제61조

정답 ③

201 「소년법」상 형사사건의 심판에 대한 설명으로 옳지 않은 것은?

22 교정 7급

① 징역 또는 금고를 선고받은 소년에 대하여는 특별히 설치된 교도소 또는 일반 교도소 안에 특별히 분리된 장소에서 그 형을 집행한다. 다만, 소년이 형의 집행 중에 23세가 되면 일반 교도소에서 집행할 수 있다.
② 죄를 범할 당시 18세 미만인 소년에 대하여 사형 또는 무기형으로 처할 경우에는 15년의 유기징역으로 한다.
③ 징역 또는 금고를 선고받은 소년에 대하여는 무기형의 경우에는 5년, 15년 유기형의 경우에는 3년, 부정기형의 경우에는 단기의 3분의 1의 기간이 각각 지나면 가석방을 허가할 수 있다.
④ 소년에 대한 형사사건의 심리는 다른 피의사건과 관련된 경우 심리에 지장이 없으면 그 절차를 병합하여야 한다.

해 설

① 소년법 제63조
② 소년법 제59조
③ 소년법 제65조
④ 소년에 대한 형사사건의 심리는 다른 피의사건과 관련된 경우에도 심리에 지장이 없으면 그 절차를 분리하여야 한다(소년법 제57조).

정답 ④

202 「소년법」상 소년에 관한 형사사건에 대한 설명으로 옳지 않은 것은? (15 교정 7급)

① 단기 3년, 장기 6년의 징역형을 선고받은 소년에게는 1년이 지나면 가석방을 허가할 수 있다.
② 소년에 대한 형사사건의 심리는 다른 피의사건과 관련된 경우에는 그 절차를 병합하여야 한다.
③ 보호처분이 계속 중일 때에 징역, 금고 또는 구류를 선고받은 소년에 대하여는 먼저 그 형을 집행한다.
④ 징역 또는 금고를 선고받은 소년에 대하여는 특별히 설치된 교도소 또는 일반 교도소 안에 특별히 분리된 장소에서 그 형을 집행하나, 소년이 형의 집행 중에 23세가 되면 일반교도소에서 집행할 수 있다.

해 설

① 부정기형의 경우에 단기의 3분의 1이 경과하면 가석방을 허가할 수 있다(소년법 제65조 제3호).
② 소년에 대한 형사사건의 심리는 다른 피의사건과 관련된 경우에도 심리에 지장이 없으면 그 절차를 분리하여야 한다(소년법 제57조).
③ 소년법 제64조
④ 소년법 제63조

정답 ②

소년법 제65조(가석방)

징역 또는 금고를 선고받은 소년에 대하여는 다음 각 호의 기간이 지나면 가석방(假釋放)을 허가할 수 있다.
1. 무기형의 경우에는 5년
2. 15년 유기형의 경우에는 3년
3. 부정기형의 경우에는 단기의 3분의 1

소년법 제66조(가석방 기간의 종료)

징역 또는 금고를 선고받은 소년이 가석방된 후 그 처분이 취소되지 아니하고 가석방 전에 집행을 받은 기간과 같은 기간이 지난 경우에는 형의 집행을 종료한 것으로 한다. / 다만, 제59조(사형 및 무기형의 완화)의 형기(刑期) 또는 제60조제1항(부정기형)에 따른 장기의 기간이 먼저 지난 경우에는 그 때에 형의 집행을 종료한 것으로 한다.)

203 「소년법」상 형사사건의 심판 등에 대한 설명으로 옳지 않은 것은?

23 보호직 7급

① 소년에 대한 부정기형을 집행하는 기관의 장은 형의 단기의 3분의 1이 지난 소년범의 행형 성적이 양호하고 교정의 목적을 달성하였다고 인정되는 경우에는 관할 검찰청 검사의 지휘에 따라 그 형의 집행을 종료시킬 수 있다.

② 무기징역을 선고받은 소년에 대하여는 5년의 기간이 지나면 가석방을 허가할 수 있다.

③ 징역 또는 금고를 선고받은 소년에 대하여는 특별히 설치된 교도소 또는 일반 교도소 안에 특별히 분리된 장소에서 그 형을 집행한다. 다만, 소년이 형의 집행 중에 23세가 되면 일반 교도소에서 집행할 수 있다.

④ 죄를 범할 당시 18세 미만인 소년에 대하여 사형 또는 무기형으로 처할 경우에는 15년의 유기징역으로 한다.

해설

① 소년에 대한 부정기형을 집행하는 기관의 장은 형의 단기가 지난 소년범의 행형(行刑) 성적이 양호하고 교정의 목적을 달성하였다고 인정되는 경우에는 관할 검찰청 검사의 지휘에 따라 그 형의 집행을 종료시킬 수 있다(소년법 제60조 제4항).
② 소년법 제65조 제1호
③ 소년법 제63조
④ 소년법 제59조

정답 ①

204 소년 형사사건에 대한 설명으로 옳은 것은? (다툼이 있는 경우 판례에 의함)

22 보호직 7급

① 「소년법」 제60조 제1항에 정한 '소년'은 소년법 제2조에 정한 19세 미만인 자를 의미하는 것으로, 이에 해당하는지는 행위 시를 기준으로 판단하여야 한다.

② 소년에 대한 부정기형을 집행하는 기관의 장은 형의 단기가 지난 소년범의 행형(行刑) 성적이 양호하고 교정의 목적을 달성하였다고 인정되는 경우에는 관할 법원의 결정에 따라 그 형의 집행을 종료시킬 수 있다.

③ 15년 유기징역형을 선고받은 소년이 6년이 지나 가석방된 경우, 가석방된 후 그 처분이 취소되지 아니하고 9년이 경과한 때에 형의 집행을 종료한 것으로 한다.

④ 보호처분 당시 19세 이상인 것으로 밝혀진 경우를 제외하고는 「소년법」 제32조의 보호처분을 받은 소년에 대하여는 그 심리가 결정된 사건은 다시 공소를 제기하거나 소년부에 송치할 수 없다.

해설

① 소년법이 적용되는 '소년'이란 심판시에 19세 미만인 사람을 말하므로, 소년법의 적용을 받으려면 심판시에 19세 미만이어야 한다. 따라서 소년법 제60조 제2항의 적용대상인 '소년'인지의 여부도 심판시, 즉 사실심판결 선고시를 기준으로 판단되어야 한다(대판 2009.5.28. 2009도2682).
② 소년에 대한 부정기형을 집행하는 기관의 장은 형의 단기가 지난 소년범의 행형(行刑) 성적이 양호하고 교정의 목적을 달성하였다고 인정되는 경우에는 관할 검찰청 검사의 지휘에 따라 그 형의 집행을 종료시킬 수 있다(소년법 제60조 제4항).
③ 징역 또는 금고를 선고받은 소년이 가석방된 후 그 처분이 취소되지 아니하고 가석방 전에 집행을 받은 기간과 같은 기간이 지난 경우에는 형의 집행을 종료한 것으로 한다(소년법 제66조). // 15년 유기징역형을 선고받은 소년이 6년이 지나 가석방된 경우에는 가석방 전에 집행을 받은 기간과 같은 기간(6년)이 지난 경우에 형의 집행을 종료한 것으로 한다.
④ 소년법 제53조

정답 ④

소년법 제53조(보호처분의 효력)

제32조의 보호처분을 받은 소년에 대하여는 그 심리가 결정된 사건은 다시 공소를 제기하거나 소년부에 송치할 수 없다. / 다만, 제38조제1항제1호(처분당시 19세 이상 판명)의 경우에는 공소를 제기할 수 있다.

TIP 보호처분 받은 소년 공소제기 → 공소기각판결(형사소송법 제327조 제2호)

205 「소년법」상 소년형사사건에 대한 설명으로 옳지 않은 것은? (18 보호직 7급)

① 징역 또는 금고를 선고받은 소년에 대하여는 특별히 설치된 교도소 또는 일반 교도소 안에 특별히 분리된 장소에서 그 형을 집행한다. 다만, 소년이 형의 집행 중에 19세가 되면 일반 교도소에서 집행할 수 있다.
② 죄를 범할 당시 18세 미만인 소년에 대하여 사형 또는 무기형으로 처할 경우에는 15년의 유기징역으로 한다.
③ 소년이 법정형으로 장기 2년 이상의 유기형에 해당하는 죄를 범한 경우에는 그 형의 범위에서 장기와 단기를 정하여 선고한다. 다만, 장기는 10년, 단기는 5년을 초과하지 못한다.
④ 검사는 피의자에 대하여 범죄예방자원봉사위원의 선도를 받게 하고 피의사건에 대한 공소를 제기하지 아니할 수 있다. 이 경우 소년과 소년의 친권자·후견인 등 법정대리인의 동의를 받아야 한다.

해설

① 징역 또는 금고를 선고받은 소년에 대하여는 특별히 설치된 교도소 또는 일반 교도소 안에 특별히 분리된 장소에서 그 형을 집행한다. / 다만, 소년이 형의 집행 중에 23세가 되면 일반 교도소에서 집행할 수 있다(소년법 제63조).
② 소년법 제59조
③ 소년법 제60조 제1항
④ 소년법 제49조의3

정답 ①

206 「소년법」상 소년에 대한 형사사건의 처리절차로서 옳지 않은 것은? (16 보호직 7급)

① 검사는 소년에 대한 피의사건을 수사한 결과 보호처분에 해당하는 사유가 있다고 인정한 경우에는 사건을 관할 소년부에 송치해야 한다.
② 검사는 피의소년에 대하여 피의소년과 법정대리인의 동의하에 범죄예방자원봉사위원의 선도를 받게 하고 피의사건에 대한 공소를 제기하지 않을 수 있다.
③ 죄를 범할 당시 18세 미만인 소년에 대해 사형 또는 무기형으로 처할 경우에는 15년의 유기징역으로 한다.
④ 보호처분이 계속 중일 때에 징역, 금고 또는 구류를 선고받은 소년에 대해서는 보호처분이 종료된 후에 그 형을 집행해야 한다.

해설

① 소년법 제49조 제1항
② 소년법 제49조의3 제1호
③ 소년법 제59조
④ 보호처분이 계속 중일 때에 징역, 금고 또는 구류를 선고받은 소년에 대하여는 먼저 그 형을 집행한다(소년법 제64조).

정답 ④

소년법 제62조(환형처분의 금지)

18세 미만인 소년에게는 「형법」 제70조에 따른 유치선고를 하지 못한다. / 다만, 판결선고 전 구속되었거나 제18조제1항제3호의 조치가 있었을 때에는 그 구속 또는 위탁의 기간에 해당하는 기간은 노역장(勞役場)에 유치된 것으로 보아 「형법」 제57조를 적용할 수 있다.

소년법 제63조(징역·금고의 집행)

징역 또는 금고를 선고받은 소년에 대하여는 특별히 설치된 교도소 또는 일반 교도소 안에 특별히 분리된 장소에서 그 형을 집행한다. 다만, 소년이 형의 집행 중에 23세가 되면 일반 교도소에서 집행할 수 있다.

소년법 제64조(보호처분과 형의 집행)

보호처분이 계속 중일 때에 징역, 금고 또는 구류를 선고받은 소년에 대하여는 먼저 그 형을 집행한다.

207 부정기형 제도에 대한 설명으로 옳지 않은 것은? 24 보호직 7급

① 소년이 법정형으로 장기 2년 이상의 유기형에 해당하는 죄를 범한 경우에는 그 형의 범위에서 장기와 단기를 정하여 선고한다.

② 「특정강력범죄의 처벌에 관한 특례법」 소정의 특정강력범죄를 범한 소년에 대하여 부정기형을 선고할 때에는 장기는 15년, 단기는 7년을 초과하지 못한다.

③ 소년교도소의 장은 부정기형을 선고받은 소년이 단기의 3분의 1을 경과한 때에는 소년교도소의 소재지를 관할하는 보호관찰소의 장에게 그 사실을 통보하여야 한다.

④ 판례에 따르면, 상고심에서의 심판대상은 항소심 판결 당시를 기준으로 하여 그 당부를 심사하는 데에 있는 것이므로 항소심 판결 선고 당시 미성년이었던 피고인이 상고 이후에 성년이 되었다고 하여 항소심의 부정기형의 선고가 위법이 되는 것은 아니다.

해 설

① 소년법 제60조 제1항
② 특정강력범죄법 제4조 제2항
③ 교도소·구치소·소년교도소의 장은 징역 또는 금고의 형을 선고받은 소년이 「소년법」 제65조 각 호의 기간(가석방 요건 기간)을 지나면 / 그 교도소·구치소·소년교도소의 소재지를 관할하는 보호관찰심사위원회에 그 사실을 통보하여야 한다(보호관찰법 제21조 제1항).
④ 대판 1998.2.27. 97도3421

정답 ③

제3절 보호소년처우법

208 「보호소년 등의 처우에 관한 법률」에 대한 설명으로 옳지 않은 것은? (14 교정 9급 수정)

① 보호소년 등을 소년원이나 소년분류심사원에 수용할 때에는 법원소년부의 결정서에 의하여야 한다.
② 보호소년 등이 소년원이나 소년분류심사원을 이탈하였을 때에는 그 소속 공무원이 재수용할 수 있다.
③ 보호소년 등은 그 처우에 대하여 불복할 때에는 법무부장관에게 문서로 청원할 수 있다.
④ 원장은 보호소년 등이 규율을 위반하였을 경우 훈계, 원내 봉사활동, 14세 이상인 자에게 지정된 실내에서 30일 이내의 기간 동안 근신하게 할 수 있다.

해설

① 보호소년법 제7조 제1항
② 보호소년법 제14조 제2항
③ 보호소년법 제11조
④ 보호소년 등의 규율위반에 대한 원장의 징계조치 중 지정된 실에서 근신하게 할 수 있는 기간은 20일 이내이다(보호소년법 제15조 제1항 제3호).

정답 ④

209 「보호소년 등의 처우에 관한 법률」상 수용과 보호 등에 대한 설명으로 옳지 않은 것은? (23 보호직 7급)

① 소년원장은 분류수용, 교정교육상의 필요, 그 밖의 이유로 보호소년을 다른 소년원으로 이송하는 것이 적당하다고 인정하면 법무부장관의 허가를 받아 이송할 수 있다.
② 소년원장은 14세 미만의 보호소년에게는 20일 이내의 기간 동안 지정된 실(室) 안에서 근신하게 하는 징계를 할 수 없다.
③ 소년원장은 미성년자인 보호소년이 친권자나 후견인이 없거나 있어도 그 권리를 행사할 수 없을 때에는 법무부장관의 허가를 받아 그 보호소년을 위하여 친권자나 후견인의 직무를 행사할 수 있다.
④ 소년원장은 품행이 타인의 모범이 되는 보호소년에게 포상을 할 수 있고, 이에 따른 포상을 받은 보호소년에게는 특별한 처우를 할 수 있다.

해설

① 보호소년법 제12조 제1항
② 제7호(20일 이내 지정된 실(室) 안에서 근신하게 하는 것)처분은 14세 미만의 보호소년등에게는 부과하지 못한다(보호소년법 제15조 제3항).
③ 소년원장은 미성년자인 보호소년등이 친권자나 후견인이 없거나 있어도 그 권리를 행사할 수 없을 때에는 법원의 허가를 받아 그 보호소년등을 위하여 친권자나 후견인의 직무를 행사할 수 있다(보호소년법 제23조).
④ 보호소년법 제16조

정답 ③

210 「보호소년 등의 처우에 관한 법률」상 보호소년의 수용·보호에 대한 설명으로 옳지 않은 것은?

19 교정 9급

① 소년원장은 분류수용, 교정교육상의 필요, 그 밖의 이유로 보호소년을 다른 소년원으로 이송하는 것이 적당하다고 인정하면 법무부장관의 허가를 받아 이송할 수 있다.

② 보호소년이 사용하는 목욕탕, 세면실 및 화장실에 전자영상장비를 설치하여 운영하는 것은 이탈·난동·폭행·자해·자살, 그 밖에 보호소년의 생명·신체를 해치거나 시설의 안전 또는 질서를 해치는 행위의 우려가 큰 때에만 할 수 있다.

③ 소년원장은 공동으로 비행을 저지른 관계에 있는 사람의 편지인 경우 등 보호소년의 보호 및 교정교육에 지장이 있다고 인정되는 경우에는 보호소년의 편지 왕래를 제한할 수 있으며, 편지의 내용을 검사할 수 있다.

④ 소년원장은 미성년자인 보호소년이 친권자나 후견인이 없거나 있어도 그 권리를 행사할 수 없을 때에는 법원의 허가를 받아 적당한 자로 하여금 그 보호소년을 위하여 친권자나 후견인의 직무를 행사하게 하여야 한다.

해설

① 보호소년법 제12조 제1항
② 보호소년법 제14조의3 제2항
③ 보호소년법 제18조 제4항
④ 소년원장은 미성년자인 보호소년 등이 친권자나 후견인이 없거나 있어도 그 권리를 행사할 수 없을 때에는 법원의 허가를 받아 그 보호소년 등을 위하여 친권자나 후견인의 직무를 행사할 수 있다(보호소년법 제23조).

정답 ④

211 소년분류심사에 대한 설명으로 옳지 않은 것은?

13 보호직 7급

① 소년분류심사원은 소년을 수용하여 자질을 심사할 수 있다.

② 소년분류심사는 조사방법에 따라 일반분류심사와 특별분류심사로 구분되는데, 후자는 비행의 내용이 중대하고 복잡한 소년을 대상으로 한다.

③ 소년부 판사의 소년분류심사원에 대한 위탁조치는 언제든지 결정으로써 취소할 수 있다.

④ 소년분류심사는 소년보호사건 뿐만 아니라 소년형사사건을 조사 또는 심리하기 위해서도 행해진다.

해설

① 보호소년법 제7조·제24조
② 보호소년법 시행규칙 제48조
③ 소년법 제18조 제6항
④ 소년분류심사는 소년보호사건의 조사·심리를 위하여 행하여진다(보호소년법 제2조).

TIP 소년 형사사건은 소년분류심사원의 임무가 아니다.

정답 ④

보호소년법 제2조(처우의 기본원칙)

① 소년원장 또는 소년분류심사원장(이하 "원장"이라 한다)은 보호소년등을 처우할 때에 인권보호를 우선적으로 고려하여야 하며, 그들의 심신 발달 과정에 알맞은 환경을 조성하고 안정되고 규율있는 생활 속에서 보호소년등의 성장 가능성을 최대한으로 신장시킴으로써 사회적응력을 길러 건전한 청소년으로서 사회에 복귀할 수 있도록 하여야 한다.

② 보호소년에게는 품행의 개선과 진보의 정도에 따라 점차 향상된 처우를 하여야 한다.

보호소년법 제3조(임무)

① 소년원은 보호소년을 수용하여 교정교육을 하는 것을 임무로 한다.

② 소년분류심사원은 다음 각 호의 임무를 수행한다.

1. 위탁소년의 수용과 분류심사
2. 유치소년의 수용과 분류심사
3. 「소년법」 제12조에 따른 전문가 진단의 일환으로 법원소년부가 상담조사를 의뢰한 소년의 상담과 조사
4. 「소년법」 제49조의2에 따라 소년 피의사건에 대하여 검사가 조사를 의뢰한 소년의 품행 및 환경 등의 조사
5. 제1호부터 제4호까지의 규정에 해당되지 아니하는 소년으로서 소년원장이나 보호관찰소장이 의뢰한 소년의 분류심사

212 **「보호소년 등의 처우에 관한 법률」상 보호소년의 처우에 대한 설명으로 옳지 않은 것은?** (16 교정 9급)

① 퇴원이 허가된 보호소년이 질병에 걸리거나 본인의 편익을 위하여 필요하면 본인의 신청에 의하여 계속 수용할 수 있다.

② 보호소년이 친권자와 면회를 할 때에는 소속 공무원이 참석하지 아니한다. 다만, 보이는 거리에서 보호소년을 지켜볼 수 있다.

③ 여성인 보호소년이 사용하는 목욕탕에 영상정보처리기기를 설치하여 운영하는 것은 자해등의 우려가 큰 때에만 할 수 있다. 이 경우 여성인 소속 공무원만이 참여하여야 한다.

④ 소년원장은 보호소년의 보호 및 교정교육에 지장을 주지 아니하는 범위에서 가족과 전화통화를 허가할 수 있으며, 교정교육상 특히 필요하다고 인정할 때 직권으로 외출을 허가할 수 있다.

해설

① 보호소년법 제46조 제1항

② 보호소년 등이 변호인 또는 보조인과 면회를 할 때에는 소속 공무원이 참석하지 아니한다. / 다만, 보이는 거리에서 보호소년 등을 지켜볼 수 있다(보호소년법 제18조 제3항).

TIP 친권자가 보조인으로 선임된 경우와 구별해야 한다.

③ 보호소년법 제14조의3 제2항

④ 보호소년법 제18조 제6항, 제19조 제5호

정답 ②

소년법 제2조(소년 및 보호자)

이 법에서 "소년"이란 19세 미만인 자를 말하며, / "보호자"란 법률상 감호교육(監護教育)을 할 의무가 있는 자 또는 현재 감호하는 자를 말한다.

소년법 제17조(보조인 선임)

① 사건 본인이나 보호자는 소년부 판사의 허가를 받아 보조인을 선임할 수 있다.
② 보호자나 변호사를 보조인으로 선임하는 경우에는 제1항의 허가를 받지 아니하여도 된다.
③ 보조인을 선임함에 있어서는 보조인과 연명날인한 서면을 제출하여야 한다. / 이 경우 변호사가 아닌 사람을 보조인으로 선임할 경우에는 위 서면에 소년과 보조인과의 관계를 기재하여야 한다.

보호소년법 제18조(면회·편지·전화통화)

① 원장은 비행집단과 교제하고 있다고 의심할 만한 상당한 이유가 있는 경우 등 보호소년등의 보호 및 교정교육에 지장이 있다고 인정되는 경우 외에는 보호소년등의 면회를 허가하여야 한다. / 다만, 제15조제1항제7호(20일 이내 지정된 실에 근신)의 징계를 받은 보호소년등에 대한 면회는 그 상대방이 변호인이나 보조인(이하 "변호인등"이라 한다) 또는 보호자인 경우에 한정하여 허가할 수 있다.
② 보호소년등이 면회를 할 때에는 소속 공무원이 참석하여 보호소년등의 보호 및 교정교육에 지장이 없도록 지도할 수 있다. 이 경우 소속 공무원은 보호소년등의 보호 및 교정교육에 지장이 있다고 인정되는 경우에는 면회를 중지할 수 있다.
③ 제2항 전단에도 불구하고 보호소년등이 변호인등과 면회를 할 때에는 소속 공무원이 참석하지 아니한다. / 다만, 보이는 거리에서 보호소년등을 지켜볼 수 있다.
④ 원장은 공동으로 비행을 저지른 관계에 있는 사람의 편지인 경우 등 보호소년등의 보호 및 교정교육에 지장이 있다고 인정되는 경우에는 보호소년등의 편지 왕래를 제한할 수 있으며, 편지의 내용을 검사할 수 있다.
⑤ 제4항에도 불구하고 보호소년등이 변호인등과 주고받는 편지는 제한하거나 검사할 수 없다. / 다만, 상대방이 변호인등임을 확인할 수 없는 때에는 예외로 한다.
⑥ 원장은 공범 등 교정교육에 해가 된다고 인정되는 사람과의 전화통화를 제한하는 등 보호소년등의 보호 및 교정교육에 지장을 주지 아니하는 범위에서 가족 등과 전화통화를 허가할 수 있다.

213 「보호소년 등의 처우에 관한 법률」상 보호소년 등의 수용 및 보호에 대한 설명으로 옳지 않은 것은?

24 보호직 7급

① 보호소년이 사용하는 목욕탕, 세면실 및 화장실에 전자장비를 설치하여 운영하는 것은 자해 등의 우려가 큰 때에만 할 수 있다.
② 소년원장은 비행집단과 교제하고 있다고 의심할 만한 상당한 이유가 있는 경우 보호소년의 면회를 허가하지 않을 수 있다.
③ 소년원에 근무하는 간호사는 야간 또는 공휴일 등 의사가 진료할 수 없는 경우 대통령령으로 정하는 경미한 의료행위를 할 수 있다.
④ 소년원장은 보호소년의 보호 및 교정교육에 지장이 있다고 인정되는 경우 보호소년의 편지(단, 변호인 등과 주고받는 편지는 제외함) 왕래를 제한할 수 있으며, 내용을 검사할 수 있다.

해설

① 보호소년등이 사용하는 목욕탕, 세면실 및 화장실에 전자영상장비를 설치하여 운영하는 것은 자해등의 우려가 큰 때에만 할 수 있다(보호소년법 제14조의3 제2항 본문).

TIP ① 전자장비 ↔ ② 전자영상장비

② 보호소년법 제18조 제1항 본문
③ 보호소년법 제20조 제4항
④ 보호소년법 제18조 제5항

정답 ①

214 「보호소년 등의 처우에 관한 법률」상 보호소년 등의 처우와 교정교육에 대한 설명으로 옳지 않은 것은?

21 보호직 7급

① 보호소년 등은 그 처우에 대하여 불복할 때에는 법무부장관에게 문서로 청원할 수 있다.
② 보호장비는 보호소년 등에 대하여 징벌의 수단으로 사용되어서는 아니 된다.
③ 보호소년 등이 사용하는 목욕탕, 세면실 및 화장실에 전자영상장비를 설치하여 운영하는 것은 자해 등의 우려가 큰 때에만 할 수 있다.
④ 소년분류심사원이 설치되지 아니한 지역에서는 소년분류심사원이 설치될 때까지 소년분류심사원의 임무는 소년을 분리 유치한 구치소에서 수행한다.

해설

① 보호소년법 제11조
② 보호소년법 제14조의2 제7항
③ 보호소년법 제14조의3 제2항
④ 소년분류심사원이 설치되지 아니한 지역에서는 소년분류심사원이 설치될 때까지 소년분류심사원의 임무는 소년원이 수행하고, / 위탁소년 및 유치소년은 소년원의 구획된 장소에 수용한다(보호소년법 제52조).

정답 ④

215 「보호소년 등의 처우에 관한 법률」에 대한 설명으로 옳은 것은?

22 교정 9급

① 보호소년등은 남성과 여성, 보호소년과 위탁소년 및 유치소년, 16세 미만인 자와 16세 이상인 자 등의 기준에 따라 분리수용한다.
② 보호소년등이 규율 위반행위를 하여 20일 이내의 기간 동안 지정된 실(室) 안에서 근신하는 징계를 받은 경우에는 그 기간 중 원내 봉사활동, 텔레비전 시청 제한, 단체 체육활동 정지, 공동행사 참가 정지가 함께 부과된다.
③ 보호장비는 징벌의 수단으로 사용되어서는 아니 된다.
④ 소년원 또는 소년분류심사원에서 보호소년등이 사용하는 목욕탕, 세면실 및 화장실에는 전자영상장비를 설치하여서는 아니 된다.

해 설

① 보호소년 등은 남성과 여성(제1호), 보호소년, 위탁소년 및 유치소년(제2호)의 기준에 따라 분리 수용한다(보호소년법 제8조 제2항).

TIP 16세 미만인 자와 16세 이상인 자의 분리수용은 2016.3.29. 개정으로 삭제

② 제7호(20일 이내 실(室) 안에서 근신)의 처분을 받은 보호소년등에게는 그 기간 중 같은 항 제4호부터 제6호(20일 이내의 텔레비전 시청 제한, 20일 이내의 단체 체육활동 정지, 20일 이내의 공동행사 참가 정지)까지의 처우 제한이 함께 부과된다. / 다만, 원장은 보호소년등의 교화 또는 건전한 사회복귀를 위하여 특히 필요하다고 인정하면 텔레비전 시청, 단체 체육활동 또는 공동행사 참가를 허가할 수 있다(보호소년법 제15조 제5항).

TIP 원내 봉사활동(제2호) ×

③ 보호소년법 제14조의2 제7항

④ 보호소년등이 사용하는 목욕탕, 세면실 및 화장실에 전자영상장비를 설치하여 운영하는 것은 자해등의 우려가 큰 때에만 할 수 있다(보호소년법 제14조의3 제2항).

정답 ③

보호소년법 제14조의3(전자장비의 설치·운영)

① 소년원 및 소년분류심사원에는 보호소년등의 이탈·난동·폭행·자해·자살, 그 밖에 보호소년등의 생명·신체를 해치거나 시설의 안전 또는 질서를 해치는 행위(이하 이 조에서 "자해등"이라 한다)를 방지하기 위하여 필요한 최소한의 범위에서 전자장비를 설치하여 운영할 수 있다.

TIP ① 전자장비 ↔ ② 전자영상장비

② 보호소년등이 사용하는 목욕탕, 세면실 및 화장실에 전자영상장비를 설치하여 운영하는 것은 자해등의 우려가 큰 때에만 할 수 있다. / 이 경우 전자영상장비로 보호소년등을 감호할 때에는 여성인 보호소년등에 대해서는 여성인 소속 공무원만, 남성인 보호소년등에 대해서는 남성인 소속 공무원만이 참여하여야 한다.

216 「보호소년 등의 처우에 관한 법률」에서 규정된 보호장비에 해당하는 것만을 모두 고른 것은? (17 교정 9급)

ㄱ. 수갑	ㄴ. 포승
ㄷ. 가스총	ㄹ. 전자충격기
ㅁ. 보호대	ㅂ. 발목보호장비

① ㄱ, ㄴ, ㄷ
② ㄴ, ㄹ, ㅁ
③ ㄱ, ㄴ, ㄷ, ㄹ
④ ㄱ, ㄷ, ㄹ, ㅁ, ㅂ

해 설

③ 보호소년법 제14조의2(보호장비) ㄱ, ㄴ, ㄷ, ㄹ

정답 ③

보호소년법 보호장비(제14조의2)	형집행법 보호장비(제98조)
1. 수갑 2. 포승(捕繩) 3. 가스총 4. 전자충격기 5. 머리보호장비 6. 보호대(保護帶)	1. 수갑 2. 머리보호장비 3. 발목보호장비 4. 보호대(帶) 5. 보호의자 6. 보호침대 7. 보호복 8. 포승

217 「보호소년 등의 처우에 관한 법률」상 보호장비가 아닌 것은? (21 보호직 7급)

① 가스총
② 보호복
③ 머리보호장비
④ 전자충격기

해설

② 보호소년 등의 처우에 관한 법률상 보호장비에는 수갑, 포승(捕繩), 가스총, 전자충격기, 머리보호장비, 보호대(保護帶)가 있다(보호소년법 제14조의2 제1항).

정답 ②

218 「보호소년 등의 처우에 관한 법률」이 보호소년에 대하여 수갑, 포승 또는 보호대 외에 가스총이나 전자충격기를 사용할 수 있는 경우로 명시하지 않은 것은? (22 보호직 7급)

① 이탈·난동·폭행을 선동·선전하거나 하려고 하는 때
② 다른 사람에게 위해를 가하거나 가하려고 하는 때
③ 위력으로 소속 공무원의 정당한 직무집행을 방해하는 때
④ 소년원·소년분류심사원의 설비·기구 등을 손괴하거나 손괴하려고 하는 때

해설

① '이탈·난동·폭행을 선동·선전하거나 하려고 하는 때'는 해당하지 않는다(보호소년법 제14조의2 제3항 참조).

정답 ①

219 「보호소년 등의 처우에 관한 법률」상 수용·보호에 대한 설명으로 옳은 것은? (25 보호직 9급)

① 보호장비에는 수갑, 포승, 가스총, 전자충격기, 머리 및 발목보호장비, 보호복이 있다.

② 소년원장이 필요하다고 판단하는 경우 수갑, 포승 등 보호장비를 필요한 최소한의 범위에서 징벌의 수단으로 사용할 수 있다.

③ 소년원장은 미성년자인 보호소년이 친권자나 후견인이 없거나 있어도 그 권리를 행사할 수 없을 때에는 법원의 허가를 받아 적당한 자를 지정하여 친권자나 후견인의 직무를 행사하게 하여야 한다.

④ 20일 이내의 기간 동안 지정된 실(室) 안에서 근신하는 징계처분을 받은 보호소년에게 매주 1회 이상 실외운동을 할 수 있도록 개별적인 체육활동 시간을 보장하여야 한다.

해설

① 보호장비의 종류에는 수갑, 포승(捕繩), 가스총, 전자충격기, 머리보호장비, 보호대(保護帶)가 있다(보호소년법 제14조의2 제1항).

TIP 보호소년법 보호장비 : 발목보호장비 × / 보호복 ×

② 보호장비는 징벌의 수단으로 사용되어서는 아니 된다(보호소년법 제14조의2 제7항).

③ 원장(소년원장)은 미성년자인 보호소년등이 친권자나 후견인이 없거나 있어도 그 권리를 행사할 수 없을 때에는 법원의 허가를 받아 그 보호소년등을 위하여 친권자나 후견인의 직무를 행사할 수 있다(보호소년법 제23조).

④ 원장은 제1항 제7호(20일 이내 지정된 실(室) 안에서 근신)처분을 받은 보호소년등에게 개별적인 체육활동 시간을 보장하여야 한다. / 이 경우 매주 1회 이상 실외운동을 할 수 있도록 하여야 한다(보호소년법 제15조 제4항).

정답 ④

220 「보호소년 등의 처우에 관한 법률」상 보호장비의 사용에 대한 설명으로 옳은 것만을 모두 고르면? (23 교정 9급)

ㄱ. 보호장비는 필요한 최소한의 범위에서 사용하여야 하며, 보호장비를 사용할 필요가 없게 되었을 때에는 지체 없이 사용을 중지하여야 한다.

ㄴ. 원장은 보호소년등이 위력으로 소속 공무원의 정당한 직무집행을 방해하는 경우에는 소속 공무원으로 하여금 가스총을 사용하게 할 수 있다. 이 경우 사전에 상대방에게 이를 경고 하여야 하나, 상황이 급박하여 경고할 시간적인 여유가 없는 때에는 그러하지 아니하다.

ㄷ. 원장은 보호소년등이 자해할 우려가 큰 경우에는 소속 공무원으로 하여금 보호소년등에게 머리보호장비를 사용하게 할 수 있다.

ㄹ. 원장은 법원 또는 검찰의 조사·심리, 이송, 그 밖의 사유로 호송하는 경우에는 소속 공무 원으로 하여금 보호소년등에 대하여 수갑, 포승 또는 보호대 외에 가스총이나 전자충격기를 사용하게 할 수 있다.

① ㄱ, ㄴ　　② ㄴ, ㄹ

③ ㄱ, ㄴ, ㄷ　　④ ㄱ, ㄷ, ㄹ

해설

③ 옳은 것은 ㄱ, ㄴ, ㄷ

ㄱ (○) : 보호소년법 제14조의2 제6항

ㄴ (○) : 보호소년법 제14조의2 제3항 제4호, 제4항

ㄷ (○) : 보호소년법 제14조의2 제5항

ㄹ (×) : 원장은 법원 또는 검찰의 조사·심리, 이송, 그 밖의 사유로 호송하는 경우에는 소속 공무원으로 하여금 보호소년등에 대하여 수갑, 포승 또는 보호대를 사용하게 할 수 있다(보호소년법 제14조의2 제2항 제2호).

TIP 단순 출정·이송·호송의 경우 가스총이나 전자충격기를 사용할 수 없다.

정답 ③

보호소년법 제14조의2(보호장비의 사용)

② 원장은 다음 각 호의 어느 하나에 해당하는 경우에는 소속 공무원으로 하여금 보호소년등에 대하여 수갑, 포승 또는 보호대를 사용하게 할 수 있다.
  1. 이탈·난동·폭행·자해·자살을 방지하기 위하여 필요한 경우
  2. 법원 또는 검찰의 조사·심리, 이송, 그 밖의 사유로 호송하는 경우
  3. 그 밖에 소년원·소년분류심사원의 안전이나 질서를 해칠 우려가 현저한 경우

③ 원장은 다음 각 호의 어느 하나에 해당하는 경우에는 소속 공무원으로 하여금 보호소년등에 대하여 수갑, 포승 또는 보호대 외에 가스총이나 전자충격기를 사용하게 할 수 있다.
  1. 이탈, 자살, 자해하거나 이탈, 자살, 자해하려고 하는 때
  2. 다른 사람에게 위해를 가하거나 가하려고 하는 때
  3. 위력으로 소속 공무원의 정당한 직무집행을 방해하는 때
  4. 소년원·소년분류심사원의 설비·기구 등을 손괴하거나 손괴하려고 하는 때
  5. 그 밖에 시설의 안전 또는 질서를 크게 해치는 행위를 하거나 하려고 하는 때

④ 제3항에 따라 가스총이나 전자충격기를 사용하려면 사전에 상대방에게 이를 경고하여야 한다. / 다만, 상황이 급박하여 경고할 시간적인 여유가 없는 때에는 그러하지 아니하다.

⑤ 원장은 보호소년등이 자해할 우려가 큰 경우에는 소속 공무원으로 하여금 보호소년등에게 머리보호장비를 사용하게 할 수 있다.

⑥ 보호장비는 필요한 최소한의 범위에서 사용하여야 하며, 보호장비를 사용할 필요가 없게 되었을 때에는 지체 없이 사용을 중지하여야 한다.

⑦ 보호장비는 징벌의 수단으로 사용되어서는 아니 된다.

221 **소년원에서 12세의 보호소년이 규율을 위반하였을 경우, 이에 대해 소년원장이 취한 조치로 옳은 것은?** (13 교정 9급)

① 훈계하고 교정성적 점수를 감점하였다.

② 지정된 실내에서 15일 동안 근신하게 하였다.

③ 원외에서 7일 동안 봉사활동을 하게 하였다.

④ 보호소년의 임시퇴원 허가를 취소하고 직권으로 계속 수용하였다.

해설

① 보호소년법 제15조
② 20일 이내의 기간 동안 지정된 실(室) 안에서 근신하게 하는 징계는 14세 미만의 보호소년에게는 부과하지 못한다(보호소년법 제15조 제3항).
③ 원외 봉사활동은 징계처분으로 하지 못한다(보호소년법 제15조 제1항 제2호).

TIP 원내 봉사활동 ○

④ 임시퇴원의 취소심사 및 결정은 보호관찰심사위원회가 하며, 법무부장관의 허가를 얻어야 한다(보호관찰법 제48조).

정답 ①

222 「보호소년 등의 처우에 관한 법률」상 징계에 대한 설명으로 옳지 않은 것은? (24 보호직 7급)

① 지정된 실(室) 안에서 근신하는 처분을 받은 보호소년도 매주 1회 이상 실외운동을 할 수 있도록 하여야 한다.
② 소년원장 또는 소년분류심사원장은 보호소년 등에게 징계를 한 경우에는 지체 없이 그 사실을 보호자에게 통지하여야 한다.
③ 소년원 및 소년분류심사원에 보호소년등처우·징계위원회를 구성함에 있어 해당 심의·의결 사안에 대한 비밀유지를 위하여 민간위원의 참여는 제한된다.
④ 지정된 실 안에서 근신하는 징계를 받은 보호소년에 대한 면회는 그 상대방이 변호인이나 보조인 또는 보호자인 경우에 한정하여 허가할 수 있다.

해설

① 원장은 20일 이내의 기간 동안 지정된 실(室) 안에서 근신하게 하는 처분을 받은 보호소년등에게 개별적인 체육활동 시간을 보장하여야 한다. / 이 경우 매주 1회 이상 실외운동을 할 수 있도록 하여야 한다(보호소년법 제15조 제4항).
② 보호소년법 제15조 제8항
③ 위원회가 징계대상자에 대한 징계를 심의·의결하는 경우에는 1명 이상의 민간위원이 해당 심의·의결에 참여하여야 한다(보호소년법 제15조의2 제3항).
④ 보호소년법 제18조 제1항 단서

정답 ③

보호소년법 제15조의2(보호소년등처우·징계위원회)

① 보호소년등의 처우에 관하여 원장의 자문에 응하게 하거나 징계대상자에 대한 징계를 심의·의결하기 위하여 소년원 및 소년분류심사원에 보호소년등처우·징계위원회를 둔다.
② 제1항에 따른 보호소년등처우·징계위원회(이하 "위원회"라 한다)는 위원장을 포함한 5명 이상 11명 이하의 위원으로 구성하고, 민간위원은 1명 이상으로 한다.
③ 위원회가 징계대상자에 대한 징계를 심의·의결하는 경우에는 1명 이상의 민간위원이 해당 심의·의결에 참여하여야 한다.

보호소년법 제15조(징계)

① 원장은 보호소년등이 제14조의4 각 호의 어느 하나에 해당하는 행위를 하면 제15조의2제1항에 따른 보호소년등처우·징계위원회의 의결에 따라 다음 각 호의 어느 하나에 해당하는 징계를 할 수 있다. 〈개정 2016.3.29, 2020.10.20〉
1. 훈계
2. 원내 봉사활동

3. 서면 사과
4. 20일 이내의 텔레비전 시청 제한
5. 20일 이내의 단체 체육활동 정지
6. 20일 이내의 공동행사 참가 정지
7. 20일 이내의 기간 동안 지정된 실(室) 안에서 근신하게 하는 것

② 제1항제3호부터 제6호까지의 처분은 함께 부과할 수 있다. 〈신설 2016.3.29〉
③ 제1항제7호의 처분은 14세 미만의 보호소년등에게는 부과하지 못한다. 〈신설 2016.3.29〉
④ 원장은 제1항제7호의 처분을 받은 보호소년등에게 개별적인 체육활동 시간을 보장하여야 한다. 이 경우 매주 1회 이상 실외운동을 할 수 있도록 하여야 한다. 〈신설 2020.10.20〉
⑤ 제1항제7호의 처분을 받은 보호소년등에게는 그 기간 중 같은 항 제4호부터 제6호까지의 처우 제한이 함께 부과된다. / 다만, 원장은 보호소년등의 교화 또는 건전한 사회복귀를 위하여 특히 필요하다고 인정하면 텔레비전 시청, 단체 체육활동 또는 공동행사 참가를 허가할 수 있다.
⑧ 원장은 보호소년등에게 제1항에 따라 징계를 한 경우에는 지체 없이 그 사실을 보호자에게 통지하여야 한다.
⑨ 원장은 징계를 받은 보호소년등의 보호자와 상담을 할 수 있다.

223 「보호소년 등의 처우에 관한 법률」상 옳은 것만을 모두 고르면? (21 교정 7급)

ㄱ. 신설하는 소년원 및 소년분류심사원은 수용정원이 150명 이상의 규모가 되도록 하여야 한다. 다만, 소년원 및 소년분류심사원의 기능·위치나 그 밖의 사정을 고려하여 그 규모를 축소할 수 있다.
ㄴ. 소년분류심사원장은 유치소년이 시설의 안전과 수용질서를 현저히 문란하게 하는 보호소년에 대한 교정교육을 위하여 유치기간을 연장할 필요가 있는 경우에는 유치 허가를 한 지방법원 판사 또는 소년분류심사원 소재지를 관할하는 법원소년부에 유치 허가의 취소에 관한 의견을 제시할 수 있다.
ㄷ. 20일 이내의 기간 동안 지정된 실(室) 안에서 근신하게 하는 징계는 14세 미만의 보호소년 등에게는 부과하지 못한다.
ㄹ. 출원하는 보호소년 등에 대한 사회정착지원의 기간은 6개월 이내로 하되, 6개월 이내의 범위에서 한 번에 한하여 그 기간을 연장할 수 있다.
ㅁ. 원장은 법원 또는 검찰의 조사·심리, 이송, 그 밖의 사유로 보호소년 등을 호송하는 경우, 소속공무원으로 하여금 수갑, 포승이나 전자충격기를 사용하게 할 수 있다.

① ㄱ, ㄴ　　② ㄷ, ㄹ
③ ㄱ, ㄷ, ㄹ　　④ ㄴ, ㄹ, ㅁ

해설

② 옳은 것 ㄷ, ㄹ
ㄱ. (×) 신설하는 소년원 및 소년분류심사원은 수용정원이 150명 이내의 규모가 되도록 하여야 한다. / 다만, 소년원 및 소년분류심사원의 기능·위치나 그 밖의 사정을 고려하여 그 규모를 증대할 수 있다(보호소년법 제6조 제1항).
ㄴ. (×) 소년분류심사원장의 법원소년부에 유치허가의 취소에 관한 의견을 제시하는 사유에 시설의 안전과 수용질서를 현저히 곤란하게 하는 사유는 제외된다(보호소년법 제9조 제3항).
ㄷ. (○) 보호소년법 제15조 제3항
ㄹ. (○) 보호소년법 제45조의2 제2항
ㅁ. (×) 원장은 법원 또는 검찰의 조사·심리, 이송, 그 밖의 사유로 보호소년 등을 호송하는 경우에는 소속공무원으로 하여금 수갑, 포승 또는 보호대를 사용하게 할 수 있다(보호소년법 제14조의2 제2항 제2호).

TIP 이송·호송하는 경우 가스총이나 전자충격기는 사용할 수 없다.

정답 ②

보호소년법 제9조(보호처분의 변경 등)

① 소년원장은 보호소년이 다음 각 호의 어느 하나에 해당하는 경우에는 소년원 소재지를 관할하는 법원소년부에 「소년법」 제37조에 따른 보호처분의 변경을 신청할 수 있다.

1. 중환자로 판명되어 수용하기 위험하거나 장기간 치료가 필요하여 교정교육의 실효를 거두기가 어렵다고 판단되는 경우
2. 심신의 장애가 현저하거나 임신 또는 출산(유산·사산한 경우를 포함한다), 그 밖의 사유로 특별한 보호가 필요한 경우
3. 시설의 안전과 수용질서를 현저히 문란하게 하는 보호소년에 대한 교정교육을 위하여 보호기간을 연장할 필요가 있는 경우

② 소년분류심사원장은 위탁소년이 제1항 각 호의 어느 하나에 해당하는 경우에는 위탁 결정을 한 법원소년부에 「소년법」 제18조에 따른 임시조치의 취소, 변경 또는 연장에 관한 의견을 제시할 수 있다.

③ 소년분류심사원장은 유치소년이 제1항제1호 또는 제2호에 해당하는 경우에는 유치 허가를 한 지방법원 판사 또는 소년분류심사원 소재지를 관할하는 법원소년부에 유치 허가의 취소에 관한 의견을 제시할 수 있다.

TIP 유치 허가취소에 관한 의견제시 : 제3호(시설의 안전과 수용질서 현저히 문란)사유 없음

④ 제3항에 따른 의견 제시 후 지방법원 판사 또는 법원소년부 판사의 유치 허가 취소 결정이 있으면 소년분류심사원장은 그 유치소년을 관할하는 보호관찰소장에게 이를 즉시 통보하여야 한다.

⑤ 제1항에 따른 보호처분의 변경을 할 경우 보호소년이 19세 이상인 경우에도 「소년법」 제2조 및 제38조제1항에도 불구하고 같은 법 제2장의 보호사건 규정을 적용한다.

224 「보호소년 등의 처우에 관한 법률」상 퇴원 등에 대한 설명으로 옳지 않은 것은? (22 보호직 7급)

① 위탁소년 또는 유치소년의 소년분류심사원 퇴원은 법원소년부의 결정서에 의하여야 한다.

② 소년법 제32조 제1항 제8호의 보호처분을 받은 보호소년의 경우에 소년원장은 해당 보호소년이 교정성적이 양호하고 교정 목적을 이루었다고 인정되면 보호관찰심사위원회에 퇴원을 신청하여야 한다.

③ 퇴원 또는 임시퇴원이 허가된 보호소년이 질병에 걸리거나 본인의 편익을 위하여 필요하면 본인의 신청에 의하여 계속 수용할 수 있다.

④ 출원하는 보호소년에 대한 사회정착지원의 기간은 6개월 이내로 하되, 6개월 이내의 범위에서 한 번에 한하여 그 기간을 연장할 수 있다.

해설

① 보호소년법 제43조 제4항

② 소년원장은 교정성적이 양호하며 교정의 목적을 이루었다고 인정되는 보호소년(「소년법」 제32조 제1항 제8호(1개월 이내의 소년원 송치)에 따라 송치된 보호소년은 제외한다)에 대하여는 「보호관찰 등에 관한 법률」에 따른 보호관찰심사위원회에 퇴원을 신청하여야 한다(보호소년법 제43조 제3항).

③ 보호소년법 제46조 제1항

④ 보호소년법 제45조의2 제2항

정답 ②

보호소년법 제43조(퇴원)

① 소년원장은 보호소년이 22세가 되면 퇴원시켜야 한다.
② 소년원장은 「소년법」 제32조제1항제8호 또는 같은 법 제33조제1항(감호위탁)·제5항(단기 소년원송치)·제6항(장기 소년원송치)에 따라 수용상한기간에 도달한 보호소년은 즉시 퇴원시켜야 한다.
③ 소년원장은 교정성적이 양호하며 교정의 목적을 이루었다고 인정되는 보호소년(「소년법」 제32조제1항제8호(1개월 이내의 소년원 송치)에 따라 송치된 보호소년은 제외한다)에 대하여는 「보호관찰 등에 관한 법률」에 따른 보호관찰심사위원회에 퇴원을 신청하여야 한다.
④ 위탁소년 또는 유치소년의 소년분류심사원 퇴원은 법원소년부의 결정서에 의하여야 한다.

225 **「보호소년 등의 처우에 관한 법률」에 대한 설명으로 옳은 것은?** (20 보호직 7급)

① 소년원장은 보호소년이 19세가 되면 퇴원시켜야 한다.
② 소년원장이 필요하다고 판단하는 경우 수갑, 포승 등 보호장비를 징벌의 수단으로 사용할 수 있다.
③ 보호소년 등을 소년원이나 소년분류심사원에 수용할 때에는 검사의 수용지휘서에 의하여야 한다.
④ 20일 이내의 기간 동안 지정된 실내에서 근신하게 하는 징계처분은 14세 미만의 보호소년 등에게는 부과하지 못한다.

해설

① 소년원장은 보호소년이 22세가 되면 퇴원시켜야 한다(보호소년법 제43조 제1항).
② 보호장비는 징벌의 수단으로 사용되어서는 아니 된다(보호소년법 제14조의2 제7항).
③ 보호소년 등을 소년원이나 소년분류심사원에 수용할 때에는 법원소년부의 결정서, 법무부장관의 이송허가서 또는 지방법원 판사의 유치허가장에 의하여야 한다(보호소년법 제7조 제1항).
④ 보호소년법 제15조 제3항

정답 ④

226 **「보호소년 등의 처우에 관한 법률」상 출원에 대한 설명으로 옳지 않은 것은?** (25 교정 7급)

① 소년원장은 보호소년이 22세가 되면 퇴원시켜야 한다.
② 소년원장은 보호소년을 법무부장관의 퇴원·임시퇴원 허가서에 기재된 출원예정일부터 10일 이내에 보호자등이 인수하지 아니하면 사회복지단체에 인도할 수 있다.
③ 원장은 출원하는 보호소년 등의 사회정착지원 기간을 최대 18개월까지 정할 수 있다.
④ 원장은 소년보호협회 및 소년보호위원에게 사회정착지원에 관한 협조를 요청할 수 있다.

해 설

① 보호소년법 제43조 제1항
② 보호소년법 제45조 제2항
③ 사회정착지원의 기간은 6개월 이내로 하되, 6개월 이내의 범위에서 한 번에 한하여 그 기간을 연장할 수 있다(보호소년법 제45조의2 제2항).
④ 보호소년법 제45조의2 제3항

정답 ③

보호소년법 제45조(보호소년의 인도)

① 소년원장은 보호소년의 퇴원 또는 임시퇴원이 허가되면 지체 없이 보호자등에게 보호소년의 인도에 관하여 알려야 한다.
② 소년원장은 퇴원 또는 임시퇴원이 허가된 보호소년을 보호자등에게 직접 인도하여야 한다. 다만, 보호소년의 보호자등이 없거나 제44조의2 본문에 따른 출원예정일부터 10일 이내에 보호자등이 인수하지 아니하면 사회복지단체, 독지가, 그 밖의 적당한 자에게 인도할 수 있다.
③ 제2항 단서에 따라 사회복지단체 등에 인도되기 전까지의 보호소년에 대해서는 제46조제1항에 따른 계속 수용에 준하여 처우한다.

보호소년법 제45조의2(사회정착지원)

① 원장은 출원하는 보호소년등의 성공적인 사회정착을 위하여 장학·원호·취업알선 등 필요한 지원을 할 수 있다.
② 제1항에 따른 사회정착지원(이하 이 조에서 "사회정착지원"이라 한다)의 기간은 6개월 이내로 하되, 6개월 이내의 범위에서 한 번에 한하여 그 기간을 연장할 수 있다.
③ 원장은 제51조에 따른 소년보호협회 및 제51조의2에 따른 소년보호위원에게 사회정착지원에 관한 협조를 요청할 수 있다.
④ 사회정착지원의 절차와 방법 등에 관하여 필요한 사항은 법무부령으로 정한다.

제10장 국제협력 관계법

227 **범죄 대응을 위한 국제적 협력에 대한 설명으로 옳지 않은 것은?** (25 보호 7급)

① 「국제형사사법 공조법」상 조약에 다른 규정이 없다면 공조의 대상이 되어 있는 범죄가 대한민국의 법률에 의하여는 범죄를 구성하지 아니하거나 공소를 제기할 수 없는 범죄인 경우에는 공조를 하지 아니할 수 있다.

② 「국제형사재판소 관할 범죄의 처벌 등에 관한 법률」상 집단살해죄등의 피고사건에 관하여 이미 국제형사재판소에서 유죄 또는 무죄의 확정판결이 있은 경우에는 판결로써 면소를 선고하여야 한다.

③ 「범죄인 인도법」상 조약에 다른 규정이 없다면 범죄인 인도를 청구할 때 그 대상이 되는 범죄가 대한민국 또는 청구국의 법률에 따라 공소시효 또는 형의 시효가 완성된 경우에는 범죄인을 인도하여서는 아니 된다.

④ 「국제수형자이송법」상 조약에 다른 규정이 없다면 본인이 동의하지 않아도 대한민국의 법률에 의하여 범죄를 구성하는 범죄사실로 외국에서 자유형을 선고받아 그 형이 확정되어 형 집행 중인 대한민국 국민을 국내이송할 수 있다.

해 설

① 국제형사사법 공조법 제6조 제4호
② 국제형사범죄법 제7조
③ 범죄인 인도법 제7조 제1호
④ 국내이송은 국내이송대상수형자가 국내이송에 동의하지 않는 경우에는 국내이송을 할 수 없다(국제수형자이송법 제11조 제1항 제3호).

정답 ④

국제형사사법 공조법 제6조(공조의 제한)

다음 각 호의 어느 하나에 해당하는 경우에는 공조를 하지 아니할 수 있다.

1. 대한민국의 주권, 국가안전보장, 안녕질서 또는 미풍양속을 해칠 우려가 있는 경우
2. 인종, 국적, 성별, 종교, 사회적 신분 또는 특정 사회단체에 속한다는 사실이나 정치적 견해를 달리한다는 이유로 처벌되거나 형사상 불리한 처분을 받을 우려가 있다고 인정되는 경우
3. 공조범죄가 정치적 성격을 지닌 범죄이거나, 공조요청이 정치적 성격을 지닌 다른 범죄에 대한 수사 또는 재판을 할 목적으로 한 것이라고 인정되는 경우
4. 공조범죄가 대한민국의 법률에 의하여는 범죄를 구성하지 아니하거나 공소를 제기할 수 없는 범죄인 경우
5. 이 법에 요청국이 보증하도록 규정되어 있음에도 불구하고 요청국의 보증이 없는 경우

범죄인 인도법 제7조(절대적 인도거절 사유)

다음 각 호의 어느 하나에 해당하는 경우에는 범죄인을 인도하여서는 아니 된다.

1. 대한민국 또는 청구국의 법률에 따라 인도범죄에 관한 공소시효 또는 형의 시효가 완성된 경우
2. 인도범죄에 관하여 대한민국 법원에서 재판이 계속(係屬) 중이거나 재판이 확정된 경우
3. 범죄인이 인도범죄를 범하였다고 의심할 만한 상당한 이유가 없는 경우. 다만, 인도범죄에 관하여 청구국에서 유죄의 재판이 있는 경우는 제외한다.
4. 범죄인이 인종, 종교, 국적, 성별, 정치적 신념 또는 특정 사회단체에 속한 것 등을 이유로 처벌되거나 그 밖의 불리한 처분을 받을 염려가 있다고 인정되는 경우

국제수형자이송법 제11조(국내이송의 요건)

① 국내이송은 다음 각호의 요건이 갖추어진 때에 한하여 실시할 수 있다.

1. 외국에서 자유형이 선고·확정된 범죄사실이 대한민국의 법률에 의하여 범죄를 구성할 것. 이 경우 수 개의 범죄사실중 한 개의 범죄사실이 대한민국의 법률에 의하여 범죄를 구성하는 경우를 포함한다.
2. 외국에서 선고된 자유형의 판결이 확정될 것
3. 국내이송대상수형자가 국내이송에 동의할 것

② 국내이송에 관한 국내이송대상수형자의 동의는 다음 각호의 1에 해당하는 자가 서면으로 확인하여야 한다. 이 경우 국내이송대상수형자에게 제3항의 규정에 의하여 동의의 철회가 인정되지 아니함을 고지하여야 한다.

1. 법무부장관이 지정하는 공무원
2. 법무부장관의 위임을 받은 그 국내이송대상수형자가 수용중인 장소를 관할하는 대한민국재외공관의 장이나 그 공관원
3. 제2호의 자가 지정하는 자

③ 국내이송에 관한 국내이송대상수형자의 동의는 제2항의 규정에 의하여 확인된 후에는 그 철회가 인정되지 아니한다.

온달 **유 안 석**

| 약 력

성균관 대학교 졸업
2000년 검찰 7급 공채 수석(서울동부지검)
2004년 법률구조공단 공채 수석(서울중앙지부)
2011년 제17회 법무사
현) 김동진 법원팀 형사소송법 전임
현) 윌비스 교정직 교정학 · 형사소송법 전임
전) 법무사단기학원 형사소송법 전임
전) 합격의 법학원 변호사시험 형사소송법 강사
전) 공단기 숨마투스 경찰팀 형사소송법 전임

형사정책 기출총정리

ISBN 979-11-94613-79-4

발행일· 2025年 10月 17日 초판 1쇄
저 자·유안석
발행인·이용중
발행처·(주)배움출판사 | **주소**·서울시 영등포구 영등포로 400 신성빌딩 2층 (신길동)
주문 및 배본처 | Tel·02)813-5334 | Fax·02)814-5334

정가 20,000원